MARIE LUISE KASCHNITZ
NICHT NUR
VON HIER UND VON HEUTE

MARIE LUISE KASCHNITZ

NICHT NUR
VON HIER UND
VON HEUTE

AUSGEWÄHLTE PROSA UND LYRIK

CLAASSEN VERLAG

Einmalige Sonderausgabe in der Reihe
›Die Bücher der Neunzehn‹
Band 189 · Juni 1971

PT
2621
A73A6

Ausgewählt und herausgegeben von Wilhelm Borgers

INHALT

VORWORT

Marie Luise Kaschnitz begann nach kurzen, sich verflüchtigenden Ansätzen erst spät zu veröffentlichen und erreichte trotzdem eine erfüllte, ausgereifte Äußerung. Dies ist geradezu beispielhaft; auf der Schwelle zwischen den beiden sich so widersprechenden Jahrhunderthälften, weder der einen noch der anderen zugehörig, vollzog sie den Übergang, ohne dabei zu verstummen. Vielleicht war dieser späte Beginn und gleich gewonnene Höhepunkt, der sich trotz eines gewissen Wandels in den Formen zu erhalten wußte, nur möglich durch die besondere Art ihres Schreibens, die sie selbst einmal als »irgendwo zwischen Lyrik und Prosa angesiedelt« bezeichnet hat. Der essayistische Charakter ihrer impressionistischen Sehweise entspricht dem Bedürfnis, das Autobiographische, das sie nie ganz abzustreifen vermochte und auch wohl nicht wollte, dennoch zu verwandeln, zu objektivieren. Allerdings wäre ein Bildungserlebnis allein kaum tragend genug gewesen, die originale schriftstellerische Leistung wachsen zu lassen. Bei Marie Luise Kaschnitz kommt im wahrsten Sinne des Wortes eine kraftvoll weibliche ›Natur‹ zum Durchbruch, die den Ausdruck davor bewahrt, im Intellektuellen zu verblassen.

Diese erdhafte Nähe ist von Anfang an da und wird in ihrer paradoxen Anlage erkannt, wie schon früh die *Sibylle* aus den GRIECHISCHEN MYTHEN (1943) als Grundriß zeigt. Solche Natur will und darf nicht allzu weit von der Oberfläche fort, treibt aber im reichen Humus späthumanistischer Kultur tiefgesättigte und dennoch luzide Farben. In der Essayistik der ENGELSBRÜCKE (1955), in der bezeichnenden Grundform von Tagebuch-Analysen, äußert sich bereits eine scheinbar widerstrebende, in Wahrheit aber ergänzende Komponente. Wechselnd vom nördlichen Zuhause zur magisch anziehenden lateinischen Landschaft, bleibt es doch immer die beständige Suche nach dem leidenden, dahinschwindenden ›Ich‹ im Netz der gesellschaftlichen, oft banalen Realität; eine Suche, die es diesem Schreiben möglich machte, seinen Platz in unserer Epoche der Unbeständigkeit und der Umschichtungen zu behaupten. Ausdrucksbedürfnis und Suche – diese zwei Elemente künstlerischer Alchimie – halten sich hier die Waage und bedeuten zugleich Spannungsfeld. Während im HAUS DER KINDHEIT (1956) eine gewissermaßen psychotherapeutische Studie, novellistisch verfremdet, sich diese Suche als Schicksal zum Thema macht, gelingt in den LANGEN SCHATTEN (1960) die Verwandlung des ›Ich‹ zur selbständigen Figur. Hier, in den atmosphärisch dichten Erzählungen, sehen sich die Menschen, wie die Autorin einmal sagte, »nicht zu erklärenden Mächten ausgesetzt, gegen die sie ankämpfen oder denen sie sich beugen oder an denen sie zugrundegehen«. Womöglich würde die derzeit gesellschaftsanalytische Interpretation diese Sicht ›nicht zu erklärender Mächte‹ nicht gelten lassen wollen. Aber in der berühmten Erzählung *Das dicke Kind* findet eine Perspektivenverschiebung statt, und zwar so natürlich, daß jedes formalistische Experiment dagegen steril erscheint. Der Schock dieser befremdenden Spiegelbegegnung weist so eindeutig nach innen; keine Deutung von außen würde das Zwielicht der Selbst-Begegnung aufheben können. – Als Entsprechung dazu spürt man etwa in einem Gedicht wie *Genazzano*, das in geraffter Form die große rhetorische Zeile einholt, die tiefreichenden Wurzeln, welche das scheinbare, aber gewollte Dahintreiben mit der Zeit an eine chthonische Existenz binden.

In der Auswahl der hier zusammengefaßten Prosastücke kommt – wie in der knappen, aber das gesamte lyrische Werk umfassenden *Gedichtanthologie* auch – die ›Natur‹ dieser Sprache stärker zum Ausdruck als in den neuesten, hier nicht vertretenen Werken, in denen sich Marie Luise Kaschnitz vornehmlich mit Fragen dieser Zeit auseinandersetzt. Dabei hat sich die Form des Tagebuch-Essays, wie sie sich in WOHIN DENN ICH (1963) zum ersten Mal konsequenter dem ›Ich‹ in unserer aufgewühlten Zeit zuwendet, als ein erfolgreiches Medium erwiesen. Auch in den beiden *Hörspielen* (aus dem 1962 erschienenen Sammelband) kommt diese Verpflichtung gegenüber sozialen Fragen dramatisch zu Wort. Zwar bleibt das Anliegen unserer Autorin, der Gefährdung und oft auch Verdüsterung der menschlichen Sinngebung mit Bildern der Hoffnung zu begegnen, hier wie dort, gestern und heute, ihr eigentlicher Beweggrund. Aber ihren Höhepunkt scheint die Sprache bei Marie Luise Kaschnitz im geglückten Gleichgewicht zwischen Natur und schauender Menschlichkeit gefunden zu haben, in den bildergesättigten Sätzen von klaren Umrissen und natürlicher Melodie. »Einige dieser Geschichten«, so pries vor kurzem einer unserer bestimmenden Kritiker die Qualität ihrer erzählenden Prosa, »werden uns überleben.«

Der Herausgeber

I

AUS
»GRIECHISCHE
MYTHEN«

Die Sibylle

Die Sibylle der Mythen ist so alt wie die Welt. Eine Schwieger-
tochter Noahs wird sie genannt, aber auch die Tochter einer un-
sterblichen Nymphe und eines brotessenden Vaters, und es heißt,
daß sie, auf einem Felsen sitzend, gleich nach ihrer Geburt zu
weissagen begann. Wie sie die Namen aller Dinge kannte, war
Fernes ihr gegenwärtig und Zukünftiges offenbar. Sie lebte tausend
Jahre lang, wanderte und kündete die Zukunft, und im Laufe dieser Zeit verzehrte sich ihr Leib und schwand hin, bis nur ihre
Stimme noch blieb. In einem goldenen Käfig aufgehängt wie ein
seltsamer Vogel hielt diese Stimme Zwiesprache mit den Vorübergehenden, klagte und ersehnte sich den Tod. Anderer Kunde zufolge starb die Sibylle von den Pfeilen Apollons getroffen; ihr
Körper blieb unbestattet und tränkte die Erde mit seinem Blut, und
die Tiere nahmen den Keim der Weissagung auf. Ihre Seele aber
stieg an den Himmel und leuchtete von dem Gesicht des Mannes
im Mond weissagend fort.

Im Lauf der Jahrhunderte erscheint die Sibylle in vielerlei Gestalt. Der Katalog des Varro zählt zehn Sibyllen auf und nennt als
ihre Geburtsorte die verschiedensten Städte und Landschaften des
Mittelmeers. Der Herophile von Erythraea, von der ein dunkler
Spruch über einer Felsengrotte kündet, wurden Reisen nach Delphi
und Delos nachgesagt. Die Sibylle von Delphi soll auf die Inseln
und nach Kleinasien gelangt sein; von der cumäischen wie von der
tiburtinischen Sibylle heißt es, daß sie von weither über das Meer

gekommen seien. Diese Wege überschneiden sich, und die Kunde unterscheidender Daten ist dunkel und verworren. Um so deutlicher treten die gemeinsamen Züge hervor. So verschmelzen am Ende alle diese mythischen Sibyllen und Herophilen wieder zu einer einzigen Gestalt. Diese aber trägt ein Gesicht von seltsamer Zwiespältigkeit.

Zugleich mit dem fremden Gott, der über das Meer kam, um die leuchtende Insel seiner Geburt mit dem großartig wilden Tal von Krisa zu vertauschen, erscheint dort eine wahrsagende Frau. Sie ist nicht mit ihm gekommen; längst schon vorher war in der finsteren Schlucht unter den Glanzfelsen aus einer Spalte verwirrender Rauch gedrungen, längst schon vorher hatten Frauen geweissagt. Die Tragödie berichtet von einer Geschlechterfolge von Frauen, welchen ein Thron über dieser Spalte zu eigen war, einer Geschlechterfolge, an deren Spitze die Urmutter Gaia selbst stand. Mit ihr ist die Sibylle verwandt, aber auch mit Apollon, als dessen Schwester, Mutter oder Braut sie bezeichnet wird. Sie hat ihm den Thron freiwillig überlassen, ja, sie hat ihn herbeigerufen, daß er ihn einnehme und herrsche. Wenn auch seine Sprüche oft dunkel sind, so ist doch, was sie erstreben und befehlen, nüchterne Helle, besonnenes Staatsleben und klare Gerechtigkeit. Diesem neuen Gesetz unterwirft sich die Sibylle. Sie verkündet nur, was er sagt, ist nur eine Mittlerin, der andere Mittler, die Priester, die Sprüche vom Munde lesen, um sie deutend dem Nutzen des Volkes dienstbar zu machen. In Apollons Namen fordert die Wahrsagerin Sühneopfer, versöhnt die männliche, immer von neuem grausame Tat mit dem hellen Gesetz des Gottes. Trotzdem klingt es durch die Berichte von ihrem Wirken wie Eifersucht, Kampf und Verhängnis. Noch ist ja der Ort der alte, noch wehen die Dämpfe und raunen die Stimmen von dem Mord an der Drachin Pytho, der wieder und wieder gesühnt werden muß. Noch sind auch die alten reinigenden und segnenden Kräfte lebendig, die Glut des Sonnenfeuers auf den balsamischen Gewächsen der Macchia, der begeisternde Hauch der Höhlentiefe, das belebende Wasser des Kastalischen Quells und die warme Erde, die den Schlafenden erleuchtende Träume und Heilung gewährt. Dieses Reich der Elemente lockt den Gott, in der Gestalt der Sibylle will er es an sich ziehen und sich unterwerfen. So berichtet die Sage, daß Apollon um die Liebe der Priesterin warb und ihre volle Hingabe begehrte.

Aus den Geschichten der Manto und der Daphne tönt noch etwas zu uns von dem Schrecken und dem Haß, den die Werbung des herrlichen und herrischen Gottes in den Nymphen erweckte. Auch die Sibylle gehört in die Reihe der Nymphen, und wenngleich es heißt, daß sie selbst den Gott herbeigerufen habe, so war sie doch nicht frei von jener Furcht und Feindschaft, welche die Wesen der Natur bei der Annäherung einer fremden geistigen Welt beseelt. Sie wagte sich bis an die Schwelle ihres alten nurweiblichen Bereiches, aber nicht weiter, nicht hinaus in jenen männlich-göttlichen Bezirk, der dem Tode nicht unterworfen ist. Obwohl ihr als Lohn die Unsterblichkeit winkte, widersetzte sie sich dem Verlangen des Gottes. Sie blieb, was sie war, eine Hüterin des Tores, eine Mittlerin zwischen beiden Reichen. Doch erntete sie nun, statt des Lohnes, den Fluch Apollons.

Dieser Fluch, den Cassandra in Aischylos' Agamemnon beklagt, liegt über ihren Weissagungen, denen niemand Glauben schenken will, über ihrem Leben, das eine einzige mühevolle Wanderschaft ist. Nur das Unheil darf sie in der Zukunft gewahren, und wenn Apollon sie weiterhin zu seinem Dienste zwingt, so erscheint sie oft wie gepeinigt von seinem Gebot, schmerzvoll angestachelt, widerwillig sich bäumend wie ein Roß unter einem herrischen Reiter. Schon tritt sie uns entgegen als die finstere geheimnisvolle Deuterin der Zukunft, die zauberkundige Hexe, welche die Leidenden aufsuchen, welcher die Glücklichen aus dem Wege gehen. Zugleich aber liegt es über ihr wie ein Schimmer aus dem Lichtreich des Gottes, sie bleibt die Hüterin seines Dienstes, eine Schwester der Iphigenie und der Diotima. So hat Michelangelo sie dargestellt in der Delfica der Sixtinischen Kapelle, als eine Frau von ewiger Jugend und ruhevoller Schönheit, als eine Schauende vom reinsten Blick.

Licht und dunkel zugleich ist auch die cumäische Sibylle. Dem Aeneas des Virgil verwandelt sich ihre Schönheit im Augenblick der Eingebung in Greisenhaftigkeit und medusenhaften Wahnsinn. Sie rast in der Grotte, und Sprüche des Grauens kommen über ihre Lippen. Zwar befiehlt sie als Priesterin Apollons dem Aeneas, seinen toten Freund zu bestatten, und weist ihm den versöhnenden goldenen Zweig, zwar jagt sie selbst die Erdgöttin Hekate von dem geweihten Ort zurück. Aber über der Szene des Totenopfers an den Ufern des unheimlichen Averner Sees liegt etwas von dem Schauder der Nachtwelt, und schaurig klingen die Worte der Sibylle, die das Echo der Höhle hundertfältig zurückwirft. Sie führt den Helden in die Unterwelt, und diese Unterwelt ist ihr vertraut wie eine Heimat. Und nicht nur Apollon, sondern auch die Erdmutter haben ihr den Ort gewiesen, an dem sie wirkt, die campanische Grotte, welche halb der unteren Welt und halb dem lichten Tage gehört.

Uralt, wie die Sibylle der Ovidschen Metamorphosen, welche um so viel Lebensjahre gebeten hatte, als eine Handvoll Staub Sandkörner enthält, aber vergessen hatte, um die ewige Jugend zu bitten, steht uns die Sibylle vor Augen, welche dem römischen König Tarquinius ihre Sprüche verkaufen will und von den neun Büchern zähe rechtend eines ums andere verbrennt, bis nur noch eines übrigbleibt, für das sie den vollen Preis erhält. Dieses Orakelbuch wird in den Kellern des kapitolinischen Tempels aufbewahrt. Als der Tempel verbrennt, wird im Mutterland in den alten Orakelstätten geforscht, und die Ergebnisse dieser Forschungen heißen ›die Bücher‹ schlechthin. Bei unheilverkündenden Zeichen, Zwittergeburt, Blitzstrahl und Blutquell, werden sie gefragt. Die Sühne, die sie fordern, sind Jungfrauenprozessionen, Opfer und Spiele zum Lobe Apollons, und wieder scheint es, als habe sich die Priesterschaft ihrer nur zu staatlichen Zwecken bedient. In den ersten Jahrhunderten nach Christi Geburt aber, als der Kult des Gottes schon nicht mehr genügt, um die Ängste des Volkes zu beschwichtigen, ist es, als erhebe die Sibylle noch einmal ihre Stimme, um die Mütter der Tiefe wieder einzusetzen in ihr altes Recht. Andere Opfer fordert sie, und neben dem orgiastischen Kult des Dionysos treten die alten griechischen Erdgottheiten in den römischen Bereich. Inzwischen aber hatte das Christentum immer weitere Verbreitung gewonnen. Im Jahre 400, am Ende der heidnischen Götterwelt, wurden die Sibyllenbücher verbrannt.

Die Gestalt der Sibylle aber ist nicht im Kreis des Heidentums eingeschlossen und geht nicht mit ihm zugrunde. In den Jahrhunderten um die Zeitenwende tritt sie gleichsam hervor aus dem Schatten ihrer Höhle, und wie sich der Charakter ihrer Weissagung wandelt, scheint sie auch von dem Joche Apollons befreit. Sie schaut nicht mehr das Schicksal einzelner Menschen oder Staaten, sondern die großen Bewegungen der Völker im Lauf der Jahrtausende, und ihr prophetischer Blick verknüpft die vergangenen mit den künftigen Zeiten. So weist die tiburtinische Sibylle, die zur Zeit des Kaisers Augustus am Anio wie ein göttliches Wesen verehrt wurde, dem Kaiser einen Ring am Himmel, in welchem die Jungfrau mit dem Kinde erscheint. Sie legt dem Kaiser und den Senatoren ihre Träume aus und deutet dabei neun Sonnen als neun Zeitalter, die teils in der Vergangenheit, teils in der Zukunft liegen und deren Kern und Mitte Christi Leidenstod ist. Weit zurückgreifend zeichnet die christliche Legende auch jene Wahrsagerin, die am Hofe des Königs Salomo lebte und die Königin von Saba genannt wird, als eine Empfängerin solcher Überschau und eine Künderin kommenden Heils.

Fern von dem seligen Garten seiner Jugend, so berichtet die Legenda Aurea, lag der alte Adam im Sterben, und sein letzter Wunsch war eine Frucht aus dem Garten des Paradieses. Nach dieser schickte er seinen Sohn, und der brachte wirklich einen Zweig vom Paradiesesbaum zurück. Als er aber an das Lager des Vaters trat, fand er Adam tot. Er pflanzte das Reis auf das Grab des Vaters, und dort wuchs es, wurde ein Baum, ein hoher mächtiger Stamm, der die Jahrhunderte und Jahrtausende überdauerte. Endlich, zur Zeit des Königs Salomo, wurde er gefällt und sollte zum Tempelbau verwendet werden. Aber es wohnte ihm ein seltsam eigenwilliges Leben inne, so daß er sich nirgends in das Gerüst einfügen ließ. Unwillig warfen ihn die Zimmerleute schließlich über einen Bach, wo er den Wanderern als Steg dienen mochte. Diesen Wasserlauf erreichte die Sibylle, die von weither kam und ein Zeichen göttlicher Verfluchung, einen Tierfuß, an sich trug. Sie war im Begriff, ihren Fuß auf den Steg zu setzen, da schreckte sie zurück, von einem Gesicht getroffen, das ihr die schicksalsvolle Bedeutung des Stammes offenbarte. Er, der hier als Brücke über einem Bache lag, bedeutete eine Brücke über die Jahrtausende hinweg. Denn aus seinem Holze, so weissagte die Sibylle dem König,

17

werde dereinst das Kreuz gezimmert werden, das den Versöhner und Erlöser tragen werde. Aus Ehrfurcht vor dem unschuldigen Werkzeug des zukünftigen Leidens war sie durch das Wasser gewatet, und da sie nun wiederum zur Verkünderin und Dienerin einer Lichtgestalt wurde, verschwand der Tierfuß, das Zeichen einer unterirdischen Welt.

Bis tief in das christliche Mittelalter hinein ist in Chronik und Dichtung die Weisheit der Sibylle lebendig geblieben. In der bildenden Kunst stehen neben der reinen Schönheit der Delfica des Michelangelo und den jugendlichen Gestalten der Fresken in Santa Maria della Pace die unheilvollen Greisinnen des Mosaiks im Dom von Siena und die finstere Prophetin des Signorelli in Orvieto. Wenngleich aber dort wie in den Hexengestalten der Märchen auch die mythische Sibylle bis auf unsere Zeiten fortlebt, so ist doch ihr eigentliches Urbild immer wieder schwer ins Auge zu fassen. Es ist, als trete es stets aufs neue zurück hinter den Schleier feuchten Nebels, welcher von der Kastalischen Quelle aufsteigend zwischen den Felswänden hinwogt. Hinter solchem Schleier wohnen die Nymphen, wohnt in seltsamer Ungreifbarkeit alle Natur, die mit dem Wirken des Geistes nicht eins geworden ist, um ein Neues zu gebären: die schöpferische Tat.

II

AUS DEN
GEDICHTEN
(1935-1947)

Juni

Schön wie niemals sah ich jüngst die Erde.
Einer Insel gleich trieb sie im Winde.
Prangend trug sie durch den reinen Himmel
Ihrer Jugend wunderbaren Glanz.

Funkelnd lagen ihre blauen Seen,
Ihre Ströme zwischen Wiesenufern.
Rauschen ging durch ihre lichten Wälder,
Große Vögel folgten ihrem Flug.

Voll von jungen Tieren war die Erde.
Fohlen jagten auf den grellen Weiden,
Vögel reckten schreiend sich im Neste,
Gurrend rührte sich im Schilf die Brut.

Bei den roten Häusern im Holunder
Trieben Kinder lärmend ihre Kreisel;
Singend flochten sie auf gelben Wiesen
Ketten sich aus Halm und Löwenzahn.

Unaufhörlich neigten sich die grünen
Jungen Felder in des Windes Atem,
Drehten sich der Mühlen schwere Flügel,
Neigten sich die Segel auf dem Haff.

Unaufhörlich trieb die junge Erde
Durch das siebenfache Licht des Himmels;
Flüchtig nur wie einer Wolke Schatten
Lag auf ihrem Angesicht die Nacht.

Aegina

Wir hörten in den Kiefernwäldern
Den Wind, der in den Kronen sang,
Wir sahn das weiße Blut, das perlend
Aus den verletzten Stämmen drang.

Es stieg von manchem nahen Herde
Am Nachmittag ein bittrer Hauch.
Tief schatteten auf brauner Erde
Johannisbrot und Mispelstrauch.

Am Abend war auf Felsenwegen
Von Ziegenherden ein Getön
Und fern der wilde Schrei der Esel,
Die weidend durch das Dickicht gehn.

Ein Licht am Strande glänzte heller.
Wir waren Gast im fremden Boot,
Drei Fische lagen auf dem Teller,
Drei Scheiben von dem weißen Brot.

Im Weine war das Harz der Wälder,
Die Fische schmeckten Meereshauch.
Wir aßen das Gewächs der Felder,
Die bittre Frucht vom Mispelstrauch.

Wie seltsam war der Tag vergangen:
Wir kamen, gingen ungehemmt,
Nicht ahnend, was die Kinder sangen,
Wir waren Wanderer und fremd.

Doch als wir so vom Leib der Erde
Genossen, ward uns jeder Laut,
Der Menschen Sprache und Gebärde
Auf einmal wunderbar vertraut,

Und als der Ruderschlag verklungen,
Kein Schein des Lichtes mehr uns traf,
Da sangen uns mit tausend Zungen
Attische Winde in den Schlaf.

Am Strande

Heute sah ich wieder dich am Strand
Schaum der Wellen dir zu Füßen trieb
Mit dem Finger grubst du in den Sand
Zeichen ein, von denen keines blieb.

Ganz versunken warst du in dein Spiel
Mit der ewigen Vergänglichkeit,
Welle kam und Stern und Kreis zerfiel
Welle ging und du warst neu bereit.

Lachend hast du dich zu mir gewandt
Ahnest nicht den Schmerz, den ich erfuhr:
Denn die schönste Welle zog zum Strand,
Und sie löschte deiner Füße Spur.

Wie nie – wie immer

Das nie Geschehene geschieht. Ein Regen
Des Todes fällt vom Himmel. Menschen weichen
Gleich Fackeln brennend. Grab ist nicht für diesen
Ruhm nicht für jenen. Anspruch ohnegleichen
Ist jeder Tag und jeder ungemein.
Und tönt so laut, erschüttert so gewaltig
Wie nie, wie nie, wie nie und tausendfaltig,
Und geht doch auch dahin und da wirs inne
Geworden kaum, erstarren schon die Sinne
Und wollen blind und taub und schlafend sein.

Indessen gehen noch die alten Winde
Zur Nacht im Wald, wie immer, ach, wie immer.
Das Blütenblatt der Winterrose kräuselt
Sich sanft im Übergang. Die Saaten keimen,
Der Ahorn bildet, eh die Blätter fallen,
Die Knospen schön und fest und lang erfahren.
Es wirkt der Frühling mächtig im Geheimen,
Und Zukunft ist, noch eh wir sie gewahren.

Abschied am Zug

Ich sah euch so: Durch einer Scheibe Glätte
Einander zu die blassen Stirnen neigend.
Ein Schrei der Not, ein letztes Schluchzen hätte
Das Glas zerrissen. Doch ihr standet schweigend.

Und, unverwandt die kindlich stillen Züge
Dem Bittern aufgeschlossen bis zum Grunde,
Und sehr bedacht, daß nicht ein Lächeln trüge
Die schöne Täuschung euch von Mund zu Munde,

Daß nicht des Schicksals heilige Erscheinung
In Bangigkeit und kleinen Trost zerrieben
In einem Augenblick zuschanden werde.

Bewahrtet ihr des Abschieds tiefste Meinung
Und legtet alle Hoffnung, alles Lieben
Nur in die letzte, zärtliche Gebärde.

Rückkehr nach Frankfurt

I

Sage, wie es begann.
Wie sah sie dich an
Aus ihren erloschenen Augen,
Die Stadt?
Und was sagte der Mund,
Dieser zerrissene Mund,
Erwachend, was sprach der Mund?
Und wie hörtest du's klingen
Dir unterm Fuß
Aus den versunkenen Dingen?

Und der Fluß – der Fluß?

II

So hat es angefangen
Wie es für jeden beginnt.
Ich bin in die Schule gegangen,
Aber nicht als Kind.
Ich bin über den Schulhof gegangen
Da war in der Ecke
Die alte Schnecke,
Das Labyrinth.
Da warfen sie Steinchen und sprangen.
Aber ich war kein Kind.

Und oben waren die Kartenstellen.
Da mußte ich mich zu der Schlange gesellen,
Da war ich ein Stück von dem Leibe,
Von dem Tausendfüßler, dem Notgezücht,
Das über die Treppen und Flure kriecht
Und müht sich um Nahrung und Bleibe.

Und der erste ist Maul und der letzte Schweif
Und immer wieder wird einer reif.
Aber die in der Mitte
Sind nichts als Tritte,
Tritte im tiefen Sand.
Und ich stand –

Stand wie verloren und sah
Den Gang mit Tischen begrenzt.
Über den Sparren, wie nah!
Hat der Himmel geglänzt
Und am Fenster hat einer die Hände gerührt
Und den Hobel über die Bretter geführt
Und die Finger gestreckt und geballt.
Das war ein Schwung aus dem Handgelenk,
Da war ein Tun wie ein Gottesgeschenk,
Und er war so allein wie im Wald.

Doch das Tier hat plötzlich geschrien,
Glied gegen Glied sich gewandt.
Hundert Stimmen haben geschrien:
Warum sind wir nicht verbrannt,
Warum sind wir nicht erschlagen,
Wir brauchten nicht stehen und stehen
Um Essen und Kleider und Schuh,
Um Kohle an Wintertagen,
Wir wären mit allem versehen,
Mit Kammern und ewiger Ruh –

Aber keiner hat sich ganz gefallen
In der bitteren Versündigung,
Und es war ein Lächeln über allen,
Weil die Kinder noch im Hofe gingen,
Und man hörte sie im Hofe singen
Ihre freundliche Verkündigung.
Und man ahnte ihrer Knie Neigung,
Ihrer Arme liebliche Verzweigung,
Sah sie wandern, sich bücken
Unter den goldenen Brücken –

III

Das wußte ich nicht, wie bald
Ruinen verwittern,
Wie sie, noch eh die Gestalt
Vergessen ist und die Namen
Ausgelöscht, sich besamen,
Wie die Gräser wehen und zittern
Über dem Bogen und drin
Zinnkraut und blühende Halme
Stehn wie am Urbeginn.
Und wie schnell das alles verschwunden,
Verrottet, verfilzt, verweht,
Was der Mensch erfunden,
Mittel und Gerät,
Und wie gleich dem Moos der Äste,
Verklammert und verpecht,
Hängen im Leeren die Reste
Von Stiege und Drahtgeflecht,
Und wie am Abend, lange
Nachdem schon das Licht verglüht,
Die Ziegelwand über dem Hange
Wie Rosen blüht.

IV

Es wird uns nicht alles bereitet.
So ist's nicht, daß einer sagt:
Treten Sie bitte zur Seite,
In den Stadtwald vielleicht oder weiter,
Warten Sie, bis es tagt.
Und inzwischen kommen Giganten,
Stählern auf Raupe und Rad,
Und pressen aus Tuben und Kanten
Uns eine fertige Stadt,
Und führen uns an die Essen
Und kochen die Zukunft uns gar,
Und lassen uns alles vergessen
Was war.
Es muß wohl so sein, daß die Pfade
Noch lange verworren ziehn,
Über Buckel und seltsame Grade,
Über die Toten hin.
Und daß auf den Abend die Knaben
Umherirren ohne Verbleib,
Und vertauschen, was sie noch haben
Und ihrer Schwester Leib.
Und daß sich viele betrüben
In bitterer Ungeduld,
Und wollen nichts als sich lieben,
Und geben sich nichts als die Schuld.

Und daß noch mancher zu Tod geht,
Der Schätze des Glaubens besaß,
Und daß vor der Fülle die Not steht,
Und im Vorhof der Liebe der Haß.

V

Aufgehört hat der Kran, der Drache,
Den Zahn zu schlagen ins Trümmerbrot.
Seltener rollen die Räder, die fremden,
Donnernd über die Brooklynbrücke.
Atemlos sinken des goldenen Staubes
Fahnen herab. Durch die steinerne Wildnis
Wandert auf blauen asphaltenen Flüssen,
Wandert durch Säle voll wuchernder Blumen,
Flötet den Echsen, – lange, wie lange
Kam er nicht, – Pan.

VI

Hat nicht einer gefragt, wie es sei,
Wie die Stadt klingt im Geheimen.
Ach, eine Fülle von Reimen
Beschriebe das nicht. Es bedarf
Ohren zu hören. Denn nicht
Im Vordergrunde dem Schrei,
Den einer gen Himmel warf,
Und nicht dem Weinen
Unter den Steinen
Gilt es zu lauschen.
Wald vielleicht singt Melodie,
Und die Meere verrauschen
In Gischt und Glanz
Melancholie.
Aber die Stadt ist ein Tanz,
Und der Tänzer sind viele,
Alle verschworen dem Spiele.
Ob sie's nicht wissen und tasten
Blind sich und werfen ihre
Grauen und goldenen Masken,
Ihre Häute der Tiere
Über wie Alltagskleid.
Können sie doch nicht ruhen,
Tanzen in magischen Schuhen.
Auf der gerichteten Bühne,
Tanzen Trauer und Sühne,
Totentanz, Lebenstanz,
Hochzeit –

VII

Es wird doch schon wieder das Lot
Gerichtet und Steine getragen,
Uhren gehen und schlagen,
Wir essen das tägliche Brot.
Warum, warum habt Ihr Angst?

Wir fürchten uns nicht, nur
Daß der Krieg wiederkommt, nur

Daß sie uns, eh wir's gedacht,
Wieder verdingen,
Daß durch die stille Nacht
Die Flammen springen,
Daß uns die Saat verdirbt,
Die kaum gesäte,
Daß das Licht erstirbt,
Das kaum erspähte,
Der zage Schimmer
hinter dem Tann.
Und dann,
Dann
für immer.

VIII

Nun bin ich aufgenommen und das heißt,
Daß ich ein Teil bin und dazugehöre.
Das scheint beim ersten Hinblick keine Ehre.
Es zeigt sich wahrlich kein befreiter Geist
In diesen harten abgehetzten Mienen.
Man scheint sich selbst und nur sich selbst zu dienen,
Zu raffen und dem Nächsten zu verwehren,
Was man erkämpft, erlistet und erfrohnt.
Nichts ist umsonst, und selbst ein Lächeln schiene
Verschwendet, wenn's nicht bittet oder lohnt.
Nein, keine Ehre. Wer Vergleichung übt,
Nennt unser Wesen einen aufgestörten
Unrat und Schlamm, der einen Weiher trübt,
Und setzt sich und besudelt rings den Strand,
Indes das Wetter längst vorüberschwand.
Doch Ehre oder nicht. Wir sind und wirken,
Verhaftete in menschlichen Bezirken.
Und wenn wir jenes Bild ganz gegenwärtig
Uns halten, dann erkennen wir vielleicht
In jedem Streitwort, jeder Haßgebärde
Ein Flüchtiges, das nicht ins Tiefe reicht,
Ein Lippenwort, ein letztes Nervenbeben,
Den Abschaum eben, den wohl eine Hand
Imstande wäre, leicht und unvermutet
Vom Menschenangesicht hinwegzuheben,
Darunter aber schön und heiter flutet
Des Lichtes Spiegel über reinem Sand.

IX

Opernplatz, Rose den Winden,
Stern, der die Straßen entläßt,
Wie Du mir aufblühst im blinden,
Dunkeln Kastaniengeäst.
Wie dann im Näherkommen
All Deine Schönheit zerbricht,
Gealtert und verkommen

Dein Leib und Angesicht.
Säulen und Giebelschräge
Kulissen nur noch zum Schein,
Dahinter der Eulen Gehege,
Der Raben Stelldichein.
Die Töne alle versungen,
Die Goldgewänder verzehrt,
Weiß Gott, wohin entsprungen
Vom Dach das Flügelpferd.
Und drüben der Sockel, inmitten
Von Dornen und Nesseln leer,
Als sei einer fortgeritten,
Man weiß schon nicht mehr wer.
Und doch kann ich nicht beklagen,
Windrose, Dich und Stern,
Da Dir durchs Herz getragen
Ins Ferne und von fern
Der Straßen wildes Gedränge,
Des Tages junges Blut.
Das hat aus sich selbst Gesänge
Und aus sich selber Mut.

X

Keiner kommt und wehrt
Diesem fremden Pferd
Sich in Rosenbeeten
Einen Pfad zu treten,
Bei den Brunnensteinen
Plötzlich zu erscheinen
Und dann isabellen-
Farben und mit hellen
Schweif- und Mähnenhaaren
Durchs Gebüsch zu fahren.
Der das Haus einst inne,
Schön mit Turm und Zinne,
Kann sich nicht beklagen,
Liegt schon längst begraben.

Nur die vor dem Garten
Auf die Bahnen warten
Sehen es manchmal jähe
Ganz in ihrer Nähe
Bei den Gitterstäben
Stolz das Haupt erheben,
Greifen mit den Händen,
Weichen vor dem fremden,
Vor dem Urweltblick
Scheu zurück –

XI

Ich weiß nicht, ob ich wachend lag
Oder ob ich schlief:
Ich stand vor dem Haus, wo er Tag um Tag
Über die Treppen lief,
Wo man Geräte und Bilder gehegt
Und Uhr und Puppenspiel,
Wo ihn zuerst die Welt erregt
Und er der Welt gefiel.

Und das Haus war ein Loch, ein Kellerschacht,
Ein Haufen Dreck zum Hohn,
Und Schilder waren dort angebracht,
Darauf stand: Besitz der Nation.
Ich las die Zeichen traumgenau
Über dem wehenden Gras,
Gestalten bückten sich ins Grau
Und sammelten irgend etwas.

Und plötzlich stand am Straßenrand
Er selber in Fleisch und Blut,
Er trug nicht den blauen Rock mit dem Band
Und nicht den Campagnahut.
Er trug nicht einmal sein eignes Gesicht,
Ich wußte nur: er war da.
Und ich erschrak wie vorm Jüngsten Gericht.

Weil er sein Haus ansah.
Doch schaute er gar nicht hinab in die Gruft,
Er zählte die Fensterreihn.
Er spähte in Räume aus lauter Luft,
Als strahle dort Kerzenschein.

Er folgte über dem Nichts der Wand
Einer alten Spur
Und lauschte mit erhobener Hand
Den Schlägen einer Uhr,
Und maß den öden Trümmerschlick,
Wie man ein blühendes Beet,
Wie man ein Ganzes überblickt,
Das schön gewachsen steht.

Da wußte ich ihn unerreicht
Vom blutigen Vergehen,
Weil die Vollendeten vielleicht
Nur die Vollendung sehen.
Und hörte selbst, eh alles schwand,
Den letzten, hellen Ton,
Und las auf dem Schild über Schutt und Sand
Die Worte: Besitz der Nation.

XII

Wenn ich, denkt das Mädchen, es verstände
Keine dieser zarten Schattenhände
Der Kastanien auf dem Pflastersteine
Zu betreten [oder beinah keine] –

Wenn ich, denkt der Mann, die Bahn erreiche,
Wenn es keinen Halt gibt bei der Weiche,
Wenn der Polizist die Zeichen achtet
Und die Straße freizugeben trachtet –

Kreuzte, denkt das Mädchen, vor dem dritten
Baume keine Nonne meine Schritte,
Und nicht mehr als zweimal kleine Knaben,

Die ein Spielzeug in den Händen haben,
Ach, dann werden wir uns wiedersehen –

Wird nicht, denkt der Mann, der Strom versagen,
Wird den Fahrer nicht der Blitz erschlagen
Und der Wagen nicht in Trümmer gehen,
Ja, dann werden wir uns wiedersehen!

Und das Mädchen muß noch oft erschauern,
Und dem Manne will es ewig dauern,
Bis sie unter dem Kastanienzweigen
Lächelnd Aug in Auge stehn und schweigen.

XIII

Gefahr ist der Fluß geworden,
Seine Wasser führen den Rest
Von Sengen und Brennen und Morden,
Krieg und Leichenpest,
Giftige Keime in Schwaden,
Absud von Jammer und Not,
Darf niemand schwimmen und baden,
Er tränke sich den Tod.

Leer ist der Fluß geworden
Nach den Tagen des Zorns,
Still von den schrillen Akkorden
Der Pfeifen und des Horns.
Stromüber fallend und steigend
Umzuckt ihn der Möwen Schrei,
Riesig zieht er und schweigend
Zu meinen Füßen vorbei.
Heiterer schien er mir immer
In der anderen Zeit,
Als er den Lichtschein der Zimmer
Trug wie ein flackerndes Kleid
Und hinschoß unter den Brücken

Und sie rauschend verließ,
Als die Lampen noch glühten
Bei den südlichen Blüten
An der Mauer, die Nizza hieß.

Doch die Wasser kommen von weit her,
Von Tannen und duftendem Heu,
Und durch alles Geschehene seither
Gehen sie schrecklich neu
Und müssen erst alles erfahren
Und sinken lassen zum Grund,
Auch das Haupt mit den Schlangenhaaren
Und dem schreienden Mund.

Und tragen noch lange schwer hin
Der Ufer vergängliches Los,
Und singen es dann in den Meerwind
Und betten es in den Schoß.

XIV

Sahest Du's: als ich den Blick fand,
Wie er zu blühen begann?
Hörtest Du's: als mir der Mund sprach,
Wie die Trauer zerrann?

Wir haben so lange geweint.
Laß das Licht uns borgen
Von dem Stern, der morgen
Uns erscheint.

III

DAS
HAUS
DER
KINDHEIT

Es fing damit an, daß ein Unbekannter auf der Straße vor mir stehenblieb und das Wort an mich richtete. Er fragte, ob ich mich in der Stadt auskenne und ob ich ihm sagen könne, wo das Haus der Kindheit sei. Was soll das sein, fragte ich überrascht, ein Museum? Wahrscheinlich nicht, sagte der Mann. Vielleicht eine Schule, fragte ich weiter, oder ein Kindergarten? Der Mann zuckte die Achseln. Ich weiß es nicht, sagte er. Er hatte graues Haar und sah ein wenig provinzlerisch aus. Also setzte ich meine Brille auf und las einige der an den nächsten Häusern angebrachten Aufschriften, um ihm zu Hilfe zu kommen. Konservatorium stand da, Lichtspieltheater, Lebensversicherung Allianz. Von einem Haus der Kindheit war nichts zu sehen, und ich hatte auch nie davon gehört. Warum suchen Sie dieses Haus, fragte ich, um einen Anhaltspunkt zu gewinnen. Ich habe dort zu tun, sagte der Mann, ich werde alt. Er zog höflich den Hut und entfernte sich. Ich ging weiter, indem ich über seine letzten, etwas rätselhaften Worte nachdachte, und bog aus Zerstreutheit in eine falsche Gasse ein. Als ich ein paar hundert Schritte gemacht hatte, sah ich das Haus.

Natürlich bin ich an jenem Tage gleich zurückgelaufen, um dem Fremden Bescheid zu geben, aber ich habe ihn nicht mehr gefunden. Das ist nicht weiter erstaunlich, wenn man bedenkt, daß unsere Stadt sehr groß und besonders um die Mittagszeit voll von Menschen ist. Übrigens sind nach dem Kriege viele Straßen ganz neu bebaut worden, so daß man sich nicht mehr gut auskennt und manchmal gar nicht weiß, wo man eigentlich ist. Es sind auch viele öffentliche Gebäude neu errichtet worden, darunter einige, die es vorher gar nicht gegeben hat und die den besonderen Bedürfnissen der Jetztzeit entsprechen. Ich nehme an, daß das sogenannte Haus der Kindheit zu diesen Errungenschaften der Nachkriegszeit gehört. Soviel ich in der Eile gesehen habe, ist es ein großes graues Gebäude ohne besonderen Schmuck, ausgenommen eine Art von Jugendstilornament, das über dem Portal angebracht ist und unter dem in Goldbuchstaben der Name steht.

3

Ich habe natürlich gar keine Veranlassung, mich zu erkundigen, was es mit dem von dem Fremden gesuchten Gebäude auf sich hat, oder gar dahin zurückzukehren, um es noch einmal und ganz aus der Nähe zu sehen. Es sind mir allerdings inzwischen einige Zweifel gekommen, ob ich die Aufschrift auch richtig gelesen habe, da ich ziemlich kurzsichtig bin und Druckbuchstaben auf die von mir damals eingehaltene Entfernung eigentlich gar nicht lesen kann. Ich habe aber heute, von dem Fenster meiner Schneiderin, dasselbe Haus, wahrscheinlich seine Hinterseite, gesehen. Ich habe es an dem grauen Stein erkannt, dessen Beschaffenheit etwas merkwürdig Unsolides, Kulissenhaftes hat. Übrigens fiel mir erst hier auf, daß die Fenster des sonderbaren Hauses zugemauert waren. Ich fragte die Schneiderin nach dem Gebäude, aber da sie in ihre Wohnung erst vor kurzem eingezogen war, wußte sie nichts.

Heute kam bei Freunden das Gespräch darauf, wie lebhaft die Bautätigkeit in unserer Stadt sich neuerdings gestaltet habe und welche Bequemlichkeiten und geistige Fürsorge man dem Steuerzahler angedeihen ließe. In diesem Zusammenhang wurden nicht nur die Rolltreppen, die Badeanstalten, die öffentlichen Bibliotheken und die Kinderspielplätze, sondern auch verschiedene neue Sammlungen und Bildungsstätten, wie das Kosmetikmuseum, die Ausstellung »Was bellt denn da?« und das Shakespeare-Unterwassertheater erwähnt. Ich erzählte bei dieser Gelegenheit von dem Haus der Kindheit, und alle Anwesenden zeigten sich sehr interessiert. Einige Freunde wünschten mit mir zusammen diese neue Einrichtung zu besichtigen, und wir verabredeten Tag und Stunde eines gemeinsamen Besuchs. Da mir jedoch beim Weggehen einfiel, daß ich mir den Namen der damals versehentlich von mir eingeschlagenen Gasse nicht gemerkt hatte, wurde ausgemacht, daß ich zunächst einmal allein hingehen und die Freunde dann telefonisch benachrichtigen sollte.

5

Ich habe den Besuch des Kindermuseums, oder was es sonst sein mag, wegen Arbeitsüberlastung auf die nächste Woche verschoben. Ich hätte natürlich versuchen können, einstweilen allein, etwa auf einem Besorgungsgang durch die Stadt, vorbeizugehn, aber wahrscheinlich hätte ich auch damit viel Zeit verloren. Ich glaube mich nämlich jetzt genau zu erinnern, daß die Straße, an der das Gebäude lag, eine Sackgasse war. Ich entsinne mich einer hohen grauen Mauer, die am Ende der Gasse den Weg versperrte und die es unmöglich machte, an dem Hause vorbei in andere Stadtteile zu gelangen. Es ist freilich denkbar, daß der Besucher, der die ganze Führung mitgemacht hat, zu einem anderen Ausgang wieder hinausgelassen wird. Über einer solchen Führung aber können, bei der bekannten Unerbittlichkeit der Museumsbeamten, ohne weiteres mehrere Stunden vergehen.

Die Sache ist die, daß mich schon das Wort Kindheit einigermaßen nervös macht. Es ist erstaunlich, an wie wenige Dinge aus meiner Kindheit ich mich erinnere und wie ungern ich von andern an diese Zeit erinnert werde. Wo im Gedächtnis der meisten Leute eine Reihe von hübschen, freundlichen Bildern auftaucht, ist bei mir einfach ein schwarzes Loch, über das zu beugen mich trübe stimmt. Ich nehme an, daß dieses Vergessen eine bestimmte Ursache hat. Außerdem hinterläßt ohnehin jeder Gedanke an Vergangenes in mir einen üblen Geschmack. Ich bin darum froh, daß ich das sogenannte Haus der Kindheit nicht aufgesucht habe. Wahrscheinlich enthält es nichts anderes als eine Sammlung von Spielsachen und Bilderbüchern, wie man sie auch in den Schaufenstern sieht. Vielleicht ist auch eine Schallplattensammlung vorhanden, und es werden einem auf Wunsch Weihnachtslieder und Abzählreime vorgespielt, Dinge, die bei dem heutigen raschen Absinken alten Kulturgutes womöglich einen folkloristischen Wert besitzen. Man könnte so etwas sehr hübsch machen, aber es ist keinesfalls etwas für mich.

7

Das Haus der Kindheit liegt offenbar sehr viel näher bei meiner Wohnung, als ich dachte. Ich stand heute ganz unversehens davor und nahm die Gelegenheit wahr, es genau ins Auge zu fassen. Rechts von der großen Eingangstür befanden sich ein flacher weißer Klingelknopf und eine Scheibe aus mattem Glas, auch eine Schallmuschel, in die man hineinsprechen kann. Ich habe eine solche Schallmuschel bereits einmal, nämlich bei einem unserer neuen städtischen Ämter gesehen. Sobald man dort auf die Klingel drückte, ertönten die von einer Männerstimme gesprochenen höflichen Worte: Bitte melden Sie sich. Nennen Sie Ihren Namen und das Datum Ihrer Geburt. Ich war überzeugt davon, daß es sich hier um eine ähnliche Anlage handelte. Die Mattglasscheibe gehört wahrscheinlich zu einem photographischen Apparat, der in dem Augenblick, in dem ich mich ihr näherte, mein Bild irgendwo im Innern des Hauses in Lebensgröße erscheinen ließ. Solche Dinge erinnern an die Geheime Staatspolizei und sind mir verhaßt. Natürlich entfernte ich mich, ohne auf die Klingel zu drücken.

8

Mit Carl über das Museum und mein Hingehen gesprochen. Ich mußte ihm alles genau beschreiben, wobei ihn besonders der offiziell-langweilige Charakter des Baustils und die zugemauerten Fenster interessierten. Wir kamen auf den absurden Gedanken, daß der Inhalt des Hauses nicht feststehe, sondern sich nach dem Empfang der Meldung für jeden Ankömmling völlig verändern lasse. In diesem Fall hätte man dort also nicht Bilderbücher, Spielsachen und Kinderzimmermöbel von allgemeiner Art, sondern die allerpersönlichsten Dinge zu erwarten. Es wäre dann ganz unmöglich, daß zwei oder gar mehrere Personen zu gleicher Zeit Einlaß fänden. Wie schade. Mit Carl zusammen hätte ich der neuen Einrichtung gewiß recht heitere Seiten abgewinnen können.

9

Es ist merkwürdig, daß, sobald man eine bestimmte Sache im Auge hat, alle Menschen ganz unaufgefordert von Dingen sprechen, die mit dieser Sache im Zusammenhang stehen. Immer wieder komme ich jetzt mit Menschen zusammen, deren Gesicht sich bei der Erwähnung ihrer Kindheit verfinstert, obwohl sie als Kinder offensichtlich weder gehungert haben noch mißhandelt worden sind. Andererseits wird mir von ganz verschiedenen Leuten, allerdings ohne ihr Wissen, der Besuch des Kindheitsmuseums nahegelegt. So war es heute Eva, die behauptete, zu irgendeiner Zeit seines Lebens *müsse* man sich mit seiner Kindheit beschäftigen, es sei vielleicht unangenehm, aber man komme nicht darum herum. Ich bezweifle, daß sie recht damit hat, jedenfalls gilt das nicht für meine Person. Ich habe keine besonderen Lebensschwierigkeiten, die mit einer solchen Erforschung der Vergangenheit aus dem Wege geräumt werden müßten, und wenn man die Jahre, in denen ich mich befinde, ein kritisches Alter nennt, pflege ich zu sagen, daß es kein Alter gibt, das nicht in irgendeiner Beziehung kritisch wäre. Ich bin in der glücklichen Lage, noch geliebt zu werden, und, was wichtiger ist, noch selbst Liebe zu empfinden. Wenn ich in den Spiegel schaue, überkommt mich ein gewisser Galgenhumor, der hoffentlich anhält, bis mir alles Äußere vollständig gleichgültig ist.

10

Ich habe heute aus meinem gewöhnlichen Tagebuch, das natürlich sehr viele ganz andere Dinge enthält, alle Eintragungen herausgeschrieben, die sich auf das Museum beziehen. Es könnte doch sein, daß ich wirklich einmal dorthin ginge und daß es mich dann reizte, es in allen Einzelheiten zu beschreiben. Diese Aufzeichnungen würden in meinem Tagebuch einen ganz ungebührlich großen Raum einnehmen, und ich wäre später einmal versucht, ihnen eine Wichtigkeit beizumessen, die ihnen nicht zukommt. Wichtig ist am Ende doch nur die Gegenwart, der Vergangenheit gegenüber sind wir machtlos, sie ist toter Stoff, den wir nicht verändern können und der kein Leben mehr gewinnen kann.

11

Der Eintritt in das Museum ist, wie auf einer kleinen Tafel neben der Eingangstür geschrieben steht, frei. Aber das will natürlich nur heißen, daß man nicht mit Geld bezahlen muß, und das bedeutet so gut wie nichts. Ich könnte mir gut vorstellen, daß man in dem Haus der Kindheit seiner Freiheit beraubt wird, auch die Anwendung moderner Methoden der Willensverminderung, wie Blendlicht oder Betäubungsmittel, ist durchaus denkbar. Schon früher sagte man von alten Leuten, daß sie kindisch würden. Es mag sein, daß man, einmal in dem Haus heimisch geworden, seiner Stimmung verfällt und sich in der Außenwelt nicht mehr zurechtfinden kann.

Der Gedanke ist mir furchtbar, wie ich überhaupt gegen diese neue Einrichtung eines Kindheitsmuseums einen immer stärkeren Widerwillen empfinde.

12

Ich habe eine schreckliche Entdeckung gemacht. Das Haus wandert. Als ich heute gegen Abend, allerdings in einem Zustand großer Ermüdung, zum Fenster hinaussah, lag unten nicht der kleine vertraute Rasenhof mit der Teppichstange und den bereits kahlen Fliederbüschen, sondern etwas ganz anderes, von dem ich sofort wußte, daß es einen Teil des geheimnisvollen Hauses bildete oder aus diesem hervorgetreten war. Ich möchte nicht beschreiben, was ich gesehen habe, weil ich es für eine Halluzination halte, die zu vergessen ich mich bemühen will. Solchen Halluzinationen ist jeder Mensch unterworfen, es kommt nur darauf an, mit welchen Abwehrkräften man ihnen entgegentreten kann. Meine Lebensweisheit, immer das Nächstliegende gut, ja auf die denkbar beste Weise zu erfüllen, kommt mir hier gewiß sehr zustatten.

13

Über die seltsame Erscheinung von gestern nachgedacht und die Möglichkeit, daß sie sich wiederholen könnte, ins Auge gefaßt. Es wäre wohl besser, das Haus einmal freiwillig aufzusuchen, als schließlich ein Opfer seiner sonderbaren Kunststücke zu werden. Die Freiwilligkeit ist eine mächtige Waffe, wer sich ihrer bedient, ist in einer ganz anderen Lage als der Getriebene oder Gezogene, er geht vor allem genau so weit, wie er will, und es steht bei ihm, das Abenteuer abzubrechen, wann immer er genug davon hat. Bitte zeigen Sie mir nur die wichtigsten Räume, würde ich sagen, ja, viel Zeit habe ich nicht. Tatsächlich liegt mir ja auch nur daran, einen flüchtigen Überblick zu gewinnen.

Novembertage mit fallenden Blättern, die alle meine Bekannten sehr melancholisch stimmen. Ein Hofsänger [aussterbender Typus, noch im einzelnen zu beschreiben] sang das Lied vom Elterngrab, während die Winterkohlen von einem Lastauto auf die Straße geschüttet und dann in den Keller geschaufelt wurden. Ich war vorzüglicher Laune: Der Herbst erschreckt mich nicht, schließlich braucht man sich ja nur ein wenig mit der Botanik zu beschäftigen, um zu wissen, daß die Knospen für das nächste Jahr um diese Zeit bereits vorgebildet sind. Zudem ist der Schönheit sterbender Naturgebilde, wie etwa der von Herbstbäumen oder sich öffnenden Tulpenkelchen, schlechthin nichts an die Seite zu setzen. Jedenfalls nicht die sogenannten Reize des Vorfrühlings mit seinen ärmlichen Bemühungen und seinem fadenscheinigen Glanz.

15

Der plötzliche Tod eines Bekannten hat unseren ganzen Freundeskreis verstört. Über das persönliche Vermissen hinaus hat die Todesart, das ganz unvermutete Wegbleiben des Atems, einen schrecklichen Eindruck gemacht. Bei den gläubigen Katholiken ist das zu verstehen, aber es waren eigentlich gerade die anderen, die Nichtgläubigen, die sich am meisten entsetzten. Es schien mir, daß sie den Verstorbenen vor allem deswegen bedauerten, weil er keine Zeit mehr gehabt hatte, eine Abrechnung zu machen, das heißt, sich selbst klar vor Augen zu stellen, was in seinem Leben lebenswert gewesen war. Vielleicht, so meinte jemand, gibt es, wie in jedem Leben, auch in seinem dunkle Stellen, die er noch hätte erhellen, oder Knoten, die er noch hätte auflösen wollen. Ich fand diese Bedenken kleinlich und unpassend. Wie es heißt, zieht sogar an dem inneren Auge eines Menschen, der vom Dach stürzt, sein ganzes Leben blitzschnell und in jeder Einzelheit deutlich vorüber – es bedarf also offenbar nur weniger Sekunden, um mit sich ins Reine zu kommen.

16

In der wunderbaren Reise des kleinen Nils Holgersson zahlt der in einen Zwerg verwandelte Knabe in den Bazaren der untergegangenen Stadt Vineta mit einer armseligen Kupfermünze, oder vielmehr sollte er damit zahlen und auf diese Weise die ganze versunkene Stadt erlösen. Es ist gut möglich, daß auch im Haus der Kindheit die wunderlichsten Zahlungsmittel gelten, ja, daß zum Beispiel das ganze Museum aus automatischen Guckkästen besteht, deren Bilder ohne die richtige Münze oder den richtigen Zauberspruch überhaupt nicht angesehen werden können. Jedenfalls zahlt man, im übertragenen Sinne, mit Leben, mit Gegenwart, also mit dem Kostbarsten, was man hat.

17

Einige Tage nicht an das Haus gedacht. In den Zeitungen war viel die Rede von der Atomkraft, die bereits ein neues Zeitalter für die Menschheit heraufzuführen scheint. Die hohe Gefährlichkeit dieser Erfindung gibt allem, was mit ihr zusammenhängt, etwas merkwürdig Unpersönliches, ihr kosmischer Charakter macht das Einzelwesen unwichtig und klein. Seiner eigenen Vergangenheit nachzuhängen mutet in diesem Zusammenhang völlig absurd, ja kindisch an. Ich begreife nicht, daß unsere Stadt im Augenblick, wo es soviel wichtigere Dinge gibt, die Mittel aufbringt, mit einer offensichtlich komplizierten und gewiß kostspieligen Einrichtung jedem Einwohner seine höchst belanglose Kindheit vor Augen zu führen. Aber schließlich weiß ich ja darüber noch nichts. Es kann alles viel anspruchsloser und am Ende nichts als ein kleiner Zeitvertreib sein.

Das Erlebnis von neulich hat sich wiederholt. Ich hatte bei einer mir wenig bekannten Familie etwas abzugeben und kam mit der Frau des Hauses ins Gespräch. Wir standen im Vorzimmer, die Kinder liefen durch den Raum in den Garten, auch ein kleines Mädchen, das wie ein Bub gekleidet und mit Stöcken und Seilen und einem wilden indianischen Kopfputz recht kriegerisch ausgerüstet war. Meine Tochter spielt niemals mit Puppen, sagte die Mutter und lachte dazu, während doch ihrer Stimme eine gewisse Besorgnis anzumerken war. In diesem Augenblick erfuhr der mich umgebende Raum eine blitzschnelle Verwandlung, ohne daß dabei etwa ein anderer von bestimmter Gestalt hervorgetreten wäre. Ich verlor nur gewissermaßen den Boden unter den Füßen, an die Stelle des netten vernünftigen Gesprächs traten Wort- und Tonfetzen von chaotischer Art. Obwohl ich das Haus der Kindheit nie betreten habe, bin ich doch überzeugt davon, daß es mich in diesem Augenblick wieder und noch kräftiger als das erstemal in sich hineingerissen hat. Ich bin entschlossen, mir das nicht länger gefallenzulassen. Schließlich kann ich ja auch hingehen und gegen eine solche gewiß strafbare Fernbehandlung protestieren.

Es ist langweilig, in Gedanken und beim Aufschreiben immer die ganze Bezeichnung des sonderbaren Hauses zu benützen. Für alle öffentlichen Einrichtungen gebraucht man jetzt Abkürzungen, die aus den zusammengezogenen Anfangsbuchstaben der einzelnen Wörter bestehen. Diese Gebilde haben oft etwas Lustiges, Familiäres, das den Ernst und die Wichtigkeit der gemeinten Anstalten [Banken, Warenhäuser, Ämter und dergleichen] Lügen zu strafen scheint. Sobald man sie ausspricht, stellt man zu der in Frage kommenden Einrichtung eine neue, harmlosere Beziehung her. Das Wort H.D.K. [Hadeka] zum Beispiel hat etwas Frisches, Draufgängerisches, das mich erheitert und mutig stimmt. Da ich es selber geprägt habe, gehört es zudem mir und läßt mich, wenn auch nur in bescheidenem Maße, Macht über den gemeinten Gegenstand gewinnen.

20

Die Wohnung aufgeräumt. Einige verdächtige Gegenstände entdeckt, verdächtig insofern, als ich glaube, daß sie in derselben oder in ähnlicher Ausführung im Hadeka zu finden sind. Ich habe diese Gegenstände entfernt. Trotzdem blieb eine Beunruhigung oder besser gesagt ein leiser Mißmut zurück. Warum eigentlich? Ich fühle, wie ich nach und nach viel von meinem Selbstbewußtsein verliere. Ich muß hin.

21

Auffallend ist, daß für das Hadeka keinerlei Reklame gemacht wird. Weder im Anzeigenteil der Zeitung noch auf dem der Lichtspielleinwand findet sich der geringste Hinweis auf diese neue Möglichkeit, seine Bildung zu bereichern oder gewisse Erkenntnisse zu gewinnen. Niemand spricht davon, auch meine Bekannten, denen ich vor einigen Wochen davon erzählt habe und die mit mir zusammen hingehen wollten, sind auf unser Vorhaben niemals zurückgekommen. Man könnte meinen, daß das Haus, wenn nicht für mich allein, so doch für eine ganz beschränkte Anzahl von Personen existiert, nämlich für solche, die, wie ich, erinnerungslos oder erinnerungsunwillig sind. In diesem Fall könnte es sich auch um eine klinische Anstalt, eine Einrichtung zur Bereinigung anomaler Fälle handeln. Seit ich auf diesen Gedanken gekommen bin, ist mir das Hadeka vollends widerwärtig geworden. Ich habe keinerlei Interesse für die Methoden der modernen Psychiatrie. Ich bin gesund.

Der Ausdruck H.D.K. gefällt mir nicht sehr. Er erinnert mich an gewisse Warenhäuser, in denen Massenartikel zu Einheitspreisen angeboten werden. Ich habe diese Kaufhäuser immer gehaßt, vor allem um ihres Geruches willen, der, aus Parfümerien, Gummi, Eßwaren und menschlicher Ausdünstung gemischt, Übelkeit erregt. Abgesehen von dieser Gedankenverbindung ist das Wort Hadeka auch zu durchsichtig, zu verräterisch für meinen Zweck. Ich möchte in der Lage sein, das Haus zu erwähnen, ohne daß seine Anziehungskraft, die doch nicht mehr zu leugnen ist, auf mich zu wirken beginnt.

23

Ich habe heute zum erstenmal einen Blick in das Innere der sonderbaren Museumsanlage geworfen. Es war alles ganz leicht. Ein Tor in der Mauer, das ich bereits bei meinem ersten Gang durch die Straße bemerkt hatte, das aber damals verschlossen gewesen war, stand heute offen, allerdings nur eine Spanne breit. Ich konnte aber diesen Spalt unauffällig so weit vergrößern, daß ich sah, was sich hinter der Mauer befand. Dies zu beschreiben, fällt mir freilich schwer. Am wichtigsten erscheint es mir zu sagen, daß der Eindruck von Kulissenhaftigkeit, den ich schon früher hatte, sich voll bestätigt hat. Die ganze Anlage ist eine Kulisse, das Gebäude selbst nur eine Fassade, sonst nichts. Hinter der Fassade befinden sich im Freien eine Menge schwer erkennbarer Aufbauten, wie sie vielleicht auf dem Gelände einer Filmgesellschaft zu finden sind, auch kleine Garten- und Waldstücke, bei denen ich nicht erkennen konnte, ob sie echt oder aus Holz, Stoff und Pappe künstlich nachgebildet waren. Das Verwirrendste an dem Anblick all dieser Dinge war, daß aus mehreren, mir verborgenen Apparaten das verschiedenste Licht, ja sogar ein tiefer künstlicher Schatten, wie die Dunkelheit der Nacht auf sie fiel. Das Ganze wirkte unordentlich, sogar chaotisch, aber durchaus nicht unheimlich, und ich mußte beim Fortgehen darüber lachen, daß ich mich vor dem Besuch der Anlage so sehr gefürchtet und ihn so lange hinausgeschoben hatte.

Der erste scharfe Frost. An den Fenstern die schönen Eiskristalle, die man jährlich wieder als eine zauberhafte Wiedererweckung fossiler Flora erkennt. Ich hatte mir schon lange vorgenommen, diese Gärten aus der Jugend der Menschheit einmal in allen Einzelheiten zu beschreiben. Solche Aufzeichnungen gehören natürlich in mein anderes Tagebuch. Ich holte es eben heraus und sah zu meiner Überraschung seit dem 10. Oktober keine Eintragung mehr. Wieviel Zeit habe ich doch mit all dem Nachdenken über das Haus der Kindheit verloren. Ich bin froh, daß ich jetzt weiß, was es damit auf sich hat. Jetzt bin ich frei.

25

Im Grunde weiß ich natürlich nichts, als daß das Museum noch nicht fertig ist. In früheren Zeiten, als die Bautätigkeit während des Winters ruhte, wäre es wahrscheinlich noch lange nicht fertiggeworden. Heutzutage aber baut man mit künstlicher Erwärmung des Materials und bei elektrischem Licht. Wenn ich in einigen Wochen wieder hingehe, werde ich gewiß bedeutende Fortschritte feststellen können. Jetzt schon ist mir klar, daß für das Museum die modernsten Methoden der Belehrung angestrebt werden. Das ist natürlich nur zu begrüßen. Man wundert sich oft, einen wie geringen Gebrauch zum Beispiel die Schule von den Möglichkeiten des Films, des Rundfunks und des Fernsehens macht. Ich halte es nicht für ausgeschlossen, daß, im Gegensatz dazu, unsere Stadt aus der Kindheit jedes einzelnen Bürgers bestimmte besonders charakteristische Schall- und Bildaufnahmen bewahrt.

Wieder die Sackgasse bis zu ihrem Ende hinuntergegangen. Diesmal war das Tor geschlossen, doch entdeckte ich in der Mauer eine Art altmodischer Schießscharten, die sich übrigens zu meinem Erstaunen nach der Straßenseite zu verengten, gerade als sei es das Draußen und nicht das Drinnen, das es zu verteidigen galt. Der Schlitz war sehr schmal, aber ich konnte doch erkennen, daß sich seit meinem letzten Besuch überhaupt nichts geändert hatte. Derselbe öde Rummelplatz mit seinen zahllosen, im einzelnen schwer feststellbaren Aufbauten, dieselben Wald- und Gartenstücke, nur daß diesmal die wunderliche Beleuchtung fehlte, ja ein grauer kalter Nebel die seltsamen Gegenstände umfloß. Dieser Anblick hat mich von meiner früheren Meinung, es handle sich hier um ein im Bau befindliches Museum, völlig abgebracht. Die Hausfassade mag eine aus dem Krieg übriggebliebene Ruine sein, während die Bauten dahinter wohl zu einem einmal geplanten und wieder aufgegebenen phantastischen Vorhaben gehören. Solche Vorhaben sind mir nur allzu gut bekannt. In den Zeitungen, für die ich schreibe, pflege ich oft selbst dem Publikum derartiges zu unterbreiten. Ich erinnere nur an das Schweigehotel, dessen sämtliche Fenster auf einen mit Koniferen bepflanzten Innenhof gehen, oder an die hinter Glasscheiben längs der Untergrundbahn anzubringenden historischen Wachsfigurenkabinette, lauter Dinge, die meinen eigenen skurrilen Bedürfnissen entsprechen und für welche das Publikum so gut wie gar kein Verständnis hat.

27

Träume können eine abgelegte, ja gestorbene Sache auf die erstaunlichste Weise wieder lebendig machen. So träumte ich in der vergangenen Nacht von einer Wiese, die sich, wie ich im Traum genau wußte, im Haus der Kindheit befand. Durch die Wiese floß ein winziger Bach. Die Gräser, die an seinem Rand wuchsen, wurden vom Wasser überspült, beugten sich und tauchten wieder auf, von Tropfen, die in der Sonne funkelten, wie von märchenhaften

Schmuckstücken gekrönt. Ich empfand ein starkes Glücksgefühl, und zwar nicht das eines Zuschauers sondern das eines Teilhabenden, so als wäre ich selber das Wasser oder das Gras. Als ich aufwachte, war ich fest überzeugt, daß das Haus doch existierte und daß es imstande wäre, durchaus andere als unangenehme und entwürdigende Erfahrungen zu vermitteln. Wenn ich wieder hingehe, mag die Schießscharte zugemauert, das Tor verschwunden sein, aber dann gibt es immer noch die Eingangstüre, die Klingel, die Schallmuschel und die Scheibe aus mattem Glas. Ich stelle mir vor, wie der Pförtner sich an meiner Überraschung weiden will, wenn ich die Türe aufmache und in gar keinen Innenraum, sondern gleich wieder ins Freie trete. Aber ich bin ja gar nicht überrascht. Ich weiß.

28

Der sonderbare Bauplatz zieht mich immer noch an. Ich habe herausbekommen, daß die wenigen Geschäfte, die sich in der Sackgasse befinden, gar nicht übel sind, und habe mir vorgenommen, einen Teil meiner Besorgungen dort zu erledigen. In der Gemischtwarenhandlung bekommt man Dinge, die es anderswo gar nicht mehr gibt, zum Beispiel den groben Grünkern, der ein Weizenprodukt meiner Heimat ist und aus dem man vorzügliche Suppen herstellen kann. Obwohl ich keine Süßigkeiten esse, betrachte ich doch mit Aufmerksamkeit die Bonbons und Pralinen in der Auslage eines Kaffeegeschäftes, das den seltsamen Namen Zuntz seelige Witwe trägt. Die Verkäufer in den Geschäften sind sehr freundlich, und man hat das Gefühl, sie schon lange zu kennen. Vor ein paar Tagen habe ich schließlich, ganz am Ende der Gasse, auch ein Kaffeehaus entdeckt, in dem es verstaubte Plüschsofas und eine Menge Zeitungen gibt. Es war sehr ruhig dort, und ich bin am nächsten Tag zurückgekehrt, um meine Zeitungsartikel zu schreiben. Vielleicht werde ich mich zum Arbeiten ganz dorthin zurückziehen. Die Luft ist schlecht, aber es gibt kein Telefon, und von meinen Bekannten kommt gewiß niemand hin. Natürlich hoffe ich auch von dem alten Kellner, der mir, einer längst vergessenen Sitte

gemäß, beständig Gläser mit frischem Wasser bringt, etwas über
das angrenzende Grundstück zu erfahren.

29

Den Kellner gefragt. Er wußte nichts, und sein Interesse war
gering. Er gab mir den Rat, an der Pforte des Museums zu klingeln
und abzuwarten, ob überhaupt jemand kommt. Inzwischen habe
ich mich an einem Tisch in der Ecke häuslich eingerichtet. Ich
kann sogar meine Bücher dort liegenlassen. Der Besuch scheint
schwach. In der Redaktion, die ich von Zeit zu Zeit aufsuchen
muß, habe ich gesagt, daß ich verreise, irgendwo auf dem Lande
sei. Es ist allerdings nicht die Jahreszeit, aufs Land zu reisen. Wer
sich erholen will, fliegt nach Ägypten oder zu den neuen künstlichen Oasen, die in immer größerer Anzahl in der Sahara entstehen.
Aber schließlich ist es schon viel wert, sich aus seiner gewohnten
Umgebung zu entfernen. Bereits jetzt habe ich das Gefühl, auf
Urlaub zu sein.

30

Einen Vortrag über indische Religion und den Glauben an die
Seelenwanderung gehört. Abgesehen von dem interessanten Vergleich des indischen Nirwana mit dem vor einiger Zeit so berühmten und berüchtigten Nichts der französischen Existentialisten,
beschäftigte mich vor allem der Gedanke, wie erregend es sein
müsse, ein früheres Dasein als eine vollkommene Tatsache anzunehmen und doch von diesem vergangenen Leben nicht das
geringste zu wissen. Ich stelle mir vor, daß die gläubigen Inder sich
zuweilen bemühen herauszufinden, in welcher Umgebung sie
damals gelebt haben, wie sie ausgesehen haben und welche Wesensart ihnen eigen war. Da diese Menschen beständig darauf aus sind,
sich, auch in Bezug auf ihre Kastenzugehörigkeit, hinaufzuent-
wickeln, müßte die Kenntnis früherer Verfehlungen von besonderer Wichtigkeit für sie sein. Ich halte es nicht für ausgeschlossen,

56

daß die Methoden einer solchen Vergangenheitsforschung eines Tages verfeinert werden [etwa in dem Sinne des Kindheitsmuseums] und daß sie schließlich zu dem gewünschten Ziele führen.

31

Ich habe die ganze Woche, während ich im Kaffeehaus saß und meine Artikel schrieb, weder Preßluftbohrer noch Mörtelmaschinen, überhaupt nicht den geringsten Baulärm gehört. Trotzdem fand ich, als ich eben, einem plötzlichen Entschluß folgend, die Straße hinunterlief und an der Türe des Museums läutete, einen Raum schon fertiggestellt. Es war ein langer schmaler Saal, ähnlich den Räumen, in denen, etwa in Schulen oder Universitätsinstituten, Lichtbilder oder Filme vorgeführt werden. Es war dunkel, und ich habe nicht darauf geachtet, ob er mit Stuhlreihen eingerichtet war. Meine Aufmerksamkeit wurde, sofort nachdem ich unmittelbar von der Straße her eingetreten war, von einem Bild gefangen genommen, das auf der gegenüberliegenden Schmalwand erschien. Das Bild zeigte einen Mann und einen Hund . . .

32

Ich konnte gestern nicht weiterschreiben. Der Kellner hat mich gestört. Er hat nichts zu tun und wird neugierig. Ich mußte ihm die Titel einiger meiner letzten Arbeiten nennen, das außerirdische Zeitalter, Atom und Erotik usw., und er schüttelte erstaunt den Kopf. Von dem, was ich grade zuvor im Hause gesehen hatte, erzählte ich ihm nichts. Ich habe ganz deutlich das Gefühl, daß es für mich und nur für mich bestimmt war. Übrigens brauche ich nur die Augen zu schließen, um das Ganze noch jetzt genau vor mir zu sehen. Der Mann hält in beiden Händen einen Fetzen aus Leder oder grobem Stoff, in den sich der Hund, eine kleine kräftige Bulldogge, verbissen hat. Der Mann hebt die Arme und dreht sich wie rasend um sich selbst. Der Hund läßt nicht los und wird, einen Meter über dem Erdboden, im Kreise herumgeschleudert. Seine

Augen haben etwas angestrengt Verzweifeltes und sind voll Blut. Der Raum ist dunkel, Mann und Hund verbreiten, indem sie sich immer schneller drehen, ein eigenes merkwürdiges Licht.

33

Ich frage mich, was für einen Sinn derartige Vorführungen haben, bei denen es sich vermutlich um Erinnerungen aus der frühen Kindheit handelt. Die Sache mit dem Hund zum Beispiel hat mich nicht im geringsten gefördert, sondern nur verwirrt. Es müßte wenigstens jemand da sein, der zu solchen Bildern Erklärungen abgibt. Ich habe mich heute nach solchen Personen umgesehen, aber niemanden gefunden. Übrigens war auch der Vorführraum selbst nicht mehr da. Obwohl ich durch dieselbe Türe, das Hauptportal, eintrat, befand ich mich heute in einer Art von Ankleidezimmer und einem großen Spiegel gegenüber. Im Spiegel sah ich mich selbst, aber verzerrt, auf einem schmächtigen Kinderkörper mein eigenes großes und schauerlich gealtertes Gesicht. Derartige Zerrspiegel findet man gelegentlich noch auf Jahrmärkten, wo sie, in lustiger Gesellschaft betrachtet, zum Lachen reizen. Sie passen in ein Vergnügungsetablissement, sind aber in einer Bildungsanstalt völlig fehl am Platz. Der Besucher eines Museums will nicht nur die Dinge ernst nehmen, sondern auch selbst ernst genommen werden. Von einer Einrichtung wie dieser fühlt er sich abgestoßen und verletzt.

34

Der Eindruck der Unordnung und des Unernstes, den ich schon bei meinen ersten Besuchen im Haus hatte, hat sich noch verstärkt. Als ob es sich wirklich um ganz windige, nur für kurze Verwendung gedachte Filmaufbauten handele, ist immer nur ein Raum vorhanden, hinter dessen Wänden man ein schauerliches Chaos ahnt. Dabei schließen diese Aufbauten unter Umständen auch ein Stück Natur, etwa einen Hof oder Garten, ein. So gehörten zu dem

Durchhaus, in dem ich mich heute befand, auch ein kleiner, von Kastanienbäumen beschatteter Hof, gedämpftes Sonnenlicht und die grünen Schatten der Kastanienblätter, die sich auf dem Pflaster wie kleine Hände bewegten. Mitten im Durchhaus stand eine kleine alte Frau, die mit zitternder Stimme sang. Ihre Hände waren nicht grün sondern weiß, sie hielt sie hoch mit gespreizten Fingern und drehte sie vor meinem Gesicht. Ainsi font, font, font les petites marionettes, sang sie, machte dann eine Pause und fuhr in schnellerem Tempo fort, trois petits tours et puis s'en vont, wobei ihre Hände blitzschnell, wie flatternde Tauben hinter ihrem Rükken verschwanden.

35

Carl auf der Straße getroffen. Er wollte mich nach Hause bringen, aber da ich auf dem Weg in das Kaffeehaus war, lehnte ich seine Begleitung ab. Ich möchte nicht, daß er meinen jetzigen Aufenthaltsort kennenlernt und mich womöglich dort eines Tages sucht. Ich fürchte, daß sein Besuch mir ungelegen kommt und ich ihn merken lasse, daß er mich stört. Ich frage mich, ob er sich an das erinnert, was ich ihm einmal über das Haus der Kindheit erzählt habe. Vielleicht. Jedenfalls bin ich ihm sehr dankbar, daß er nicht davon spricht. Ich sagte ihm heute, daß ich viel zu tun habe und daß ich ihn anrufen würde, sobald ich mir die Arbeit vom Halse geschafft hätte, was ja der Wahrheit entspricht. Wir standen eine Weile zusammen, und obwohl ich mich darüber freute, daß es ihm offensichtlich gut ging, hatte ich zum erstenmal in seiner Gegenwart das Gefühl, kostbare Zeit zu versäumen. Als ich mich beim Fortgehen noch einmal umschaute, sah ich seinen Blick auf mich gerichtet, voll Sorge, wie man jemandem nachsieht, der krank ist und sich nicht pflegen lassen will.

Die Szene mit der alten Frau hat mir einen angenehmen Eindruck gemacht. Wahrscheinlich weil sie, wenn auch unsinnig, doch einigermaßen vollständig war. Bei meinen Besuchen gestern und heute war von einer solchen Vollständigkeit keine Spur, und ich habe den Eindruck, daß Erlebnisse dieser Art durchaus nicht die Regel sind. Im allgemeinen scheint es so zuzugehen, daß man entweder sieht oder hört oder riecht oder schmeckt. So hörte ich gestern im dunklen Raum einen einzelnen Schrei, der mir durch Mark und Bein ging, und stieß heute blinden Auges mit den Lippen an einen Gitterschleier, wobei ich Puder- und Veilchenparfum roch. Die Sinne werden gleichsam aufgeteilt, wodurch jeder geschärft und bis ins einzelne aufnahmefähig erscheint. Die Dringlichkeit dieser Art von Eindrücken ist fast qualvoll, umsomehr als man nicht von einem zum andern fortschreitet, sondern ein und denselben mehrfach erleben, ich möchte fast sagen, durchexerzieren muß. Fünf- bis sechsmal hintereinander der Schrei ohne Nebengeräusche in der Luft hängend, ebenso oft das leise Kratzen des Schleiers an den Lippen, dahinter stumpfe Kühle, wie von nebelbeschlagener Haut.

37

Ich habe mir vorgenommen, täglich zu einer bestimmten Stunde in das Haus zu gehen. Etwa am Vormittag um elf Uhr, nachdem ich im Kaffeehaus gefrühstückt, die Zeitungen gelesen und einen Überblick über meine heute zu bewältigende Arbeit gewonnen habe. Die Dauer des Besuchs festzulegen erübrigt sich, da man, wie ich bemerkt habe, keineswegs zurückgehalten, sondern jedesmal schon nach wenigen Minuten wieder entlassen wird. Die Stunde selbst zu bestimmen ist hingegen wichtig, damit wird der im Museum herrschenden Unordnung und Zufälligkeit doch etwas Vernünftiges, ich möchte sagen, etwas Menschliches entgegengesetzt. Zum erstenmal im Leben freue ich mich, daß ich eine Uhr besitze, umsomehr als im Kaffeehaus keine vorhanden ist. Diese Tatsache ist umso erstaunlicher, als dort alles sonst völlig normal, ja von einer fast schon wieder gespenstischen Alltäglichkeit ist. Gardinen aus graubraunem Gittertüll, eine Zimmerpalme, Sofas mit Holzverkleidung, viel Plüsch. Man findet solche Gaststätten noch heute in Wien, etwa am Währinger Gürtel, wo sie freilich auch nur gelegentlich noch von alten Leuten besucht, von den jungen aber vollständig gemieden werden.

38

Es läßt sich schwer in Worten ausdrücken, was es im Hause gelegentlich auch gibt, nämlich überhaupt keine Umwelt, keine Geräusche, keine Gerüche, kein Bild. Es geschieht etwas mit einem, an einem, Vorkommnisse von einer kläglichen, ja entwürdigenden Art. Da ich mich höchst ungern an diese Dinge erinnere, will ich kurz zusammenfassen, was mir bei meinen letzten Besuchen geschah. Das erste: ich falle hin, und zwar der Länge nach, mit großer Gewalt. Mein Körper schlägt auf steinharten Boden auf, ich habe den Mund voll Staub und die Augen voll spritzender Funken, der Atem bleibt mir aus. Während ich versuche mich aufzurichten, dreht sich eine schattenhafte und fürchterlich fremde Welt vor meinen Augen, ich bin aus mir selbst entlassen und schlechthin verloren – der erste neue Atemzug kostet mich eine fürchterliche, zerstörende Kraft. Das zweite: kaum eingetreten, schiebt man mir etwas in den Mund, das nach vertrocknetem Schulbutterbrot schmeckt. Ich kaue, und dabei beiße ich mir auf die Zunge. Meine Zähne sind scharf, mein Mund ist eine Wunde, die heftigen Schmerz in Wellen durch meinen Körper jagt. Ich muß aufheulen wie ein Tier und erschrecke aufs tiefste vor mir selbst. Das dritte: es ist mir schlecht. Wahrscheinlich habe ich zuviel gegessen, aber das weiß ich nicht. Ich spüre nur, wie etwas in mir aufsteigt, fadsüßlich und gallenbitter in einzelnen Brocken, durch die Brust in den Hals, es wirft mir den Kopf vornüber, drängt sich über meine Zunge hinaus, spritzt irgendwohin. Ich bin mir zuwider, von innen her verunreinigt, heillos verwandelt und fremd. Das Kennzeichnende aller drei Vorfälle: die Unmöglichkeit, ein Ende des quälenden Zustandes abzusehen. Immer das erstemal, keine Erfahrung, kein Trost. Verstört taumelte ich jedesmal hinaus und fand mein Gesicht noch auf der Straße von Tränen überströmt. Jedesmal beschloß ich dann, umzukehren und mich zu beschweren. So erstaunlich die Möglichkeiten der Gefühls-Wiedererweckung auch sind, so etwas gehört nicht in ein Museum, nicht einmal in ein wissenschaftliches Institut. Es sind Übertreibungen, die die Wahrheit entstellen und die uns, den Kindern gegenüber, unsere Unbefangenheit rauben.

39

Ich war heute nicht im Haus. Wahrscheinlich fürchtete ich mich davor, meine Haltung aufs neue in so kläglicher Weise zu verlieren. Statt dessen ging ich, zum erstenmal seit langer Zeit, in ein Lichtspieltheater in die Stadt. Ich sah einen alten amerikanischen Film, eine Geschichte von Halbwüchsigen, was mich nicht sehr wunderte, da man ja, einmal in eine bestimmte Richtung getrieben, immer auf dieselben Probleme stößt. Ich hätte natürlich, um mich abzulenken, viel lieber eine harmlose Liebesgeschichte, etwas aus der Traumfabrik gesehen. Ich war aber dann aufs angenehmste überrascht. Solche vagen und unsinnigen Dinge, wie man sie im Haus übermittelt bekommt, kamen nicht vor. Es war alles eindeutig, solide, ich möchte sagen, erwachsene Psychologie. Ein Knabe, der unter dem Liebesmangel eines selbstgerechten Vaters leidet, bekommt eine Neurose, der Vater, nach einem Schlaganfall von der jungen Freundin des Sohnes eindringlich aufgeklärt, versteht, stammelt die durchaus richtigen, das heißt den Sohn bestätigenden Worte, und alles wird gut. Nach dem Eindruck dieser sauberen Arbeit kommt mir das Museum geradezu rückständig vor. Schließlich ist zur Erforschung der Kindheitsgeschichte des Menschen schon eine Menge geschehen, und es sind Ergebnisse gezeitigt worden, an denen man nicht vorübergehen kann.

Ich betrat heute ohne Angst, fast mit einer leisen Geringschätzung das Haus. Zu meiner Überraschung wurde mir diesmal eine Aufgabe gestellt. Ich mußte, an einem offenen Fenster stehend, die Finger ganz fest auf meine geschlossenen Augenlider pressen. [Ich möchte hier einfügen, daß die Aufträge und Aufgaben, die ich damals im Hause bekam, noch nicht von bestimmten Personen ausgesprochen wurden, es schien kein Personal zu geben oder nur eines von so unauffälligem Benehmen, daß man es sofort wieder vergaß.] Ich stand also da, die Finger auf meine Augenlider gedrückt, und sah nun keineswegs nichts, sondern eine rötliche Helligkeit, die von milchigen Wellenlinien durchzogen war und in der einzelne schwarze Punkte tanzten. Indem ich den Druck verstärkte oder nachließ, veränderte sich das Bild, über eine messingfarbene Scheibe zogen seltsame Spinnennetze, in jäher Schwärze glitten zwei Wölkchen, zart wie Samenflügel, vom Rand in die Mitte und vereinigten sich dort zu einem mattglänzenden Stern. Mit Besessenheit spielte ich das wunderbare, offenbar in meiner Kindheit geübte Spiel weiter und versuchte es wieder, als ich das Haus verlassen hatte. Aber da gelang es nicht mehr, oder es fehlte doch etwas, nämlich das Glücksgefühl, das ich drinnen gespürt hatte und das ich nur mit dem Ausdruck ›Beseeligung‹ bezeichnen kann.

Ich ertappe mich dabei, daß ich, wenigstens in Gedanken, des öfteren wieder den Ausdruck Hadeka gebrauche. Die Bezeichnung ›das Haus‹, die ich in dieser Niederschrift zuletzt verwendet habe, ist irreführend, man denkt an ein Einfamilienhaus oder an ein Landhaus, etwa im Stil von Goethes Gartenhaus, jedenfalls an etwas Kleines, Intimes, während doch die Weitläufigkeit des Museums geradezu unermeßlich ist. Die Zusammenziehung der Anfangsbuchstaben verschleiert die Unzutreffendheit der Aufschrift, über die man sich nicht genug wundern kann.

Ich habe eine Entdeckung gemacht. Es gibt im Hadeka doch so etwas wie eine Information. Es gibt drei Ordner, von denen man sich begleiten lassen kann. Den Wunsch nach einer solchen Begleitung äußert man, indem man auf einen Knopf drückt, wobei man jedoch eine bestimmte Person nicht verlangen darf. Es gibt außerdem Kurzfilme, die man selbst abrollen läßt und die, soviel ich verstanden habe, jeweils Ereignisse eines Jahres, also etwa von 1901, 1905, 1910, 1920 zeigen, womit den Besuchern offenbar die Möglichkeit gegeben werden soll, allgemeine Erscheinungen ihrer Kindheitsjahre festzustellen. Ferner gibt es einen Hebel, der die etwas rätselhafte Aufschrift ›Chronologie‹ trägt, und der, in Bewegung gesetzt, vermutlich dazu dient, das zu Zeigende historisch, das heißt der tatsächlichen Entwicklung entsprechend, ablaufen zu lassen. Diesen Hebel, sowie die Köpfe mit den Jahreszahlen und der Aufschrift ›Ordner‹ entdeckte ich erst heute auf einer Art von Schaltbrett neben der Eingangstüre, ein Beweis dafür, daß sich das Museum noch im Aufbau befindet und daß man von seiten der Direktion gewisse chaotische Anfangserscheinungen zu überwinden sucht. Ich hatte zunächst eine gewisse Scheu davor, die neuen Mechanismen in Bewegung zu setzen. Schließlich drückte ich, da mir die Filmknöpfe am ungefährlichsten erschienen, auf einen von diesen, und zwar ohne viel zu überlegen, auf den mit der Jahreszahl 1905. Auf einem, neben dem Armaturenbrett befindlichen kleinen Fernsehschirm erschien sofort eine Straße, von vielen Menschen, aber wenigen altmodischen Fahrzeugen belebt. Ein schwerer Trambahnwagen wurde von einem Pferd auf Schienen gezogen, die Frauen machten, in lange enge Röcke gewickelt, winzige hastige Schritte, hatten riesige Hüte auf und hielten die Hände in runden Pelzmüffchen versteckt. Das Bild verschwand, und man sah ein zigarrenförmiges Luftschiff, das, von Soldaten an Seilen gezogen, langsam aus einer Halle kroch. Auf einer Tribüne stand ein Mann in weißer Uniform, der von Herren in Zylindern und in langen Gehröcken umgeben war und einen aufgezwirbelten Schnurrbart trug. In einem Nachtlokal wurde ein langsamer Tanz aufgeführt, bei dem die Paare zu einer schleppenden und sehnsüchtigen Musik wollüstig-schmiegsame Bewegungen machten. Alle diese und auch die darauffolgenden Szenen liefen nicht in der Art alter Filme, schwarzweiß verregnet und zuckend, sondern in naturgetreuen Farben und mit natürlichen Geräuschen ab. Man hörte die Tanzmusik, das Schmettern der Militärkapelle und den müden Hufschlag des Pferdes, das den Trambahnwagen zog. Man sah, daß die Knopfstiefel der Frauen braun und die Fahnen schwarz, weiß und rot waren, und wie von den dicken Zigarren der Männer ein blauer Rauch aufstieg. Obwohl die vorgeführten Szenen durchaus nichts Abstoßendes hatten, empfand ich gegen das Ganze einen starken Widerwillen, dessen Ursache ich mir nicht erklären kann.

43

Gestern abend, als ich nach Hause ging, schrien die Zeitungsverkäufer Schlagzeilen aus, von denen jeder wußte, daß sie eine Kriegsdrohung bedeuteten. Später in der Nacht wurden, wie es neuerdings üblich ist, dieselben Sätze von Flugzeugen mit Leuchtbuchstaben an den Himmel geschrieben. Ich blieb stehen, legte den Kopf in den Nacken und betrachtete gleichgültig, fast stumpfsinnig, wie die aus phosphoreszierendem Nebel bestehenden Schriftzeichen entstanden und wie, kaum daß das letzte Wort fertig dastand, das erste schon wieder zerging. Plötzlich wurde mir bewußt, daß eine Kriegsdrohung heutzutage eine unmittelbare Todesdrohung, und zwar für alle Lebewesen ohne Ausnahme bedeutet. Ich erschrak, aber zugleich sah ich auch die sonderbare Beschäftigung, der ich mich in den letzten Wochen hingegeben hatte, in einem neuen Licht. Meine Erlebnisse im Hadeka glichen den Bildern, die in rasender Eile vor den Augen eines Sterbenden vorüberziehen, und hatten vielleicht denselben abschließenden Sinn. Daß sie nun womöglich nicht zu Ende geführt werden könnten, bedrückte mich sehr. Auch beschäftigte mich der Gedanke, daß eine solche Massendrohung doch auch einen Massenbesuch des Museums hätte zur Folge haben müssen, während dies keineswegs der Fall gewesen war. Schließlich fiel mir ein, daß das Museum noch andere Eingänge haben und daß sich dort sehr wohl eine große Menge von Menschen gleichzeitig aufhalten konnte, ohne daß diese voneinander wußten oder einander sahen.

Der Ordner Nr. 2, der mich heute zum erstenmal begleitete, ist blind. Ich muß ihm sagen, was ich sehe, und dann gibt er dazu seine Erklärung ab. Leider war, was mir heute vorgeführt wurde, nicht besonders interessant. Ich sah eine Art von Guckkastenbühne, wie eine Puppenstube, aber lebensgroß. In dem Zimmer, dessen Wände mit dunkelblauem Rupfen bekleidet waren, brannte eine Stehlampe, deren Fuß aus Alabaster war und die einen mit Photographien beklebten Pergamentschirm hatte. An einem runden Tisch spielte ein noch junger Mann mit einem Kind, einem Mädchen mit langem offenem Haar, Schach. Eine sehr schöne junge Frau saß am Flügel und hatte die Hände auf die Tasten gelegt. Ein zweites Mädchen klebte in ein Album kleine, offenbar aus Zeitungen ausgeschnittene Bilder, auf denen altmodische Flugapparate zu sehen waren. Unter dem Flügel saßen noch zwei Kinder, ein dickes kleines Mädchen und ein etwa dreijähriger Junge, die sich bei den Händen hielten und auf etwas zu horchen schienen. Der Ordner erklärte mir, daß hier meine eigene Familie dargestellt sei. Er fügte hinzu, daß meine Mutter sehr hübsch Chopin gespielt habe, daß mein Vater uns schon in sehr jungen Jahren das Schachspiel habe erlernen lassen, auch daß meine zweitälteste Schwester, nachdem man sie zu den ersten Flügen eines jungen Amerikaners auf das sogenannte Bornstedter Feld, einen Exerzierplatz, mitgenommen habe, für die Fliegerei begeistert gewesen sei und daß mein kleiner Bruder und ich darauf bestanden hätten, während des Klavierspiels meiner Mutter unter dem Flügel zu sitzen, weil es dort viel schöner klinge. Ich hörte aufmerksam zu, aber ich empfand dabei nicht viel. Die großen Figuren erinnerten mich in ihrer schauerlichen Leblosigkeit an die angekleideten Puppen, die man zu Atomversuchen in eine Stube zusammensetzt und von denen nach der Explosion nichts anderes übrigbleibt als ein paar Stoffetzen und ein bißchen Staub.

Über den Kellner nachgedacht. Auch ein aussterbender Typ, da seit einigen Jahren alle besseren Gasthäuser und Kaffeehäuser unserer Stadt zu automatischer Bedienung übergegangen sind. Allerdings werden, um dem konservativen Geschmack des Publikums einigermaßen Rechnung zu tragen, diese Roboter meist noch unter Kellnerpuppen in Schürzen und mit Servietten unter dem Arm versteckt. Über die Tatsache aber, daß bei diesen automatischen Kellnern nur Membrane angesprochen und die gewünschten Speisen auf rein mechanische Weise dem Gast zur Verfügung gestellt werden, täuscht weder die altertümliche Berufskleidung noch das stereotype Lächeln der Figuren hinweg. Der Kellner hier ist ein Mensch, der einen Menschen versorgt – das erscheint mir außerordentlich bemerkenswert.

46

Noch einmal mit dem Ordner Nr. 2. Diesmal traten wir zusammen in einen Raum, in dem eine Gaslampe brannte und der offensichtlich eine Bügelstube war. Zwei junge Mädchen mit roten, heißen Gesichtern schoben glühende Bolzen in ihre großen, sonderbar geformten Bügeleisen und fuhren damit über weiße Wäschestücke hin, wozu sie ein Lied sangen, in dem sie [wie ich erst jetzt bemerke, höchst unlogischerweise] erklärten, daß heute nicht gebügelt und nicht genäht würde, weil der Geburtstag Seiner Majestät sei. Der Ordner Nr. 2, der offenbar von Beruf Historiker oder Soziologe und nur vorübergehend von der Stadt angestellt ist, nahm die Gelegenheit wahr, mir einen langen Vortrag über die Monarchie zu halten. Die sachliche Art, in der er dieses Thema behandelte, verdroß mich sehr. Mir ist die Monarchie von jeher unsympathisch, wahrscheinlich weil sie, wie sich jetzt herausstellt, zu meiner Kindheit gehört. Außerdem hatte ich den Verdacht, daß alle Erfahrungen, die ich in Begleitung des Ordners mache, Erfahrungen zweiter Ordnung seien.

Die politische Spannung, die vor einigen Tagen unsere Stadt in so
große Aufregung versetzte, hat sich wieder gelöst, aber meine
Wohnung wird mir fremd. Eigentlich bin ich nur noch zum Schlafen dort. Wenn ich morgens ins Kaffeehaus gehe, nehme ich meine
Post mit, aber in den letzten Tagen habe ich die Briefe nicht mehr
aufgemacht. Sie häufen sich auf dem Tisch, den der Kellner für
mich freihält und auf dem auch meine Bücher und Manuskripte
liegen. Sobald ich komme, bringt mir der Kellner mein Frühstück
und legt mir die Zeitungen zurecht, neuerdings streicht er sogar
gewisse Artikel, von denen er glaubt, daß sie mich interessieren
könnten, rot an. Obwohl er sehr freundlich ist, hat er mich heute,
und zwar durch die Frage, wie lange ich wohl noch hier zu tun
haben werde, sehr erschreckt. Da so gut wie nie jemand das Kaffeehaus betritt und ich also auch niemandem den Platz wegnehme,
kann seine Frage nur bedeuten, daß er auf Urlaub gehen will oder
daß das Lokal wegen seiner geringen Besucherzahl geschlossen
werden soll. Dieser Gedanke beunruhigt mich, da ich mir meine
Besuche im Haus ohne vorangehende und darauffolgende Aufent-
halte im Kaffeehaus überhaupt nicht mehr vorstellen kann. Ich
erwäge, statt wie bisher nur einmal, zwei- oder sogar dreimal am
Tag in das Museum hinüberzugehen. Ich würde auf diese Weise
mit meinen Forschungen schneller fertig werden und während
dieser Zeit meine angenehme Bleibe nicht verlieren.

48

Ich habe den Hebel Chronologie in Bewegung gesetzt. Ich nahm
an, daß es daraufhin wirklich von vorn anfangen würde, das heißt
mit meiner Geburt. Es hätte mich interessiert, das Gesicht meiner
Mutter zu sehen, als man mich ihr, das dritte Mädchen, das sie
zur Welt brachte, zeigte. [Ich habe einmal gehört, daß sie bei der
Geburt meiner zweitältesten Schwester namenlos enttäuscht, bei
der meinen aber vollständig gleichgültig gewesen sei.] Es wurde
mir jedoch nichts dergleichen vorgeführt. Statt dessen mußte ich

ein Boot besteigen, das zu meiner Überraschung über richtiges Wasser fuhr. Das Boot war voll besetzt, große und kleine Personen mit sonderbaren Maskengesichtern redeten und lachten, aber ich beteiligte mich an ihrer Unterhaltung nicht. Ich lag bäuchlings auf einer der schmalen Seitenbänke und tauchte meine Hand ins Wasser, das warm war und modrig schwarz und das meine Finger mit einem kleinen Wellenstrudel umgab. Wenn ich den Kopf hob, sah ich das Ufer, dem das Boot zustrebte, unter dem weiten hellen Himmel hohes Schilf und einen Kranz aus herbstlich brennendem Wald. Die bald heftige, bald leise Berührung des Wassers erregte in mir ein Gefühl von Wollust, während ich beim Anblick des mir unbekannten Ufers die Anziehung eines geheimnisvollen und ver-lockenden Jenseits empfand. Im ganzen glich mein Zustand dem der vergangenen Woche, jenes Tages, an dem mir die Aufgabe gestellt wurde, auf dem Grund meiner geschlossenen Lider allerlei Lichterscheinungen zu sehen. Rätselhafte Beseeligung, nun aber von der Außenwelt oder doch von einer erstaunlich naturgetreuen Nachahmung dieser Außenwelt erweckt.

49

Wenn es bei meinen Besuchen im Hadeka weiter so zugeht wie gestern und heute, will ich mir gefallen lassen, daß es mit der Chro-nologie noch immer hapert und daß man nichts eigentlich Ver-nünftiges und Aufschlußreiches erfährt. Es ist mir jetzt durchaus angenehm, dort zu sein, und nicht aus Angst vor einer etwaigen Schließung des Kaffeehauses, sondern aus reiner Neugierde mache ich mich mehrmals am Tage auf den Weg. Meistens finde ich, von dem Ordner Nr. 1, einem ganz gewöhnlichen Kustoden mit einer Amtsmütze, eingelassen, gleich hinter der Eingangstüre wieder ein Draußen, aber immer ein sommerliches, und schon um dieses ewigen holden Sommers willen lohnt sich der Besuch. Außerdem habe ich neuerdings ein Gefühl meines Körpers, eines angenehm kindlichen Körpers mit nackten Armen und Beinen und dichtem wirren Haar rund ums Gesicht. Gestern lief ich über eine Wiese, und die hohen nassen Gräser schlugen an meine Knie. Ich kroch unter die Äste eines Tuja- oder Lebensbaumes und stand dort im Innern des Gezweiges, in einer schwärzlichen Dämmerung, die einen strengen und bitteren Geruch verströmte. Schließlich kletterte ich ein Stück den Baum hinauf und bog die Zweige auseinander. Um einen in der Grasfläche aufgegrabenen Erdring standen hoch und still noch drei andere Tujabäume, auf dem Erdring aber wurde ein weißes Pferd longiert. Weder der Bursche, der sich, den langen Zügel in der Hand, in der Mitte des Kreises um sich selbst drehte, noch das Pferd sah mich, aber der Schimmel warf manchmal, wenn er trabend nah an mir vorbeikam, mit einer herrlichen Bewegung den Kopf zurück. Ich spürte eine Geborgenheit, zugleich eine von dem Stampfen und Schnauben des Pferdes hervorgerufene heftige Lebenslust, die, wie manche Traumgefühle, schlechthin unbeschreiblich ist.

Anmerkung. Der Ausdruck longieren, dessen Bedeutung auch mir erst jetzt wieder klar geworden ist, mag dem Leser nicht geläufig sein. Er stammt aus der Zeit, in der Pferde noch als Reittiere gehalten wurden und man dieselben an einer langen Leine, der Longe, bewegte.

50

Ich habe aufgehört, über die technischen Voraussetzungen des Museums nachzudenken. Es interessiert mich nicht, wie die verschiedenen Geräusche und Gerüche hergestellt werden, und selbst über das Erscheinen ganzer Landschaften mit natürlichem Sonnenlicht, Wiesenduft und Mückengesumm wundere ich mich nicht mehr. Schon der plastische Farbfilm auf breiter Leinwand hat dergleichen Eindrücke vermittelt; daß man eine solche Landschaft nun auch noch selber begehen kann, mag auf einer mir bisher entgangenen Fortentwicklung der Projektions- und Schalltechnik beruhen. Der Laie, und besonders ein Mensch, der, wie zum Beispiel ich, mit Physikern und Technikern wenig zusammenkommt, bleibt auf diesen Gebieten leicht hinter seiner Zeit zurück. Schon seit vielen Jahrzehnten durch seine mangelnde Vorbildung vom Verständnis der eigentlich weltbewegenden Vorgänge seiner Epoche ausgeschlossen, schilt er auf die Technik und traut ihr dann wieder alles, auch das Verrückteste, ohne weiteres zu.

51

Ich versuchte heute, und zwar, da man die Museumsleitung ja nie zu fassen bekommt, durch reine Willensübertragung, die Bootsfahrt zu wiederholen. Es gelang mir nicht, doch hatte ich zwei Erlebnisse ähnlicher Art. Durch ein Dickicht zartgefiederter Pflanzen, von denen ich *weiß*, daß sie den Erwachsenen nur bis zur Hüfte reichen, gehe ich wie durch einen Wald. Draußen fährt fauchend und pfeifend eine kleine Eisenbahn vorüber; sobald die Töne langsam ersterben, wird es ganz still. An den fleischigen Stengeln des Spargelkrauts sitzen kleine Schnecken in Häuschen, Raupen spinnen und strecken ihre grasgrünen Leiber, zu meinen Füßen liegt ein toter Maulwurf, die bleichen Händchen von sich gestreckt. Schwarze Käfer mit blanken Rückenschildern bewegen sich torkelnd hin und her, über den lichtgrünen Fliederkronen zieht eine Libelle surrend ihren dämonischen Kreis. Ich gehe ganz langsam wie durch einen Zauberwald, Potnia Teron, Herrin der Tiere, die zu berühren ich mich scheue und denen ich mich doch aus unerfindlichen Gründen überlegen fühle, so wie etwa ein Großer sich Kindern gegenüber überlegen fühlt.

Bei meinem zweiten Besuch im Haus saß ich in heißer Julisonne im Gras. Von dem Löwenzahn, der um mich herum wuchs, pflückte ich Stengel um Stengel, entfernte die gelben Blüten, bog die mit einer weißen Milch angefüllten Stiele zum Ring, indem ich das dünnere Ende in das dickere steckte. Die gelben Köpfe mit den Nägeln abzuzwicken und die Milch auszudrücken war genußreich, noch genußreicher das Ineinanderfügen der Ringe, bei dem etwas vorher nicht Dagewesenes, nämlich eine immer längere Kette entstand. Wieder ein Gefühl geheimnisvoller Macht, das mich wie auf Flügeln trug.

71

Die Organisation des Museums läßt noch immer zu wünschen übrig. Es gibt Tage, an denen ich ganz andere Dinge erlebe als die Szenen, die ich eben geschildert habe und die Kapiteln aus einem hübschen Erinnerungsbuch gleichen. Das Heimgesuchtwerden von Bruchstückhaftem, etwa einem süßlich widerwärtigen Geruch oder einem in Abständen wiederkehrenden schürfenden Klageton ist quälend, besonders wenn eine dazugehörige Umwelt trotz der Anwendung äußerster Geduld nicht sichtbar werden will. Die Aufgaben, die mir [neuerdings von dem Ordner Nr. 1, das heißt dem Kustoden] gestellt werden, empfinde ich als besonders töricht, wie etwa gestern den Zwang, einen grüngemusterten Vorhang, der mit Messingringen an einer Messingstange befestigt war, hin und her zu schieben, vielleicht hundertmal. Kein Körpergefühl, kein Einblick in das Innere des Möbels [vielleicht eines niederen Spielzeugschrankes], an dem der Vorhang angebracht war. Nur das leise Klappern, mit dem die Ringe aneinanderschlugen, nur der dünne muffige Stoffgeruch. Eine andere Erfahrung dieser Art war erfreulicher: ganz dicht vor meinen Augen in einem Kasten aus Mahagoniholz eine Stahlwalze mit punktartigen Erhöhungen, die sich langsam drehte, wobei die langen weichen Zähne eines Stahlkammes über die unebene Fläche glitten. Die Berührung erzeugte eine feine perlende Musik, die manchmal stockte und dann wieder anhob, wie wenn ätherisch leichte Tänzer einen Augenblick schwebend verharrten, um sich dann wieder aufs neue mit zierlichen Bewegungen zu drehen.

53

Wieder etwas sehr Schönes, von dem ich schon während des Unterrichts fühle, daß es ›gemacht‹ ist, und zwar von den Erwachsenen, die dadurch unter einem neuen Aspekt, dem der Zauberkraft, stehen. Dunkler Raum, Wispern, viele Kinder auf dem Teppich sitzend, Schwefelgeruch, auf einer winzigen Bühne im Hintergrund eine Waldschlucht, die von gelben Blitzen durchzuckt wird und auf der, von der schauerlich verwandelten Stimme meiner Mutter gerufen, der böse Geist Samuel erscheint. Gleich darauf, in derselben Umgebung, noch etwas ganz anderes, ein auf ein ausgespanntes Bettuch projizierter Stern, dessen vielfarbige Teile immer wieder durcheinander stürzen und neue, wunderbar reine und leuchtende Figuren ergeben. Am Nachmittag noch einmal die Zaubermacht der Erwachsenen, nämlich der Finger meines Vaters, der, für einen Augenblick ins Wasserglas getaucht, um den Rand dieses Glases und dann um die feinen Ränder vieler halbgefüllter Weingläser hinstreicht, womit eine bald zarte, bald starke, aber immer flüchtig leichte Musik hervorgerufen wird.

54

Weil gestern, gerade als ich aufbrechen wollte, das erste heftige Schneetreiben dieses Winters einsetzte, bot mir der Kellner ein Nachtquartier an. Einige Zimmer, sagte er, ständen durchreisenden Gästen zur Verfügung. Ich wunderte mich, daß ich von solchen Schlafgästen nie etwas bemerkt hatte, folgte dem Kellner aber doch ins obere Stockwerk, wo er ein Zimmer aufschloß, das einem einfachen, altmodisch eingerichteten Hotelzimmer glich. Statt einer Couch stand ein richtiges breites Bett aus dunklem Holz darin, und von dem halbgeöffneten Fenster wehten lange weiße Gardinen weit in den schmalen Raum herein. Eine Nachttischlampe gab es nicht, doch fiel, als ich mich niedergelegt und das Licht gelöscht hatte, die breite Lichtbahn eines gegenüberliegenden Hoffensters zu mir herein. Nicht sogleich einzuschlafen war mir angenehm, ich zog zunächst zum Schutz gegen den Schneewind, dann aus bloßem Vergnügen, das Leintuch über den Kopf, da war um mich eine matt beleuchtete Höhle, ein Zelt, in dem meine Glieder sich dehnten und zusammenzogen, bis ich eine längst nicht mehr geübte Schlafstellung, nämlich die eines Embryos im Mutterleib, einnahm. Plötzlich war ich ein Kind, das spielte, das Zelt war mein Schloß, meine Finger liefen darin herum als meine Diener, denen ich Aufträge gab. Später drückte ich einen zusammengebauschten Zipfel des Leinentuchs an die Lippen, ließ sie sich gegen das warme Leinen

73

pressen und fest daran saugen, schloß auch mit rätselhaftem Entzücken meine Hand um mein nacktes Knie. Als ich am Morgen aufwachte, kam es mir vor, als sei ich in der Nacht noch einmal drüben im Haus gewesen, und zum erstenmal hatte ich den Verdacht, daß das Kaffeehaus weniger zu der Welt draußen als zu diesem gehöre, ja, daß es selbst ein Teil dieser merkwürdigen Anstalt sei. Erst nachdem ich mich mit dem eiskalten Wasser in der rosageblümten Waschschüssel gewaschen hatte, wurde mir klar, daß ich geträumt haben mußte und daß dieses Zimmer wirklich nichts anderes als ein ganz alltägliches und eher schäbiges Hotelzimmer war.

55

Ich habe meine Tätigkeit für die Zeitungen fast völlig eingestellt. Ich kann mir das leisten, weil ich nur als freie Mitarbeiterin beschäftigt bin, auch weil der Kellner alle Mahlzeiten anschreibt, bis ich sie [von dem Erlös dieses Berichts] bezahlen kann. Ich lese auch nicht mehr viel, nur die Morgenblätter und ab und zu etwas in einer der Zeitschriften, die im Kaffeehaus in großer Anzahl [für wen eigentlich?] gehalten werden. Noch immer streicht der Kellner den einen oder andern Artikel rot an, zum Beispiel eben einen Aufsatz über die Wesensart der in den verschiedenen Tierkreiszeichen geborenen Personen. Während viele der dort behandelten astrologischen Typen von dem Verfasser ziemlich unfreundlich gezeichnet werden, geht er mit den im Wassermann [meinem Sternbild] Geborenen mehr als glimpflich um. Sie sind unsolide und sprunghaft, oft ein Rätsel für ihre Umgebung, aber phantasiebegabt und allem Kommenden freudig zugewandt. Obwohl ich weiß, daß derartige Horoskope ohne Kenntnis des jeweiligen Geburtsgebieters völliger Humbug sind, machte mich doch eine Bemerkung stutzig, die sich auf die Selbstgenügsamkeit, das Alleinseinkönnen der Wassermanngeborenen bezog. Es fällt mir zwar auf, daß ich bei nahezu allen mir im Hadeka vorgeführten Szenen allein, und mit diesem Alleinsein ganz zufrieden war. Andererseits habe ich mein späteres Leben nur dann als eigentlich lebenswert empfunden, wenn ich einen andern Menschen liebte und seine Liebe mir entgegenkam. Die Egozentrik meines jetzigen Vorhabens macht mich, so erfreulich auch die Besuche im Museum in der letzten Zeit waren, doch unglücklich. Wie lange habe ich Carl, mit dem ich früher fast täglich beisammen war, nicht mehr gesehen! Noch nicht einmal ein Weihnachtsgeschenk habe ich für ihn gekauft.

56

Ich stelle fest, daß die mir gezeigten Dinge doch in einer gewissen Folgerichtigkeit erscheinen. Kind im Garten, Kind vor dem Spielschrank und so weiter. Heute saß ich in einer [offenbar dem Film 1905 nachgebildeten] Pferdebahn, das heißt, ich kniete auf dem Sitz und sah zum Fenster hinaus. Die Bahn fuhr durch die Hauptstraße einer Kleinstadt, an vielen Geschäften vorbei. Auf den Ladenschildern standen große, manchmal farbige Buchstaben, die ich zu erkennen und mit lauter Stimme abzulesen versuchte. Das Vergnügen, das ich empfand, wenn die Zeichen ein mir bekanntes Wort ergaben, war ungeheuer, so als hätte ich all diese Worte und mit ihnen die bezeichneten Gegenstände selbst erschaffen oder mir in diesem Augenblick unverlierbar zu eigen gemacht.

57

Ich habe vergessen zu berichten, daß ich vor kurzem auch wieder einmal einen Film abrollen ließ. Ohne weitere Vorbereitung erschien auf der Leinwand ein stark bewegtes Meer, darauf ein großer Dampfer, der im Nebel zwischen den hohen Wellen auftauchte und wieder verschwand. Es folgte darauf eine graphische Darstellung von Eisbergen, das heißt, ich sah gezeichnet mehrere pyramidenförmige Gebilde, die mit einer kleinen Spitze über eine waagerechte Wellenlinie, wohl die Meeresoberfläche, ragten. Danach viele einzelne Szenen auf dem wohl im Untergehen begriffenen Dampfer, Menschen die sich aneinander klammerten, sich auf die Knie warfen und beteten oder wie irrsinnig in ihren Koffern wühlten. Das Ganze schien mir nicht sehr kennzeichnend für ein bestimmtes Ereignis, da Schiffsuntergänge sich leider immer wieder ereignen und man die Vergangenheit dieser Szenen nur aus der altmodischen Kleidung der Passagiere ablesen konnte. Am Ende, nachdem man noch mitansehen mußte, wie ein Schiffbrüchiger den andern im Wasser erwürgte, ragte von dem weißen Dampfer nur noch ein Stück aus den Wellen, der Bug, auf dem das Wort TITANIC, offenbar der Name des Schiffes, deutlich zu lesen war.

58

Ich habe das kleine Zimmer im oberen Stock des Kaffeehauses bezogen, teils um mir bei dem schlechten Wetter die langen Wege zu ersparen, vor allem aber, weil mir der neuerdings in Szene gesetzte Adventszauber der Geschäfte auf die Nerven geht. In allen Auslagen, aber auch auf vielen Straßen und Plätzen der Stadt, sieht man bereits jetzt brennende, das heißt mit ununterbrochen aufglimmenden und wieder erlöschenden elektrischen Lämpchen besteckte Christbäume, womit doch nur die Kauflust angeregt werden soll. Der alltägliche Anblick dieser Dinge hat zur Folge, daß man Weihnachten schließlich nur noch als den Tag herbeisehnt, an dem das alles wieder verschwindet, um der kalten und erfrischenden Nüchternheit des neuen Jahres Platz zu machen. Abgesehen von dieser Unlust und einer gewissen Müdigkeit, wie sie alle Museumsbesuche zur Folge haben, bin ich keineswegs menschenscheu oder mißgestimmt. Ich habe sogar wieder Lust, mit meinen Bekannten, und besonders mit denen, die sich, wie auch ich bisher, so ungern an ihre Kindheit erinnern, in Verbindung zu treten. Es kommt vor, daß ich, in der Absicht einen Besuch zu machen, ausgehe; ganz froh und beschwingt eile ich dem Ende der Sackgasse zu. Ich nehme mir vor, vielen Menschen von dem Hadeka zu erzählen, wie spaßhaft es dort zugeht und wie man, von einer weisen Direktion geleitet, allmählich alle Angst und allen Widerwillen verliert. Daß ich dann, noch ehe ich die Hauptstraße erreicht habe, doch wieder umdrehe, hat seinen besonderen Grund: ich kann die Folgen einer solchen Mitteilsamkeit nicht absehen, schon im Märchen wurden die Schwatzhaften auf irgendeine Weise schrecklich bestraft. Ich bin außerdem abergläubisch und traue dem Frieden nicht; von Zeit zu Zeit und auch gerade eben, habe ich das Gefühl, es könnte mir, wenn ich nicht die größte Vorsicht walten lasse, im Hause noch Entsetzliches geschehen.

59

Mein unangenehmes Vorgefühl von gestern abend hat sich nicht bestätigt, wenigstens nicht, was meine eigene Person betrifft. Ich hing heute mit halbem Leib aus einem Ochsenauge, das heißt aus einer ovalen Fensteröffnung, wie man sie an historischen Gebäuden aus der Barockzeit findet. Was ich drunten sah, war ein weiter ebener Sandplatz, auf dem Soldaten in bunten Uniformen teils aufgestellt waren, teils umhermarschierten, wobei ein Offizier mit gezogenem Degen voranritt oder ein Fahnenträger an ihrer Spitze ging. Die Sonne brannte sehr heiß, und gerade unter meinem Fenster fiel ein baumlanger Soldat plötzlich um und lag, steif wie ein Stück Holz, mit starren offenen Augen im weißen Gesicht. Ich war überzeugt davon, daß er tot war, und entsetzte mich, daß niemand ihn wegtrug oder auch nur eine Hand rührte. Ich schrie und winkte und wurde zurückgerissen, plötzlich stand neben mir der Ordner Nr. 2, den ich doch gar nicht verlangt und überhaupt schon ganz vergessen hatte. Was soll das, fragte ich ärgerlich, während draußen noch immer die Soldaten marschierten und ihre Beine wie mechanische Puppen ausstreckten und fallen ließen. Der Ordner nannte die Veranstaltung eine Parade, er erklärte mir, daß das wunderliche Fenster zu einem Marstallgebäude gehöre, daß die feine Musik, die jetzt aus der Ferne herklang, von einem historischen Glockenspiel herrühre und daß der Oberste Kriegsherr, der letzte Kaiser von Deutschland, Wilhelm II. anwesend sei. Ich war bereit, ihm alles zu glauben, nur meine eigene Gegenwart war mir äußerst unwahrscheinlich. Nächstens werden sie mir auch den Kaiser Napoleon in Versailles zeigen und behaupten, daß ich bei seiner Krönung dabei gewesen sei.

Ich bin mit Carl noch immer nicht zusammengekommen, jedoch habe ich jetzt endlich ein Weihnachtsgeschenk für ihn gekauft. Es ist ziemlich kindisch und von gar keinem Wert, aber ich bin sehr zufrieden damit. Ich habe es nicht in einem Geschäft und überhaupt nur durch einen Zufall erwerben können. Der Kellner, der beim Aufräumen war, kam gestern mit einer langen, schmalen Pappschachtel an meinem Tisch vorüber. Die Schachtel enthielt, wie er mir erzählte, einen kleinen Rest von Wunderkerzen, aber nicht die gewöhnlichen, kurzen, die man an den Christbaum hängt, sondern meterlange, welche eine halbe Stunde lang ein ganz unwahrscheinlich buntes Feuerwerk versprühen. Der Kellner trat mir auf meinen Wunsch zwei der unansehnlichen, aber vielversprechenden, grau umwickelten Stangen ab, und nun freue ich mich doppelt darauf, mit Carl, der für solche Kindereien viel Sinn hat, Weihnachten zu feiern. Bis dahin werde ich meine Forschungen im Museum hoffentlich beendet haben, vorausgesetzt, daß ich weiter so fleißig hingehe und mich von niemandem ablenken lasse.

61

Ich habe den Eindruck, daß Pferde, diese leider nunmehr fast ganz ausgestorbenen Tiere, im Hadeka eine bedeutende Rolle spielen. Stallgeruch ist oft zu spüren, auch der Geruch von Sattelzeug und Lederfett, mit dem gewisse knarrende und wiegende Geräusche im Zusammenhang stehen. Vor kurzem einmal wurde der scharfe Duft eines bremsenabwehrenden Öls so sachgetreu wiedergegeben, daß alle möglichen Sommergefühle, wie Räderrollen, Staubeinatmen, Schattenkühle ganz von selbst hinzutraten und der Eindruck einer Wagenfahrt im Frühling entstand. Das Erlebnis, das ich heute hatte, spielte sich jedoch auf einer anderen Ebene, einer viel unheimlicheren ab. Der Ort war eine menschenleere Asphaltstraße, ein Stück meines Schulwegs, wie sich schon durch den mir aufgeschnallten Ranzen erwies. Ich trottete die lange Straße hinunter, wobei ich ein aufgelesenes Stöckchen an den Stäben der Vorgarten-

gitter tanzen und ein schnarrendes Geräusch erzeugen ließ. Dieses
Geräusch nun wurde plötzlich und zwar durch einen nahen, furchtbar donnernden Hufschlag übertönt. Ich sah mich um und erblickte
ein Gespann riesiger kohlschwarzer Pferde, das, offenbar führerlos,
heranstürmte und gerade auf mich zu. Zu Tode erschrocken, lief
ich auf die andere Seite der Straße, dann, als ich bemerkte, daß die
Verfolger sich ebenfalls, stampfend und wiehernd, dorthin wandten,
wieder zurück und so weiter, in einem schauerlichen Zickzack hin
und her. Gerade als ich die gebäumten Köpfe der Rappen und die
blitzenden Eisen ihrer Vorderhufe dicht über mir sah, war ich entlassen, stand wieder draußen, jenseits der Eingangstüre, aber am
ganzen Leibe zitternd und mit Schweiß bedeckt. Ich nehme an,
daß es sich bei dieser ganz überflüssigen Quälerei gar nicht um ein
wirkliches Erlebnis, sondern um einen Kindertraum handelt. Trotzdem steckt mir der Schreck noch immer in den Gliedern, und ich
habe das Gefühl, daß diese Traumverfolgung nur der Auftakt zu
andern, noch unangenehmeren Erfahrungen ist.

62

Heute keine Träume, dafür andere, ebenfalls durchaus unsympa-
thische Dinge. Ich überlege mir, ob ich etwas nicht richtig gemacht,
vielleicht die Museumsleitung durch Nichtbeachtung gewisser Vor-
schriften verstimmt habe. Es gibt neuerdings eine Art Vorzimmer,
meergrüner Bodenbelag und grob getünchte Wände. Als ich vor
kurzem dort einen Augenblick verweilte, sah ich im Verputz Gestalten, Landschaften und Profile, eine ganze kleine Welt, die mir
gefiel, aber die ich im Weitergehen sofort vergaß. Es mag wohl sein,
daß dort in Buchstaben, Zahlen oder ganzen Sätzen auch Anweisungen stehen, die ich zu meinem Schaden übersehen habe. Vielleicht ist es auch unangenehm aufgefallen, daß ich von der Einrichtung der historischen Filme so wenig Gebrauch gemacht und
auf die Begleitung der Ordner größtenteils verzichtet habe. Jedenfalls hat sich die Stimmung im Hadeka verändert. Man ist mir
nicht mehr wohlgesinnt. Der Leser dieser Aufzeichnungen wird
sofort verstehen, was ich damit meine, wenn ich ihm in aller Kürze

schildere, was mir bei meinen drei Besuchen heute zugemutet wurde. Beim ersten, frühmorgens, lag ich in angenehm luftiger Wolkengestalt über die Baumkronen eines alten Gartens hingestreckt und sah durch die Zweige in die grüne Dämmerung hinab. Zugleich war ich aber auch dort unten, ein dickes kleines Mädchen, das vom Stamm einer jungen Birke zarte weiße Rindenhäutchen schälte und auf das plötzlich ein Mann zukam, der Gärtner mit der Hacke, rothaarig, wütend, der Feind schlechthin. In beiderlei Gestalt verstand ich kein Wort von dem, was er sagte, sah nur, wie er schreiend immer näher kam und wie seine kohlschwarze trächtige Hündin ihm zur Seite schlich. Bei meinem zweiten Besuch war Nacht, bloßfüßig stand ich am Kinderzimmerfenster, begierig, den Mond und den Mann im Monde zu sehen. Aber die helle Scheibe war von Wolken überzogen, und auf dem Hof unter meinem Fenster krochen vom Stall her nackte, langgeschwänzte Tiere zu einer unter der Wasserpumpe angesammelten Lache und tranken, ein widerliches Rudel, das endlich, vom Zufallen einer Türe erschreckt, auseinanderstob und mit wilden ruckartigen Bewegungen verschwand. Bei meinem dritten Besuch geschah gar nichts, und doch war dieser der beängstigendste von allen. Wieder Nacht, ein anderes [übrigens viel blasseres, also wohl weiter zurück liegendes] Kinderzimmer, schattenhafte Bettstellen, Atemzüge meiner Geschwister, ich allein noch wach, eine Uhr tickt und schlägt, tickt und schlägt, tickt und schlägt, und mit jeder Viertelstunde bin ich weiter fortgerissen in eine mitternächtliche Ferne, von der ich weiß, daß sie für Kinder voll der entsetzlichsten Gefahren ist. Auf dem Nachttisch steht eine Glocke, die ich nicht läuten darf und nach der meine Hand doch immer wieder tastet, bis ich in der Verzweiflung meiner Einsamkeit doch danach greife und sie schüttele, wild, wahnsinnig, bis die Geschwister erwachen und plärren, bis ich auf der Treppe einen Schritt höre, den Schritt...

Über den oben erwähnten Schritt habe ich heute viel nachgedacht. Ich höre ihn noch immer, er ist leicht und doch müde, wie von jemand, der während des Tages unzählige Gänge durch das Haus macht, treppauf und treppab. Es ist nicht der Schritt meiner Mutter, der [wenigstens ihrem späteren, mir erinnerlichen Wesen nach] energisch sein müßte, ausgeruht und frisch. Der Schritt aber, der mich im Hadeka aus meiner mir jetzt schon wieder völlig unverständlichen Todesangst erlöste, ist schleppend und doch voll von unendlicher Hilfsbereitschaft, er ist der Trost schlechthin. Daß ich ihn mit keiner Gestalt und keinem Gesicht zusammenbringen kann, quält mich sehr.

64

Es erscheint mit jetzt sehr merkwürdig, daß ich einmal gedacht habe, das Haus der Kindheit könne so etwas wie eine Heilanstalt, ein Institut zur Behandlung schon bestehender oder drohender Neurosen, etwa in der Zeit des Klimakteriums oder in anderen Krisenperioden darstellen, während es doch, wie ich immer deutlicher erkenne, ein ganz und gar ungesunder Aufenthalt ist. Ich erwähne in diesem Zusammenhang gewisse körperliche Zustände, die mich im Hadeka in den letzten Tagen überkommen, zum Beispiel das Anschwellen einzelner Glieder oder auch des ganzen Leibes zu elefantenhafter Größe und Schwere und die darauf folgende plötzliche Schrumpfung zu Heuschreckendürre und Fliegengewicht. Meine Angst, in einem dieser Zustände festgehalten zu werden, ist jedesmal ungeheuer, ich fühle, wie ich in Gefahr bin, meine Gestalt und damit mein Ich zu verlieren. Wenn auch diese krankhafte Einbildung meist rasch vorübergeht, so fühle ich mich doch seit meinen letzten Besuchen im Museum schlechter als je zuvor. Obwohl ich nun ganz im Kaffeehaus wohne und sehr früh zu Bett gehe, schlafe ich unruhig und bin am Morgen übernächtig und bleich. Wenn es meiner Natur nicht so zuwider wäre, Dinge, die ich mir einmal vorgenommen habe, nicht zu Ende zu führen, würde ich, schon mit Rücksicht auf meine Gesundheit, weitere Besuche des Museums unterlassen. Es verlockt mich manchmal, wenn ich aus dem Hadeka komme, rasch an dem Kaffee vorbei und einfach nach Hause zu gehen. Aber auch dazu gehört eine gewisse Entschlußkraft, die ich vielleicht erst, wenn ich im Hadeka wieder angenehmere Erfahrungen gemacht habe, aufbringen kann.

65

Es wird keineswegs besser, sondern schlimmer mit jedem Tag. Zu dem Gefühl der Angst, das mir die Museumsleitung auf so kunstvolle Weise zu übermitteln sich bemüht, ist jetzt eine neue unangenehme Empfindung getreten, die Abscheu vor mir selbst. Ja, ich bin das ängstliche friedliebende Kind, als das ich mich in den bisherigen Wiederholungskursen gebärdet und betragen habe, ich weine viel [gestern einen ganzen Unterrichtsabschnitt lang] ohne ersichtlichen Grund und mit rätselhaftem Genuß. Aber daneben bin ich doch noch etwas anderes, ein Gefäß jähen Zornes, der plötzlich zu brodeln und zu kochen und herauszuschäumen beginnt, eine Gliederpuppe, die jemand mit den Beinen strampeln, mit den Fäusten hämmern und an fremden Haaren reißen läßt, so wie ich es eben im Hadeka getan habe, um dann wegzulaufen und mich zu verkriechen, von Angst vor mir selber und eben diesem ganz neuen Gefühl, der Scham, erfüllt.

66

Noch einmal die gleiche Unzufriedenheit, die gleiche Verzweiflung, aber aus ganz anderer Ursache, auch weniger einfach, ein vielschichtiger Vorgang, bei dem, wie es neuerdings oft geschieht, verschiedene Schauplätze blitzschnell wechseln und einander durchdringen. So sah ich heute, in rascher Folge wie auf einer Drehbühne, ein orientalisch, das heißt mit schweren Vorhängen, Teppichen und runden Messingtabletts eingerichtetes Zimmer, eine Gartenlaube und eine Gestalt, die aufrecht eine schmale Straße hinuntergeht, seltsam gekleidet, mit einem strengen, braunen Gesicht. Gleich darauf befand ich mich selbst hinter der Gartenlaube, zwei kleine Mädchen von ebenfalls fremdländischem Typus hockten neben mir auf einer Holzplatte, an der Bretterwand stand mein Bruder, ganz nackt. Unschuldig lächelnd spielte er mit einer Bohnenranke, ich selbst habe ihn, den Freundinnen seine Andersartigkeit zu zeigen, dorthin gestellt, aber wie sie ihn nun, einen schönen kleinen Sebastian, mit ihren neugierigen Blicken durchbohren, ist mir übel zumut. Die Drehbühne dreht sich weiter, wieder das Zimmer, wieder die fremdländische, starr blickende Alte, wieder die Bretterwand mit den rotblühenden Bohnenranken und dem nackten Buben, bis mit einemmal alles verschwindet und der Ordner Nr. 3 in einem weißen Ärztemantel vor mir steht. Neue Nachbarn, sagt er, von weither gekommen, Anziehungskraft der Fremde, Bloßstellung einer geliebten Person aus Geltungsbedürfnis, sexuelle Neugierde und so fort, immer in Überschriften, mit denen ich nichts anfangen kann.

67

Die Unterrichtsmethode im Museum wird immer undurchsichtiger, da es jetzt außer den Wiederholungskursen, bei denen man sich in einen kindlichen Zustand zurückversetzt fühlt, außer den Filmen und Vorträgen noch etwas wie eine Requisitenkunde gibt. Bei dieser Art von Unterricht bleibt man auch nach dem Betreten des Museums noch ›erwachsen‹, auch findet die Belehrung in ganz neutralen, mit Lehrmittelschränken und Regalen eingerichteten Räumen statt: ein Fach wird jeweils geöffnet und das Notwendige von dem Ordner hervorgeholt. So bekam ich heute von dem Kustoden zunächst eine Reihe von Kinderkleidern gezeigt, von denen die meisten von derselben ungeübten Hand verfertigt und von ganz ähnlicher Machart waren, Hänger mit Waffelstichen, rosarote Kattunkleider mit drei Volants, mit Valenciennesspitzen verziert. Doch gab es auch Matrosenkleider mit Latz und Schleife und goldgestickten Ankern, auch einen schwarzen Samtkittel mit irischem Spitzenkragen, der, wie mir der Kustode mitteilte, meinem Bruder gehört hat. Den zweiten Schrank öffnete mir, zu meinem Erstaunen, der Ordner Nr. 3. Er nahm eine Puppe heraus, und zwar einen

Puppenjungen mit abgeblätterter Gesichtshaut, schäbigen Höschen und zerrissenem Wams und berichtete mit fast höhnischer Strenge, daß ich diesen beständig herumgeschleppt und sehr geliebt habe, daß mir aber das An- und Ausziehen, Zubettbringen, Pflegen und Bemuttern von Mädchenpuppen zuwider gewesen sei.

68

Der Ordner Nr. 3 ist mir unsympathisch, schon durch die Tatsache, daß er im Widerspruch zu der Vorschrift ungerufen erscheint. In dem Beschwerdebuch, das ich, da ein solches im Museum offenbar nicht vorhanden ist, anzulegen gedenke, werde ich mich über sein hochfahrendes Auftreten beklagen, sowie über seine Methode, den Dingen gleichsam Etiketten anzukleben und sich dann zu entfernen, befriedigt, als ob damit schon etwas geschehen wäre. Ein anderer Punkt, der zu bemängeln ist: die sinnlosen Übertreibungen, deren sich das Museum schuldig macht. Wenn ich [wieder einmal auf dem Schulweg] an einem Garten vorbeikomme, in dem sich Irre aufhalten, so ist es höchst unwahrscheinlich, daß es sich in Wirklichkeit um mehr als eine, höchstens zwei geistesgestörte Personen gehandelt hat. Es kann nicht sein, daß, wie es mir heute dargestellt wurde, alle paar Schritte ein Mann stand, der entweder blökende Laute ausstieß oder die Glieder absonderlich schlenkern ließ oder den Kopf mit blödem Grinsen durch die Gitterstäbe steckte. Ebenso unwahrscheinlich ist, daß meine großen Schwestern sich auf eine Weise, wie die mir eben vorgeführte, gestritten haben, nämlich so leidenschaftlich zornig, daß ich, aus Angst vor etwas unausdenkbar Fürchterlichem, in mein Bett und unter das Federkissen kroch. Alle Geschwister streiten sich, jedes Kind kommt einmal mit Anomalen in Berührung. Wo kämen wir hin, wenn wir dergleichen dermaßen dramatisieren und pathetisch behandeln würden. Auch die heutigen Erfahrungen sind mir nur ein Beweis dafür, daß ich im Museum gequält und für irgend etwas, vielleicht für mein ursprünglich hartnäckiges Widerstreben, bestraft werden soll. Aber diese Praktiken rufen in mir nur einen gesunden Widerspruchsgeist hervor. So kann es nicht gewesen sein. So entsetzlich nicht.

Und doch, es war so. Nichts ist gegen mich persönlich gerichtet, nichts geht mich alleine an. Oder bist Du, geschätzter Leser dieser Blätter, nie einen dunklen Gang hinuntergegangen und hast durch den Spalt einer Tür geschaut, und drinnen im Zimmer hat jemand gesessen [ein Erwachsener!] und hat geweint? Hast Du dann nicht hinlaufen und Deine Arme um diesen Menschen schlingen wollen und bist doch stehengeblieben, lange, klopfenden Herzens, warum? Weil das ja gar nicht wahr sein durfte, weil die Erwachsenen stark sein müssen, weil wenigstens sie keine Angst und keinen Kummer haben dürfen wie Du. Und bist Du nicht schließlich weggelaufen, weit weg, und hast Dir die Ohren zugehalten, Dich zu schützen gegen diese Ungehörigkeit, die Du doch nicht vergessen konntest – niemals mehr?

Anmerkung. Der Kustode sagte mir, es habe sich in meinem Fall um ein altes Kindermädchen gehandelt, das damals durch ein gebildetes Fräulein ersetzt und aus seinem, neben dem Kinderzimmer gelegenen Stübchen ausquartiert worden sei. Ich versuche vergebens, mich an das Gesicht dieses Mädchens zu erinnern. Nur eines weiß ich: der Schritt auf der Treppe war sein Schritt...

Ich sehne mich nach der Zeit zurück, in der ich bei meinen Museumsbesuchen keiner Erklärungen bedurfte. Die Ordner, selbst der ungelehrte Kustode, bringen in das Ganze eine intellektuelle Note, die, obschon man sie einem Forschungsinstitut zubilligen müßte, oft den Verdacht der Verfälschung erregt. Der Trost einer rationalen Erklärung ist zudem meist völlig unwirksam, da man auf eine raffinierte Weise zurückverwandelt im Hadeka dem Vernünftigen gar nicht recht zugänglich ist. Noch lange nach dem Verlassen des Museums stehe ich unter dem Eindruck des gerade Erlebten, zum Beispiel heute eines Parkwegs in der Dämmerung, von dem aus ich [von einer Hand geführt] zum Himmel aufschaue, wobei mich ein entsetzlicher Schwindel, wie am Rand eines tiefen Abgrunds, erfaßt. Der Himmel ist, zum erstenmal in meinem Leben, transparent, eine Anhäufung von Luft, eine fürchterliche Leere, die keine Grenzen hat. Auf dem Hinweg noch war alles anders, die gewölbte Decke fest, ein Saal der Engel, eine Plattform für den Thron des lieben Gottes, dieses Bild schiebt sich auch jetzt noch immer wieder dazwischen und wird wieder zerrieben, aufgelöst, für immer zerstört. Um nicht länger hinaufblicken zu müssen, reiße ich von den Sträuchern am Wege die prallen weißen Beeren ab, die beim Zertreten so lustig knallen, in den Pfützen zu meinen Füßen aber liegt derselbe Himmel, ich entgehe ihm nicht. Ich habe ein Gefühl schauerlicher Verlassenheit, vor der mich weder der schattenhafte Erwachsene neben mir, noch die hier und dort schon aufleuchtenden Fenster schützen können. Ich war verzweifelt, und ich bin es im Grunde noch jetzt. Die Erklärung des Ordners Nr. 3, daß ich damals aus dem Erdkundeunterricht heimkehrte und daß ein kaltherzig aufklärender Satz des Lehrers mein Weltbild zerstört habe, nützt mir nichts.

71

Richtiges Winterwetter, von der Art, wie man es von sehr alten Leuten noch manchmal geschildert bekommt. Sogar in der Stadt bleibt der Schnee liegen, und besonders in unserer Sackgasse, die wenig Verkehr hat, glaubt man sich in einen ländlichen Ort im Gebirge versetzt. Heute mußte der Kellner mir den Weg zum Museum freischaufeln, was er trotz seines Alters mit großer Behendigkeit tat. Meine Angst, während meines Besuches im Hadeka eingeschneit zu werden, war jedoch groß. Ein paar Male habe ich den Kellner gebeten, doch gegen Mittag auf die Straße zu gehen und nach dem Wetter zu sehen. Die Schneeflocken, die ohne Unterlaß fallen, sind nämlich ganz ungewöhnlich groß und dicht, fast wie Brocken von Weißbrotkrume oder wie Wattebäusche, trocken und schwer. Obwohl der Kellner versprochen hat, mich nicht im Stich zu lassen, bin ich bei jedem Ausgang von großer Besorgnis erfüllt. Der Gedanke, auch nur einen Tag lang ganz ohne Pause den Quälereien des Museums ausgesetzt zu sein, ist mir entsetzlich, auch fürchte ich, daß der Kellner der Schneemassen am Ende doch nicht mehr Herr werden wird. Ich wäre dann unter Umständen gezwungen, im Museum ein Nachtquartier zu erbitten, und würde, einmal untergekommen, vielleicht aus reiner Trägheit dort bleiben, so wie ich schließlich auch im Kaffeehaus geblieben bin. Zunächst würde mich, da ich alle Beziehungen vorübergehend abgebrochen habe, niemand dort suchen, später aber wären, selbst für die Polizei, meine Spuren völlig verwischt.

72

Der panikartige Zustand, in den ich geraten bin, rührt vor allem von der Erscheinung eines gewissen Herrn Leisegang oder Liesegang her, der mir im Hadeka in den letzten Tagen mehrere Male begegnet ist. Er ist ein mageres, hohlwangiges Männchen mit entzündeten Augen und einem Gerstenkorn am linken unteren Lid. Der Kustode erklärte mir, daß dieser Mann meinen Eltern viel Geld schuldig gewesen sei, daß man ihn nicht zum Bezahlen gedrängt habe, daß er aber immer wieder gekommen sei, um neue Darlehen zu erbitten. Ich begegnete ihm auf der Treppe meines Elternhauses, im Flur und vor der Zimmertüre meiner Mutter, und jedesmal ringt er die Hände und weint. Sein Äußeres ist sehr abstoßend, und ich begreife nicht, wie er sich mit seinen Klagen an mich, ein Kind, wenden kann. Da ich von dem Kustoden eine nähere Auskunft nicht erhalten konnte, habe ich mich an den Ordner Nr. 2 gewandt. Er hielt mir, wie das seine Art ist, einen langen Vortrag über den Ausdruck Bankrott und seine Bedeutung, ferner über die kapitalistische Wirtschaftsordnung, das Kreditwesen und dergleichen. Von dem Ganzen ist mir nur das Wort Elend wirklich zu Herzen gedrungen. Ich stellte mir darunter eine Art Sumpf oder Schlamm vor, aus dem man, einmal hineingeraten, nicht mehr heraus könne, und ich glaubte von nun an wahrzunehmen, daß auch der kleine Herr Leisegang nach Sumpf roch und wässerige Spuren hinterließ. Ich fürchtete mich davor, daß er mich anfassen und mit sich hinabziehen könne, und als er wirklich einmal auf der Straße nach meiner Hand griff, rannte ich entsetzt und atemlos, zugleich aber voll Abscheu vor mir selber, davon. Unter diesem Abscheu vor meiner eigenen Feigheit leide ich noch immer. Außerdem bemerke ich, daß ich auch jetzt noch die größte Mühe habe, mir die Erklärungen des Ordners Nr. 2 zu vergegenwärtigen. Sie gehören zu der Welt draußen, die immer blasser wird, während alles, was im Hadeka geschieht, eine gesteigerte Bedeutung gewinnt. Ich begreife nicht, daß ich noch vor kurzem durchaus fähig war, geschäftliche Dinge mit einigem Scharfsinn zu erledigen. Wie gut, daß ich in dieser Beziehung vorgesorgt habe und mich nicht in meinem jetzigen Zustand mit geschäftlichen Entscheidungen plagen muß.

73

Manchmal kommt mir das Haus der Kindheit vor wie ein Bergwerk, in dem ich immer tiefer hinabsteige, dem Herzen der Erde zu. Im Schoß der Erde gibt es schaurige Höhlen und ausweglose Stollen, in denen schlagende Wetter drohen, aber es gibt auch Gold- und Silberadern, Edelsteine und Halbedelsteine, wie ich sie mir dort unten vorstelle, nämlich bereits geschliffen und von strahlendem Glanz. Oft ist mir zumute, als ob ich, tiefer und tiefer hinabsinkend, den Erdkern erreiche, eine Kammer strahlenden Lichts. Ein Vers kommt mir in den Sinn – das ganze Herz der Erde glüht, je suis là-bas, béatitude –, wie man sieht, ein ganz unmöglicher Reim, den ich mir als Kind, auf Grund früher Sprachkenntnisse, ausgedacht haben muß. [An der Gewohnheit, mir solche Trost- und Erbauungssprüchlein selber zu dichten und sie mir am Abend, im Bett, vorzusagen, habe ich festgehalten, aber natürlich teile ich dieselben niemandem mit.] Solchen Dingen nachzugehen oder sich ihnen zu überlassen, ist ausruhend, die Angst verschwindet, und die alte Anziehungskraft des Museums stellt sich im Nu wieder her. Seit zudem plötzlich Tauwetter eingetreten ist und ich nicht mehr fürchten muß, im Hadeka gegen meinen Willen festgehalten zu werden, mache ich mich leichteren Sinnes auf den Weg. Der heutige ›Edelstein‹: ein lichtgrünes Blattgeflimmer, dazu Faulbaumblütengeruch und ein ferner unzählbarer Kuckucksruf wären eine reine Freude gewesen, hätte sich nicht, wohl als Folge des bereits durchgenommenen Erfahrungspensums, das schmerzliche Gefühl einer schon verlorenen Heimat dazu eingestellt.

74

Die Speisen, die ich mittags und abends im Kaffeehaus vorgesetzt bekomme, sind leicht und gut. In der Auswahl der Gerichte, die ich dem Kellner völlig überlasse, hat dieser sich nur einmal vergriffen, indem er mir von einem auf der Straße mit einem Öfchen herumziehenden Italiener gebratene Kastanien holte. Obwohl ich diese in den letzten Jahren mit besonderer Vorliebe gegessen habe, spürte ich schon nach den ersten Bissen einen heftigen Widerwillen. Ebenso erging es mir mit dem im Kaffeehaus zubereiteten Spinat. Die merkwürdig kindlichen Speisen, zu denen der Kellner neuerdings übergegangen ist [Reisbrei mit Zimt, Grießauflauf und dergleichen] munden mir dagegen erstaunlich gut, und geradezu begeistert war ich heute von einer Mischung aus Kartoffelbrei und Apfelkompott, die an und für sich wohl recht fade schmeckt. Da die Zigaretten im Kaffeehaus ausgegangen sind und der Kellner offenbar große Mühe hat, neue zu beschaffen, habe ich aufgehört zu rauchen, ein Entschluß, der mich übrigens erstaunlich wenig Überwindung gekostet hat.

75

Nichts mehr von ›Edelsteinen‹, nichts mehr von geheimer Seligkeit. Statt dessen eine Reihe von höchst banalen Erlebnissen, die aber im Hadeka, auf die übliche dramatisierende Weise dargestellt, den Charakter von Katastrophen trugen. Das Ärgste heute: ich stand, nasse Baumwolle an den Körper geklatscht, auf einem Pfahlbaugerüst, um mich eine Schar von Kindern mit geisterblassen Gesichtern und pflaumenblauen Lippen, unter ihnen ein vierschrötiger Mann. Die Kinder bekamen, eins nach dem andern, einen schweren kalten Gürtel umgebunden, eine daran befestigte, schlaff herabhängende Leine behielt der dicke Mann in der Hand. Zitternd und mit den Zähnen klappernd betraten die Kinder ein hoch über die schwarze Wasserfläche ragendes Brett und ließen sich, auf einen Kommandoruf des Mannes hin, von seinem leicht schwankenden Ende in die Tiefe fallen. Ich kam an die Reihe, wollte schon den Gürtel nicht anziehen, klammerte mich, als man ihn mir mit Gewalt übergestreift hatte, an der Holzbalustrade fest und schlug dann dem Dicken mit beiden Fäusten auf die fette behaarte Brust. Der Dicke riß mich los und stieß mich ins Wasser, nicht vom Sprungbrett sondern dort, wo wir gerade standen, hinterrücks. Graugrüne Strudel umgaben mich, dann wieder Luft, dann wieder das andere, Entsetzliche, in dem man erstickt. Droben zerrte jemand an der Leine, ließ nach und zerrte wieder, zog mich endlich an die Treppe zurück. Danach [aber auch hier war die Reihenfolge nicht ordentlich eingehalten] saß ich versteckt auf einer Kabinenstufe und wollte sterben, um nur das nicht noch einmal zu erleben, diesen Geruch von feuchten Matten und nasser, kalter Menschenhaut, diese im ohrenbetäubenden Kreischen doch immer vernehmbare Feldwebelstimme, dieses kleine Stück Himmel, durch das sich die Schwalben, so wunderbar leicht und von all dem völlig unbelästigt, schwingen.

76

Die großen Kaufhäuser unserer Stadt machen von der neuen Erfindung, mittels der man Reklameartikel auf winzigen, ferngesteuerten Flugmaschinen durch die Stadt schicken kann, reichlichen Gebrauch. Selbst unsere Sackgasse, gewiß kein besonders lohnendes Absatzgebiet, wird auf diese Weise, und zwar von dem großen Warenhaus an der Ecke der Hauptstraße versorgt. In gemächlichem Tempo surren die kleinen Weihnachtsmänner, Christengel und ähnliche Figuren an den Fenstern der oberen Stockwerke vorüber, drehen am Ende der Gasse um und fliegen wieder zurück. Einer dieser Flugapparate nun ging heute entzwei und trudelte auf den Bürgersteig vor dem Kaffeehaus hinunter, von wo ihn der Kellner auflas und hereinbrachte, um ihn mir aus der Nähe zu zeigen. Was da auf dem winzigen Motorenkasten zwischen den Flügeln befestigt war, war eine Art Christbaum, aber ohne Zweige und Tannennadeln, ganz aus weißen Flocken und silbernem Geriesel, auf einer breit ausschwingenden gefältelten Goldmanschette thronend und mit kleinen rosa Kerzen besteckt. Der Kellner stellte das anmutige Gebilde vor den Spiegel auf den Kamin, woraufhin es gleich in allen Ecken, nämlich in den vielen andern Spiegeln des altmodisch eingerichteten Raumes erschien. Er versprach, am Weihnachtsabend die Kerzchen anzuzünden, anscheinend hält er für diesen Tag auch eine Überraschung für mich bereit. Ich wage nicht, ihm einzugestehen, daß ich fest darauf rechne, den Weihnachtsabend nicht hier, sondern zu Hause, mit Carl zu verbringen. Schließlich ist heute erst der 18. Dezember, und bis zum 24. kann noch manches Unvorhergesehene geschehen.

77

Über die letzten Erlebnisse im Hadeka und besonders über die Badeanstalt nachgedacht. Sterbenwollen, mit sechs oder acht Jahren – auch das gehört wahrscheinlich zu den Übertreibungen, derer sich das Museum immer wieder schuldig macht. Trotzdem konnte ich mich heute bei dieser Feststellung nicht beruhigen. Ich mußte auf die Straße hinauslaufen, aber nicht in der gewohnten Richtung, sondern dem Ausgang der Sackgasse zu. Ich wollte Kinder sehen, ihre Stimmen hören, in ihren Gesichtern lesen, wissen, ob es das wirklich gab, diese niemandem mitgeteilte Verzweiflung, diese stillen Tragödien, von denen kein Erwachsener etwas ahnt. Wenn es dort wirklich so zuging wie im Hadeka, bekam dieses einen ganz neuen Sinn: die darin gezeigten Dinge sollten den Erwachsenen die Augen öffnen, nach Beendigung ihrer Studienzeit sollten sie die Kinder besser verstehen. Dieser Gedanke hatte für mich etwas Befreiendes, schon glaubte ich meine Aufgabe nahezu erfüllt, schon spielte ich mit dem Gedanken, in meine Wohnung und zu meinen früheren Beschäftigungen zurückzukehren. Leider jedoch entsprachen die Erfahrungen, die ich auf dem kurzen Weg bis zur Hauptstraße machte, meinen Erwartungen keineswegs. Ich

91

sah ein paar Kinder, die an einer Pfütze spielten, und ihre Augen glänzten vor Eifer und Glück. Ein kleines Mädchen, das sehnsüchtig auf eine Puppe in einem Schaufenster starrte, war voll grenzenloser Zuversicht, diese Puppe als Weihnachtsgeschenk zu bekommen. Schließlich begegnete ich zwei Buben, die damit beschäftigt waren, Latten von einem Zaun abzureißen, was ihnen offensichtlich das größte Vergnügen bereitete. Sehr kleinlaut ging ich ins Kaffeehaus zurück. Noch jetzt weiß ich nicht, ob ich nicht die Kinder hier draußen noch immer mit den schrecklich vergeßlichen Erwachsenenaugen sehe, oder ob ich selbst nur ein Sonderfall war, ein anomal empfindliches, weinerliches Geschöpf. Ich weiß nur eines: ich muß wieder hin ...

78

Schon frühmorgens im Haus. Der Kustode führte mich über eine steile Treppe in einen Speicherraum, in den durch eine Luke spärliches Licht fiel und wo eine schräge Staubsäule tanzte. Er ließ mich allein, und ich begann sofort in einer Kiste zu wühlen, in welcher Kulissen und Ersatzstücke für das Puppentheater aufbewahrt waren. Ein Haufen von Büchern lag daneben, ich unterbrach meine Tätigkeit, um das eine und andere aufzuschlagen und die Titel zu lesen. Ein Buch hieß »Wie ein Mensch geboren ward«, ich blätterte es auf, und tatsächlich wurde darin eine Geburt beschrieben. Ich las auf seltsame Weise, riß die Worte an mich, wie Pflanzen mit ihren Wurzeln aus dem Erdreich, da wurden sie selbst das Beschriebene, nämlich Zange, Blut, Wasser, Nabelschnur und Nachgeburt, Geschrei gellte mir in den Ohren, auch ein übelkeiterregender Geruch erhob sich und mischte sich mit der Staub- und Moderluft des eingeschlossenen Raumes. Mein Entsetzen war so groß, daß, als beim Verlassen des Speichers der Kustode mir einen Zettel in die Hand drückte, ich nicht imstande war, das darauf Geschriebene zu lesen und noch viel später, als ich ins Kaffeehaus zurückging, versuchte ich vergeblich zwischen dem eben Erlebten und meinen späteren Erfahrungen, das heißt den Geburten meiner eigenen Kinder, eine Verbindung herzustellen: während diese gleichsam im hellen Tageslicht lagen, blieb jenes grauenvoll und finster, eine nicht zu bewältigende Angst. Den Zettel habe ich nicht mehr – alle Gegenstände, die man im Hadeka bekommt, verschwinden am Ende auf geheimnisvolle Weise. Doch kann ich mich nun erinnern, daß auf ihm unter der gedruckten Überschrift Ordner Nr. 3 die Worte Maxim Gorki, sexuelle Neugierde, Schock, standen. Den Autor des Buches zu erfahren, ist mir lieb, da ich nun die betreffenden Seiten gelegentlich noch einmal lesen und auf ihre Echtheit nachprüfen kann. Auch die Erklärungen des Ordners Nr. 3 sind diesmal einleuchtend, wenn auch unnotwendig, da mir das Entsetzen über die heimliche Lektüre noch in den Gliedern steckt.

79

Der Film, den ich, mehr aus Besorgnis, die Museumsleitung durch Mißachtung ihrer kostspieligen Einrichtungen zu erzürnen, als aus wirklichem Bedürfnis eben ablaufen ließ, hat mich überrascht. Man ist ja geneigt, die Jahrzehnte vor dem ersten großen Krieg als eine Art goldenen Zeitalters zu betrachten; langer Frieden, Wohlstand, allgemeines Glück. Die feuchten, häßlichen Kellerräume, die grauen traurigen Fabriken, die elenden Hinterhöfe und Schuttabladeplätze, die eben auf dem Bildschirm, und zwar unter der Jahreszahl 1910, erschienen, entsprachen dieser Vorstellung keineswegs. Die Führung der Kamera war sehr geschickt, wie vom Fenster eines durch die Häuserschächte einer Großstadt hinfahrenden Stadtbahnzuges, vorüberfliegend, dann wieder verweilend und einzelnes näher heranholend – ein schwindsüchtiges Mädchen an einer Nähmaschine, im Abfall wühlende Kinder, einen Mann, der, die leere Lohntüte in der Hand, aus dem Wirtshaus schwankt, ein ärmliches Schlafzimmer mit einer bleichen Frau im Bett. Eine Art Lehrfilm, es ist nicht alles Gold was glänzt, Kürassierhelm und Proletariermütze, bürgerliche Wohlanständigkeit und Arbeiterelend – das Ganze recht bedrückend und keineswegs dazu angetan, mein Vertrauen in die geschichtliche Epoche, in die meine Kindheit fällt, zu stärken oder gar zu erhöhen.

Über die Methoden des Museums, das heißt über die dort aus dem Erinnerungsgut getroffene Auswahl aufs neue nachgedacht. Warum sind die [gewiß nur mir allein vorgeführten] Filme so und nicht anders, warum muß ich gerade diese und nicht andere eigene Erlebnisse nachvollziehen? Ich muß gestehen, daß ich mit der Auswahl nicht zufrieden bin, daß ich, soweit ich mir von dem im Museum zu Zeigenden überhaupt eine Vorstellung gemacht habe, anderes, aufschlußreicheres Material zu finden hoffte. Mir fehlen die ganz persönlichen Erfahrungen, sowie eine wirklich einleuchtende Erklärung für die offensichtliche Verdüsterung meines Kinderlebens von einem bestimmten Augenblick an. So erschüttert ich auch jedesmal das Haus verlasse, so erscheint mir doch das Erlebte, sobald ich es aus einigem Abstand, etwa nach einem guten Abendessen, betrachte, höchst banal und belanglos, die dramatischen Akzente fehlen durchaus. Wie anders hat man in der Literatur, ja selbst im modernen Film die Kindereinsamkeit und den Kinderschmerz zu begründen und darzustellen gewußt. Ich erinnere mich an einen Film, in dem ein kleines Mädchen an der Hand seiner Mutter vor dem Schaufenster eines Reisebüros steht und voll Entzücken ein dort ausgestelltes weißes Schiff betrachtet, und wie es dann in der spiegelnden Glasscheibe einen fremden Mann wahrnimmt und das Gesicht der Mutter, die diesem Mann herausfordernd zulächelt, womit dann alles zerstört ist, das Alleinsein mit der Mutter, das Vertrauen, das Glück. Man denke auch an Hanno Buddenbrook, der mit seinem Vater die Treppe hinaufgeht, während bei der Mutter noch immer der Leutnant zu Besuch ist – das sind handgreifliche Vorfälle, mit denen eine Lebensangst sehr wohl begründet werden kann. Daß bei mir dergleichen nicht vorkommt, daß ich, durch die künstlichen Vorspiegelungen des Museums täglich zurückverwandelt, schon das ganz gewöhnliche Kinderleben nicht bewältige, erfüllt mich mit Mißtrauen, ich vermute immer, daß etwas Entscheidendes mir, aus unerfindlichen Gründen, vorenthalten wird.

81

Der große rote, mit grünem Wachstuch bezogene Tisch unter der
Gaslampe im Kinderzimmer streckte heute die mit dünnen Latten
verbundenen Beine in die Höhe, war mit Küchenstühlen und kleinen Strohsesselchen vollgebaut, Stelzen ragten heraus, Masten mit
Fahnen, auf einem Haufen von Gartenkissen saß ich, hatte den
Arm um meinen kleinen Bruder geschlungen und fuhr mit ihm
über ferne Meere, an merkwürdigen Küsten hin. Der Schrank ist
der Berg Rogo, die vier kleinen weißen Betten sind die Milch-
straßen-Wiesen, durch den Spalt zwischen den Fenstervorhängen
schaut das einzige grelle Auge des Riesen Urs herein. In der gefährlichen Wildnis singt mein Bruder mit einem hellen Flötenstimm-
chen. Wie ich ihn festhalte, zärtlich, angstvoll, als könne dies alles
plötzlich zu Ende sein. Wie im Hadeka überhaupt immer beides,
das Gefühl der Gefangenschaft im Nochkindsein und die Angst
vor dem Erwachsenwerden, nebeneinander besteht.

82

Immer wieder kommt es vor, daß einzelne, ziemlich uninteressante
Dinge dem Besucher des Museums stundenlang mit den umständ-
lichsten Erklärungen vorgeführt werden, während die schönsten
Landschaftsbilder nur flüchtig, wie Luftspiegelungen, und ohne
jede nähere Bezeichnung erscheinen. Heute langweilte man mich
damit, daß man mir einen sonderbaren Gegenstand, eine Art von
Beinschiene aus Metall und Leder in die Hand gab, ich mußte sie
hin und her drehen und von allen Seiten betrachten. Der Kustode
machte mich darauf aufmerksam, wie ausgezeichnet das Ding
gearbeitet und aus welch dauerhaftem Material es hergestellt war.
Er ruhte nicht, bis ich mit den Fingern die glänzenden Metallstäbe,
die gut gefügten Scharniere und die braune glatte Oberfläche der
Wadenumkleidung betastet hatte, auch machte er mich mehrmals
darauf aufmerksam, daß das Innere der Fußstütze, die Sohle, mit
zartestem rosafarbenem Leder gefüttert war. Schließlich mußte
ich die Schiene, die offensichtlich zur Behebung einer Knochen-

verbiegung, vielleicht eines ganz gewöhnlichen Senkfußes, diente, noch selbst anziehen und damit umhergehen, wobei freilich ein leises Quietschen der Scharniere mit einemmal ein höchst unangenehmes, mit der sachlichen Betrachtung des orthopädischen Apparates gar nicht mehr zusammenhängendes Gefühl in mir erweckte.

83

Eine neue erschreckende Einrichtung, die dem Erforscher des Museums, übrigens auch ohne oder sogar gegen seinen Willen, zur Verfügung gestellt wird, und die ihn befähigt, sich selbst, und zwar nicht wie in einem Spiegel sondern ganz von außen zu sehen. Die Umstellung erfolgt ganz plötzlich, ohne vorherige Warnung und hat deshalb schon an und für sich etwas Erschreckendes. Sie war heute für mich doppelt unangenehm, weil das mir vorgeführte Selbstbildnis meiner Vorstellung keineswegs entsprach. Beim Betreten des Hauses hatte man mir zu meinem Ärger wieder die Beinschiene angezogen, die Türe, die der Kustode für mich öffnete, führte auf einen Schulhof, den ich noch mit einiger Neugierde betrat. Gleich darauf aber sah ich mich selbst, ein dickes, zehnjähriges Mädchen mit großen kugelrunden Augen auf dem Schulhof stehen, und zwar in der Mitte der grauen, von zerknüllten Butterbrotpapieren übersäten Kiesfläche, ganz allein. Die andern Kinder gingen in Gruppen oder zu zweien im Kreis um mich herum, manche hielten sich umschlungen, andere trieben Späße miteinander oder warfen sich bunte Bälle zu. Das Ich-Mädchen rührte sich nun auch, es machte, wohl von der schweren Schiene behindert, ein paar unbeholfene Schritte, es rief, ohne Antwort zu erhalten, nach allen Seiten, und streckte, aber ganz vergeblich, seine Arme nach den andern Kindern aus. Die ganze Szene, mehrmals und bis zum Überdruß wiederholt, stimmte mich traurig. Mich selbst in einer so beschämenden Lage zu erblicken, war mir peinlich und ärgerlich, um so mehr, als ich mich an einen derartigen Vorfall aus meiner Schulzeit überhaupt nicht erinnern kann.

Den Ordner Nr. 3 nach der Bedeutung der Schulhofszene gefragt. Er war diesmal umgänglich und gesprächig, sagte, ich habe zu dieser Zeit *den Ton* nicht getroffen und deshalb in dem großen Chor nicht mitsingen können. Es sei immer etwas anderes, als ich wollte, aus meinem Munde gekommen, freche, hochfahrende Bemerkungen anstelle freundlicher Worte, Trotz statt Nachgiebigkeit und so weiter, wobei dann wirklich leicht so etwas wie eine Verfemung zustande kommen kann. Er verbreitete sich über diesen Gegenstand ziemlich lange, es scheint, daß ihn die Psychologie des Schulkindes besonders interessiert. Obwohl er mir jetzt nicht mehr so unsympathisch ist, kann ich ihn doch nur schwer verstehen, das heißt es fällt mir schwer, seine Erklärungen mit dem im Haus Erlebten in einen richtigen Zusammenhang zu bringen. Während ich ganz vernünftig mit ihm spreche, bin ich doch noch immer das Kind, in das man mich heute morgen verwandelt hat und dessen Einsamkeit auf mir lastet wie ein schweres Gewicht. Ich fühle zudem, wie ich mit jedem Tag müder werde und den Erfahrungen des Museums eine immer geringere Widerstandskraft entgegenzusetzen habe. Mit Schrecken habe ich heute mittag gesehen, wie der Kellner das Kalenderblatt abriß und das neue Datum, der 23. Dezember, zum Vorschein kam.

85

Ich kann nicht mehr. Obwohl ich gewiß den besten Willen gehabt habe, meine Studien im Haus der Kindheit bis zum Ende durchzuführen, fühle ich, daß ich dazu nicht mehr imstande bin. An meinem Zusammenbruch ist wahrscheinlich gar nicht das letzte Erlebnis [der Schulhof] schuld. Ich bin vielmehr, und zwar schon durch die sonderbaren Methoden des Museums, zermürbt, ausgehöhlt und nicht mehr fähig, noch andere derartige Dinge nachzuvollziehen. Schließlich kann mich niemand zwingen, das Forschungsinstitut weiterhin aufzusuchen. Ich bin, nach anfänglichem Zögern, freiwillig hingegangen, so daß ich nun auch freiwillig

·wegbleiben kann. Das bisher gesammelte Material, das ich in meinem jetzigen Zustand gar nicht noch einmal zu überlesen wage, ist wahrscheinlich bereits von einigem Wert, ich muß nicht fürchten, daß ich es nicht mehr veröffentlichen und aus diesem Grunde etwa meine Schulden bei dem Kellner nicht bezahlen kann. Es ist wahr, daß die Geschichte meiner Entdeckungsreise auf diese Weise schlecht endet, mit einer Niederlage, einem Bruch. Aber schließlich bin ich mir selbst [und nicht nur mir allein] schuldig, daß ich meine Tätigkeit abbreche, solange ich dazu überhaupt noch imstande bin. Meine jetzige Entschlußkraft habe ich vor allem Carl zu verdanken. Bei der Vorstellung, daß ich ihn heute noch sehen werde, wird mir plötzlich ganz wohl und glücklich zumute. Er wird mich in die Arme schließen, und ich werde erzählen oder nicht erzählen, vielleicht werden wir uns von nun an gar nicht mehr trennen, sondern zusammen leben, wie es schon lange sein Wunsch gewesen ist. Sobald ich aus der Stadt [ich muß ja zum Telefonieren ausgehen] zurückkomme, will ich meine Sachen packen und auch meine Bücher und Hefte zusammenräumen und an mich nehmen. Der Kellner wird seinen kleinen ätherischen Weihnachtsbaum für sich allein anzünden müssen. Wenn die rosa Kerzchen brennen, bin ich schon weit fort. Was für eine Erleichterung, erwachsen und Herr seiner Schritte zu sein.

86

Es ist spät am Abend, und ich bin noch hier. Ich habe auch meine Sachen nicht gepackt und mir kein Taxi bestellt. Der Kellner schien, obwohl ich ihm, als ich zum Telefonieren wegging, allerlei Andeutungen machte, nichts anderes erwartet zu haben. Er hat mein Abendessen vorbereitet und zur gewohnten Stunde den Tisch gedeckt. Er war heute ganz besonders freundlich um mich bemüht, lief unaufhörlich hin und her, und wie ich, den Kopf in die Hände gestützt, in großer Niedergeschlagenheit auf das Essen wartete, hörte ich auf sein Gehen und Kommen, seinen leichten, müden, aber unendlich hilfsbereiten Schritt. Nach dem Essen brachte er mir heute zum erstenmal eine Wärmflasche, und zwar einen ganz altmodischen Kupferbehälter, der mit einem Überzug aus hellblauer Wolle versehen war. Es sollte mich nicht wundern, wenn er diesen Überzug selber gehäkelt hätte. Obwohl er so vortrefflich Schnee schaufeln kann, wirkt er doch völlig geschlechtslos, und sein glatt-rasiertes Gesicht gleicht manchmal dem zarten und blutleeren Gesicht einer alten Frau.

Carl ist, wie man mir am Telefon sagte, verreist. Er hat keine Adresse hinterlassen und kommt vor Mitte März nicht wieder zurück.

87

Ich habe dem Vorschlag des Kellners, einige Tage völlig auszu-ruhen, nachgegeben. Ich bin zum Sterben müde, und das Museum wird, wie er meint, über die Feiertage ohnehin geschlossen bleiben. Der Kellner hat mir zu meiner Unterhaltung ein paar Bücher her-ausgesucht, vor allem einige vergilbte und stockfleckige Jahrgänge einer alten Zeitschrift, die ›Über Land und Meer‹ heißt und die in einen großen dicken Band zusammengeheftet ist. Schon seines Geruches wegen [nach den modrigen Schubladen eines alten Som-merferienhauses] ist dieser Band lesenswert. Außerdem stehen Geschichten darin, wie sie heute gar nicht mehr geschrieben wer-den. Eine besonders, die den Titel ›Gina Ginori‹ trägt, hat es mir angetan. Die Heldin dieser Geschichte ist ein junges Mädchen, das eigentlich bereits tot ist, sich aber doch benimmt wie eine Lebende, und das beständig ein leiser Lilien- und Leichengeruch umgibt. Freilich bin ich augenblicklich wegen meiner körperlichen Schwä-che gar nicht imstande, richtig zu lesen oder gar zu beurteilen, was an diesem literarisch vielleicht ganz minderwertigen Machwerk das Anziehende ist. Ich liege in meinem Zimmer auf dem Bett, blättere in dem dicken Band und warte, daß der Kellner mich zum Anzünden der kleinen Christbaumkerzen ruft. Nun kommt es also doch zu seiner Weihnachtsfeier und zu der Überraschung, auf die ich mich so gar nicht freuen kann.

Hiermit erkläre ich, daß die in meinem Zimmer im oberen Stock des Kaffeehauses hinterlassenen Gegenstände, einschließlich meines in der Nachttischschublade befindlichen Schmuckes dem Kellner zu seiner freien Verfügung und Veräußerung gehören. Ich bin ihm für viele Hilfeleistungen, namentlich aber für seine besondere Fürsorge am Weihnachtsabend, zu großem Dank verpflichtet und möchte auf keinen Fall, daß er durch mein Hiersein einen materiellen Schaden hat.

89

Die obenstehende Erklärung habe ich gestern, kurz vor dem Zubettgehen geschrieben. Es schlug gerade zwölf Uhr, die Stunde, in der in den römischen Kirchen die Mitternachtsmesse beginnt. Der Kellner hatte die Kerzen, die – offenbar nicht aus Wachs, sondern aus einem neuartigen, dauerhafteren Stoff bestehend – noch immer brannten, ausgelöscht und mir die letzte, noch brennend, gegeben, damit ich mir damit auf dem Wege in mein Zimmer leuchten könne. Ich habe mich darüber, daß er das elektrische Licht nicht mehr anzündete, nicht im geringsten gewundert. Während ich auf die Glocken horchte, setzte ich mich noch einen Augenblick an den Tisch und schrieb, das Kerzchen in der linken Hand.

90

Die Überraschung, die der Kellner gestern abend für mich bereit hielt, bestand in einem altmodischen Puppenhaus, das er, weiß Gott, aus welcher alten Truhe hervorgeholt hat. Diese Puppenstube hat mich vom ersten Augenblick an entzückt. Während die gewöhnlichen derartigen Zimmer meist recht langweilig, als Wohn- oder Eßzimmer mit Umbausofas, Buffets, steifen harten Stühlen und Standuhren eingerichtete rechteckige Räume sind, war dieses ein kreisrunder Salon, wie man ihn gelegentlich noch in alten Landhäusern findet. Der Boden war mit schmalen Parkettstreifchen belegt, und die Wände waren mit Seide bezogen und mit kleinen Messing-Armleuchtern und hübschen gemalten Landschaften in Goldrahmen behängt. Das Zimmer, das nicht wie andere Puppen-stuben auf einer Seite offenstand, hatte nur ein einziges Fenster oder vielmehr eine Glastüre, die in einen Garten führte, der mit einer schneebedeckten Rasenfläche, einigen gleichfalls beschneiten Bäumen und einer chinesischen, mit Glöckchen behängten Laterne angedeutet war. Glöckchen hingen auch an dem schlanken Christ-baum, der die Mitte des runden Zimmers einnahm und den man, wie ich später herausfand, vermittels eines Uhrwerks in Bewegung setzen konnte, so daß er sich ganz langsam, mit leisem Klingen, um sich selber drehte. Winter war draußen und Weihnachten drinnen, die Tische waren mit weißen Servietten belegt und mit winzigem Spielzeug, wie auch mit allerlei anderen miniaturhaften Gegen-ständen überladen, auch standen hübsche Blumenteller mit reizend nachgeahmten Gebäckstücken allenthalben herum. Die Stühle und kleinen Sofas, sowie die zierlichen Tische hatten geschwungene Beine, und die Kissen waren in winzigem Kreuzstickmuster mit Blumen und Ranken bestickt. Bewohnt aber war der hübsche Saal von einer Menge von Figürchen, Kindern und Erwachsenen, die sich um den Baum drängten, und sogar Uralten in ärmlichen Klei-dern, die sich gegen die Wand oder ein Möbelstück lehnen mußten, weil ihre Beine sie nicht trugen.

Daß ich mit diesen Figürchen sogleich zu spielen begann, die Kinder zu ihren Tischen führte und die Erwachsenen miteinander reden ließ, darf den Leser nicht wundernehmen: ich habe, so alt ich bin, die Lust am Spielen niemals verloren, und bei der Erziehung meiner Kinder war ich von einigem Nutzen nur in der Hinsicht, daß ich unzählige Spiele erfinden und mich ihnen völlig hingeben konnte. Ich streckte also, kaum daß der Kellner den Eßtisch abge-räumt und den Pavillon vor mich hingestellt hatte, schon die Hände nach den reizenden Gebilden aus. Gerade, daß ich noch sah, wie der Alte auf Zehenspitzen davonschlich und wie er bei der Tür noch das Licht ausdrehte, so daß mir nur mehr die kleinen Kerzen des auf den Kamin gestellten christbaumähnlichen Rekla-meartikels die wunderliche Szene erhellten. Über all dem, was ich nun mit der Bescherung der Kinder, der Großen und der zahlreichen, zum Fest geladenen Armen zu tun hatte, verging die Zeit wie im Fluge. Schließlich saß ich nur noch still da und horchte auf das feine Klingen des Puppenstubenbäumchens, das sich mit seinen Glöckchen drehte und über all die funkelnden Dinge, die zierlichen Püppchen und die seidenschimmernden Wände seinen kleinen Schatten zog. Woran ich dabei dachte, erinnere ich mich nicht mehr. Ich weiß nur, daß ich alle Schrecken der vergangenen Tage vergessen hatte und vollkommen glücklich war.

91

Die Puppenstube ist verschwunden, und auch das weiße Flockenbäumchen hat der Kellner bereits weggeräumt. Ich fühle mich bedeutend besser als vor den Feiertagen und habe beschlossen, mein Studium im Museum weiterzuführen. Daß ich wieder so guten Mutes bin, rührt gewiß nicht nur daher, daß der Weihnachtsabend so viel erfreulicher, als ich dachte, verlaufen ist. Soviel ich mich entsinnen kann, habe ich in der Zeit vor Weihnachten immer an Depressionen gelitten, die, sobald die Tage wieder länger wurden, auf unerklärliche Weise ein Ende hatten. Meine Überzeugung, daß der rein astronomische Vorgang der Sonnenwende einen Einfluß auf das körperliche und seelische Befinden der Menschen ausübt, ist so stark, daß ich mir einbilde, in dem heutigen Tageslicht bereits eine Veränderung zum Märzlichen, Frühlingshaften wahrzunehmen. Ich hätte große Lust, einen Spaziergang vor die Stadt zu machen. Wenn ich einige Tage recht fleißig bin, ließe sich eine solche Erholungspause vielleicht einschieben. Die nächste Haltestelle des neuen ›Von Haus zu Haus‹-Flugdienstes soll sich, wie mir der Kellner sagte, auf der Hauptstraße, in der Nähe des großen Warenhauses befinden. Die Schonung Nr. 315 [Kennwort: Waldeslust] ist von dort aus in einigen Minuten zu erreichen, und es bleibt bis zum Rückflug Zeit genug, einen hübschen Rundgang zu machen und den Geruch der Erde zu spüren, die, da noch immer Tauwetter herrscht, offen liegen muß. Auf diesen Spaziergang freue ich mich sehr. Den im Museum gezeigten Landschaften haftet doch immer etwas Künstliches, Kulissenhaftes an. Daß man lebt, kann einem nur die Gegenwart bestätigen, die Vergangenheit nie.

Ich habe heut im Hadeka alles, und auf die erstaunlichste Weise, verändert gefunden. Man kann die Art der Behandlung, die mir jetzt dort zuteil wird, am besten mit der eines Schiffsjungen nach der Äquatortaufe vergleichen, oder ganz allgemein mit der jedes Jugendlichen, der seine Einweihungsriten hinter sich hat. Auch die antiken Mysterien mit ihrer Wanderung durch tiefe, von allerlei Schreckerscheinungen noch schauerlicher gestalteten Dunkelheit durch Nacht zum Licht, wären hier zum Vergleich heranzuziehen. Allerdings wäre es übertrieben, zu behaupten, daß jetzt für mich im Hadeka eitel Helligkeit und Klarheit herrsche. Es weht nur ein etwas frischerer Wind, wie etwa in einer Schulklasse, deren Lehrer neu und von angenehmerer Gemütsart als der frühere ist. Vor allem die Methode hat sich geändert. Ich werde jetzt gleich beim Eintritt in das Haus von dem Kustoden aufgefordert, etwas zu äußern, was mir gerade in den Sinn kommt, ein Wort oder einen Namen, und bekomme daraufhin die entsprechenden Gegenstände oder Personen sogleich vorgeführt. Der Leser wird mir nachfühlen, daß ich die jetzige Lehrweise der früheren bei weitem vorziehe. Statt von den unangenehmsten Erscheinungen wehrlos heimgesucht zu werden, kann ich jetzt wählen, was mir ein starkes Gefühl von Freiheit gibt. Eine andere Neuerung, nämlich die Einführung gewisser spaßhafter Züge, ist nicht weniger erfreulich. Ich werde heute abend versuchen, an Hand eines Beispieles dem Leser die neuen Lehrmethoden des Museums vor Augen zu führen.

Beispiel für den nach meiner Rückkehr in das Hadeka angewandten neuartigen Anschauungsunterricht. Es fallen mir auf dem Weg ins Museum die Worte Cacol, Diavolo und Carmen ein. Von dem Kustoden aufgefordert, eines derselben zu nennen, wähle ich das letzte, das, wie ich glaube, in irgendeiner Beziehung zu meinem Großvater, dem Vater meiner Mutter, steht. In der Tat wird mir nun dieser, aber auf die überraschendste Weise, vorgeführt. Er sitzt nämlich in der Mitte einer statt mit Sand, mit dunkelbraunem Malz angefüllten Manege und spielt Klavier. Um ihn herum stehen mehrere große Apparate, die mit stählernen Armen, Greifhänden und Bürstenfingern kleine Fässer aufheben, schwenken und wieder fallen lassen, während das äußere Rund der Manege eine Reihe von schweren, mit Lederschürzen bekleideten Pferden umzieht. Die Szene wechselt blitzschnell, nun ist man im Opernhaus, mein Großvater trommelt noch immer mit seinen kurzen Fingern, nun aber auf der roten Sammetbrüstung seiner Loge, er singt dazu, auf in den Kampf, Torero, alle Köpfe drehen sich nach ihm um, ich sitze neben ihm und schäme mich sehr. Neuer Szenenwechsel, jetzt geht er auf der Straße, die Hände in den Taschen seines Überziehers, rasch, ungeduldig, kleine Gestalt, Gesicht eines französischen Kleinbürgers, traurige Hundeaugen, sehr allein. Der Ordner Nr. 2 gab zu dem allen einen langen Kommentar, in dem er sich vor allem mit den Gründerjahren beschäftigte und den ich hier weglasse, weil man über diese Zeit [die letzten Jahrzehnte des vergangenen Jahrhunderts] in jedem Handbuch nachlesen kann. Er nannte außerdem den Namen Felix Mottl [offenbar ein damals sehr bekannter Dirigent] und erwähnte, daß mein Großvater, abgesehen von seinem Hofamt, auch eine Brauerei besessen und mit Grundstücken vor der Stadt eine lebhafte Spekulation betrieben habe, daß er jedoch in der Inflation all sein Geld verloren habe und arm gestorben sei. Was mich seltsam bewegte, waren die von ihm für das neue Baugelände ausgewählten Straßennamen [Siegfrid, Ortrud, Fafner], die sämtlich dem Ring des Nibelungen entstammten und die in der ehemaligen Residenz angeblich noch heute bestehen.

Die unterhaltsame Form der Belehrung dauert an. Rein technisch gesehen, handelt es sich um eine Art von Montage, Verklitterung eigentlich nicht zusammengehörender Gegenstände, ähnlich dem Stil einer bestimmten Richtung in der Malerei, die bereits vor dem 1. Weltkrieg aufkam und sich bis zur Mitte unseres Jahrhunderts einigermaßen lebendig erhalten hat. So erschien zum Beispiel bei dem Wort ›Diavolo‹ mein Vater als ein noch junger Mann, der einen leichten sanduhrförmigen Gegenstand auf einer zwischen zwei kurzen Stäben gespannten Schnur rollen und tanzen ließ. Als er jedoch dann die Schnur plötzlich spannte und das wunderliche Ding hoch in die Luft fliegen ließ, war es ein Falke, der nicht wiederkam und dem mein Vater lange nachblickte, wobei die leichten Bambusstäbe in seinen Händen sich langsam mit den Blättern und Blüten einer fremdartigen Schlingpflanze, einer blauen Winde, bedeckten. Der Ordner Nr. 2., der auch zu dieser Szene seine Erklärungen, betreffend gewisse romantische Vorlieben meines Vaters [Capodimonte, Friedrich II. von Hohenstaufen] abgeben wollte, wurde von mir in der unhöflichsten Weise unterbrochen. Ich habe das Gefühl, daß solche Bilder am besten unerläutert bleiben und daß ein Fremder für derart persönliche Dinge gar nicht zuständig ist.

Auch die mir neuerdings im Hadeka wieder gestellten Aufgaben sind kurzweiliger geworden, so daß ich mich ihnen jetzt ohne Ärger, ja mit einem gewissen Vergnügen unterziehe. Es handelte sich heute um die Einrichtung eines Zimmers, das heißt um die Auswahl bestimmter [wo und wann?] zueinandergehörender Gegenstände aus einem Magazin, das mit Möbelstücken, Teppichen, Vorhängen, Lampen und dergleichen vollgestopft war. Einen gewissen Anhaltspunkt bot mir die Erinnerung an die mir gleich zu Anfang meiner Studienzeit gezeigte Familienszene, die, wie man sich entsinnen wird, zum Schauplatz ein mit dunkelblauem Rupfen tapeziertes Wohnzimmer hatte. Ein Möbel aus der Zeit des ersten französischen Kaiserreichs, eine Art von Aktenschrank mit klassizistischem Giebel, Pergamentschubladen und bronzenen Beschlägen und Ringen gehörte unbedingt hierher, auch ein flacher Schreibtisch und ein Glasschrank, der dieselben strengen Formen und dieselben Verzierungen zeigte. Die übrigen Gegenstände zusammenzufinden, war schon schwieriger und besonders zu der Wahl der Vorhänge [ich entschied mich schließlich für weinroten Samt mit gleichfarbigen Baumwollstreifen] brauchte ich unverhältnismäßig lange Zeit. Natürlich darf man sich nicht vorstellen, daß die ganze Einräumerei wie in Wirklichkeit, das heißt mit Stöhnen und Schwitzen gurtenbewaffneter Packer, vor sich ging. Alles im Haus ist Spiegelung, Spiel, Leichtigkeit im höchsten Maße. Was ich haben wollte, änderte lautlos und zauberhaft rasch seinen Standort, was ich wieder verwarf, kehrte auf dieselbe Weise in die Lagerhalle zurück. Schließlich war das Zimmer zu meiner Zufriedenheit eingerichtet, nur daß eine Ecke ganz leer blieb, auf dem Schreibtisch mehrere Gegenstände fehlten und zu einem verschossenen Fleck an der Wand das passende Bild sich nicht fand.

96

Zum erstenmal seit langer Zeit wieder die Zeitungen gelesen. Die üblichen Sylvester-Rückblicke und Vorschauen, auch etwas Wahrsagerei, Tod einer bekannten Persönlichkeit, Weltraumflugkatastrophe und dergleichen. Außerdem die Nachricht, daß sich zur Feier des immerhin noch fernliegenden Jahres 2000 bereits ein Festkomitee, und zwar ein internationales, gebildet hat. Augenscheinlich hat man allerorten den Ehrgeiz, die moralische Aufrüstung bis zu diesem Zeitpunkt so weit vorzutreiben, daß man in dem Jubiläumsjahr vor den Augen der Geschichte mit der ›Einen Welt‹ als einer vollendeten Tatsache Staat machen kann. Ihre feierliche Proklamierung soll am 1. Januar des Jahres 2000 erfolgen. Leider kann man sich jedoch über den Ort der Feier nicht einig werden. Da sowohl das alte Europa als auch alle übrigen Erdteile Ansprüche erheben, ist die Verlegung der Feier auf einen außerirdischen Stützpunkt vorgesehen. Außerdem werden bereits Stimmen laut, die behaupten, daß das neue Jahrhundert keineswegs an dem vorgesehenen Tage, sondern erst am 1. Januar 2001 begänne. Wie mir der Ordner Nr. 2., der sich im Hadeka zu langweilen scheint und deshalb auf ein Schwätzchen ins Kaffeehaus gekommen ist, eben mitteilte, hat dieselbe Streitfrage bereits zu Beginn des vergangenen Jahrhunderts die Köpfe heiß gemacht. Doch liegt der zuletzt genannten Theorie heutzutage gewiß noch eine andere, nämlich eine defaitistische Tendenz, das heißt der Wunsch, zur Erreichung des hohen Zieles noch etwas Zeit zu gewinnen, zugrunde.

97

Im Hadeka wieder etwas Lustiges: eine Reihe lebensgroßer weiblicher Marionettenfiguren, die wie auf einer Schiene zur einen Tür des Vorführraumes hintereinander hereinkommen, langsam vorbeizuckeln und durch eine andere Türe wieder verschwinden. Sie sind aus Wachs oder aus erhärtetem Papierbrei, aber sehr naturgetreu gebildet und tragen kleine Schilder, auf denen ihre Namen, Mademoiselle Berthe, Mademoiselle Flore, Miss Barker, Miss Cacol und Fräulein Wucherpfennig stehen. Der Kustode teilt mir mit, daß alle diese Damen unsere Erzieherinnen waren. Er behauptet, die griesgrämige Mademoiselle Berthe habe beständig an den Türen gehorcht, die hübsche, schwindsüchtige Mademoiselle Flore habe meinen Eltern hochfahrende Antworten gegeben, Miss Barker habe meinen großen Schwestern einen selbstgeschriebenen, höchst unpassenden Roman ›das Linsengericht‹ des Nachts vorgelesen, während die lustige Miss Cacol sich mit mir auf einen Parkrasen gelegt und dann zu meinem Entzücken dem Schutzmann eine gänzlich falsche Adresse angegeben habe. Diese Erzählungen erheiterten mich, wenngleich ich mich über die Wahl meiner Eltern nicht genug wundern konnte. Das Fräulein Wucherpfennig, von dem der Kustode nur berichtete, daß bei seinem Kommen meine Mutter uns zusammengerufen und zur Ritterlichkeit aufgefordert habe, erschien als letzte und blieb auch einen Augenblick, mit

schnarrendem Uhrwerk, stehen, und mit seltsamer Rührung
betrachtete ich seine winzige, von einem riesigen Buckel verunzierte
Gestalt und sein zartes, spitzes, wie von einer edlen Begeisterung
glühendes Gesicht.

98

Den rein theoretischen Unterricht, der jetzt im Hadeka zuweilen
auf dem Programm steht, erteilt der Ordner Nr. 3. Er zeichnete
mir heute drei Kästchen an die Tafel, von denen das erste leer,
das zweite stark schwarz schraffiert, das dritte zur Hälfte zart
gestrichelt, zur andern Hälfte aber überhaupt nur angedeutet war.
Der Ordner schrieb über die Kästchen römische Zahlen und darunter die Worte Geborgenheit, Auseinandersetzung und Wach-
sende Einsicht, womit die gestrichelte Hälfte des dritten Kästchens
bezeichnet war. Ich nehme an, daß mit dieser graphischen Darstellung eine Einteilung des Studienmaterials in verschiedene Phasen
versucht werden soll. Zu der ersten Phase [Römisch Eins, Gebor-
genheit] gehören wahrscheinlich die mir vorgeführten angenehmen
Bilder, Spieluhr, Kaleidoskop, Garten usw., während die häßlichen
Angst- und Einsamkeitserlebnisse, die ich zu wiederholen gezwungen war, den Inhalt des zweiten Kästchens bilden. Daß ich mich,
der jetzt offenbar streng eingehaltenen chronologischen Reihenfolge entsprechend, zur Zeit in der ersten Hälfte der dritten Phase
aufhalte, leuchtet mir ebenfalls ein. Ich empfinde jedoch gegen die
allzu genaue Abgrenzung der verschiedenen Epochen ein starkes
Widerstreben, außerdem wüßte ich gern, was mich in der zweiten
Hälfte des dritten Kästchens erwartet und ob der Ordner dieses
vorläufig freigelassene Feld nicht am Ende ebenfalls schwarz
schraffieren wird. Eine Auskunft darüber konnte ich von ihm nicht
erlangen, wie er überhaupt während dieser ganzen Unterrichts-
stunde merkwürdig wortkarg war.

99

Das Bedürfnis, Carl von dem theoretischen Unterricht zu erzählen, wie überhaupt den lebhaftesten Wunsch nach seiner Gegenwart empfunden, mir auch Sorgen über sein Befinden gemacht. Merkwürdig nur, daß ich neuerdings immer das Gefühl habe, es stehe, während im Hadeka ganze Jahrzehnte durchmessen werden, die Zeit draußen still, als würde ich, sehr müde, wie von einer langen Reise heimkehrend, dort alles ganz unverändert finden. Wie oft, wenn ich mich bei einem Ausgang versäumt und sehr verspätet hatte und mit schlechtem Gewissen, erhitzt vom Laufen zurückkam, hat Carl, in seine Arbeit vertieft, nur aufgeschaut und ganz freundlich gefragt: wie – schon wieder da?

100

Die Museumsleitung hat sich selbst, das heißt ihre Theorie einer wachsenden Klarheit und Übersicht, Lügen gestraft. Eine schauerliche Szene war heute für mich vorbereitet, nämlich der Selbstmord eines Jünglings mit einem Kindergesicht [angeblich meines Vetters], der mit aus einer Schußwunde quellendem Gehirn auf dem Teppich eines sogenannten Herrenzimmers lag, die Finger um einen Abschiedsbrief gekrampft. Zugleich sehe ich denselben jungen Menschen in derselben Verfassung aufrecht an einem Tisch sitzen, schattenhafte, teuflich grinsende Gestalten werfen gleich ihm Spielkarten aus, sein höfliches Kindergesicht lächelt, während sie das Geld einziehen, das in einem Häufchen von Goldstücken vor ihm liegt. Hier war augenscheinlich ein Vorgang, den ich nicht selbst erlebt habe, wiedergegeben, und zwar so, wie er mir damals, erhorchter Erzählungen zufolge, erschien. Ein anderes Bild schob sich dazwischen, die Mutter des Vetters, die, klein, blond und rosig, im Zug durch Ölwälder fahrend, eine Zeitung auf dem Schoß liegen hat, und vor ihr auf den Knien ein junger dunkelhaariger Schaffner, der ihre Hände festhält, die Fäuste, die auf das Zeitungsblatt hämmern, während sie ihm Unverständliches zuschreit und schluchzt, immer dieselben Worte: das ist mein Sohn.

Die Szene ergriff mich sehr, da war nichts mehr von gelassener Überschau, Spaßhaftigkeit oder angenehm zu lösenden Aufgaben, nur Ekel vor der Todesverletzung, nur Furcht vor dem Dunklen, Bösen, dem der ehrenhaft törichte Junge zum Opfer gefallen war. Kein Kommentar, nur eine undeutlich leiernde Stimme, die vor dem Kartenspiel, vor Schulden und schlechter Gesellschaft warnte – alles wie aus einer längst vergessenen, überhaupt nur noch aus Büchern bekannten Zeit.

101

Musik ohne Bild wie aus einer Lautsprecheranlage, dazwischen Gedichtrezitation. Ich bemerkte ziemlich bald, daß hier nicht ein bestimmtes musikalisch-literarisches Erlebnis wiederholt wurde, daß man vielmehr bemüht war, mir, vielleicht um den letzten unangenehmen Eindruck zu verwischen, in einer Art von Potpourri meine frühen Lieblingsstücke und Gedichte zu Gehör zu bringen. In der Tat war die Zusammenstellung recht willkürlich, die Mischung von Instrumentalmusik, Gesang und Rezitation, bunt genug. Manches gefiel mir noch immer sehr, anderes weniger, bei allem aber, während des ganzen Konzerts, hatte ich ein merkwürdiges Heimwehgefühl, wie man es eigenen nur zum Teil noch begreifbaren Liebesregungen gegenüber empfindet. Weder die Kühle der zeitlichen Entfernung noch ein gewisser, von der heutigen Kunstrichtung bestimmter literarischer Hochmut kommen dagegen auf: Ich hab es getragen sieben Jahr, ich kann es nicht tragen mehr, der alte rebellische Vasall Archibald Douglas, der dem Pferd seines Königs in die Zügel fällt, der zauberhafte Name des Schlosses Linlithgow, auf ›Spielen und Jagen froh‹ reimt er sich gräßlicherweise, aber man kann nicht kritisieren, man will es nicht. Der Tod und das Mädchen, Schuberts Quartett mit dem Todeskampf-Motiv, kein schlechter Geschmack, nicht wahr, aber gleich daneben stehen die ›Rosen aus dem Süden‹, auf einem Phonola-Apparat kräftig getreten, und waren sie weniger herzbewegend, weniger rührend schön? »Sie essen nicht, sie trinken nicht, auf ihrem Schiffe brennt kein Licht« sang ein Chor, und der Kustode

110

flüsterte mir, was ich ohnehin wußte, ›Fliegender Holländer‹ zu. Zum Schluß sang die Stimme meiner Mutter *Das Lied,* sie begleitete sich, wie ich an einer gewissen Sorglosigkeit des Anschlags, aber auch an einer sehr musikalischen Heraushebung der Bässe erkennen konnte, selbst auf dem Klavier, und Kinderstimmen, drei nicht durchaus tonfeste, aber wild begeisterte, und eine zarte, glockenreine fielen ein. Das Lied unserer Kindheit, die beiden Grenadiere Napoleons, die, auf dem Rückzug aus Rußland, von ihrem Kaiser sprechen. Die Marseillaise . . .

102

Ich bin doch zuweilen froh, daß es im Hadeka die Ordner gibt. Wenn sie auch oft nichts Wesentliches zu sagen haben und einem mir ihrer lehrhaften Sprechweise, auch mit ihrer seltsamen Gewohnheit, eine Frage nie direkt zu beantworten, auf die Nerven fallen, so kann man doch manchmal auch Wissenswertes von ihnen erfahren. Der Ordner Nr. 2 hielt mir heute, als ich ihn wegen der Marseillaise [im Haus eines preußischen Offiziers!] befragte, einen Vortrag über das Außenseitertum mancher Menschen – ich wurde mir bald klar, daß er dabei meinen Vater im Auge hatte. Er erklärte das Außenstehen mit einem Herausstreben aus den eigenen, oft zu engen Verhältnissen und der Unmöglichkeit, im neuen Bereich völlig heimisch zu werden. Der Außenseiter leide zudem unter einer beständigen starken Spannung zwischen seinen Freiheitsgelüsten und dem Willen zur Unterordnung, einer Unterordnung, die, vielfach ohne rechte Prüfung des Objekts, als ethische Handlung an sich betrachtet wird. Ererbte Eigenschaften, auch ererbte politische Tendenzen, wie auch eine persönliche, nicht bis zur wirklichen Schöpferkraft vorgetriebene künstlerische Anlage verschärfen den Konflikt, der jedoch unter Umständen hinter dem Gesamteindruck einer harmonischen, ja faszinierenden Persönlichkeit verborgen bleibt. Der Ordner wollte im folgenden noch auf Einzelheiten aus der Geschichte meiner Heimat [Badische Revolution 1848, Herwegh usw.], die ihn als Historiker besonders interessieren, näher eingehen und sie mit dem Charakter meines Vaters in Verbindung bringen. Er unterbrach sich jedoch, da er bemerkte, wie unangenehm es mir war, auf so kalte, wissenschaftliche Weise das Wesen meines Vaters seziert zu sehen. Wollen Sie wissen, welche Büste als einzige in dem Haus Ihrer Eltern stand, fragte er, und führte mich, da ich seine Frage bejahte, in einen magazinartigen Raum, der mit hohen roh gezimmerten Regalen versehen war. Auf den Regalen stand eine Menge von Plastiken, aus Marmor, Bronze, Gußeisen und Gips, wie sie in den bürgerlichen Wohnungen der ersten Jahrzehnte unseres Jahrhunderts zu finden gewesen sein mögen: Bismarck und Wilhelm II., der Dornauszieher und die Prinzessin Nofretete, auch eine weibliche Totenmaske, welche die rätselhafte Bezeichnung ›Inconnue de la Seine‹ trug. Die Büste, welche der Ordner mir zeigen wollte, hatte man, als sei sie zu einer baldigen Vorführung schon bestimmt, auf ein fortrollbares Postament gehoben. Kaum, daß ich sie zu Gesicht bekam, lief ich schon auf sie zu, streichelte die glatten zartgeäderten Marmorwangen, begrüßte wie einen guten Onkel den boshaften Alten, der mit spöttischem Lächeln aus seinem falsch-antiken Gewandstück den faltigen Greisenhals reckte, buchstabierte auch, nun plötzlich wieder auf die im Hadeka übliche kindliche Weise die in den Sockel gegrabene Unterschrift VOLTAIRE.

103

Mein körperliches Befinden hat sich in den letzten Tagen so sehr gebessert, daß ich daran denke, meine journalistische Tätigkeit wieder aufzunehmen. Es gibt im öffentlichen Leben gewisse Dinge, die man nicht unerörtert lassen kann, wie zum Beispiel die unsinnigen kosmischen Grundstücksspekulationen, über welche ich heute etwas in der Zeitung las. Obwohl die längst angekündigte Inbesitznahme des Mondes noch immer nicht vonstatten gegangen ist, haben sich bereits viele Gesellschaften zur Ausbeutung dort vermuteter Urstofflager gebildet und von ihren Teilhabern namhafte Beiträge eingezogen. Die Auswandererlisten, die jedes Land für sich und ohne jede Rücksicht auf eine doch notwendige Gesamtquote anlegt, sind bei uns bereits überzeichnet – neuerdings wird die Einrichtung eines Mondbauamtes in Erwägung gezogen. Dabei sind die juristischen Voraussetzungen aller dieser Organisationen noch völlig ungeklärt. Es ist außerdem erschreckend, wie viele Menschen bereit sind, unseren Stern, und zwar, da eine Rückkehr bei den enormen Fahrpreisen nur für die wenigsten in Frage kommt, für immer zu verlassen. Selbst die ödesten Gegenden von Australien oder Südamerika haben mit den Heimatorten eines Dante, Cervantes oder Goethe doch noch eines, nämlich den Himmelskörper gemeinsam, selbst die Antipoden der homerischen Helden waren der Anziehungskraft derselben Erde unterworfen. Erst die kosmische Auswanderungslust gibt uns den vollen, schmerzlichen Beweis dafür, wie gering das Bedürfnis nach den alten Kulturgütern oder Kulturgefühlen ist und wie man in der Zukunft mit einer völligen Wurzellosigkeit, vielleicht auch im positiven Sinne, zu rechnen hat.

104

Die Glückseligkeitsempfindungen meiner ersten Zeit im Hadeka [der Ordner Nr. 3 würde sagen, der Phase Römisch-Eins] kehren zu meinem Entzücken doch noch zuweilen zurück. Heute ein ganzes Bündel von Eindrücken, ein Hier- und Dorthinschweifen in weiten Räumen, bei dem ich jedoch keinen Augenblick den Bann-kreis der Glückseligkeit verließ. Das Kennwort war diesmal ›Augapfel‹, eine Bezeichnung, die sich mit dem in Erscheinung Tretenden zunächst gar nicht in Verbindung bringen ließ. Der Bannkreis umfaßte: das schmale, von Wäldern begleitete Wiesental, in dem das Kommen eines Wanderers [das heißt Fußgängers] durch ein zuerst fernes, dann immer näheres Bellen verschiedener Hofhunde angekündigt wurde. Die Kegelkugel, die an einem Seil hängt und auf der ich sitze und mich durch die Luft schwinge, von der Stallwand ins Tannengebüsch, von dem Terrassengeplauder der Erwachsenen in die feierliche Dämmerung des Heuspeichers hinein; den Steinbruch, eine hohe Mulde unregelmäßig abgeschla-gener Granitblöcke, in der ich aufwärts klimme, wenig Halt, wach-sende Bangnis, endlich, dicht unter dem dunkelblauen Himmel das

Wurzelwerk, in das ich hineingreifen kann, und auf der Hochfläche die rauhen Heidekrautkissen, in die ich stürze, die taunassen Grasbüschel kühl am Gesicht; die rubinrote Glasdose [den ›Augapfel‹], voll mit Honig, den man am Löffel herausziehen konnte, nicht golden dünnflüssig, sondern grüngrau, rauh und zähe, aber mit goldenen Pünktchen wie kleine Bienen im Sonnenlicht, mit einem Schatzhäusergeruch von Waldestiefe, Tannennadeln, Harz und Heu; den Brunnen aller Brunnen, kleiner Trog aus Granitplatten, moosüberwachsen, in den über ein Rindenstück das Wasser aus der Tiefe des Berges rinnt, mondklar, unerschöpflich, und man kann seine Hände darunterhalten, eine kleine geäderte Schale, und daraus trinken und es wieder frei lassen, und sogleich erhebt sich aufs neue, die einen Augenblick geschwiegen hat, die Musik des Tales, die von keinem Motorengeräusch übertönte leise, einzige Musik . . .

105

Daß in meiner Familie der Geist der Aufklärung [sowohl des 18. wie des 19. Jahrhunderts] wirksam war, wurde mir, und zwar nicht nur durch die Bereitstellung der Voltairebüste, bereits deutlich gemacht. Ein heute von mir, und zwar durch die mir kurz vorher eingefallenen Worte Immanuel und Friedefürst, hervorgerufenes Erlebnis erwies mir jedoch, jedenfalls in bezug auf meine eigene Person, eine von solchem Rationalismus stark abweichende Art des Hörens und Sehens. Ich wohnte einem Gottesdienst bei, und zwar einem der evangelischen Kirche, zu der, wie mir der Kustode mitteilte, erst mein Großvater und in schon höheren Jahren übergetreten war. Der Gottesdienst war in allen Einzelheiten sachgetreu wiedergegeben, Pfarrer mit Beffchen auf der Kanzel, dicke Gesangbücher mit Goldschnitt auf den Lesepulten, die Gemeinde, schwarz oder doch dunkel gekleidet, mit Begräbnismienen im Gestühl. Daß ich, obwohl ich der Kanzel ganz nahe saß, von der Predigt des Pfarrers nichts auffaßte, diese vielmehr, wie in Räumen mit sehr schlechter Akustik gleichzeitig gut hörbar und vollkommen unverständlich an meinen Ohren vorüberfloß, während ein-

114

zelne Worte und Sätze der Liturgie überaus klar, wie von einer ganz anderen Stimme gesprochen, erklangen, all das kann doch nur heißen, daß ich damals nichts anderes hörte als eben diese Worte, die mich übrigens auch heute mit Schauder und Entzücken erfüllten. Sie schienen mit der Kirche nicht eigentlich zu tun zu haben, sondern aus einer viel tieferen Schicht, und mit Urgewalt, zu dringen und in diese zurückzukehren, ohne im geringsten abgenützt zu sein. Von diesen Worten und Sätzen habe ich die folgenden im Gedächtnis behalten. Vater unser. Sitzend zur Rechten Gottes, von dannen er kommen wird, zu richten die Lebendigen und die Toten. Er erhebe sein Angesicht über dich und schenke dir seinen Frieden. Die Kraft und die Herrlichkeit in Ewigkeit. Am Ende des Gottesdienstes wurde ein Kirchenlied gesungen, das, obwohl es solcher archaischer Erhabenheit völlig entbehrte, mich ebenfalls sehr bewegte. Es begann mit der Frage »Wo findet die Seele die Heimat, die Ruh«, der selbst gegebenen Antwort »droben im Licht« war ein schmerzlich beteuerndes »nein-nein, nein-nein, hier nicht«, in großen klagenden Intervallen vorangesetzt.

106

Bei Vereidigungen vor Gericht wird man, soviel ich mich erinnere, aufgefordert die Wahrheit, nichts als die Wahrheit und die ganze Wahrheit zu sagen. Diese so berechtigte Forderung wird im Museum ›Haus der Kindheit‹ nicht erfüllt. Bei meinem letzten Erlebnis im Hadeka [dem evangelischen Gottesdienst] war ich, soweit ich aus meiner Größe, meiner Kleidung und dem Grad meiner geistigen Aufnahmefähigkeit schließen kann, ungefähr 11 Jahre alt. Da man die eigentliche Kindheit eines Menschen mit 12 oder 13 Jahren als abgeschlossen ansehen kann, muß ich annehmen, daß die Zahl der mir noch vorzuführenden Dinge begrenzt ist und daß meine Studien in absehbarer Zeit zu Ende sind. Dieser Gedanke, der mir heute beim Aufwachen kam, hat mich sehr erschreckt. Sollte es möglich sein, daß in diesen wenigen Bildern und Empfindungen die ganze Wahrheit meines Kinderlebens zum Ausdruck gekommen ist? Hat das Museum in meiner Vergangenheit nicht mehr gefunden oder nicht mehr der Aufbewahrung bzw. der Wiederherstellung für würdig erachtet? Die Zahl der durchlebten Tage läßt sich leicht ausrechnen, es müssen viele Tausende sein. Waren wirklich die allermeisten von ihnen nichts als Kalenderblätter, die eine Hand abreißt und in den Papierkorb wirft, einzeln oder in Bündeln, wie es gerade kommt? Ich gebe zu, daß das Wiedererleben von vielen tausend Kindertagen langweilig, ja geradezu unerträglich wäre. Es geht mir aber bei den mir vorgestellten Erlebnissen wie mit Briefen oder Tagebuchblättern, die, nach dem Ermessen des Herausgebers gekürzt, mit Pünktchen anfangen oder zu Ende gehen und bei denen ich immer das Gefühl habe, daß sich hinter den Pünktchen das Wesentlichste verbirgt. Übrigens scheint der ersten Forderung des Schwurgerichts, dem »nichts als die Wahrheit«, im Museum ebensowenig wie der zweiten entsprochen zu werden. Gewiß habe ich niemals, wie heute mittag, meinen Vater in einem Krankenhaus, mit furchtbar erschreckenden Augen unter einem weißen Kopfverband gesehen. Ein viel späterer Bericht meiner Mutter, in dem übrigens keineswegs von einer Kopfverletzung, sondern nur von einer schweren Niedergeschlagenheit meines Vaters die Rede war, muß die Museumsleitung irregeführt haben.

107

Den Film, den der Kustode heute vor mir abrollen ließ, habe ich nicht bestellt. Er trug die Jahreszahl 1914, und seine Vorführung vollzog sich zwangsweise, sogar bei von außen verschlossenen Türen, zum erstenmal. Natürlich hätte ich die Augen zumachen können, und ich habe das auch, schon aus Protest, eine Weile lang, aber durchaus nicht die ganze Zeit über, getan. Ich bin von Natur neugierig, und es interessierte mich, schon aus wissenschaftlichen Gründen, warum man im Museum so großen Wert darauf legte, daß ich gerade diesen Streifen sah. Allerdings bin ich mir darüber erst ganz am Ende der Vorführung klar geworden. Es handelte sich bei den rasch wechselnden Bildern ausschließlich um Massenszenen, die auf Bahnhöfen und auf den Straßen und Plätzen einer

Großstadt aufgenommen worden waren. Man sah vor allem Soldaten in altmodischen Uniformen, die, mit Mädchen, Frauen und Kindern am Arm, durch die Stadt marschierten und deren Helme, Gewehre und Bajonette mit Blumen umwunden waren, oder andere, die sich, ebenso aufgeputzt, aus den Fenstern langer Züge beugten, während eine Menge von begeisterten Zivilisten ihnen zujubelte und schrie. Die ganze Zeit über wurde gesungen, auch das Blech geblasen und die Trommel gerührt. Es war wie ein ungeheures Freudenfest, bei dem man sich in den Armen lag, sang, lachte und Fähnchen schwenkte, nur daß dann am Ende, von vielen Männerstimmen gesungen und von dumpfen Marschtritten begleitet, über eine völlig menschenleere, von einzelnen schwarzen Kreuzen überragte Steppenlandschaft ein Lied hinschallte, etwas von Vöglein im Walde, Heimat und Wiedersehen – ein Würgen im Hals stellte sich dabei ganz automatisch ein.

108

Ob die letzte Phase schon begonnen hat, weiß ich nicht, nur soviel, daß seit der Zwangsvorführung des Kriegsfilms im Hadeka von Freiwilligkeit keine Rede mehr ist. Ich werde nicht mehr gefragt, nur hineingerissen und herumgewirbelt – als habe man es plötzlich eilig, mich loszuwerden, überstürzen sich nun die Bilder, Straße, Schule, Zuhause, alles verwandelt, Stadt ohne Ende, hohe Häuser, viele Menschen in Eile unterwegs. Mein Schulweg, faszinierend zwischen Sarggeschäften und Althändlern, Hochbahn, die zischend in die Erde verschwindet, verbotener Abstecher in das große Warenhaus an der Ecke, Geruch nach Eßwaren und Parfüm, Maskenlächeln lebensgroßer Modepuppen, Gefühl von Abenteuer und Fülle der Welt. In der Schule andere Gesichter, das nervenzuckende der Direktorin, das weißbärtige des Mathematiklehrers, die Tafel mit geheimnisvoll strengen Figuren, Kreisen, Dreiecken, Ellipsen mit bunter Kreide gezeichnet. Theater, dämmriger Abgrund voll Flüstern, Gongschlag und Vorhang, tief unten das Turmzimmer mit Sternenrohr und schattenhaften Gestalten, klein, fern, aber nah, atemberaubend die Stimme: Laß es genug sein, Seni, komm herab. Ein Chor singt dazu, aber einer von Straßenjungen, frech, unbekümmert, »es schwamm eine Leiche im Landwehrkanal«, und dann ist Winter, Strickstube, feldgraue kratzige Wolle wickeln, Morgenfrühe, Stiefelzuschnüren im kalten dunklen Zimmer, Schulbuch und Brot mit Rübenmarmelade neben dem aufgestellten Fuß. Drehorgel über schwarzer Schneekruste, Klavierüben, Clementi-Sonate und zwischen zwei Vorgitterstäben steckengeblieben der Kopf meines kleinen Bruders, tränenüberströmt, immer dicker und röter, ein Schrecken wie all die vergangenen, aber nun ist schon alles anders, nun kann man schon sagen, gleich, gleich kommt jemand, der zersägt die Stäbe, gleich, gleich ist alles wieder gut...

109

Der Kalender, der im Kaffeehaus neben dem Spiegel hing, ist verschwunden und nicht durch einen neuen, diesjährigen ersetzt worden. Da die Zeitungen auch nicht mehr regelmäßig geliefert, sondern von dem Kellner nur noch in großen Packen, als Makulatur, bezogen werden, weiß ich das Datum des heutigen Tages nicht zu nennen, ja nicht einmal mit Bestimmtheit anzugeben, in welchem Monat wir uns befinden. Seit dem großen Schneefall, der ganz ungewöhnlich war und im Zeitalter einer künstlichen Wetterangleichung überhaupt nur als ein technisches Versagen anzusehen ist, haben wir kein winterliches Wetter mehr gehabt. Vielleicht ist aber gerade die milde Temperatur daran schuld, daß der Kellner krank ist, an Rheumatismus oder Arthritis leidet und sich nur mühsam hinschleppt, mit bleichem Gesicht. Er läßt sich trotzdem nicht helfen und besteht auch darauf, mir weiter zu essen zu bringen. Statt über sein Leiden zu klagen, macht er sich noch Sorgen um meine Gesundheit, bemängelt mein schlechtes Aussehen und bemüht sich, mir kräftigende Speisen, neuerdings auch wieder Fleisch zu bereiten. Ich fühle mich in der Tat seit ein paar Tagen nicht besonders wohl. Die große Unruhe im Haus reißt an meinen Nerven, manchmal glaube ich mich in einer Art von Berg- und Talbahn zu befinden, bei der man nicht weiß, was hinter den geschlossenen Türen, auf die man in rasendstem Tempo zufährt, verborgen ist. Oft höre ich jetzt schießen – ein Sinneseindruck, der, da der erste große Krieg nicht im Lande und größtenteils ohne Bombardierungen der Städte geführt wurde, nur auf Täuschung beruhen kann. Im ganzen habe ich den Eindruck, absichtlich verwirrt zu werden, so wie man jemanden beim Blindekuhspiel mit verbundenen Augen erst ein paarmal um sich selber dreht.

110

Heute kein Vorzeigen von Gegenständen, auch kein theoretischer Unterricht, dafür ein Wiederholungskurs nach der früher geübten Art. Wie schon einmal ganz im Anfang meiner Studienzeit saß ich in einem Boot, das wie damals über den schwarzen See, über ein stilles Wasser glitt, nur daß ich diesmal nicht träumte, auch die Mitfahrer mir deutlich erkennbar waren, mein Bruder und zwei Mädchen in meinem Alter, eines mit rabenschwarzem Haar und leicht vorstehenden Zähnen und das andere mit braunen Locken um das rosige Gesicht. Auf einen großen Bogen braunen Packpapiers, den ich auf den Knien hielt, war von meiner Hand eine Karte gezeichnet, blaues Wasser, braune Berge, grüne Uferstreifen, Kanäle und Brücken, eine mit phantastischen Namen bezeichnete topographische Aufnahme der Gegend, die wir durchfuhren, Entdecker und Eroberer einer magischen Landschaft, in welche die vielarmige Wasserfläche [nach Angabe des Kustoden ein kleiner See im Berliner Tiergarten] für uns verwandelt war. Ein vorausbezahltes Mietboot, eine Stunde rudern – wie töricht kamen mir heute wieder solche Erklärungen vor. Der weidenüberhangene Kanal *war* der Fluß Eridanos, beim Landen auf dem bescheidenen Inselchen setzten wir den Fuß auf einen unentdeckten Erdteil, und der zahme Schwan, hundertmal mit dem Schulbrot gefüttert, war, als er plötzlich mit ausgebreiteten Flügeln dahinstob, der Herr des Kristallberges, der Feind...

Wie schon in der ersten Nacht, die ich in dem kleinen Zimmer im
oberen Stock des Kaffeehauses verbrachte, hatte ich auch heute
nacht das Gefühl, im Hadeka zu sein. Ich wachte nämlich ganz
plötzlich, ohne jede äußere Veranlassung, auf und sah das Zimmer
verändert, größer, mit drei eisernen, weißlackierten Betten, in deren
einem ich selber lag. Ich wußte sofort, daß ich mich nicht rühren
durfte, vielmehr so tun müsse, als ob ich schliefe oder gar nicht vorhanden wäre. Meine Schwestern nämlich, deren Betten nahe beieinander standen, waren noch wach und hatten statt des elektrischen
Lichts zwei kleine Kerzen angezündet, die, wie ich gleich feststellte,
von meinem Geburtstagskuchen stammten. Beim Schein dieser kleinen roten Kerzen nun lasen meine Schwestern sich gegenseitig vor,
wobei sie nebeneinander auf dem Bauche lagen und die Köpfe zu-
sammensteckten. Ihre Gesichter hatten einen Ausdruck, den sie am
Tage nie hatten, und ihre Stimmen klangen ganz anders als sonst.
Obwohl sie ganz offensichtlich aus einem vor ihnen aufgeschlagenen
Buche ablasen, taten sie so, als hätten sie selbst das Gelesene in
diesem Augenblick erfunden, als käme es aus ihnen selber hervor.
Meine älteste Schwester sagte, »der einen Engel vor der Pforte hat,
ich trage seinen großen Flügel gebrochen schwer am Schulterblatt
und in der Stirne seinen Stern als Siegel«. Und meine zweite Schwester sagte, »und wandle immer in der Nacht, ich habe Liebe in die
Welt gebracht«, und meine erste Schwester sagte, »o Gott, schließ
um mich Deinen Mantel fest, ich weiß ich bin im Kugelglas der
Rest, und wenn der letzte Mensch die Welt vergießt«, und so fort,
alles unverständlich und hinreißend, eine fremde Stimme, die den
Eingang in unser Zuhause gefunden hatte, ohne mit meinen Eltern
im geringsten im Zusammenhang zu stehen. Eine betörende Stimme, von der man mich ausschließen wollte und die ich doch er-
horchte, mit Herzklopfen, zwischen Schlaf und Schlaf.

Die schrecklichen Erlebnisse der Phase Römisch Zwei scheinen sich
zu wiederholen oder, auf einer anderen Ebene, aufs neue zu beginnen. Ich ging heute mit meinem Bruder, graue Wollmäntel,
Notenmappen, den gewohnten Weg ins Konservatorium, durch die
kleine Anlage mit der weißen Statue über die Brücke, graue heiße
Straßen, Markthalle, Hochschule, Treppen und Korridore voll ge-
dämpfter, wirr brausender Musik. In einem Hofzimmer Noten-
diktat, Töne, die in verzwickten Intervallen auf dem Klavier angeschlagen werden und die man wie Vögel auf Telegrafendrähte, aufs
Notenpapier setzen muß. Vorm Fenster schlaffes Kastanienlaub,
Brandmauer, kein Himmel, dann plötzlich ein Ding, groß, merkwürdig, das an der Scheibe vorbeifällt und das man ein paar Augenblicke später unten auf dem Hofpflaster aufprallen hört. Der Lehrer
reißt die Hände vom Klavier und schreit, da fällt ein Mensch vom
Dach, und alle Kinder werfen ihre Bleistifte hin, dürfen aber nicht
zum Fenster laufen, sondern werden auf den Korridor getrieben,
wo die großen, muffig riechenden Filztüren plötzlich alle offenstehen. Das Fräulein aus dem Sekretariat, sagen die großen Schü-
ler, halten ihre Geigen unter den Arm geklemmt und zeichnen mit
dem Bogen große wirre Linien in die Luft. Das verwachsene Fräulein, das den Direktor geliebt hat und heute entlassen worden ist...
und natürlich ist es nicht vom Dach gefallen, sondern hat sich aus
der Klasse VII B, in der gerade kein Unterricht war, aus dem Fenster gestürzt. In dem düsteren Korridor müssen wir sehr lange
[wahrscheinlich bis die Polizei den Fall begutachtet und die Leiche
fortgeschafft hat] stehenbleiben, und die ganze Zeit über höre ich,
wie das verwachsene Fräulein mit seinen Stöckelschuhen die Treppe
hinaufläuft, wie es durch das leere Klassenzimmer rennt und das
Fenster aufreißt, wie sein Körper unten aufprallt, und wie es dann
wieder aufsteht und das Ganze von vorne beginnt.

Heute wurde mir in dem, ohne viel Nachdenken gewählten Film-
streifen 1912 unter anderem eine Beerdigung gezeigt. Die Veranstaltung war äußerst theatralisch, ja von einer düsteren Majestät.
Die vier Pferde, welche den gläsernen, von einem schwarz und silbernen Baldachin überdeckten Leichenwagen zogen, waren wie
mittelalterliche Turnierpferde schwarz vermummt und trugen große Straußenfederbüsche auf dem Kopfe, der ebenfalls schwarze und
silberne riesige Sarg war von Kränzen mit goldbedruckten grotesken Schleifen fast vollständig bedeckt. Das Gespann sowie der nach-
folgende Trauerzug bewegten sich in einem unvorstellbaren Schnek-
kentempo, aus Blechinstrumenten ertönte eine wehe, peinlich
schleppende Musik dazu. Das Ganze erschien mir sehr merkwürdig:
obwohl die unterirdische Funeralbahn [im Volksmund ›Leichen-
post‹ genannt] erst seit einigen Jahren besteht, hat man sich doch
rasch daran gewöhnt, die unauffällig gestalteten Triebwagen auf
den Geleisen der Metropolitana in rasendem Tempo vorbeigleiten
und unmittelbar in die Tunnels der Friedhöfe einfahren zu
sehn.

114

Nachmittags geturnt, das heißt, allein auf einem langen schmalen
Gang an den Schaukelringen Bauchaufschwünge, Klimmzüge und
dergleichen geübt. Die Küchentüre stand offen, auch die Türe zum
Kinderzimmer, in dem meine Schwestern am Tisch saßen und
Schularbeiten machten. Im Vorderzimmer sang meine Mutter das
Bächlein von Schubert [es ist auffallend, daß ich mir solche Titel
jetzt nicht mehr erklären lassen muß, daß sie vielmehr mit dem
erlebten Gegenstand eins geworden sind]. Ich hatte, wie gesagt,
bestimmte Übungen auszuführen, namentlich eine, bei der ich,
nach kräftigem Anlauf, den Oberkörper nach rückwärts fallen lassen und die Beine über den Kopf schwingen mußte, um daraufhin
als sogenannte Kerze durch den Gang zu fliegen, wobei mein langes Haar mit einem sonderbaren Geräusch den Boden fegte. In

dieser unbequemen, ja widernatürlichen Haltung mußte ich lange
verharren, was mir aber keineswegs unangenehm war. Ich hatte
dabei vielmehr eine Empfindung von freiwilliger Entfernung und
Vereinsamung, flog dahin wie ein Dämon, der an den Gewohnheiten der Menschen keinen Anteil hat. Daß in den erleuchteten
Kammern alle Dinge auf dem Kopfe standen, machte sie zugleich
merkwürdig und ohnmächtig, und die Tatsache, daß es an mir lag,
sie auf solche Weise zu verwandeln, gab mir ein Gefühl von Freiheit und Glück.

115

Den von mir lang gehegten Verdacht, daß das sogenannte goldene
Zeitalter meiner Kindheit ein fauler Zauber war, habe ich eben
aufs neue bestätigt gefunden. Aufgebaut [oder hergespiegelt? Die
Technik des Museums ist mir noch immer ein Rätsel] war eine
Stadtgegend, die mir unbekannt war und in der ich mich gewiß ver-
botenerweise aufhielt. Vor mir ging, zwischen vorbeihastenden
Menschen, eine noch junge, schwammig fette Frau mit gedunse-
nem bleichem, fast bläulich schimmerndem Gesicht. Sie bewegte
sich sehr langsam und vorsichtig, mit gespreizten Armen, so als
wäre ihr Knochengerüst nichts Festes und als wären ihre großen
Füße mit Luft gefüllt. Zuweilen sah ich ihr Gesicht in einem der
Auslagenspiegel, es war flach wie ein Pfannkuchen, mit breiten,
blutlosen Lippen und farblosen Augen, die sie mit großer Anstrengung offen zu halten schien. Da sie nur langsam vorwärtskam, hätte
ich sie mit Leichtigkeit überholen und hinter mir zurücklassen
können, aber ich wollte nicht, ich hatte kein Ziel und keine Beschäftigung, als eben diese, ihr nachzugehen und sie nicht aus den
Augen zu verlieren. Es dauerte aber nicht lange, zehn Schritte oder
hundert Schritte, und um uns herum noch immer das Gewühl von
Menschen, die sich in die leeren Geschäfte drängten, und dann fiel
die Frau plötzlich um, das heißt, sie sackte in sich zusammen, ganz
weich, spreizte die Arme noch weiter nach beiden Seiten, und der
Kopf baumelte ihr auf der Brust. Hunger, sagten die Männer, die
sie stützten und nicht hoch bekamen, und dann sprachen plötzlich

alle Leute auf der Straße flüsternd, schreiend, gleichgültig dieses eine Wort aus, das, als ich längst allein im Dunkeln stand, noch immer fortklang – ein wirrer, gespenstischer Chor, den ich in Wirklichkeit natürlich nie gehört habe, eine akustische Montage, die den Übertreibungstendenzen des Museums entspricht.

116

Blindekuh. Labyrinth. Immerfort höre ich jetzt im Hadeka meine Mutter singen, und zwar keine Lieder, sondern sogenannte Solfeggien, das heißt Übungen, auf die gewisse törichte Sätze gesungen werden wie »Hast du nicht den Vater gesehen« oder »Fritze, du sitzt auf dem Hut«. Manchmal sehe ich dabei auch meine Mutter, wie sie mit der Gesangslehrerin am Klavier steht, und die Lehrerin legt ihr die Hand auf den Magen oder aufs Zwerchfell, um festzustellen, ob sie auch tief genug Atem holt. Dann wieder stehe ich draußen vor der Tür und höre nur die Töne und dazwischen ein Gelächter und das idiotische »Hast du nicht den Va-a-ter gesehen«, und mein Vater ist in Rußland [drüben am Ackerrand hocken zwei Dohlen], und meine Mutter nimmt zu ihrem Vergnügen Gesangsstunden, sie verbringt viele Stunden des Tages mit solchen Übungen und ist dabei in der heitersten Laune, wer kann das verstehen? Ich kann meine Mutter nicht verstehen, ihre Lebensfrische, ihre schreckliche Munterkeit, ihre unheimliche Kraft. Wenn sie anfängt zu singen, halte ich mir die Ohren zu, wenn ich höre, wie sie durch die Wohnung läuft und »Kinder, schönes Wetter« ruft, geht etwas in mir vor wie ein Krampf und ein Zittern und ein Haß. Und der Ordner Nr. 3 kommt und sagt, schon als Kind habe meine Mutter einen unbändigen Willen zur Freude gehabt und habe am Abend beim Insbettgehen das Wort ›Morgen‹ ausgesprochen mit leuchtenden Augen, so als ob dieser kommende Tag schon ganz für sich eine strahlende Kostbarkeit sei. Und der Ordner Nr. 3 sagt, meine Mutter habe zeitlebens versucht, das Glück an sich zu ziehen, was ihr auch in erstaunlichem Maße gelungen sei, so daß alle Widrigkeiten, von ihr auf die leichte Achsel genommen, wirklich leicht geworden seien, wie die Schatten eines dünnen

124

Gewölks, das einer übermächtigen Sonne nicht standhalten kann. Und der Ordner Nr. 3 sagt am Ende, sie hat über alles die Sonne geliebt.

117

Dunkel, dunkel. Mein Vater ist da. Ich sehe ihn nicht, aber ich höre im Hadeka seinen Schritt im Nebenzimmer, wo er ruhelos auf und ab geht, und sein Schritt ist finster und fremd. Ich sitze über meinen Schulaufgaben, Jungfrau von Orleans, und halte unter dem Heft einen Zettel versteckt, auf den ich Worte schreiben will, meine Worte, und was dann wirklich dasteht, ist ganz anders, als es mir durch den Sinn gegangen ist, gerade eben, es klingt nicht, und es sagt nichts, und ich fange an zu schmieren, Eselsohren an die Buchstaben, Höcker, fette Bäuche, geschwänzte Männchen, und dann lauter schwarze dicke Striche, eng nebeneinander, zudecken, auslöschen, lauter Schwärze, bis ich das Papier zusammenknülle und in den Papierkorb werfe. Ich sitze am Klavier und übe Tonleitern, melodische, bei denen das Untersetzen schwer ist, in Gegenbewegung, und plötzlich lasse ich die linke Hand fallen und suche mit der Rechten eine Melodie, die in mir ist, eine verlorene, herrliche und kann sie nicht herausbekommen und beginne mit beiden Händen auf die Tasten zu schlagen, jähzornige rauhe Akkorde, bis jemand in der Tür steht und schreit »bist du verrückt« und meine Finger wieder auseinanderlaufen und sich begegnen, sechs Kreuze, Fis-dur.

118

Noch einmal theoretischer Unterricht. Der Ordner Nr. 3 zeichnet wieder mit Kreide an die Tafel, diesmal auf eine, die bereits mit feinen Linien, wie eine Fiebertabelle, bedeckt ist. Was er zeichnet, ist auch eine Kurve, sie setzt in der Mitte des Liniensystems an, stößt ein wenig hinunter, strebt dann steil aufwärts, fällt wieder, aber nun tief über die Linie des Ausgangspunktes hinunter, steigt wieder, fällt wieder und setzt zu neuer Aufwärtsbewegung an. Ich begreife, daß es sich bei dieser Kurve nicht um die Aufzeichnung einer Temperatur, aber doch um so etwas wie Hoch- und Tief-druck, Auf und Ab eines menschlichen Befindens handelt und daß diese graphische Darstellung im großen ganzen der früheren Ein-teilung in Kästchen entspricht. Nur war dieses Bild hübscher als jenes anzusehen, es glich einer doppelten, hochgebäumten Welle und befand sich gleichsam in Bewegung, in einem starken Vor-wärtsdrängen, das schon an und für sich etwas Hoffnungsvolles hatte. Ich mußte, auf Geheiß des Ordners, die Linie mehrfach nachziehen, bekam dann keine Erklärungen sondern sollte über ihren Sinn selber Auskunft geben – eine Anforderung, die mich sogleich in eine trübe und stumpfe Examensstimmung und in völ-ligen Stumpfsinn versetzte. Der Gedanke, daß jetzt die Abschluß-prüfung beginnen könnte, beunruhigt mich. Es ist außerdem leicht möglich, daß eine solche Prüfung in aller Öffentlichkeit vor sich geht und daß sie, etwa in der Art des vor einigen Jahren so belieb-ten Spieles ›Alles oder nichts‹, zugleich auch auf Millionen von Fernsehschirmen erscheint. Ein paar Fragen richtig zu beantwor-ten, würde mir dann nicht das geringste nützen. Das Publikum würde mich, wie einen trägen Stier in der Arena, dazu anstacheln, mich auch der letzten entscheidenden Frage zu stellen, eben jener, bei der alles Gewonnene aufs Spiel gesetzt und unter Umständen wieder verloren wird.

119

Zu meiner Überraschung heute auf unserer schmalen Gasse viel Getriebe, Lautsprechermusik, sogar Girlanden aus künstlichen Blumen, von der altmodischsten Art. Ich erfuhr den Anlaß dieses festlichen Treibens durch eine ebenfalls vom Lautsprecher über-tragene Rede des Bürgermeisters, die ich, auf meinem Weg ins Museum, mitanhören konnte. Wie der Bürgermeister mitteilte, soll morgen in der Sackgasse die Entfernung der in unserer Stadt als einziger noch vorhandenen Gehwege oder Trottoirs durchgeführt werden. Die Maßnahme leuchtet allgemein ein – diese für den Fußgänger bestimmten, etwas erhöhten Pflasterstreifen sind schon im letzten Jahrzehnt durch Nichtnutzung vollständig verödet und überflüssig geworden, während der für die Wagen bestimmte Raum längst nicht mehr ausreicht. So scheint dann auch jedermann zufrieden, nur daß, wie oft bei derartigen Anlässen [letzte Befahrung veralteter Trambahnlinien usw.], eine gewisse Rührung im Publikum herrscht. Der Reiz des Niewieder hat eine Menge von Neugierigen veranlaßt, aus ihren Wagen zu steigen und auf den zum Verschwinden verurteilten sogenannten Bürgersteigen in wehmütig-heiterer Stimmung, wenn auch etwas steifbeinig, auf und ab zu gehen. Die Aufnahmeapparate surrten, und ich dachte daran, daß einige der Aufnahmen gewiß dazu bestimmt seien, eines Tages im Studienmaterial des Museums ihre Rolle zu spielen. Auch fiel mir die dort gezeigte letzte Pferdebahn ein, und es erschien mir ganz unglaublich, wieviel Veränderung ein Mensch auch ohne besonders alt zu werden mitansehen kann.

120

Man hat mich nicht fortgeschickt. Man hat die Lampen nicht ausgelöscht und mich auch keinem Examen unterzogen. Statt dessen habe ich etwas ganz Neues zu sehen bekommen, eine Landschaft wie im Vogelflug, zwischen zwei Gebirge gebettet, Abhänge gegen den Strom geneigt, mit Wein und Kastanien, einen Dom aus rotem Sandstein und Wiesen, auf denen ein golddurchleuchteter Sommernebel lag. Ich habe das alles erkannt und auch wieder nicht, es war so neu und jung, herausgehoben aus dem Vergessen wie die schaumgeborene Göttin aus dem Meer. Ich habe es gesehen mit den Augen eines heimatsüchtigen Großstadtkindes, dem jemand sagt, hier bist du zu Haus. Und weil ich noch einmal und vielleicht zum letztenmal die Augen eines Kindes hatte, waren die Berge höher, die Täler tiefer, glitzerte der Lindenschatten geheimnisvoller, hing der blutende Christus einsamer über dem Korn. Viele Wege machte ich heute, durch das alte, mir aus späteren Zeiten so gut, aber anders bekannte Haus, den Bach entlang und durch die Wälder, und obwohl alles so überwältigend war, hatte ich es doch nicht notwendig, mich dagegen zu behaupten, sondern konnte mich beugen, vor den großen rauschenden Bäumen, vor den alten Bildern an den Wänden des Hauses, vor dem hölzernen Christus im Korn. Und wie ich, zum erstenmal demütig, die Dinge annahm, war ich auch angenommen, ein Kind des alten baufälligen Hauses am Hang des Gebirges, ein Kind der alten, fragwürdigen Welt.

121

Ich konnte es vorhin kaum abwarten nach der Mittagspause wieder ins Museum zurückzukehren. Dieselbe Umgebung, das gleiche Glücksgefühl, nur weniger poetisch, auch weniger allgemein, da man mich im Hause die Zimmer richten und im Garten Unkraut jäten ließ, zähes und leichtverwurzeltes, aus fetter und aus steiniger Erde, und die Sonne brannte, und der Rücken tat mir weh. Immer war ich allein, mit ein paar alten Handwerkern und dem alten Mädchen, demselben, das mit dem Kellner im Kaffeehaus eine so merkwürdige Ähnlichkeit hat. Gern hätte ich mich bei dem Ordner Nr. 2 erkundigt, ob der Krieg nun eigentlich zuende sei, und den Kustoden gefragt, wieso gerade ich dazu kam, die durch Baufälligkeit immer unbewohnbar gewesene Familienheimat wieder instandzusetzen, ich, die jüngste der drei Schwestern und nicht mehr als vierzehn Jahre alt. Aber es ließ sich niemand blicken, und auch als ich beim Fortgehen auf die Klingelknöpfe drückte, rührte sich nichts.

122

Wie gestern, nur noch unpoetischer, da ich diesmal damit beschäftigt war, auf der Wiese Stücke der Grasnarbe abzuheben und in dem schwarzen, von Wurzelfäden durchzogenen Erdreich mit allen zehn Fingern zu pflügen. Das Ganze war eine Jagd, und das Wild waren Regenwürmer, rötlichgraue, die ich mit Ekel anfaßte und in eine kleine Blechschachtel mit einem halb abgerissenen Etikett [Muratti] legte, ganz oder auch teilweise, da die schlüpfrigen Leiber mir oft unter den Fingern zerbrachen und sich so, stückweise, schlängelnd weiter bewegten. Nur daß ich die ganze Zeit über eine starke Ungeduld und Erwartung spüre, auch horche und mich umschaue, nach wem eigentlich, nach einem Schritt hinter der Hecke, nach einem Lachen, einer Stimme, von der ich nicht recht weiß, ob sie einem Mann oder einem Knaben angehört, und die meinen Namen ruft. Nach dem, der meine Regenwürmer an seinen Haken spießen und seine Angel auswerfen wird, und jeden Augenblick wird sie sich in dem Buschwerk des Bachabhangs verfangen, und ich werde sie wieder losnesteln müssen und dabeistehen, wenn er ganz eilig an der kleinen Kurbel dreht. Das Wasser wird im Schatten dunkelgrün und still sein und in der Sonne sich überstürzen und blitzen, und ich werde Ausschau halten nach den Forellen, den jungen leichtsinnigen und den alten, die sich auf dem Grunde der tiefen Gumpen aufhalten und alles sehen. Aber dabei würde ich doch nur ihn im Auge haben, das wußte ich genau, und ich wußte auch, wie alles kommen würde, nur daß es noch nicht kam, daß es nicht hineingehörte in den Lehrstoff des heutigen Tages, der offenbar nichts anderes umfassen sollte als Regenwürmersuchen und Erwartung und nur ganz zum Schluß und sehr ferne den Ruf.

123

Wie glücklich ich heute abend bin. Obwohl es schon spät ist, muß ich noch einmal in mein Heft schreiben, noch einmal sagen, wie sehr das letzte kleine Erlebnis mich gestärkt und ermutigt hat. Was war es denn schließlich anderes als der Beginn einer Kinderliebe, und doch hat es in mir die Erinnerung wachgerufen an alle Augenblicke der Glückseligkeit und der Geborgenheit, deren es, genau betrachtet, im Hadeka doch gar nicht so wenige gab. Zum erstenmal habe ich auch den dort erfahrenen Wechsel von Unliebe und Liebe, Angst und Vertrauen, Behauptung und Hingabe als ein Abbild des ganzen Lebens erkannt. Morgen [ohne Zweifel werde ich die Fortsetzung der Bachszene erleben] werde ich das alles noch deutlicher erkennen. Sollte ich schließlich doch noch geprüft werden, so werde ich auch antworten können, wenn auch nicht auf die gelehrte Weise des Ordners Nr. 3. Ich werde meine Vorwürfe bezüglich der Auswahl des Lehrstoffes zurücknehmen und sogar behaupten, daß die mir vorgestellten Erlebnisse gerade durch ihre Belanglosigkeit aufschlußreich waren. Denn das kleine Leben ist erfüllt von den Spannungen, Ängsten und Freuden, die auch das große ausmachen, auch der kleine Bogen senkt sich am Ende der Liebe zu.

124

Ein paar Worte noch rasch vor dem Weggehen, nach dem Frühstück, das aber eigentlich gar keines war, sondern aus einer Tasse schalen, aufgewärmten Kaffees bestand. Ich möchte dem Kellner nichts darüber sagen, weil zu meiner Überraschung einmal ein anderer Gast gekommen ist, mit dem ich ihn angeregt sprechen höre, den ich aber nicht sehe, weil er in einer der Nischen sitzt. Die Anwesenheit eines fremden Menschen im Kaffeehaus ist ganz ungewohnt, wenn er bleibt, wird man sich grüßen, vielleicht sogar am Abend miteinander sprechen. Wahrscheinlich ist er es, der die Zeitungen mitgebracht hat, die noch druckfeucht, sozusagen noch warm, auf meinem Tische liegen. Es ist heute der 21. März, Frühlingsanfang. Weil ich es kaum erwarten kann, ins Museum zu kommen, habe ich die Zeitung nicht gelesen, nur mit Interesse gesehen, daß bereits Frühjahrskostüme angeboten werden. Draußen scheint die Sonne, und das Kaffeehaus kommt mir mit seinen vergilbten Vorhängen und seinen staubigen Plüschmöbeln besonders altmodisch und schäbig vor.

125

Das Museum scheint, obwohl heute, wie mich die Zeitung belehrte, Mittwoch und keineswegs ein staatlicher oder kirchlicher Feiertag ist, geschlossen zu sein. Ein entsprechendes Schild war nicht ausgehängt, aber es hat mir niemand aufgemacht. Ich war sehr ungeduldig und habe mehrmals geläutet, auch versucht, mich durch Klopfen und Rufen bemerkbar zu machen. Es herrschte aber eine große, fast feierliche Stille, und in dem hellen Sonnenlicht lag das graue Gebäude mit den zugemauerten Fenstern wie verwunschen da. Ich habe eigentlich den ganzen Vormittag damit zugebracht, in der Sackgasse auf und ab zu gehen und wieder und wieder zu läuten und zu rufen. Ich war auch an dem Tor, das ganz zu Anfang einmal einen Spalt offengestanden hat, aber nun war es fest verschlossen, und von der ebenfalls damals entdeckten schießschartenartigen Öffnung war nichts mehr zu sehen. Da Museen manchmal ohne vorherige Ankündigung wegen Reinigungsarbeiten unzugänglich sind, habe ich die Hoffnung nicht aufgegeben. Ich muß noch einmal eingelassen werden, ich muß den Forellenbach noch einmal sehen und auch den Buben, auf den zu warten so beglückend war. Gegen Mittag bin ich ins Kaffeehaus gegangen, wo ich jetzt sitze, allerdings ohne etwas zu essen zu bekommen. Daß der Kellner dem neuen Gast [einem eher struppig aussehenden älteren Manne] nicht nur die wohlduftendsten Gerichte [gerade an mir vorbei] zuträgt, sondern auch die kleine Vase mit Primeln, die auf meinem Tisch stand, einfach zu ihm hinübergestellt hat, kränkt mich sehr. Wenn ich nicht nur eines, nämlich meine Rückkehr ins Museum, im Sinne hätte, würde ich versuchen herauszubekommen, warum er mich so vernachlässigt oder warum ihm der neue Gast so überaus wichtig ist.

126

Es ist Abend, und alles war wieder umsonst. Kein Einlaß, keine Möglichkeit, mit einem der Ordner zu sprechen. Langes trauriges Warten auf der menschenleeren Gasse, bis zur Stunde der Dämmerung, in der ein leichter Frühlingsnebel zwischen den Häusern aufstieg und mir schließlich auch das Schild mit der Aufschrift ›Haus der Kindheit‹ und dem Jugendstilornament verhüllt. Endlich zurück hierher und an meinen Tisch. Meine Bücher waren abgeräumt und auf einen Stuhl gestapelt, an ihrer Stelle lag ein beschriebener Briefumschlag, in dem ich die Rechnung vermutete, es war aber ein Brief, und von Carls Hand. Ich habe ihn mit der größten Freude geöffnet, ihn aber noch nicht richtig gelesen und mir auch keine Gedanken darüber gemacht, auf welche Weise Carl meinen Aufenthaltsort in Erfahrung gebracht hat. Schon angesichts der ersten liebevollen Worte hatte ich eine merkwürdige Erscheinung, wie von einer riesigen Kugel, die sich von unten nach oben langsam fortdreht, und was oben war, verschwindet, wird hinabgerissen, ein großes graues Gebäude, nun noch eine Fensterreihe, nun noch der Dachfirst, nun nichts. Jetzt habe ich den Kellner gerufen, der aber seltsam verändert ist, auch plötzlich ein ganz anderes Gesicht hat und in der üblichen Kellnermanier zwei Schritte von mir vorbeigeht, ohne mich zu hören oder zu sehen. Da er sich gerade anschickt, den Handkoffer des neuen Gastes ins obere Stockwerk zu tragen und es mir nicht gelingt, seine Aufmerksamkeit auf mich zu lenken, werde ich den kleinen Absatz aus meinem Tagebuch, meine Hinterlassenschaft im Gästezimmer betreffend, auf einen Briefbogen abschreiben und diesen, mit einem Aschbecher beschwert, auf meinen Tisch legen. Danach werde ich, ohne das Zimmer im oberen Stockwerk noch einmal zu betreten, das Kaffeehaus verlassen. Ich werde die Sackgasse bis zur Hauptstraße hinuntergehen und dort den Autobus besteigen. Auf dem kurzen Weg werde ich meinen Brief noch einmal in aller Ruhe lesen und dabei keine Zeit finden, zurückzuschauen nach dem Museum, das des Nachts ohnehin dunkel und gewiß gar nicht mehr zu erkennen ist.

IV

AUS
»ENGELS-
BRÜCKE«

Der König der Aale

In kleinen italienischen Villeggiaturen, welche Stimmung von Öde und Zufälligkeit, welcher Unterton von Schwermut, welcher Geruch von Vergehen! In einem vor kurzem angelegten und schon wieder verödenden Hotelgarten sah ich ein paar junge Pinienbäume, noch dreiseitig von Balken gestützt und schon halb erstickt von wucherndem Unkraut und kniehohem Gras. Von den ehemals in Reihen aufgestellten Tischen war nur noch einer übrig, eine Palette von schillerndem Vogeldreck, auf drei Beinen gefährlich geneigt. Am Zaun lag ein Haufen von schwer zu unterscheidenden Gegenständen, ein durchlöcherter Fischkorb, ein gespaltenes Ruder, ein halb verfaulter Stuhl. Das Wasser des Sees war dick und warm, wie von Milliarden von Aaleiern durchsetzt. Zwischen Badehütten und Schilfwand schlenderten auf ländlichem Wege die Mädchen aus der Stadt, von Jünglingen auf Motorrädern umkreist. Am Abend kam alles schnell zur Ruhe, das Schwatzen und Lachen und das Gebrüll der Auspuffrohre, welches, wie das Röhren der jungen Hirsche, eine Bekundung der Männlichkeit ist, der Staub sank zu Boden und enthüllte die zarten blauen Hügel über dem See. Im hohen Schilf meinte man die Aale zu hören, wie sie sich hinwanden, ihren umständlichen Weg. Die Stille war außerordentlich, fischig, so als befände man sich plötzlich auf dem Grunde des Sees. Königreich der Aale, und in Anguillara, im Castell, müßte der König wohnen, wenn man sich so etwas vorstellen könnte, einen Aal, sitzend, auf einem Thron. Statt dessen sind es die Fisch-

135

händler, die dort auf der schönen Terrasse sich breitmachen, von der grellen Abendsonne seeüber gestreift. Vor dem runden Turm auf dem Wall riechen die Hochsommersträucher nach Tang. Unterhalb der Anlagen ist eine Tanzfläche, da sitzen in Blumenkleidern die hübschen Töchter des Ortes auf den Bänken und warten, bis sie mit Tanzstundenverbeugung abgeholt werden. Die Grammophonmusik kommt aus dem Lautsprecher, neueste Schlager, und im Negerrhythmus bewegen sich zur nahen Tränke Kühe und Stuten mit Fohlen, von niemandem geführt. Noch immer schwarzer See, gelbe Sonne, aber die Strahlen schon langsam zurückweichend, die lange Treppe zum Kirchplatz hinauf. Zum schönen Portal kirchenein und wieder hinaus geht der junge Dorfidiot, im blütenweißen Sonntagshemd, mit seltsam schlängelnden Bewegungen, ein Lächeln auf dem schönen leeren Gesicht.

Fußwaschung

Man weiß, wie leichtfertig sich die Alten im allgemeinen davonzumachen pflegen, wie sie versäumen, uns die letzte Gelegenheit zu einem Liebesdienst zu geben, der unser Gewissen erleichtern könnte. Die alte Luise, nach einem ganzen Leben der Selbstlosigkeit, versäumte auch dieses nicht. Ich besuchte sie kurz vor ihrem Tode, da war sie schon aus meinem Elternhause fort und zu ihrer Schwester gezogen, der Witwe eines Forstmeisters in gräflichen Diensten, in ein Häuschen am Burgwall, hoch über dem Neckartal. Ich kam spät in der Nacht, die Schwester holte mich am Bahnhof ab, eine rosige Greisin, welche die schöne Stille der Mondnacht mit pfälzisch derbem, fröhlichem Geschwätz erfüllte. Es schlug Mitternacht, als wir am Fuß der Burg ankamen, aber die alte Luise saß noch in der Küche und erwartete mich. Ich hatte sie ein Jahr lang nicht gesehen, sie war klein geworden, Arthritis hatte ihr das Brustbein verkrümmt, ihre Glieder gehorchten nicht mehr. Der Gedanke, daß sie bald sterben könnte, kam mir trotzdem nicht, allzu unverändert war sie in ihrem Wesen, in ihrer sogleich sich rührenden Fürsorge um meinen Hunger nach der langen Reise, um meinen Schlaf. Am nächsten Morgen schickte sie mich in die Burg hinauf, zu den »Herrschaften«, und wollte dann genau wissen, was ich mit der alten Gräfin gesprochen hatte, und ob ich auch die Tochter zu Gesicht bekommen hätte, die in der Landwirtschaft arbeitete und fluchte und trank wie ein Knecht. Sie nahm die Blumen entgegen, die ich am Burgberg für sie gepflückt hatte, ein wenig unwillig wegen des Schmutzes, ein wenig besorgt auch, der Schwester damit Mühe zu machen. Die wirtschaftete in der Küche und trug das Essen auf, in ihrer Gegenwart war die alte Luise schweigsam und wirkte noch bleicher und zarter, wie ein Wesen aus einer anderen Welt. Aber dann, am Nachmittag, saß ich allein bei ihr, und wir sprachen über die Familie, meine Familie, zu der sie ein halbes Jahrhundert lang gehört hatte und die ihr alle Kraft aus dem Leibe gesogen hatte, eine vielköpfige Hydra, die sie geliebt hatte und noch liebte wie nichts auf der Welt. Gegen Abend, als die Schwester ins Dorf gegangen war einzukaufen, bat die alte Luise mich, ihr einen Gefallen zu tun. Sie hätte, sagte sie, zwar auch ihre Schwester darum bitten können, aber es sei ihr unangenehm, und wenn ich so freundlich sein wollte, so möge ich ihr die Fußnägel schneiden. Sie schickte mich, eine Schublade aufzuziehen und ein sauber gewaschenes Tüchlein herauszunehmen, in das ein paar bescheidene Toilettengegenstände eingewickelt waren. Indes hatte sie schon die schwarzen Wollstrümpfe heruntergeschoben und die erschreckend dünnen Beine enthüllt. Ich kniete vor ihr auf dem Boden, breitete mir das Tüchlein über und nahm ihre Füße auf den Schoß. Diese waren sehr rein, aber kalt und verkrüppelt und mit einer schneeweißen Schuppenflechte bedeckt. Ich empfand nicht den geringsten Widerwillen, sondern hatte das Gefühl, eine seltsam feierliche Handlung zu begehen. Als ich die kleine Operation ausgeführt hatte, hieß mich die alte Luise die abgeschnittenen Nägel im Herdfeuer verbrennen. Während ich das Tüchlein ausschüttelte und die Scheren wieder darin versorgte, ging draußen im Tal die Sonne unter, und hinter den kleinen Fenstern wurde die Burgmauer von ihrem rötlichen Abglanz bestrahlt. Ein Jauchefuhrwerk kam rumpelnd vorbeigefahren, auf dem Bock saß die seltsame Grafentochter und knallte mit der Peitsche zum Gruß. Jetzt bin ich froh, sagte die alte

Luise und bewegte ein wenig die Füße in den weichen gestrickten Schuhen. Und das war es, was sie mir mitgab auf den Weg, diese paar Worte der Erleichterung, die ich vergaß und die mir wieder einfallen sollten späterhin. Denn sie starb, ohne daß ich noch einmal nach ihr gesehen hatte, und ich kam zu spät zur Beerdigung, so spät, daß ich mich nicht einmal mehr darum kümmern konnte, ob man ihr auch alles, wie sie es gewollt hatte, mitgegeben hatte in den Sarg. Ich schickte einmal einen Kranz und dann nie wieder, ich verhielt mich genau so, wie wir uns ihr gegenüber immer verhalten hatten, gedankenlos, vom eigenen Leben besessen und der Gegenwart zugewandt. Meine Waagschale tanzt in der Luft – nur daß ich manchmal daran denken kann, an den rötlichen Widerschein der untergehenden Sonne auf der Burgmauer, an die Füße in meinem Schoß.

Mythos und Politik

Das enorm Politische der römischen Plastik wird für Frauen immer etwas Abstoßendes haben. So sehr wir uns auch bemühen, Staatsbürgerinnen zu werden: der Mythos liegt uns näher als die Geschichte, das ewig Gleiche und ewig Menschliche näher als das einmalige historische Geschehen. In der stadtrömischen Plastik riecht alles nach Staatsauftrag und Propaganda, das allgemein Menschliche ist kein Stoff mehr, die Phantasie ist tot. Mit den republikanischen Togastatuen fängt es an, mürrischen, glatzköpfigen Beamten, am Forum aufgestellt, bis ihrer zu viele wurden und man die jeweils ältesten in den Kalkofen warf. Die historischen Reliefs sind der reinste Ausdruck des Wirklichkeitsfanatismus, neben dem es nur noch etwas Aberglauben, Zeichendeutung aus dem Vogelzug und der Kalbsleber, gab. Aus den Göttern wurden personifizierte Tugenden, Lob der Tapferkeit, der Klugheit, der ehelichen Treue; lauter nützliche Eigenschaften für den Staat und sein Gedeihen. Was auf den Triumphbögen erscheint und sich die berühmten Säulen hinaufwindet, sind immer wieder Soldaten, vor der Schlacht, in der Schlacht, nach der Schlacht, am Haarschopf gezerrte Gefangene und der Kaiser, der anfeuert oder belohnt. Es gibt ein paar Reliefs mit Szenen aus dem Handwerkerleben, auch eines, auf dem die Bergung einer griechischen Statue aus dem Meere dargestellt ist. Aber so etwas wie die sterbende Niobide oder andere vom Schicksal getroffene Zivilpersonen gibt es nicht. Das Bedürfnis nach solchen Dingen wurde durch endlose, oft serienmäßige Nachbildung griechischer Originale befriedigt, Neues dergleichen brachte die Stadt Rom nicht hervor. Das Positive ihrer Staatsgründung und Erhaltung war im Bilde schwer zu fassen, dafür aber in der politisch-erzieherischen Rede, auch im Heldengedicht, das in Urahnenzeiten zurückversetzen kann, was es den Enkeln wünscht. Die Gesetze, auf steinerne Tafeln geschrieben, überdauern Jahrtausende, aber eine in Stein gehauene Gruppe von Juristen ist eine dürre Gesellschaft, und die auf den Säulen verewigten Maßnahmen zur Verteidigung des Reiches sprechen weit weniger deutlich für die gute Sache als für die Gewalt.

Die Wachtel

Constanza fragte mich heute gegen Abend, ob ich einen Vogel zu rupfen verstünde. Was für einen Vogel, fragte ich. Sie legte etwas auf den Küchentisch, das aussah wie ein Klümpchen feuchten Papiers. Als ich es in die Hand nahm, fiel der Vogel heraus. Er war schlank und graubraun, mit einem spitzen Schnabel und ein wenig lichtblauem Federflaum am Köpfchen, das ihm schlaff herunterhing. Massimo hat ihn für mich geschossen, sagte Constanza.

Massimo ist ein junger Student und ein Freund von Constanza und sie hat ihn gern. Es fiel ihr nicht ein zu sagen, ach das arme Vögelchen, oder zu behaupten, sie würde keinen Bissen davon über die Lippen bekommen. Sie betrachtete den Vogel, der auf meiner flachen Hand lag, und zeigte mir die Schußwunde, an der ein wenig Blut klebte, schwarzes geronnenes Blut. Mach schnell, bitte, sagte sie, ich muß fort.

Ich setzte mich an den Tisch und fing an, dem Vogel die Federchen aus dem kleinen Körper zu ziehen. Dabei fiel mir etwas ein, der Strand an der Bucht von Palermo, an einem stürmischen Herbsttag, Scharen von Zugvögeln, die über das Meer herkamen, helle, scharfe Schüsse und Hunderte von kleinen Vogelleibern, die auf den grünen Brandungswellen trieben und von einem kleinen Hund herausgeholt wurden. Fremdes Land, dachte ich, fremd, fremd. Ich zupfte und zupfte, es ging ganz leicht, aber es waren eine Menge Federn, und als ich fertig war, bedeckten sie wie eine helle leichte Wolke den ganzen Tisch. Ich holte die Schere und schnitt dem Vogel die Flügelknorpel durch, ich hatte ein unangenehmes Gefühl dabei, weil es fast gar keinen Widerstand gab. Dann schnitt ich auch den Kopf ab, diesen winzigen Kopf mit den offenen Augen, die ganz hell waren und kalt und starr.

Was für ein Unsinn, dachte ich, ein Huhn verliert nicht weniger am Leben als ein Singvogel, auch ein Kalb lebt vermutlich nicht weniger gern. Constanza hatte die Pfanne schon aufgestellt und ich wusch den Vogel und zog ihm die Gedärme aus dem Leib. Constanza warf die Flügel und den Kopf in den Mülleimer; sie versuchte, auch die Federn wegzuräumen, aber es war ziemlich zugig, und ein großer Teil wehte ihr unter den Fingern weg und zum offenen Fenster hinaus.

Der Vogel brutzelte schon in der Pfanne, in Speck gewickelt und mit Salbeiblättern besteckt. Vielleicht ist es eine Wachtel, sagte Constanza und sah mich mit einem merkwürdigen Ausdruck an. Ja, wahrscheinlich ist es eine Wachtel, sagte ich. Und dann verzehrte Constanza den Vogel unmittelbar aus der Pfanne und gab mir ein Stück zu versuchen und es schmeckte sehr gut.

Münster am Stein

Kindern wird alles zum Bild. Als ich ungefähr fünf Jahre alt war, erschoß sich der Bruder meines Vaters in seiner Garnison, dem kleinen deutschen Städtchen Münster am Stein. Uns Kindern wurde damals gesagt, er sei vom Pferde gestürzt. Ich sah sofort eine Stadt mit Zinnen und Türmen, und vor ihren Toren in einer Busch- und Wiesenlandschaft einen riesigen, völlig glatten, schneeweißen Stein. Mein Onkel kam durch die Wiesen geritten, fiel vom Pferde und stürzte mit dem Kopf auf den Stein.

Filmen am Hafen

Oft, wenn man die Spanische Treppe hinauf oder hinunter geht, findet man die Blumenstände an ihrem Fuße verdrängt von Filmaufnahmeapparaten, die ihre Objektive hierhin und dorthin schwenken, um auf diesem bewegtesten aller Hintergründe das Leben des heutigen Tages sich abspielen zu lassen. Man kann, je nach Wunsch, teilnehmen oder zuschauen, und es ist unterhaltend zu beobachten, wie im Augenblick, da sie sich ihrer unfreiwilligen Statistenrolle bewußt werden, die Männer zu stolpern und die Frauen zu schweben beginnen. Daß ich zum ersten Mal einer wirklichen Spielhandlung beiwohnte, geschah jedoch nicht dort, sondern in einer kleinen Stadt am Meer. Da wurde bei eintretender Dunkelheit eine weit draußen am Molo verankerte und als Piratenschiff altertümlich zurechtgemachte große Fischerbarke vom Schein der Jupiterlampen in ein grelles und zugleich fahles Sonnenlicht getaucht. Auf der Barke standen und saßen Männer in großer Zahl, einer mit einer weißen Schirmmütze trieb sie hin und her und schrie und gestikulierte über die paar Meter schwarzen Wassers hinweg, die das Schiff von der Hafenstraße, den Lastwagen und den Lampen mit ihrem Gewirr von Kabelschlangen trennten. Nach endlosem, dem Zuschauer völlig undurchsichtigem Hin und Wider traten die Schauspieler an, der Held im Kostüm der Mitte des vorigen Jahrhunderts, in brauner Joppe und gelbem offenem Hemd, über das eine rote Schleife wehte. Malerisch an den Mast gelehnt, sprach er ein paar Worte mit einem mürrisch auf ihn zutretenden Mann und rüttelte dann wild an dem Klöppel einer kleinen Glocke, die ihm zu Häupten hing. Auf dieses Zeichen hin krochen aus der mit farbigen Lumpen behängten Luke einige weitere Piraten, die einen schlaftrunkenen Eindruck machten. Einer von ihnen wickelte in fieberhafter Eile ein Tau auf, das ins Wasser hinunterhing und an dem man wohl den Anker vermuten sollte. Schon glaubte man die Handlung im Gang, da sprang aus der am andern Ende des Schiffes um einen Filmapparat hockenden Gruppe der kleine Mann mit der Schirmmütze auf, wedelte mit den Armen und schrie. Der schöne Räuberhauptmann ließ die Arme sinken, die eben erwachten Piraten krochen in die Kajüte, das Ankertau spulte sich von der Rolle ins Wasser zurück. Nachdem der künstliche Sonnenschein ein wenig rötlicher getönt, die Segel ein wenig anders gerafft worden waren, begann alles von neuem, der Held lehnte wieder malerisch am Mast, der mürrische Gefährte trat wieder auf ihn zu. Der Vorgang wiederholte sich acht- oder zehnmal, aus immer anderen Gründen wurde abgebrochen und neu begonnen und am Ende stellte sich heraus, daß man an diesem Abend überhaupt nichts anderes hatte aufnehmen wollen als eben jene Szene, die paar Worte am Mastbaum, den Klang der kleinen Glocke, das Heraufdrängen der Piraten und das Aufrollen des Taus. Die Unverdrossenheit der Schauspieler beeindruckte mich, auch ihre Fähigkeit, von einem eben in Angriff Genommenen wieder abzulassen, sie erschienen mir als Wesen von unermeßlicher Geduld. Die Zerstückelung, der solche darstellerische Tätigkeit unterworfen ist, war das zweite, das, als die grellen Lampen auf einen Schlag erloschen, zum Nachdenken lockte. Der Film, der da entstand, war gewiß kein Kunstwerk, aber er mochte am Ende doch so etwas wie eine Einheit bilden, ein in aller Abenteuerlichkeit folgerichtiges Geschehen. Der Vergleich mit dem heutigen Leben war ein tröstlicher: auch seine Zerstückelung, sein furchtbar zusammenhangloses Nebeneinander mochte, bei Anwendung unermeßlicher Geduld, der Nachwelt schließlich so erscheinen, wie wir selbst es nie erkennen können, nämlich wie aus einem Gusse, folgerichtig und heil und ganz.

Lebenslügen

Manche Eltern lassen ihren Kindern eines nur schwer hingehen: das Unglücklichsein. Sie verlangen für das schöne Geschenk des Lebens dieselbe taktvolle Dankbarkeit, die sie bei verfehlten Weihnachtsgeschenken entgegennehmen. Sie fühlen sich verantwortlich, mehr noch für das innere als für das äußere Wohlbefinden der von ihnen Gezeugten und Geborenen, – jedes Glücksversagen ihrer Kinder fällt ihnen selbst zur Last. Sie ahnen, daß das Glücklichsein eine Veranlagung ist und daß ihre eigenen unbewältigten Disharmonien daran schuld sind, wenn ein junger Mensch zum Leben nicht freudig Ja sagen will. Aber sie tun alles, um diese Ahnung in sich selbst nicht allzu laut werden zu lassen. Sie begreifen, daß das Eingeständnis ihrer Schuld eine Art von Todesurteil wäre, – so erfüllt, so tätig und erfolgreich das eigene Leben immer gewesen sein mag. Der Vorwurf reicht über das Vererbte hinaus in die Sphäre der lebendigen Berührung, wo Nichtliebe, falsche Liebe, Besitzwille und unzureichendes Beispielgeben wirksam sind. Wir haben nicht verstanden, unserem Kind die Welt mit ihren ewigen Werten schmackhaft zu machen, wir haben ihm nicht gezeigt, wie gut es ist, liebend und leidend auf dieser Erde zu sein. Wir haben es ihm doch gezeigt, wir haben getan, was wir konnten, man denke nur an die vielen Sommerreisen, an das Fahrrad, das so teuer war. Wir waren immer lieb zu ihm, es hat eine schöne Kindheit gehabt. Der italienische Dramatiker Ugo Betti hat in dem persönlichen Teil seines Stückes ›L'aiuola bruciata‹ solches krampfhaftes und verzweifeltes Zurechtschauen der Vergangenheit sehr überzeugend zum Ausdruck gebracht. Dort hat, was in den meisten Fällen nur eine kleine Lebens- und Liebesunlust darstellt, ein katastrophales Ende gefunden: der Sohn eines bekannten Politikers hat sich, nur 15 Jahre alt, aus dem Fenster gestürzt. Durch Jahre hindurch täuscht der Vater sich selbst und seine Frau über diese Tatsache hinweg, indem er mit einer verwickelten Lügengeschichte den freiwilligen Tod in einen Unfall verkehrt. Schließlich bekennt er die Wahrheit und auch den Beweggrund seiner Täuschung, die tiefe innere Scham, die gewiß die geheime Ursache mancher Verbiegung der Wahrheit auch im alltäglichen Geschehen ist. Auch ein anderer Fall, einer aus dem Leben, nicht aus der Literatur, gibt zu denken. Als vor einiger Zeit ein bekannter Strafrechtsfall nach sieben Jahren wiederaufgenommen und in wochenlangen Sitzungen verhandelt wurde, stellte sich heraus, daß bei dem früheren Prozeß von gewissen Zeugen die Wahrheit verschleiert worden war. Die junge Frau eines im fernen Orient stationierten Diplomaten war erschossen aufgefunden worden, Außenstehende kamen als Mörder nicht in Frage, die Tat wurde dem Ehemann zur Last gelegt. Die schon beim ersten Prozeß aufgetauchte Vermutung, die schöne junge Frau habe sich selbst umgebracht, wurde damals verworfen, und zwar vor allem auf die Aussagen ihrer Eltern hin. Unsere Tochter war nicht unglücklich, selbst wenn ihre Ehe eine Enttäuschung gewesen sein sollte, sie hätte ja heimkommen können, sie hatte ja uns. [Oder wie? das sollte ihr nichts bedeutet haben?] Unsere Tochter war nicht unglücklich, – das behaupteten sie, aus Selbsterhaltungstrieb, leidenschaftlich und hartnäckig, sieben Jahre hindurch, und sahen zu, wie ein Unschuldiger sein Ansehen, sein Amt und seine Freiheit verlor.

Paradies der Armen

Mehr Eindruck als die offizielle Besichtigung der alten römischen Paläste macht das Vorübergehen am Abend, im Spätherbst etwa, wenn die Nacht früh und unvermittelt dämmerungslos hereinbricht und sich in den engen Gassen der Tiberviertel der Geruch der Holzfeuer und der gerösteten Kastanien erhebt. In der schon vorausgeahnten Unwirtlichkeit des römischen Winters mag dann ein solcher Palast als ein wahres Märchenwunder erscheinen. Unter den Kassettendecken mit ihren schön verzierten Balken, ihren Blumen und Wappentieren, goldgeschnitzt auf tiefem Blau, hängen die Kronleuchter, trauben- oder doldenförmig, mit Hunderten von elektrischen Kerzen, deren Licht in den gläsernen Facetten regenbogenfarbig sprüht. Eine Wand des Saales vielleicht ist zu erspähen, hinter dicken, plastisch gemalten Säulen Garten- und Meereslandschaften im Sonnenlicht, in hochsommerlicher Üppigkeit der Vegetation. Die barocke Augentäuschung übt, gerade auf den nur Vorübergehenden, noch einmal ihren vollen Zauber aus, – so wie etwa der Blick auf brennende Christbäume hinter den Fenstern einer fremden Stadt. Mit den Barockkirchen ist es ähnlich, auch sie gewinnen in der Zeit der langen Nächte eine besondere Bedeutung, da sie nicht nur Bethäuser sind, sondern geheimnisvolle Schatzkammern, Festräume, die den Armen gehören, in die sie eintreten, sobald das Tageslicht erlischt. Die ästhetische Betrachtung einzelner Kunstwerke spielt dabei keine Rolle, nur der allgemeine Eindruck von Reichtum, Fülle und Bewegung, der Schimmer des farbigen Marmors, der warme Glanz der lebendigen Kerzenflammen, das Funkeln der goldenen Herzen hinter dem Glas. Flucht aus dem kalten, unwirtlichen Zuhause, Loslösung vom persönlichen Schicksal, Vorwegnahme des Paradieses, – die nickelblitzenden, neonbeleuchteten Warenhäuser, die marmornen Filmpaläste sind für solche Auch- und Überheimat kein Ersatz. Denn hier herrscht das Schweigen. Hier vollziehen sich, in der Zeit der raschesten mechanischen Fortbewegung, noch geheimnisvolle Reisen der Seele durch Engelwolken und blaue Kuppeln, und sind vielen Gesichtern abzulesen, in römischen Kirchen, wenn der Winter beginnt.

Die böse Nonne

Eine böse Nonne, – das war meine Verwunderung, als ich im Klosterhöfchen von Quattro Coronati umherging, dem schönsten, abgeschiedensten Klosterhof von Rom. Ich war im Vorüberkommen dort eingetreten, hatte an der verschlossenen Kirchtüre geläutet und die Nonne hatte mir die Türe geöffnet, aber nur, um sofort wieder zu enteilen, stumm und düster, wie auf der Flucht. Im linken Schiff befand sich eine Pforte mit der Aufschrift ›Chiostro‹, auch diese war verschlossen, auch hier war ein Glockenzug angebracht. Als ich ihn in Bewegung setzte, erschien wieder dieselbe Nonne und öffnete mir auf dieselbe eilige und ungastliche Art. Während ich unter der Wölbung des von kleinen doppelten Säulen getragenen Kreuzganges rundum ging, sah ich sie im Gärtchen zwischen Margeritenbüschen, Gelsominen und Rosenstöcken stehen, eine Gießkanne in der Hand. Ein paar hohe Säulen, die in der Klostermauer freigelegt waren, reizten meine Neugierde, wie es schien, war die Kirche einmal mehrschiffig gewesen, größer, prächtiger und war dann verkleinert worden, – ich hätte gern erfahren, aus welchem Grunde und zu welcher Zeit. Ich machte ein paar Schritte in den Gartenhof hinein, der Kies knirschte unter meinen Füßen und die eben begossenen Pflanzen verströmten einen starken süßen Geruch. Die Stille des Ortes war überwältigend,

Quintessenz allen klösterlichen Seelenfriedens, aller Behütung vor der verwirrenden Welt. Die Nonne aber sah mir finster entgegen, ich teilte ihr mit, was ich gern wissen wollte, und sie antwortete mir mit keinem Wort. Nach einer Weile, während ich sie noch immer verwundert anstarrte, ging sie zu dem alten Ziehbrunnen, füllte ihre Gießkanne und kehrte dann wieder, einer düsteren Norne mehr als einer frommen Schwester gleich. Meine Einbildungskraft war angeregt, schon ließ mich die Baugeschichte der Kirche gleichgültig, da es sich um einen Menschen handelte, und um einen von Fleisch und Blut. Ein unglückliches Mädchen, dem die Klostertracht ein verhaßtes Kleid, die schöne Stille des Gartens ein furchtbares Gefängnis war. Ein Mensch, in dem die Religion keine Liebe erweckte, der einen Haß empfand gegen die Besucher, die frei aus und ein gehen, die lieben und leiden durften in der Welt. Während des ganzen Tages sah ich das Gesicht der Nonne vor mir, streng und ablehnend, und die seltsamen Bewegungen, mit denen sie meine Fragen, wie die Berührung eines Aussätzigen, abgewehrt hatte. Am Abend dann erfuhr ich, was den ganzen von mir erdachten Roman gründlichst zerstörte: daß nämlich die Nonnen von Quattro Coronati einem Orden angehören, dem das Sprechen verboten ist. Und weiter: daß sie ihr ganzes Leben daran geben, taubstumme Kinder zu erziehen.

Schmetterling auf meiner Hand

Ein Schmetterling ließ sich auf meiner Hand nieder, während ich, in der offenen Fenstertüre sitzend, schrieb. Die Strahlen der Sonne waren heiß, der Untergrund der Luft eisig, der Falter flatterte ein Stückchen fort, suchte dann wieder die Hautwärme und blieb. Ich hatte alle Muße, ihn zu betrachten, die schwarzweiß geringelten, steil aufgereckten Fühler, die Flügel, die, nervös auf und zu geklappt, bald ihren kühnen Umriß, bald ihre leuchtenden Farben zeigten. Ein Flammenkreis setzte auf dem vorderen Flügelpaar an und rundete sich auf dem hinteren, die übrig bleibenden Ecken waren tiefschwarz, von unregelmäßigen weißen Flecken durchsetzt.

Zwei kleine lichtblaue Bögen schienen der Malerei im letzten Augenblick aus heiterer Laune noch hinzugefügt. Nach und nach sah ich mehr, zum Beispiel, daß die vorderen Flügel, die durch ihren kühnen Schwung vor allem ins Auge fielen, eigentlich schmaler und gebrechlicher waren als die rückwärtigen, und daß diese, mit einem trüben Gewirr von Graubraun und Grauweiß auf der Hinterseite, dem zusammengefalteten Schmetterling seine Schutzfärbung gaben. Ich sah, daß neben den stolzen Schmuckfühlern mit ihren Fahnenstangenknöpfchen ein anderes Tastorgan vorhanden war, ein dünnes gebogenes Haar, das, feucht und schlaff, seine Spitze auf meinem Handrücken tanzen ließ. Ich entdeckte die Augen, blonde Pelzrosetten, mit einem schwarzen Pünktchen in der Mitte, und den Pelzflaum, der sich wie ein in der Mitte geteilter Bart rechts und links von der Mundöffnung herabzog. Der Eindruck des Flaumigen, Pelzigen war überraschend bei dem zarten Sommergeschöpf, aber er verstärkte sich noch, als der Falter, nun wieder ängstlich, die Flügel lange Zeit aufgeklappt ruhen ließ. Da zeigte sich ein anderer üppiger Pelzflaum, schimmernd grünblau und nach dem Rücken zu verdichtet zu langen weichen Haaren, die ebenfalls grünblau waren, aber wie von Goldpuder bestäubt. Trotz dieser seltsamen Bekleidung hatte mein Gast eigentlich nichts Tierisches, – welcher Begriff sich doch für uns meist mit dem Säugetierischen, mit Körperwärme und Ausdünstung, mit spürbarem Atem und hörbarer Stimme verbindet. Seine Erscheinung war rätselhaft, wie alles, was man von den anscheinend so richtungslos flatternden und in Wahrheit ausdauernd und zielsicher über Erdteile und Meere reisenden Schmetterlingen weiß.

Nachsommer auf dem Palatin

In den Farnesinischen Gärten auf dem Palatin Ausverkauf des Sommers, verschrumpelte Rosen, Chrysanthemen- und Zinnienblüten, mühsam noch haftend an strohig gebleichten Stengeln, Gartengeräte, wie aus erschöpften Händen gefallen, im sommergedörrten Unkraut verstreut. Die immergrünen Sträucher lassen sich weniger gehen, zeigen ihr Stirb und Werde nicht so pathetisch jedermann. Die Callas am Rande des schwach nur noch tröpfelnden Springbrunnens gebärden sich vollends zeitlos, zwischen dunkelgrünem üppigen Blattwerk treiben sie gerade jetzt ihre erschütternd reinweißen Blüten hervor. Hochsommerschatten liegt auf dem Wege über die kleine Hochfläche, von deren Rande die Fremden das Ruinengewirr des Forums verzagt überschauen. Die Zypressen am Wege haben etwas menschlich Sorgenvolles, kein Spalier von strammstehenden Riesen, sondern geborene Leidtragende, die sich bekümmert in die Nähe der Menschen drängen. Zu Füßen der Treppe am Westabhang das Heiligtum der Großen Mutter, verwittertes Mauerwerk um einen Hügel, der anstelle des Tempels von schwarzen Steineichen wild und großartig bewachsen ist. Ein Teppich von Steineichelsaat um den Altar der Magna Dea, um die Bruchstücke von Stucksäulen, um die sitzende Frauenstatue, die den von der düsteren Größe des Ortes erweckten Vorstellungen der Kybele nicht entspricht. Noch weiter dem Abhang zu frührömische Dörfer, Pfahllöcher viereckiger und eiförmiger Hütten, die sich im neunten Jahrhundert vor Christus die neuen Ansiedler bauten, schön in der Sonne und den aus dem Osten Eingewanderten gewiß sehr angenehm. Später wurde dort alles enteignet, kaiserliche Zone, für Paläste und öffentliche Bauten bestimmt. Des Augustus Haus, mit schäbigen Kämmerchen und Innenhöfchen, ist noch bescheiden, fast kleinbürgerlich, gemessen an dem Goldenen Haus des Nero oder an den Riesenbauten der flavischen Zeit. Die liegen jetzt frei unter dem Himmel, von frischem maigrünen Herbstgras durchwachsen, die Wohn- und Prunkräume der Kaiser, mit ihren übermenschlichen Maßen, ihren geschmacklos gemusterten Fußböden, an denen nur das zarte Muschelrosa und das tiefe Moosgrün des Marmors entzückt. Mauern, drei Stockwerke hoch, noch oder wieder aufrecht stehend, Brunnenhöfe, Gärten und Wasserkünste, marmorne Bruchstücke von Zieraten, kaiserliche Stirnziegel mit dem Adler als Wahrzeichen und Schmuck. Über dem allem der Herbstfrühling von San Martino, Grottenhauch der Schattenräume, bitterer Duft der Kräuter und strahlendes Licht. Stachlige Mittagsruhe auf dem Hügel San Bonaventura zu, unter zwei großen Pinien, mit dem

Blick auf die tiefgelegene Gartenreitbahn mit der Kaiserloge, von der aus sich Domitian, vielleicht viel später noch Theoderich ergötzte. Kräftiger Hauch aus den Pinienkronen und Verwunderung darüber, wie die Bäume den überall anbrandenden Großstadtbrodem verwandeln in die reinste, ursprünglichste Luft. Lichterscheinung vor den geschlossenen Lidern, zuerst waagerechte Strahlenbündel, die sich splitternd verändern, dann zwei regenbogenfarbene Ovale, spinngewebte mit hellen Kräuselrändern, von zarten, wäßrig aufsteigenden Bläschen langsam durchsetzt. Ein Herbst- und Todeszeichen am Tor des Klosters San Bonaventura, unter dessen Gärten noch so vieles ungestört begraben liegt: der Akazienbaum, lichtgelb sich entblätternd, mit schwarzen wild verkrümmten Sichelschoten im beinahe kahlen Gezweig. Im Tälchen Akanthus, streng und schön geformt, und die weichen flachen Steine der römischen Straße, von den Sohlen ertastet mit rätselhaftem Genuß.

Rückschau

Wer ein Tagebuch schreibt, überliest manchmal die vorhergehenden Seiten, überlegt sich, was ist es, das ich gesehen und bedacht habe, was ist es, das mir des Aufschreibens wert erschien. Das Schamgefühl gegenüber den zu persönlichen Dingen schließt manches aus, wenigstens wenn man nicht mehr zwanzig Jahre alt ist. Die Furcht, nicht klar genug, nicht gerecht zu sehen, mag andere, innere und äußere Erlebnisse wegfallen lassen. Aus einem Journal intime, wie es etwa die junge Marie Bashkirtseff im Anfang dieses Jahrhunderts schrieb, wird eine Aufzeichnung der Erscheinungen, die dann freilich auch etwas von dem Wesen und den Absichten des Schreibenden, und diesem selbst zur Verwunderung, widerzuspiegeln vermögen. Ich lese das bisher Verzeichnete und es fällt mir auf, wie oft ich versucht habe, den täglichen Eindrücken, aber auch den Erinnerungen eine ganz bestimmte Seite abzugewinnen, die nämlich, die im Zusammenhang mit dem Bleibenden, die nicht nur von hier und von heute, sondern ewig ist. Die Welt im Streit

149

mit ihrem Gewissen, das wäre eine Möglichkeit, die Erscheinungen der heutigen Tage aufzunehmen und zu schildern. Der Mensch auf der Suche nach einer Heimat, das ist eine andere, nur daß diese Heimat nirgends mehr unangetastet besteht, sondern aus lauter winzigen und in beständiger Bewegung befindlichen Bruchstücken zusammengesehen werden muß. Ursprung und Liebe sind dabei gleich mächtig, zwei weit voneinander entfernt liegende Pole, zwischen denen der Funke der menschlichen Leidenschaft feurig hin und wider fährt. Dabei ist der Ursprung – die Natur im weitesten Sinne – nicht weniger göttlich als die Liebe, die so vieler Selbstverleugnung, so hoher moralischer Eigenschaften bedarf. Sie ist bildkräftiger, gewiß auch unverbindlicher, weil sie zwischen Tod und Leben, zwischen Gutem und Bösem nicht trennen kann, und auch, weil die Liebe sich, um ihres überirdischen Teiles willen, des eigentlich Mythischen immer wieder entkleiden muß. Wer aus einer ganz bestimmten, durch ein Dogma festgelegten Geisteshaltung heraus sieht und formt, hat es leichter, das Gesetz, seine Befolgung oder Übertretung werden sein immer aufs neue abgewandeltes Thema sein. Dem keinem Dogma Zugehörigen fehlt es am Sagbaren nicht. Aber seine kleinen Versuche der Zusammenschau des Getrennten werden immer etwas Vorläufiges und Unzulängliches haben. Er bildet sich nicht ein, die Welt ändern zu können, deren ihn selbst einschließende Unvollkommenheit ihn mit Trauer und Schrecken erfüllt. Er sucht den Ursprung und die Liebe, Anfang und Ende, und den flüchtigen Einklang, der auch in den Zeiten der Unruhe hier und dort zu vernehmen sein mag.

Zimmer der Livia

Ich ging, den gemalten Garten aus dem Zimmer der Livia in Prima Porta wiederzusehen, und fand ihn enttäuschend farblos, spinnwebgrau, beinahe verstaubt. Aber schon nach einigen Minuten stellte sich der alte Zauber wieder her. Das Gewirr der Pflanzen gewann deutlicheren Umriß, in den Kronen der jungen Bäume begannen die Früchte zu leuchten, das zarte Blau des Himmelshintergrundes trat hervor. Noch ein paar Augenblicke der Stille, und ich sah die Farben der Blumen und die weißen und gelben Brüste der Vögel, die in den Zweigen saßen oder sich mit ausgebreiteten Flügeln in die Luft erhoben. Am Ende war alles wie immer, blau, grün und silbern, von großer Leuchtkraft, naturgetreu und unwirklich zugleich.

Ein Grieche aus Kleinasien soll die Malerei hergestellt haben, die Farbenhaut, die man jetzt verpflanzt hat, aus dem Lorbeerwäldchen ins Thermenmuseum, aus Prima Porta nach Rom. Vor ein paar Jahren befand sie sich noch draußen, am Ort der Legende, wo der späteren Kaiserin Livia das weiße Huhn in den Schoß fiel, einen Lorbeerzweig im Schnabel, – ein sehr fruchtbares Huhn, das unzählige Eier ausbrütete, ein sehr lebenskräftiger Lorbeerzweig, aus dessen Nachwuchs man die Kränze für ganze Generationen von triumphierenden Imperatoren schnitt. Der Livia war das Ereignis ein Omen für den glücklichen Ausgang des Feldzuges gegen Sextus Pompeius, in den Octavian gerade gezogen war. Der Ort ihrer ländlichen Rast blieb ihr lieb, und neben dem Lorbeerwäldchen und der Hühnerfarm ließ sie sich an eben der Stelle ein Landhaus bauen. Dort wurde ihr später die Statue ihres Mannes aufgestellt, Augustus mit der Siegergebärde, mit dem Panzer, auf dem zurückgegebene Feldzeichen und eroberte Provinzen und, als Sinnbild des Imperiums, Himmel und Erde dargestellt waren. Und dort wurde ihr auch das Zimmer ausgemalt, der Märchengarten, der weit fort von den Taten der Menschen zu blühen scheint und der sich in eine unendliche Ferne verliert. Das Menschenferne, Wildnishafte ist in der Tat an dieser Vorspiegelung des Draußen im Innenraum der erstaunlichste Zug. Kein Gebälk, keine Pilaster, kein Fensterrahmen, der hinüberleitete vom Häuslichen ins Freie, und in dem Pflanzendickicht keine Säule und keine Statue, die die Menschenwelt in Erinnerung riefen. Ein Zäunchen aus Bambus, gekreuzte Stäbe, wie man sie noch heute in der Campagna findet, im Vordergrund und gleich dahinter, einen Grasstreifen einfassend, eine kleine marmorne Schranke, kaum einen halben Meter hoch. In den Ausbuchtungen der Schranke, also noch diesseits der holden Verwilderung, ein paar Bäume von nordisch-fremdländischem Charakter, eine Kiefer, eine Eiche, vier Weißtannen, deren Nadeln auf der Unterseite silbern glänzen.

Dahinter beginnt der eigentliche Garten, freilich auch ein von Menschenhand gepflanzter, mit Zierpalmen, Obstbäumen und Ölbäumen, aber doch einer, in dem das alles längst ohne die Hilfe des Gärtners weiter zu treiben scheint. Der Lorbeer ist vielfach vertreten, überhaupt viel Schmalblättriges, saftig Immergrünes, mit metallisch glänzender Blattunterseite, die der Wind aufblitzen läßt. Für die Früchte ist Erntezeit, rötlich und sonnengelb hängen sie in den Zweigen, Zitronen und Granatäpfel deutlich erkennbar und von den Granatäpfeln einige schon aufgeplatzt, die volle Samenschale von den Vögeln bepickt. Weiße Blumen, mohnähnliche, stehen in Blüte, auch weiße und gelbe Margeriten, alles gewiß mit Bedacht gepflanzt und doch schon halb wieder verwildert, im üppigen Gras. Absichtlos zufällig, wie vergessen, steht ein Vogelkäfig auf der Balustrade, mit weit angeordneten Stäben kein Gefängnis und nur wie zum Spaß von einem grauen Vögelchen bewohnt. Die andern Vögel sind vollends frei, picken im Gras, sitzen mit ihren weißen oder leuchtend gelben Brüsten auf den Bäumen oder schwingen sich, schwarzgeflügelt, jedes Federchen gespreizt, zum Himmel empor.

Je länger man die Malerei anschaut, um so mehr hat man das Gefühl, als solle kein Menschenfuß je diese blühende Wildnis betreten, keine Menschenhand nach diesen Früchten greifen oder diese Blumen pflücken. Fast scheint es, als sei die marmorne Schranke in der Meinung des Malers nicht nur dazu bestimmt, den Menschen vor der andrängenden Natur zu schützen, sondern auch die Natur vor dem Menschen, vor seinem Alter und seinem Tod. Er ließ in silberblauem Dunst hinter den nächsten Zweigen und Wipfeln immer fernere, blassere erscheinen, so gelang ihm eine Traumwelt von grenzenloser Ausdehnung, die Vorspiegelung einer ewig dauernden Blüte und Frucht. Ein irdisches Paradies, gemalt an die Wände eines Zimmers für Menschen, die bestimmt waren, zu altern und zu sterben und auf eine ganz andere Weise unsterblich zu werden.

Eine Sammlung von Sonnenuntergängen, nicht gemalt, nicht farbig photographiert, sondern einfach im Gedächtnis behalten, die
ganz besonderen über Florenz oder über der oberen Rheinebene,
wo die Sonne im Hinabsinken ganze Rudel von rötlichen Wolken-
fischen mit sich reißt. Eine Sammlung auch von Gewittern, jedes
neue ruft die vergangenen wach, so wie etwa der Markensammler
beim Erwerb eines neuen Stücks die alten wieder hervorholt und
sich der seltenen liebevoll freut. So kam mir heute bei einem lang
anhaltenden Herbstgewitter eines ins Gedächtnis, das sich im
vergangenen Sommer über die Stadt Frankfurt entlud. Da waren
die Bäume in der Häuserlücke gegenüber meinem Fenster bald
von hinten goldrot, wie von einem nahen Feuer, erleuchtet, bald
von anderen, in der entgegengesetzten Himmelsrichtung herab-
zuckenden Blitzen auf ihrer Vorderseite grünlich, wie bengalisch,
bestrahlt. Es war etwa neun Uhr abends, der Himmel war mondlos
dunkel, die Fenster in unserer Straße waren hell. In einer Wohnung
im Erdgeschoß saß ein Mann beim Abendbrot, offensichtlich
ausnahmsweise allein gelassen, in einem Familieneßzimmer am
runden Tisch. Er spielte wie ein Kind beim Essen, schlug seinen
Kartoffelbrei mit der Gabel zu hohen Wellen und formte kleine
spitze Berge aus dem Spinat. Währenddem, und von dem einsamen Esser unbemerkt, hatte sich der Schutt- und Trümmerhaufen,
in den die Ruine des Nachbarhauses zusammengestürzt war,
schwefelgelb gefärbt – jetzt begannen die hohen Pappeln des Gartens sich in jähen Windstößen wild zu bewegen. Einige Fenster in
unserer Straße wurden geöffnet, und die Bewohner lehnten, wie
ich, über der Brüstung, durstig nach frischerer Luft, dunkel,
gesichtslos und still. Sofort stellte sich zwischen diesen Unerkenn-
baren und mir eine seltsame Verbindung her, so als genössen wir,
dem Häuslichen entrückt, gemeinsam eine Speisung übernatürli-
cher Art. Plötzlich aber ging ein Blitz, laut knisternd, mitten auf
der schmalen Straße nieder, und der Donner folgte, ohrenzerrei-
ßend heftig, gleich hinterher. Da war, als sei es eine unstatthafte
Veranstaltung, eine Art schwarze Messe gewesen, das gemeinsame
Abendmahl jäh unterbrochen, wie von schuldbewußten Händen

wurden die Rolläden überall eilig heruntergelassen, man wandte der Natur den Rücken und kehrte in den Schein der Lampe, zu Büchern und Rundfunk zurück. Die aufgeregt lustigen Stimmen der letzten Fußgänger verstummten, und bald flog auf der verlassenen Straße nur noch der Regen, vom Sturm getrieben, in weißen Wolken dahin.

Ein Amt

Daß man es nicht allen recht machen kann, ist eine Erfahrung, die mit der Übernahme eines höheren Amtes, einer der allgemeinen Kritik ausgesetzten Stellung unlöslich verbunden scheint. Die natürliche Gefallsucht des Menschen wird davon empfindlich getroffen, auch eine Gefallsucht, die mehr der Menschenliebe als einer persönlichen Eitelkeit entspringt. Mit einemmal hat der Betroffene nicht mehr nur für sich selbst einzustehen und im beschränkten Kreis seine Aufgabe zu erfüllen – er wird vielmehr gleichgesetzt mit dem Amt, das eben um seiner Besonderheit willen Neid und Ärgernis erregt. Da mag sich dann nach außen hin ein gewisser Trotz einstellen: ich handle, wie es mir paßt, das heißt, wie es der Auffassung entspricht, die ich selbst von meiner Aufgabe habe. Wer sich zurückgesetzt oder falsch behandelt fühlt, mag schelten, mir genügt es zu wissen, daß ich immer das Beste gewollt habe und weiterhin das Beste will. Eine solche innere Verteidigung kann jedoch zu dauernder Selbstzufriedenheit nicht führen. Es wird ja dem höher als andere Gestellten nur im besonderen Maße eine ganz allgemeine menschliche Erfahrung offenbar, die nämlich, daß man nicht handeln und eigentlich garnicht leben kann, ohne auf Schritt und Tritt auf irgendeine Weise schuldig zu werden. Die grotesken öffentlichen Schuldbekenntnisse der sowjetischen Machthaber sind nur auf diese Weise in einem tieferen Sinn zu erklären – auch der im letzten Krieg in so vielen und vielleicht gerade den besten Männern lebendige Wunsch, nicht zum Offizier befördert zu werden, läßt sich nur unter diesem Gesichtspunkt verstehen. Landser sein, Herdenvieh, einer von Millionen, das bedeutet eben

154

unschuldig bleiben – noch längst bevor Niederlage, Gericht und Bestrafung ins Auge gefaßt werden konnten. In der Masse zu verschwinden, klein, unauffällig, unsichtbar zu sein, ist, im Zeitalter der Herrschaft eben dieser Massen, erstrebenswert, auch ohne den Schielblick nach einem etwaigen späteren Gericht. Unschuld und Passivität werden unwillkürlich gleichgesetzt – wer, und sei es auch im selbstlosesten Sinne, Hammer ist, möchte zuzeiten nichts als Amboß sein. Die Furcht, andere zu verletzen, und die eigene Verletzlichkeit halten sich dabei die Waage, was am Ende ersehnt wird, ist die Tarnkappe, die Aufhebung der eigenen Identität. Entpersönlichung als Schutzhaltung, Schutzfärbung, ein Kaummehrdasein als Garantie für den Traumrest persönlichen Lebens – wir kennen diese Taktik von den Gestalten Kafkas her, die sich auf solche Weise der feindlichen Außenwelt entziehen. Die Nachkriegsgewinnler erträumten sich das vom Wohnungsamt unangreifbare Einzimmerhaus, von dem aus eine unter dem Perserteppich verborgene Falltüre in reichbesetzte Vorratskammern führte. Viele der heutzutage lebenden Intellektuellen erstreben etwas Ähnliches, nur daß es sich bei ihnen nicht um ungestörtes Essen und Trinken, sondern um den viel kostbareren Besitz der Gedankenfreiheit handelt. Ein solcher Selbstbetrug ist, ebenso wie der der Entpersönlichung, dem Inhaber einer ›Stellung‹ unmöglich gemacht. Mag, was er tut, gut oder schlecht geheißen werden: er bezahlt den Sitz in der ersten Reihe mit der Erkenntnis einer beinahe unpersönlichen, aber darum nicht weniger ernstzunehmenden Schuld.

Flackerlicht

Am Ende der Via Quattro Fontane das künstliche Flackerlicht, Festschmuck der Marienkirche, das Neueste, Allerneueste auf dem Gebiet der Beleuchtungseffekte, die Pechfackeln nachahmend, mit denen man in vergangenen Zeiten der Kuppel von St. Peter einen flammenden Umriß verlieh. Das lebensgefährliche Gewerbe der Fackelanzünder, seit Jahrhunderten vererbt vom Vater auf den Sohn, ist ausgestorben, vielleicht waren die letzten Söhne unwillig, ihr Leben daranzusetzen, vielleicht weigerten sich die Versicherungen, Pensionen zu zahlen in Zeiten, in denen der Druck auf einen Knopf genügt, um die Gesimse ganzer Stadtviertel aufleuchten zu lassen. Das ehemals lebendige Flackern und Glühen mit den Mitteln der Elektronik nachgeahmt ergibt ein lustiges Schaubudenflimmern, eine Augennarretei, Riesenradstimmung, auf Kuppeln und kreuztragenden Türmchen wunderlich genug. Der Wind, der einst die Pechflammen bewegte, wehte wo und wann er wollte und manchmal eben auch garnicht, während die Mechanik des unterbrochenen und wiederhergestellten Stromkreises unablässig in Tätigkeit ist, wie bei den zur Kundenwerbung verwendeten Weihnachtsbäumen, deren bunte Glühbirnenkerzen erglühen, erlöschen und wieder erglühen. Das Nervenaufpeitschende solcher Mechanik, im Lunapark leicht ertragen, verstimmt, wo überirdischer Glanz und überirdische Beruhigung vorweggenommen werden sollen. Denn so soll es doch sein an hohen Festen – wie man es sich im Jenseits wünscht, Schlaraffenland der Seele, Fülle von Wärme und Licht. Das mechanische Geglitzer aber ist kalt, und von hier zu den optischen Foltern moderner Verhöre, und somit zur Hölle, ist nur ein Schritt.

Verfremdung

Die italienische Sprache, längst vertraut, kann in Augenblicken der Ermüdung oder der Geistesabwesenheit wieder zur fremden werden, so wie die Andersartigkeit des fremden Volkes oft ganz plötzlich wieder in Erscheinung tritt. Die auf solche Weise verfremdete Welt wird zum Gleichnis eines allgemein menschlichen, durchaus nicht auf Sprachverschiedenheiten beschränkten Nichtwissens und Nichtverstehens. Unverständliches wird Gesang, wie das Lied der gurrenden Täuberiche, das heißt der jungen Männer, die ich auf dem Korridor einer Fremdenpension täglich telefonieren hörte, bittend, klagend, beschwörend die immer gekränkten Freundinnen zu neuen Liebesstunden überredend. Wie das Lied der Armen, in diesem Falle eines alten Besenverkäufers, der sich gegen Abend durch die Straßen unseres Viertels schleppt, ein Bündel struppiger Reisbesen auf der Schulter, und der unablässig heisere und verzweifelte Rufe ausstößt, die, ob sie auch nur seine Ware anpreisen mögen, doch wie halb schon erstickte Hilferufe eines Ertrinkenden klingen. Wie das Lied des Hasses endlich, eines ohne Worte: das Gesicht eines Arbeiters, der vom Fenster einer Mietskaserne zur Dachterrasse eines inmitten der Neubauten stehengebliebenen Landhauses hinüberblickte, stumm und finster, Ausdruck einer unermeßlichen unpersönlichen Feindschaft, die von vielen Generationen Bessergestellter hervorgerufen und leichtfertig vertieft worden war. Liebe, Not und Haß – drei möglicherweise mißverstandene Äußerungen fremden Lebens oder des Lebens überhaupt, drei Beispiele für eine gewisse Art der Verfremdung, die unversehens eine tiefere Ahnung, ein wesentlicheres Begreifen in uns hervorrufen kann.

Römische Kinder

Die Großmutter, blond, schlank, maskenhaft alterslos, Werfels leibhaftige G³, die, als alle andern den Aufzug in die Unterwelt besteigen, durchaus zurück- und am Leben bleiben will. Die Töchter sind kleiner, dunkler, halten sich schlechter, tragen vormittägliche Unlust zur Schau. Der Treffpunkt der Familie ist ein bestimmter Tisch nahe dem im Winter verlassen daliegenden Musikpavillon. Dort sitzen die drei Frauen in der Sonne, springen auf, laufen den Kindern nach, setzen sich wieder, erteilen Ermahnungen, stoßen gellende Schreie aus. Die Kinder, klein noch und fünf an der Zahl, sollen in der Sonne bleiben, in den Schatten gehen, kein Wasser trinken, doch Wasser trinken, mit dem Fahrrädchen fahren, nicht mit dem Fahrrädchen fahren, die Mäntelchen ausziehen, die Mäntelchen anziehen, endlich etwas sagen, endlich einmal ruhig sein. Sie sollen nicht zu nahe spielen, weil einem von ihrem Geschrei die Ohren gellen, aber fortlaufen auch nicht, weil man sie immerfort sehen, berühren, spüren will, die kleinen Engel, dieses eigene Fleisch und Blut, aber unverdorben, diesen eigenen Atem, aber rein. Die kleinen Engel haben schöne ruhige Tieraugen, sind gesammelt, völlig bei ihrer Sache, unbekümmert um das mütterliche und großmütterliche Getue. Wortlos zerren sie einander die Spielsachen aus den Händen, wortlos entfernen sie sich, wortlos reißen sie die Räder von ihren bunten Holzwägelchen, die Blätter vom jungen Baum. Die Ermahnungen der Erwachsenen laufen ab wie warmer Sommerregen, alles, was von ihnen kommt, ist nur Aufschub, nur eine kleine Verzögerung des notwendigen Tuns. Man muß zu den Oleanderkübeln hinüberlaufen, ein wenig Erde in die Hand nehmen und sich diese Erde in den Mund stopfen, rasch, fest, bis man beinahe erstickt. Man muß sich mit beiden Füßen in die Pfütze stellen und spüren, wie die eiskalte Feuchtigkeit durch die Sohle dringt und die Söckchen hinaufsteigt bis zum nackten Bein. Man muß unter die dunklen Gebüsche kriechen, andere Welt, schaurig, modrig, und am Dornenstrauch hocken, die eigene Hand anzusehen mit ihrer Kruste von Dreck und Blut. Man muß krüppelhaft hinken, mit zusammengekniffenen Lidern als Blinder sich vorwärtstasten, seltsame Schreie ausstoßen, hundertmal denselben hohen, spitzen, unmenschlichen Ton. Einiges davon muß man allein tun, bei anderem wieder sich gegenseitig anfeuern und stärken. Zum Beispiel wenn man, auf dem Bauche sich vorwärtsschiebend, mit der Zunge den Asphalt aufleckt, Staub, schillernde Spucke, Ameisen, alles was kommt. Plötzlich beginnen alle fünf Kinder sich auf diese Weise vorwärts zu bewegen, gerade in dem Augenblick, in dem der Kellner das Tablett voll Limonaden auf dem Tischchen absetzt und die Blicke der Erwachsenen in Sonnennickelblitz und Schürzenblendung zergehen. Die Zitrone für mich, sagt die Großmutter, habt ihr gehört, Marina, ja, schon im dritten Monat. Und dann springen alle drei Frauen auf, rennen und reißen die Kinder vom Boden und an den Tisch zurück. Hat man schon so etwas gesehen von Unart, von schmutzigen Kleidern und Gesichtern, kaminfegerschwarz? Die Hände mit den rotgelackten Nägeln schlagen und beuteln, klopfen den Staub aus, werden schon sanfter, streicheln und liebkosen zuletzt. Hat man schon so etwas gesehen von rosiger Haut und goldenem Haarflaum, von festen braunen Armen und glatten runden Knien? Schließlich endet alles in Küssen, in der grenzenlosen Anbetung, die alle Kinder dieses Landes erfahren, nicht nur die vom Chauffeur in der

Mittagsstunde aus der Villa Borghese heimgeholt werden, auch die am Campo di Fiori mit dem Abfall der Metzgerstände spielen, auch die in den eisigen Bergorten ums Straßenfeuer sitzen, wenn der Abend beginnt. Ciaò, bellezza, kleine Schönheit, kleine Unsterblichkeit unseres vergänglichen Seins.

Stelzvogel

Wir Nordländer sind hier, und nicht nur an unseren plumperen Schuhen, unter den Einheimischen auf den ersten Blick zu erkennen. Wir gehen anders, zielstrebig, gerichtet, angezogen und aus dem Gleichgewicht gebracht von dem, was wir erreichen wollen, ein Museum, die Arbeit zuhause, einen Menschen, den es uns wiederzusehen begehrt. Wir scheinen nicht im Augenblick, sondern in der Zukunft zu leben, nicht innerhalb, sondern außerhalb unseres Selbst heimisch zu sein. Wir gehen mit vorgebeugtem Oberkörper, weggestrecktem Kopf und geschlenkerten Armen, wie Kinder, die auf dem Eise vorwärtszukommen versuchen. Auf der glatten Fläche des Augenblicks nun weiß der Südländer sich vortrefflich zu halten, ja diese scheint sein eigentliches Element zu sein. Die Weiterbewegung ist bei ihm nur eine Kette von Stillstand, unmerklich und anmutig aneinandergereiht. Nichts erscheint so wichtig, daß es eilends erreicht werden müßte, nichts verpflichtender als das Dasein in diesem gegebenen Moment. Das Zeitliche mit der ganzen menschlichen Würde, das heißt der eines aufrecht stehenden, von natürlichem Selbstbewußtsein getragenen Wesens auszufüllen, ist die Aufgabe, die geleistet wird, mit derselben ruhigen Anmut, mit der eine Frau auf dem Lande den Wasserkrug auf dem Kopfe trägt. Auch mit dem Wasserkrug strebt man irgendwohin, aber es würde bei schnellerem, unbeherrschterem Lauf das Gleichgewicht und damit einiges von dem kostbaren Inhalt verlorengehen. Der Verlust des inneren Gleichgewichts und die damit verbundene Einbuße an Persönlichkeit wird hier gewiß als ähnliche Gefahr empfunden, jedes Sichfortwerfen an andere Dinge, jeder übertriebene Eifer mutet barbarisch an. Una bestialità – eine Bestialität –

hörte ich einmal ein leidenschaftliches, von keinerlei Rhetorik geadeltes Streitgespräch nennen, als tierisch gilt jede Bemühung, die die Einheit der Person verletzt. Den Frauen zumal wird Hast und Dringlichkeit nicht zugebilligt – ihre Bewegungen dürfen nicht stürmischer sein, als es der Umriß ihrer Lockenfrisur zuläßt, ihre Schritte nicht eiliger, als es die anmutige Linie ihres Körpers erlaubt. Daß auch ein von seinen Gedanken besessener oder durch innere Disharmonien im ruhigen Da-Sein gestörter Mann absonderlich und komisch wirkt, erfahren wir vor kurzem bei einem Ausflug, den wir mit einem deutschen Freunde machten. Während wir nämlich vor einem Caféhaus an der Piazza eines umbrischen Städtchens saßen, verließ uns dieser Freund für ein paar Minuten, um in einem nahen Geschäft Einkäufe zu machen. Er ging über den Platz, und wie wir ihm nachsahen, bemerkte ich einige halbwüchsige Buben, die sich auf die sonderbarste Weise, wie stelzende und mit den Flügeln schlagende Vögel bewegten. Erst nach einer Weile kam ich darauf, daß sie den Gang unseres Freundes nachahmten und daß dieser ihnen grotesk und überwältigend komisch erschien. Der Freund tauchte wieder auf, sie unterbrachen ihre Vorstellung nicht, und es wurde mir bange bei dem Gedanken, wie der Betroffene ihre Verhöhnung auffassen mochte. Er hatte aber, wie wir alle, so wenig Gefühl für seine eigene Erscheinung, daß er das wunderliche Gehaben der Kinder mit sich selbst überhaupt nicht in Zusammenhang brachte. Steifbeinig, krumm und die Arme schlenkernd ging er mitten zwischen den stelzenden, flügelschlagenden und sich vor Lachen ausschüttenden Knaben hindurch und sah sie fröhlich verwundert, mit einem schönen, unschuldigen Lächeln an.

Straße in Trastevere

In Trastevere ist man ärmer als in anderen Stadtteilen, das bedeutet mehr Menschen auf einem Haufen, mehr in einem Zimmer, mehr in einem Bett. Mehr Austausch von Kochtöpfen und Neuigkeiten, mehr Leben, das aus den Häusern auf die Straße quillt, mehr Kinder, die mit einem zum Ball gestopften Lumpen Fußball spielen, sich streiten und schreien. Für den Fremden die [täuschende] Vorstellung, hier eher ›dahinterzukommen‹, nämlich hinter die Gesetze und Spielregeln römischer Armut, hinter die Kunst, bei geringem oder gar keinem festen Einkommen nicht Hungers zu sterben. Die Salita di Sant' Onofrio selbst gibt in dieser Beziehung nicht viel her, wer sich auf ihr bewegt, geht meist in die Kirche, die Braut an der Hand oder den Täufling auf dem Arm, wenn er nicht selbst noch ein Kind ist und in blauer Kittelschürze zu den Klosterfrauen in die Schule strebt. Am Tage läßt sich dort nichts anderes erfahren als die edle Baum- und Strauchlosigkeit römischer Renaissancestraßen, Schattenkühle im Sommer, Holzfeuergeruch im Winter und der Ruf des Erdnußverkäufers, der sein Tischchen dort aufgebaut hat, wo die Stiege beginnt. In der Nacht ist das anders, da hängen im schmalen Mauerschacht die Zwiegespräche, Streit und Liebe und Liebesstreit, zumal auf der Treppe, die im steilen Sturz an der Mauer des Palazzo Salviati hin den Tiber erreicht. Da stehen die Paare im Mondlichtschatten, Grund zur Aufregung gibt es immer, warum gabst du mir die tiefen Blicke, oder: ich habe dich heute mit einer andern gesehen. Hier verletzt man sich nicht, wie vielleicht in den feinen Wohnungen in den Parioli, mit spitzen Worten, sondern mit dem Messer, bei dessen Verwundungen man wenigstens um Hilfe schreien und bemitleidet werden kann. Die Polizei verfährt nach der Art mancher Eltern, die mit der Begründung, das sollen die Kinder unter sich ausmachen, Geschwistertragödien geflissentlich überhören und übersehen. In der Portierswohnung aber erfährt man alle Einzelheiten, geflüstert von der Göttin Fama, in diesem Falle der kleinen Signora Elisa, in Goldschmuck und Marderschwänzchen am Sonntag, in der Woche mit wirrem Haar, im verwaschenen Kittel, Einkaufstaschen schleppend, treppauf und treppab. Von ihr erfährt man, wer in der Straße wen zum Geliebten hat, wer über Nacht zu Geld gekommen ist und wem das Wasser an der Kehle steht. Bei ihr erlebt man, etwa wenn ein Kind von einem Motorrad angefahren und verletzt wurde, das enge Nebeneinander von Pathos und Berechnung, die grellen Schreie und den flinken Kalkül. Hier werden Krankheiten geschildert, gräßlich anschaulich, der Brand, bei dem man bei lebendigem Leibe abfault, die Krebsgeschwulst, mit der man verhungert oder erstickt. Hier sieht man die kleine Signora Elisa im Traumbuch nachschlagen, über die Treppe gegangen Zahl 8, einem Leichenwagen begegnet Zahl 21, den Schlucken gehabt Zahl 45 und so weiter, bis die fünf beisammen sind, die man zum Haupttreffer beim Lottospiel braucht. Hier macht man sich einen Begriff, wie in kleinen Geschäften und kleinem Wucher das kleine Geld umläuft und, wenn auch nur mit Stockfisch und Suppe aus gelben Erbsen, seinen Mann ernährt. Hier bekommt man jeden Tag etwas anderes angeboten, aber nicht, wie in den vornehmen Bankgeschäften, flüsternd und auf dem Papier. Die angestaubten Schirme, die gebrauchten Servietten und der bronzene Aschenbecher liegen auf dem Ehebett der Signora Elisa, das auszuleihende Geld ist unter die Matratze versteckt. Das letzte Geschäft, das wir vor unserem Auszug erlebten, drehte sich um eine Puppe, die zur Verlosung kommen sollte und für die alle Hausbewohner und Nachbarn einen beträchtlichen Einsatz zahlten. Ob irgendjemand die Puppe am Ende gewonnen hat, haben wir nie erfahren. Aber viele Tage lang stand sie, mit weißen Leinenbändern in ihrer Pappschachtel festgebunden, auf dem Tisch der Signora Elisa, groß wie eine Zweijährige, in rosaroten Organdy gekleidet, mit langen Wimpern und einem süßen, törichten Lächeln auf dem Gesicht.

Capriolen

Die Nüßchenfamilie am Parktor der Villa Borghese ist am Sonntag besonders zahlreich mit strickenden Tanten und Großmüttern, die, auf Klappstühlchen sitzend, den Fußgängereingang vollständig versperren. Unterhaltet euch mit den Äffinnen, murmeln sie, mechanisch leiernd, und deuten gleichgültig auf das Blechtischchen, auf dem die goldgelben Nüßchen ausgebreitet liegen, die Ware, deren Abwiegen und Einpacken eine immer fesselnde, immer leidenschaftlich erregte Unterhaltung lästigerweise unterbricht. Von hier bis zum Eingang des zoologischen Gartens sind es nur hundert Schritte, schon sieht man zur Linken unter der großen Drahtkuppel die rosaroten Reiher ihre Kreise ziehen, schon gewahrt man, über die Brüstung einer Unterführung gebeugt, das Dromedar im mottenzerfressenen Pelzbehang, das isabellenfarbene Wildpferd, das unter einem blühenden Mimosenbaum den Kopf hebt, als wittere es über endlose Steppen hin. Kaum eingetreten, bemerkt man das Sonntagsgebaren der Tiere, ihr unaufgefordertes Sichzurschaustellen und Possierlichtun – nur ein Schritt noch zum Zirkus und Varieté. König ist, wer da nicht mittut, der alte kohlschwarze Schimpanse zum Beispiel, der von seinem hohen Brett herunterschaut, gescheit und interessiert, und dann solche Anteilnahme immer wieder Lügen straft durch ein ungeheures Gähnen, ein nicht endenwollendes Aufreißen des schwarzen Schlundes hinter zitronenfarbenem Gebiß. Die Mandrille im nächsten Käfig sind weniger äffisch-weise, sie unterliegen der Beschwörung der Kinderaugen und spielen Streit mit Watschengeben, Fauchen und raschem, bösem Biß. Auch die jungen Bären balgen und bespritzen sich und setzen sich endlich bis an den Hals ins kalte Wasser, wo sie sich lustig nach allen Seiten umschauen und an ihren Nägeln kauen. Von den Eisbären, deren Leibesbeschaffenheit doch fürs Arktische taugt, geht keiner schwimmen, sie stehen auf ihrer Theaterfelsplatte, machen merkwürdige Männchen und trotten schmutzigen Brotstücken nach. Der Elefant betastet nachdenklich mit dem Rüssel seinen in der Sonne trocknenden Kot, die unwahrscheinliche Giraffe bewegt ihren zierlichen Spinsterkopf unter den Baumkronen hin. Die beste Vorstellung geben die beiden Wildziegen, untersetzt, mit silbrigem, unten angeschmutztem Langhaar, schön geschwungenen Gehörnen, rechteckigen Pupillen, schwarz in die mondbleiche Iris gesteckt. Ein offenes Gattertor zwischen zwei felsigen Weideplätzen gibt das Kampffeld ab, jeder scheint dem andern den Eintritt zu verwehren. Zuerst drängen sich die kleinen Böcke aneinander, betasten sich, schieben Gehörn in Gehörn, wie um dessen Struktur und Festigkeit besser kennen zu lernen. Dann erheben sie sich auf die Hinterbeine, Wappentiere mit schräg zur Seite geneigten Köpfen, trippeln und tanzen bis zum blitzschnellen, entscheidenden Stoß. Da krachen die Hörner aneinander, so laut, so brutal und heftig, daß man meint, mit geborstenen Schädeln müßten die Tiere nun daliegen in einer Lache von Blut. Aber schon sind sie wieder auseinander, richten sich auf, messen wie geschickte Fechter jede Bewegung, die der Gegner vollführt. Das Spiel wiederholt sich unzählige Male, und, weit entfernt schon, hört man noch das helle beinerne Krachen und sieht die kleinen Bergziegen sich bewegen, tänzerisch und böse, anmutig und wild.

Himmlische und irdische Liebe

Ich betrachtete heute lange Tizians Frauen am Brunnen im Casino Borghese, ein überaus ruhiges und geheimnisvolles Bild. Die Bezeichnung »Die himmlische und die irdische Liebe« stammt nicht von Tizian, sondern aus dem 19. Jahrhundert, sie führt in die Irre, zu endlosen Vermutungen, welche der beiden Frauen nun eigentlich die himmlische, welche die irdische darstellen soll. Hinter dem unterscheidenden Titel könnte man einen starken Gegensatz vermuten, Nonne und Dirne, aber die beiden, die da auf dem Brunnenrand sitzen, sind doch Schwestern, sind beinahe ein und dieselbe Person. In der ruhig ausgewogenen Landschaft verkörpern sie dieselbe ruhige Gelassenheit, dieselbe Keuschheit, denselben Ernst. Die Bekleidete im reichen weißen Seidengewand, mit rosa Unterärmeln und grauen Handschuhen, ist nicht sittsamer als die Nackte, der nur ein feiner Schleier die Haare bändigt, nur ein weißes Tuch die Scham verhüllt. Eine Verschiedenheit ist trotzdem da, aber eine, wie sie zwischen den Entwicklungsstufen eines Menschen, Knospe und Blüte, Verschlossenheit und Hingabe besteht. Die Bekleidete ist von den bläulichen Falten ihres Rockes umwallt, ihr Arm umgreift das Gefäß auf dem Brunnenrand, der Halbschatten des Eichengebüsches hüllt sie ein, jede Linie ihres Körpers rundet sich, die übrige Welt ausschließend, und mit dem ganzen Gewicht eines blühenden, reichgeschmückten Mädchens lastet sie auf dem Stein. Die Schwestergestalt aber scheint halb zu schweben, für einen Augenblick nur niedergelassen, eine flüchtige Botin aus einer anderen Welt. Sie spricht, oder hat doch noch eben gesprochen, mit einer schönen freien Bewegung hebt sie die Räucherlampe empor, ihre Stimme ist es, der das Mädchen zur Linken nachsinnt mit gesenktem Blick. Die Stimme der eigenen Zukunft und die Stimme der Liebe, da braucht noch gar kein bestimmter Mann in der Nähe zu sein, nur ein Knabe, der das Wasser in der Brunnenschale aufspritzen läßt, nur das kleine ferne Leben der Föhnlandschaft, Hirten und Herden, Reiter, Hase und Hund. Bei der Botin, die so eindringlich das schöne ernste Profil dem Mädchen zuwendet, denkt man an die Aphrodite der sogenannten Aldobrandinischen Hochzeit, an die Liebesgöttinnen, die auf griechischen Vasenbildern neben der Braut auf dem Brautbett sitzen, obwohl Tizian diese Darstellungen nicht gekannt und sein Motiv ihnen nicht entnommen haben kann. In die Antike aber deutet auch der Sarkophag, der das Brunnenwasser hält und auf dem selsamerweise keine Eroten, sondern ein großes Pferd und eine merkwürdige Züchtigungsszene zu sehen sind. Eine Überredung zur Liebe im antiken Sinne mag also doch gemeint sein, ein inneres Gesicht der eigenen Möglichkeiten, eine Begegnung mit der eigenen Zukunft, in der Starres sich lösen, Verschlossenes sich wunderbar auftun wird. Ein Augenblick der Schwebe, in dem die Erfüllung, schon vorweggenommen, doch noch in das Reich der Träume gehört und die Erscheinungen der Außenwelt sich lautlos einfügen in die geheimnisvolle Harmonie.

V

AUS
»LANGE
SCHATTEN«

Lange Schatten

Langweilig, alles langweilig, die Hotelhalle, der Speisesaal, der Strand, wo die Eltern in der Sonne liegen, einschlafen, den Mund offenstehen lassen, aufwachen, gähnen, ins Wasser gehen, eine Viertelstunde vormittags, eine Viertelstunde nachmittags, immer zusammen. Man sieht sie von hinten, Vater hat zu dünne Beine, Mutter zu dicke, mit Krampfadern, im Wasser werden sie dann munter und spritzen kindisch herum. Rosie geht niemals zusammen mit den Eltern schwimmen, sie muß währenddessen auf die Schwestern achtgeben, die noch klein sind, aber nicht mehr süß, sondern alberne Gänse, die einem das Buch voll Sand schütten oder eine Qualle auf den nackten Rücken legen. Eine Familie zu haben ist entsetzlich, auch andere Leute leiden unter ihren Familien, Rosie sieht das ganz deutlich, zum Beispiel der braune Mann mit dem Goldkettchen, den sie den Schah nennt, statt bei den Seinen unterm Sonnenschirm hockt er an der Bar oder fährt mit dem Motorboot, wilde Schwünge, rasend schnell und immer allein. Eine Familie ist eine Plage, warum kann man nicht erwachsen auf die Welt kommen und gleich seiner Wege gehen. Ich gehe meiner Wege, sagt Rosie eines Tages nach dem Mittagessen und setzt vorsichtshalber hinzu, in den Ort, Postkarten kaufen, Ansichtskarten, die an die Schulfreundinnen geschrieben werden sollen, als ob sie daran dächte, diesen dummen Gören aus ihrer Klasse Kärtchen zu schicken, Gruß vom blauen Mittelmeer, wie geht es dir, mir geht es gut. Wir kommen mit, schreien die kleinen Schwestern, aber gottlob nein, sie dürfen nicht, sie müssen zum Nachmittagsschlafen ins Bett. Also nur die Fahrstraße hinauf bis zum Marktplatz und gleich wieder zurück, sagt der Vater, und mit niemandem sprechen, und geht der Mutter und den kleinen Schwestern nach mit seinem armen, krummen Bürorücken, er war heute mit dem Boot auf dem Wasser, aber ein Seefahrer wird er nie. Nur die Fahrstraße hinauf, oben sieht man, mit Mauern und Türmen an den Berg geklebt, den Ort liegen, aber die Eltern waren noch nie dort, der Weg war ihnen zu lang, zu heiß, was er auch ist, kein Schatten weit und breit. Rosie braucht keinen Schatten, wozu auch, ihr ist überall wohl, wohl in ihrer sonnenölglänzenden Haut, vorausgesetzt, daß niemand an ihr herumerzieht und niemand sie etwas fragt. Wenn man allein ist, wird alles groß und merkwürdig und beginnt einem allein zu gehören, meine Straße, meine schwarze räudige Katze, mein toter Vogel, eklig, von Ameisen zerfressen, aber unbedingt in die Hand zu nehmen, mein. Meine langen Beine in verschossenen Leinenhosen, meine weißen Sandalen, ein Fuß vor den andern, niemand ist auf der Straße, die Sonne brennt. Dort, wo die Straße den Hügel erreicht, fängt sie an, eine Schlangenlinie zu beschreiben, blaue Schlange im goldenen Reblaub, und in den Feldern zirpen die Grillen wie toll. Rosie benützt den Abkürzungsweg durch die Gärten, eine alte Frau kommt ihr entgegen, eine Mumie, um Gottes willen, was da noch so herumläuft und gehört doch längst ins Grab. Ein junger Mann überholt Rosie und bleibt stehen, und Rosie macht ein strenges Gesicht. Die jungen Männer hier sind zudringliche Taugenichtse, dazu braucht man keine Eltern, um das zu wissen, wozu überhaupt braucht man Eltern, der Teufel, den sie an die Wand malen, hat schon längst ein ganz anderes Gesicht. Nein, danke, sagt Rosie höflich, ich brauche keine Begleitung, und geht an dem jungen Mann vorbei, wie sie es den Mädchen hier abgeguckt hat, steiles Rückgrat, Wirbel über Wirbel, das Kinn angezogen, die Augen finster niedergeschlagen, und er murmelt nur noch einiges Schmeichelhafte, das in Rosies Ohren grenzenlos albern klingt. Weingärten, Kaskaden von rosa Geranienblüten, Nußbäume, Akazien, Gemüsebeete, weiße Häuser, rosa Häuser, Schweiß in den Handflächen, Schweiß auf dem Gesicht. Endlich ist die Höhe erreicht, die Stadt auch, das Schiff Rosie bekommt

Wind unter die Leinwand und segelt glücklich durch Schattenstraßen, an Obstständen und flachen Blechkästen voll farbiger, glitzernder, rundäugiger Fische hin. Mein Markt, meine Stadt, mein Laden mit Herden von Gummitieren und einem Firmament von Strohhüten, auch mit Ständern voll Ansichtskarten, von denen Rosie, der Form halber, drei schreiendblaue Meeresausblicke wählt. Weiter auf den Platz, keine Ah- und Oh-Gedanken angesichts des Kastells und der Kirchenfassaden, aber interessierte Blicke auf die bescheidenen Auslagen, auch in die Schlafzimmer zu ebener Erde, wo über gußeisernen, vielfach verschnörkelten Ehebettstellen süßliche Madonnenbilder hängen. Auf der Straße ist zu dieser frühen Nachmittagsstunde fast niemand mehr, ein struppiger kleiner Hund von unbestimmbarer Rasse kläfft zu einem Fenster hinauf, wo ein Junge steht und ihm Grimassen schneidet. Rosie findet in ihrer Hosentasche ein halbes Brötchen vom zweiten Frühstück. Fang, Scherenschleifer, sagt sie und hält es dem Hund hin, und der Hund tanzt lustig wie ein dressiertes Äffchen um sie herum. Rosie wirft ihm das Brötchen zu und jagt es ihm gleich wieder ab, das häßliche, auf zwei Beinen hüpfende Geschöpf macht sie lachen, am Ende hockt sie im Rinnstein und krault ihm den schmutzig-weißen Bauch. Ehi, ruft der Junge vom Fenster herunter, und Rosi ruft Ehi zurück, ihre Stimmen hallen, einen Augenblick lang ist es, als seien sie beide die einzigen, die wach sind in der heißen, dösenden Stadt. Daß der Hund ihr, als sie weitergeht, nachläuft, gefällt dem Mädchen, nichts gefragt werden, aber Gesellschaft haben, sprechen können, komm mein Hündchen, jetzt gehen wir zum Tore hinaus. Das Tor ist ein anderes als das, durch welches Rosie in die Stadt gekommen ist, und die Straße führt keinesfalls zum Strand hinunter, sondern bergauf, durchquert einen Steineichenwald und zieht dann, mit vollem Blick auf das Meer, hoch oben den fruchtbaren Hang entlang. Hier hinauf und weiter zum Leuchtturm haben die Eltern einen gemeinsamen Spaziergang geplant; daß sie jetzt hinter der Bergnase in ihrem verdunkelten Zimmer auf den Betten liegen, ist beruhigend, Rosie ist in einem anderen Land, mein Ölwald, mein Orangenbaum, mein Meer, mein Hündchen, bring mir den Stein zurück. Der Hund apportiert und bellt auf dem dunkelblauen, schmelzenden Asphaltband, jetzt läuft er ein Stück stadtwärts, da kommt jemand um die Felsenecke, ein Junge, der Junge, der am Fenster gestanden und Grimassen geschnitten hat, ein stämmiges, braunverbranntes Kind. Dein Hund? fragt Rosie, und der Junge nickt, kommt näher und fängt an, ihr die Gegend zu erklären. Rosie, die von einem Aufenthalt im Tessin her ein wenig Italienisch versteht, ist zuerst erfreut, dann enttäuscht, da sie sich schon hat denken können, daß das Meer das Meer, der Berg der Berg und die Inseln die Inseln sind. Sie geht schneller, aber der vierschrötige Junge bleibt ihr auf den Fersen und redet weiter auf sie ein, alles, auf das er mit seinen kurzen braunen Fingern zeigt, verliert seinen Zauber, was übrigbleibt, ist eine Ansichtskarte wie die von Rosie erstandenen, knallblau und giftgrün. Er soll nach Hause gehen, denkt sie, mitsamt seinem Hund, auch an dem hat sie plötzlich keine Freude mehr. Als sie in einiger Entfernung zur Linken einen Pfad von der Straße abzweigen und zwischen Felsen und Macchia steil bergabführen sieht, bleibt sie stehen, holt aus ihrer Tasche die paar Münzen, die von ihrem Einkauf übriggeblieben sind, bedankt sich und schickt den Jungen zurück, vergißt ihn auch sogleich und genießt das Abenteuer, den Felsenpfad, der sich bald im Dickicht verliert. Die Eltern und Geschwister hat Rosie erst recht vergessen, auch sich selbst als Person, mit Namen und Alter, die Schülerin Rosie Walter, Obersekunda, könnte mehr leisten; nichts mehr davon, eine schweifende Seele, auf trotzige Art verliebt in die Sonne, die Salzluft, das Tun- und Lassenkönnen, ein erwachsener Mensch wie der Schah, der leider nie spazierengeht, sonst könnte man ihm hier begegnen und mit ihm zusammen, ohne dummes Gegacker, nach fern vorüberziehenden Dampfern Ausschau halten. Der Pfad wird zur Treppe, die sich um den Felsen windet, auf eine Stufe setzt sich Rosie, befühlt den rissigen Stein mit allen zehn Fingern, riecht an der Minze, die sie mit den Handflächen zerreibt. Die Sonne glüht, das Meer blitzt und blendet. Pan sitzt auf dem Ginsterhügel, aber Rosies Schulbildung ist lückenhaft, von dem weiß sie nichts. Pan schleicht der Nymphe nach, aber Rosie sieht nur den Jungen, den zwölfjährigen, da ist er weiß Gott schon wieder, sie ärgert sich sehr. Die Felsentreppe herunter kommt er lautlos auf staubgrauen Füßen, jetzt ohne sein Hündchen, gesprungen.

Was willst du, sagt Rosie, geh heim, und will ihren Weg fort-
setzen, der gerade jetzt ein Stück weit ganz ohne Geländer an der
Felswand hinführt, drunten liegt der Abgrund und das Meer. Der
Junge fängt gar nicht wieder an mit seinem Ecco il mare, ecco
l'isola, aber er läßt sich auch nicht nach Hause schicken, er folgt
ihr und gibt jetzt einen seltsamen, fast flehenden Laut von sich, der
etwas Unmenschliches hat und der Rosie erschreckt. Was hat er,
was will er, denkt sie, sie ist nicht von gestern, aber das kann doch
wohl nicht sein, er ist höchstens zwölf Jahre alt, ein Kind. Es kann
doch sein, der Junge hat zuviel gehört von den älteren Freunden,
den großen Brüdern, ein Gespräch ist da im Ort, ein ewiges halb-
lautes Gespräch von den fremden Mädchen, die so liebessüchtig
und willfährig sind und die allein durch die Weingärten und die
Ölfelder schweifen, kein Ehemann, kein Bruder zieht den Revolver,
und das Zauberwort amore amore lockt schon ihre Tränen, ihre
Küsse hervor. Herbstgespräche sind das, Wintergespräche, im kalten, traurigen Café oder am nassen, grauen, überaus einsamen
Strand, Gespräche, bei denen die Glut des Sommers wieder ent-
zündet wird. Warte nur Kleiner, in zwei Jahren, in drei Jahren
kommt auch für dich eine, über den Marktplatz geht sie, du stehst
am Fenster, und sie lächelt dir zu. Dann lauf nur hinterher, Kleiner,
genier dich nicht, pack sie, was sagst du, sie will nicht, aber sie tut
doch nur so, sie will.

Nicht daß der Junge, der Herr des äffigen Hündchens, sich in
diesem Augenblick an solche Ratschläge erinnert hätte, an den
großen Liebes- und Sommergesang des Winters, und die zwei, drei
Jahre sind auch noch keineswegs herum. Er ist noch immer der
Peppino, die Rotznase, dem seine Mutter eins hinter die Ohren
gibt, wenn er aus dem Marmeladeneimer nascht. Er kann nicht wie
die Großen herrisch auftreten, lustig winken und schreien, ah, bella,
jetzt wo er bei dem Mädchen, dem ersten, das ihm zugelächelt und
seinen Hund an sich gelockt hat, sein Glück machen will. Sein
Glück, er weiß nicht, was das ist, ein Gerede und Geraune der
Großen, oder weiß er es doch plötzlich, als Rosie vor ihm zurück-
weicht, seine Hand wegstößt und sich, ganz weiß im Gesicht, an die
Felswand drückt? Er weiß es, und weil er nicht fordern kann, fängt
er an zu bitten und zu betteln, in der den Fremden verständlichen

Sprache, die nur aus Nennformen besteht. Zu mir kommen, bitte, mich umarmen, bitte, küssen bitte, lieben bitte, alles ganz rasch hervorgestoßen mit zitternder Stimme und Lippen, über die der Speichel rinnt. Als Rosie zuerst noch, aber schon ängstlich, lacht und sagt, Unsinn, was fällt dir ein, wie alt bist du denn überhaupt, weicht er zurück, fährt aber gleich sozusagen vor ihren Augen aus seiner Kinderhaut, bekommt zornige Stirnfalten und einen wilden, gierigen Blick. Er soll mich nicht anrühren, er soll mir nichts tun, denkt Rosi und sieht sich, aber vergebens, nach Hilfe um, die Straße liegt hoch oben, hinter den Felsen, auf dem Zickzackpfad ihr zu Füßen ist kein Mensch zu sehen, und drunten am Meer erstickt das Geräusch der Brandung gewiß jeden Schrei. Drunten am Meer, da nehmen die Eltern jetzt ihr zweites Bad, wo nur Rosie bleibt, sie wollte doch nur Ansichtskarten für ihre Schulfreundinnen kaufen. Ach, das Klassenzimmer, so gemütlich dunkel im November, das hast du hübsch gemalt, Rosie, diesen Eichelhäherflügel, der kommt in den Wechselrahmen, wir stellen ihn aus. Rosie Walter und dahinter ein Kreuz, eure liebe Mitschülerin, gestorben am blauen Mittelmeer, man sagt besser nicht, wie. Unsinn, denkt Rosie und versucht noch einmal mit unbeholfenen Worten, dem Jungen gut zuzureden, es hätten aber auch beholfenere in diesem Augenblick nichts mehr vermocht. Der kleine Pan, flehend, stammelnd, glühend, will seine Nymphe haben, er reißt sich das Hemd ab, auch die Hose, er steht plötzlich nackt in der grellheißen Steinmulde vor dem gelben Strauch und schweigt erschrocken, ganz still ist es mit einemmal, und von drunten hört man das geschwätzige, gefühllose Meer.

Rosie starrt den nackten Jungen an und vergißt ihre Angst, so schön erscheint er ihr plötzlich mit seinen braunen Gliedern, seinem Badehosengürtel von weißer Haut, seiner Blütenkrone um das schweißnasse Haar. Nur daß er jetzt aus seinem goldenen Heiligenschein tritt und auf sie zukommt und die langen, weißen Zähne fletscht, da ist er der Wolf aus dem Märchen, ein wildes Tier. Gegen Tiere kann man sich wehren, Rosies eigener schmalbrüstiger Vater hat das einmal getan, aber Rosie war noch zu klein damals, sie hat es vergessen, aber jetzt fällt es ihr wieder ein. Nein, Kind, keinen Stein, Hunden muß man nur ganz fest in die Augen sehen, so, laß ihn herankommen, ganz starr ins Auge, siehst du, er zittert, er drückt sich an den Boden, er läuft fort. Der Junge ist ein streunender Hund, er stinkt, er hat Aas gefressen, vielleicht hat er die Tollwut, ganz still jetzt, Vater, ich kann es auch. Rosie, die zusammengesunken wie ein Häufchen Unglück an der Felswand kauert, richtet sich auf, wächst, wächst aus ihren Kinderschultern und sieht dem Jungen zornig und starr in die Augen, viele Sekunden lang, ohne ein einziges Mal zu blinzeln und ohne ein Glied zu bewegen. Es ist noch immer furchtbar still und riecht nun plötzlich betäubend aus Millionen von unscheinbaren, honigsüßen, kräuterbitteren Macchiastauden, und in der Stille und dem Duft fällt doch der Junge wirklich in sich zusammen, wie eine Puppe, aus der das Sägemehl rinnt. Man begreift es nicht, man denkt nur, entsetzlich muß Rosies Blick gewesen sein, etwas von einer Urkraft muß in ihm gelegen haben, Urkraft der Abwehr, so wie in dem Flehen und Stammeln und in der letzten wilden Geste des Knaben die Urkraft des Begehrens lag. Alles neu, alles erst erwacht an diesem heißen, strahlenden Nachmittag, lauter neue Erfahrungen, Lebensliebe, Begehren und Scham, diese Kinder, Frühlingserwachen, aber ohne Liebe, nur Sehnsucht und Angst. Beschämt zieht sich der Junge unter Rosies Basiliskenblick zurück, Schritt für Schritt, wimmernd wie ein kranker Säugling, und auch Rosie schämt sich, eben der Wirkung dieses Blickes, den etwa vor einem Spiegel später zu wiederholen sie nie den Mut finden wird. Am Ende sitzt der Junge, der sich, seine Kleider in der Hand, rasch umgedreht hat und die Felsenstiege lautlos hinaufgelaufen ist, nur das Hündchen ist plötzlich wieder da und bellt unbekümmert und frech, der Junge sitzt auf dem Mäuerchen, knöpft sich das Hemd zu und murmelt vor sich hin, zornig und tränenblind. Rosie läuft den Zickzackweg hinab und will erleichtert sein, noch einmal davongekommen, nein, diese Väter, was man von den Vätern doch lernen kann, und ist im Grunde doch nichts als traurig, stolpert zwischen Wolfsmilchstauden und weißen Dornenbüschen, tränenblind. Eure Mitschülerin Rosie, ich höre, du warst sogar in Italien, ja danke, es war sehr schön. Schön und entsetzlich war es, und am Ufer angekommen, wäscht sich Rosie das Gesicht und den Hals mit Meerwasser, denkt, erzählen, auf keinen Fall, kein Wort, und schlendert dann, während oben auf der Straße der Junge langsam nach Hause trottet, am Saum der Wellen zum

Badestrand, zu den Eltern hin. Und so viel Zeit ist über all dem vergangen, daß die Sonne bereits schräg über dem Berge steht und daß sowohl Rosie wie der Junge im Gehen lange Schatten werfen, lange, weit voneinander entfernte Schatten, über die Kronen der jungen Pinien am Abhang, über das schon blassere Meer.

Das rote Netz

In memoriam Marie-Louise Hensel

Es war gewiß nicht so, aber es hätte doch so sein können, an jenem warmen, diesigen Julinachmittag am See. Die Sommergäste unterwegs zur Jause, zu dem oder jenem Gasthaus, haben Sie gehört, Kuchen gibt es dort ohne Brotmarken, für jeden ein großes Stück. Denn das waren noch die Jahre der Brotmarken und des Zu-Fuß-Gehens, nur daß die Grenze hier nahe war, im Bodensee verlief die Grenze, und auf dem See fuhren die Fischer und auch manchmal über den See, und dann brachten sie etwas mit oder auch etwas hinüber, eine lebendige Fracht. Einen Menschen, dem das Herz im Hals schlug bei der Kahnpartie und der sich ängstlich duckte, wenn der Scheinwerferstrahl näher glitt, und in der Fischerstube am heimatlichen Ufer lag unter der Milchtasse sein Geld, viel Geld, weil der Fährmann ja auch einiges aufs Spiel setzte, seine Freiheit, vielleicht seinen Kopf. So daß in dieser schönen Landschaft neben dem Geflüster über die Tasse Bohnenkaffee und das Stück markenfreien Kuchen noch ein anderes herlief, ein leiseres, gefährlicheres, vorsichtige Ortsangaben, ja, der da hinten bei der Mühle, ja, der da vorne bei der Landspitze, unter der hohen Silberpappel, der tut's.

Ein warmer, diesiger Sommernachmittag und eine Frau, die spazierengeht, grauer Rock, schwarze Wolljacke, derbe Schuhe. Schwarzes Haar, aber nichts Ausländisches, beileibe nichts Jüdisches, hanseatische Aussprache und ein flaches niederdeutsches Gesicht. Kein biblischer Vorname im Paß, kein gelber Stern auf der Brust. Wenn man so aussieht, braucht man keine Bekanntschaft zu scheuen und muß nicht allein spazierengehen. Renata war denn auch nicht allein, eine Dame aus ihrem Hotel, eine Frau Amtsgerichtsrat Soundso begleitete sie, unter den Apfelbäumen, die gut angesetzt hatten, gingen die beiden Frauen dahin, nicht langsam, nicht schnell. Die Frau Amtsgerichtsrat, die ein stark durchblutetes, fettes Gesicht hatte, bückte sich ab und zu, pflückte aus der Wiese eine Skabiose, eine Margerite, eine Sauerampferblüte, bald hielt sie einen hübschen Strauß in der Hand. Haben Sie Nachricht von Ihrem Sohn, fragte sie, und Renata sagte ja, danke, er ist jetzt im Mittelabschnitt, aber nicht ganz vorne, es geht ihm gut. Es ginge auch dem Kleinen gut, der war noch auf der Schule, in einem Internat in Norddeutschland, weit von hier. Ob er nicht einmal zu Ferien käme, fragte die Frau Amtsgerichtsrat, und Renata antwortete, doch, vielleicht schon am nächsten Sonntag, ein großer Bub sei er bereits, bald größer als sie selbst. Und sie selber sei wohl Witwe, fragte die Dame weiter. Renata sagte ja, aber keine Kriegerwitwe, ihr Mann habe es am Herzen gehabt, vierzig Jahre alt sei er plötzlich umgefallen, schon drei Jahre vor dem Krieg. Dieses Gerede ist idiotisch, dachte Renata, aber es ist besser, nicht allein zu gehen, man fällt nicht so auf. Wenn etwa später jemand die Frau Amtsgerichtsrat nach mir fragen sollte, wird sie sagen, daß wir zusammen spazierengegangen sind, auch ein bißchen gehamstert haben, ein Pfündchen Butter, ein Gläschen Honig, wer täte das nicht? Bald schon, in fünf oder zehn Minuten, wollte Renata das vorschlagen, man könnte in den Bauernhäusern fragen, nicht wahr, für Ihren Jungen, für meinen Jungen, aber natürlich nicht zusammen, zwei bekommen nichts. Wenn man ein bißchen weiter war, um den Hügel herum, da sieht man schon das Haus an der Landspitze, mit der großen Pappel davor. Aber jetzt geht es erst den Hügel entlang, der Weg wird schmaler, wie hoch das Gras schon steht. Im hohen Gras kommt den beiden Frauen eine Familie entgegen, schön im Gänsemarsch, denn wer wagte auch nur einen Schritt auf die Wiese zu treten? Die Bauern gehen mit geschwungener Sense auf das Fremdenpack los. Drei Leute waren es, die da entgegenkamen, an der Frau ging Renata noch vorüber, ohne recht hinzusehen, aber den Mann faßte sie ins Auge, der war so gar kein Spaziergänger, so stubenhockerisch unbeholfen, so abgrundtraurig ließ er den Kopf hängen und zog das weinerliche Kind hinter sich her. Meine Familie, dachte Renata, mein Kind, und das hätte auch leicht sein können, denn was hatte sie in ihrem im Büstenhalter versteckten Briefumschlag, nur einen Namen, Zahlen, ein Datum, aber keine Photographie. Sie blieb stehen und sah den Leuten nach, das Kind war ein Mädchen von etwa sechs Jahren, das drehte sich jetzt auch um und grinste ihr zu mit seinem Gnomengesicht und machte eine Bewegung mit der Hand, als wolle es Renata hinunterziehen unter das hohe Gras und dort mit ihr spielen, geduckt, ein winziges, unheimliches Spiel. Die haben es auch nötig, sagte die Frau Amtsgerichtsrat mütterlich und meinte die Nächte ohne Fliegeralarme, die Butterbrote, die gute Luft. Renata machte ein paar schnellere Schritte, ja, dachte sie, die haben es nötig, letzter gemeinsamer Spaziergang, Abschied fürs Leben, aber fragen darf man nicht, sich auch nicht noch einmal umdrehen, wenn alles gut geht, ist das Kind heute nacht in der Schweiz. Wenn alles gut geht, warum sollte es nicht gut gehen, sie hatte die richtige Adresse, jetzt sah man schon unter der hohen Pappel die glitzernden Wellen des Sees. Ein anderer Hof lag links, hoch über der Straße. Sie versuchen es dort, wenn es Ihnen recht ist, ich da unten im Pappelhaus, was wir bekommen, teilen wir dann. Der Frau Amtsgerichtsrat war es recht, sie war voller Tatkraft, Hamstern ist unangenehm, aber doch ein spannendes Abenteuer, und welche Freude, wenn man nach Hause kommt und bringt ein paar Eier mit, ein Säckchen Mehl. Als Renata, allein nun, den Pfad einschlug, der zum See hinunterführte, sah sie, daß nicht weit von dem Pappelhaus und ebenfalls am Seeufer noch ein anderes Fischer- oder Bauernhaus lag, wie verwunschen hinter Büschen von Holunder und Hecken von wilden Rosen. Da müßte man wohnen, dachte sie, der Nebel kommt übers Wasser, nichts mehr hören, nichts mehr sehen. Während sie weiter auf die Silberpappel zuging, starrte sie immerfort hinüber auf das andere Haus, in seltsamer Erregung, als sei gerade jenes Haus ihr eigentliches Ziel, als solle sich dort ihr Leben erfüllen. Es tat ihr plötzlich leid, daß sie so vorsichtig sein mußte und mit niemandem über sich selbst sprechen durfte, auch nicht mit der Frau Amtsgerichtsrat, die eine gutmütige Person zu sein schien. Ich will, hätte sie ihr gern gesagt, keine Butter, ich will etwas ganz anderes, ich habe an das jüdische Schicksal gebaut. Die Redewendung gefiel ihr, man hatte dabei etwas vor Augen wie ein Haus überm Abgrund, und tief unten braust es, trübes gurgelndes Wasser, das viele Trümmer, Baumstämme und zersplitterte Balken mit sich führt, und auch lebende Menschen, die ihre Arme hilfeflehend ausstrecken. Und man selbst war draußen, am sicheren Ufer und konnte hier und da jemanden herausziehen, weil man unverdächtig war, arisch, Mutter eines Soldaten, dazu reich. Dies etwa hätte Renata sagen wollen und vielleicht auch erzählen, was alles ihr in dieser Beziehung schon zugemutet worden war und was sie klaren Verstandes und trotzigen Sinnes hatte erfüllen können, auch furchtlos, nur gerade heute ein wenig überdrüssig, mit ein wenig Sehnsucht nach Ruhe und Glück. Aber die Frau Amtsgerichtsrat war schon weit drüben am Hang, und zu trauen wäre ihr wahrscheinlich auch nicht gewesen, wem war noch zu trauen? Auch den Leuten im Pappelhaus, das Renata jetzt beinahe erreicht hatte, konnte nicht gleich die Wahrheit gesagt werden, man mußte sich vortasten, nach Lebensmitteln, nach einem Zimmer, das man mieten wolle, fragen. Eine Frau trat gerade aus dem Haus und rief den Hund zurück, der schon seit geraumer Zeit bellte und an seiner Kette riß. Als Renata auf sie zuging und nach einem Zimmer fragte, starrte sie sie sonderbar ängstlich an und sagte, sie habe keines, auch keine Butter, auch keine Milch, und Renata möge um Gottes willen gehen. Dieses ›um Gottes willen‹ hätte Renata stutzig machen müssen, aber sie war nun schon in Fahrt, sah die Boote und Netze und jenseits der mattblauen Fläche das andere Seeufer, friedlich und schön. Sie müsse, sagte sie, durchaus mit dem Mann sprechen, sie habe ihm Grüße zu bestellen und ihm etwas auszurichten, und die Frau, eine große, schwere Person, sah Renata die ganze Zeit bedrückt und traurig an. Dann kommen Sie also, sagte sie endlich und führte Renata in ein Zimmer zu ebener Erde, einer Art von guter Stube mit einem Tisch mit Stühlen darum herum und einem häßlichen Büfett und seltsamen grünen Schatten, als niste der Schwamm in der Wand. Sie ging dann fort, ihren Mann zu suchen, und Renata setzte sich an den Tisch und holte einen Packen Geldscheine aus ihrer Umhängetasche und behielt sie in der Hand. Die Standuhr gab einen häßlichen, krächzenden Ton von sich und schlug dann viermal, und durch die graue Mullgardine konnte Renata sehen, wie eine der Kühe draußen im Apfelgarten den Rücken krumm machte und das Wasser ließ. Nach einer Weile trat der Fischer in die Stube, ein kleiner, weißblonder Mann, mit blöden Fischaugen und einem verschwitzten Gesicht. Was wollen Sie, wer schickt Sie? fragte er unfreundlich, setzte sich auch gar nicht und stützte nur die kleinen weißblauen Fäuste auf den mit einer seidenen Fransendecke behängten Tisch. Renata war plötzlich auf der Hut, es ist ja schließlich egal, von wem ich es erfahren habe, sagte sie, aber ich weiß, daß Sie es tun. Daß ich was tue, fragte der Mann böse, ich tue nichts Unrechtes, Fräulein, da sind Sie falsch unterrichtet, und Renata meinte schon, sie habe wirklich das Haus verwechselt, und zog die Hand mit dem Geld unauffällig auf den Schoß. Ich wollte ein Zimmer mieten, sagte sie, was ist denn dabei, und sah den Fischer lachend an. Sie wollten kein Zimmer mieten, sagte der Mann streng und blinzelte nach der Tür, wo jemand stehen mußte, der ihm Zeichen machte. Gut, sagte Renata mit ihrem schönen, freimütigen Blick, ich wollte kein Zimmer mieten, ich wollte für eine Fahrt bezahlen, und wenn Sie nicht fahren wollen, so können Sie mir vielleicht jemanden sagen, der es tut. Der Mann antwortete nicht, er sah immer noch auf die Tür in Renatas Rücken, sein Gesicht zuckte unwillig, aber dann sagte er plötzlich, komm her, und seine Frau kam lautlos näher und setzte sich und legte ihre starken, fleischigen Arme auf den Tisch.

Sie sind doch, fragte sie, und sah Renata ängstlich an, allein hergekommen? Es hat Sie doch niemand auf dem Wege gesehen?

Doch, sagte Renata, es hat mich jemand gesehen, eine ganze Familie, und ich bin auch nicht allein gekommen, sondern mit einer Dame aus meinem Hotel, die wartet jetzt auf der Straße auf mich, und wir gehen auch zusammen nach Haus.

Da siehst du's, da hast du's, sagte der Mann, und die Frau sah einen Augenblick lang sehr erschrocken aus und machte dann eine Bewegung mit den beiden Händen, so, als ob ihre Hände zwei Waagschalen wären, von denen die eine stieg und die andere sank. Und Renata wußte auch, aber nicht jetzt, sondern erst sehr viel später, daß die Frau in diesem Augenblick wirklich etwas abgewogen oder eine Rechnung aufgemacht hatte, und auf der einen Seite dieser Rechnung standen der Hof, die Boote und das Vieh, standen Leben und Freiheit, und auf der andern Seite stand das

Schicksal einer fremden Frau. Renata sah nur die Hand, die jetzt schwer auf den Tisch fiel und die der Mann packte und drückte, als wolle er seine Frau daran hindern, noch etwas zu sagen. Er beugte sich jetzt auch vor und hing schräg über dem Tisch, und Renata dachte, wo bin ich, so still ist es hier, wie auf dem Grunde des Sees. Sie faßte aber gleich neue Hoffnung, da der Mann ihr nun eine Adresse gab, ein Haus, wo sie hingehen sollte, nicht auf der Straße, sondern auf dem schmalen Seeweg, zwanzig Minuten von hier. Das Haus sei schon vom Garten aus zu sehen, nur, daß man eben die Landzunge umgehen müsse, es sei der Busshof, der Besitzer sei ein Bauer und Fischer, er habe zwei Boote und führe nachts auf den See.

Ein Haus in Holundergebüschen? fragte Renata und lächelte, weil sie nun doch noch dorthin kommen sollte, an ihr eigentliches Ziel.

Ja, sagte der Mann rasch, und nun müsse sie gehen, seine Frau solle ihr noch den Weg zeigen, und vor dem Hund brauche sie sich nicht zu fürchten, der sei an die Kette gelegt. Er schien es mit einem Mal sehr eilig zu haben, Renata loszuwerden, fast drängte er sie mit den Händen zum Haus hinaus und tuschelte nur an der Tür noch mit seiner Frau. Die trottete wie ein Schlachtopfer vor Renata her, sagte nur, jetzt links, jetzt rechts, jetzt geradeaus, und das so leise, daß Renata, ehe sie um die Scheune bogen, noch ein Geräusch hörte, wie die Kurbel eines altmodischen Telefonapparates, und die Stimme des Fischers, die aber jetzt, wie mit Absicht gedämpft, ganz anders klang.

Er meldet mich an, dachte sie, aber ohne jeden Argwohn, nur das Gehaben der Frau war ihr merkwürdig, da diese ihr nur ein Gartenpförtchen aufstieß, auf einen Pfad im Schilf deutete und ohne ein Wort des Abschieds sich umdrehte und verschwand. Renata rief ihr ein Dankeswort nach und ging rasch weiter, es war ihr ärgerlich, daß sie nicht auf die Straße hatte zurückkehren und der Frau Amtsgerichtsrat Bescheid sagen können, auf der Straße schien überdies das Holunderhaus viel schneller erreichbar zu sein. Denn der Schilfweg, so hübsch er war, schlängelte sich nicht nur um diese eine lange, sondern auch noch um mehrere andere kleine Landzungen, immer wieder verschwand das Haus vor Renatas Blicken, und manchmal sah sie nichts anderes als die grauen Wälder von Schilf und den bleichen Spiegel des Wassers, über den die kleinen, schwarzen Bläßhühner eilig nickend liefen. Einen Augenblick lang dachte sie, der Fischer habe sie vielleicht diesen Weg geschickt, um ihr zu folgen, barfuß, lautlos, rasch, und ihr das Geld abzunehmen, sie hätte ihn nicht anzeigen dürfen, sie war in seiner Hand. Sie begann zu laufen, das Herz schlug ihr heftig, fast mit Erleichterung hörte sie jetzt droben auf der Straße ein Motorengeräusch, einen Wagen, der rasend heranfuhr und mit knirschenden Bremsen in der Nähe hielt. Da zeigten sich auch, und nun schon ganz nah, über dem Schilfkranz, die Holunderbüsche wieder. Renata ging langsamer, an das Haus dachte sie nun und erwog mit ihrem klaren, hellen Verstand alle Möglichkeiten eines Kaufs, sah sich auch schon mit ihren jungen Söhnen auf einer unschwer zu errichtenden Altane über dem See sitzen, es sollte dann Schluß sein mit allen Rettungsaktionen, hier wollte sie bleiben und ihren Garten bebauen, bis der Krieg zu Ende war und der Spuk vorbei. Als das Dach und die gelbe Hauswand dann ganz plötzlich vor Renata auftauchten und sie auch einen alten Mann, der an einem aufgehängten roten Netz beschäftigt war, in geringer Entfernung vor sich sah, mußte sie sich erst zur Ordnung rufen, so weit war es noch nicht, das Gnomenkind mußte zuerst noch in Sicherheit gebracht werden, schon sah sie es nächtlich im Boot sitzen, in das rote Fischernetz gewickelt, ein feines Greisenhändchen schaute hervor. Dabei fiel ihr ein Geruch von Benzin auf und warnte sie oder hätte sie doch warnen können, wäre sie nicht so darauf aus gewesen, nun auch noch das Letzte hinter sich zu bringen, anständig, und dann ihren Frieden zu haben. So nahm sie aufs neue die Geldscheine aus der Tasche und ging, sie fest in den Fingern haltend, auf das rote Netz zu, an dem der Mann saß, einen uralten Hut auf dem Kopf und wunderlich still. Guten Abend, sagte sie und murmelte dann ihr Sprüchlein, ganz ohne Vorsicht diesmal, ein jüdisches Kind solle er diese Nacht über den See bringen, und es solle sein Schaden nicht sein.

Eine Antwort bekam sie nicht und konnte sie auch gar nicht bekommen, das Haus war geräumt und die Bewohner waren verhaftet, der Mann im alten Hut war nur eine Vogelscheuche, gegen das rote Netz gelehnt. Aber hinter dem Netz hervor kamen jetzt zwei schwarz Uniformierte und packten Renata bei den Armen, die Geldscheine fielen auf den Boden, die Falle schnappte zu.

In solchen Augenblicken denkt man an das Nebensächliche zuerst. Renata, die von den Männern in den hinter dem Haus versteckten Wagen gezerrt und stadtwärts gefahren wurde, dachte zuerst an die Frau Amtsgerichtsrat, dann an das Kind, dessen Eltern nun auf die erhoffte Nachricht vergeblich warten würden, zuletzt an sich selbst und um welch hohen Preis sie gespielt hatte, um ihr Leben nämlich, nicht weniger, nicht mehr. Denn: Wie konnten Sie nur so etwas machen, sagten ihre schwarzen Begleiter ärgerlich, und nun saßen statt dieser rechts und links von ihr auf dem Rücksitz ihre Söhne und fragten, Mutter, wie konntest du nur, und sie begriff nun auf einmal selbst nicht mehr, was alles, nämlich die Zukunft ihrer Buben, sie aufs Spiel gesetzt hatte für ein fremdes Kind. Habt keine Angst, flüsterte sie lächelnd und fuhr – eine Heldin unserer Zeit – in einer Staubwolke durch das süße, sommerliche Land, das Abendrot war warm, aber der grüne Nordhimmel war eisig kalt, und Renata zog die schwarze Strickjacke fester um sich, zog auch den Gürtel fester, diesen langen, weichen Wollgürtel, aus dem sie sich dann am Abend im Gefängnis die Schlinge knüpfte und in dem, als die Wärterin hereinkam, ihr klares, tapferes Gesicht schon erloschen hing.

Der Strohhalm

Kurz vor zwölf Uhr mittags habe ich den Brief gefunden. Ich habe ihn wirklich gefunden, nicht danach gesucht, ihn nicht beim Anzugbürsten aus der Tasche geholt. Er hat aus einem Buch hervorgeschaut, und das Buch hat nicht auf Felix' Nachttisch gelegen, sondern auf dem Tisch im Wohnzimmer, auf dem immer die Zeitungen liegen und der jedermann zugänglich ist. Ich habe auch nicht den ganzen Brief gelesen, sondern nur die ersten paar Worte: So große Sehnsucht hab' ich nach Dir, geliebtes Herz. Diese Worte habe ich zuerst gar nicht verstanden, ich habe überhaupt nur die Schrift ansehen wollen, eine freie Schrift mit großen, schönen Unterlängen und manchmal Abständen zwischen den Buchstaben, kontaktscheu bedeutet das, habe ich gedacht, und dann habe ich überhaupt erst begriffen, was da stand, und ich habe lachen müssen, obwohl es natürlich gar nichts zu lachen gab. Auf den Gedanken, daß der Brief an den Felix gerichtet sein könnte, bin ich erst nach einigen Augenblicken gekommen. Ich habe danach nicht weitergelesen, nur noch bis zum Ende der Seite, lauter zärtliche Worte, und dann habe ich den Brief zurückgelegt und das Buch wieder zugemacht. Ich bin in die Küche gegangen und habe gedacht, da muß doch etwas gewesen sein, das schreibt man doch nicht so von ungefähr. Ich habe angefangen, die Vorbereitungen für das Mittagessen zu treffen, Schürze vorbinden, Fett in die Pfanne, Zwiebelschneidemaschine, rundes Glashäuschen, das stampft und dreht sich, man braucht die Zwiebeln gar nicht mehr anzufassen, man vergießt keine Tränen mehr. Man vergießt auch sonst keine Tränen mehr. Weinen ist unmodern, wie früher schon das In-Ohnmacht-Fallen, Zeit der Großmütter, da stand aber auch gleich das Stubenmädchen dabei oder eine dicke Köchin zum Auffangen und Korsettschnüre-Lockern und sagen, nehmen Sie es sich nicht so zu Herzen, so sind die Männer, meiner war nicht anders, oder einfach: arme gnädige Frau. Ich bin nicht in Ohnmacht gefallen, ich habe auch nicht geweint, das Fett hat so lustig geprasselt, zum Weinen war ja auch kein Grund. So, habe ich gedacht, jetzt das Fleisch aus dem Eisschrank, Tür auf, Tür zu, ein komisches Geräusch ist dieses Zufallen von Kühlschranktüren, weich und schmatzend und doch fest, ein unsympathisches Geräusch, so endgültig immer, als sei es das letzte Mal. Das letzte Mal Kühlschrank, das letzte Mal zusammen Mittag essen, wie ist's dir ergangen, hat jemand angerufen, alles das letzte Mal. Warum denn eigentlich? Was ist denn geschehen? Nichts ist geschehen, vieles ist geschehen, einen Schlag habe ich bekommen, wie wenn man in einen defekten Kontakt greift, nur daß ich es nicht wahrhaben will. Nein, ich hab' es nicht wahrhaben wollen, ich habe das Fleisch in die Pfanne gelegt zum Anbraten, die Schnitzel, nackter roter Bauch, schön goldbraun jetzt, nackter, roter Rücken, schön braun.

Nein, schlecht darf mir nicht werden, habe ich gedacht und habe die Pfanne weggestellt und mich an den Tisch gesetzt, um die Kartoffeln zu schälen, aber auch um nachzudenken, und als ich die erste Kartoffel geschält habe, bin ich sehr zornig geworden und habe gedacht, ich kann mir so etwas erlauben, aber der Felix nicht. Ich kann mir erlauben, den Männern die Köpfe zu verdrehen, weil ja doch alles gelogen ist, nichts als Dummheiten und Zeitvertreib und nur für den einen Augenblick, daß man die fremden Augen aufleuchten sieht, daß man weiß, man wird geliebt. Aber Männer sind eben anders, bei Männern genügt das nicht . . .

Sechs Kartoffeln habe ich geschält, und dann habe ich Schluß gemacht, weil ich doch keinen Hunger hatte, und nur eine wollte ich essen, weil es ja nicht auffallen sollte und der Felix auf keinen Fall etwas merken durfte, und auf keinen Fall wollte ich über den Brief sprechen, weil ich schon gewußt habe, daß Worte etwas Furchtbares sind und erst, was man mit Worten ausspricht, ist wirklich wahr. Also habe ich die Schürze abgenommen und bin ins Schlafzimmer gegangen, um mich zurechtzumachen und glückliche junge Frau zu spielen, und später würde man weitersehen. Aber gerade, als ich über den Flur gegangen bin, hat es geschellt. Ich habe zuerst gar nicht aufmachen wollen, weil ich plötzlich Angst gehabt habe vor jedem, der da hätte kommen können, vor aller Welt. Aber ich habe dann doch aufgemacht, und es ist nur ein Päckchen von der Drogerie abgegeben worden, das habe ich ausgepackt und die Sachen im Badezimmer versorgt. Das muß sie jetzt alles lernen, habe ich gedacht, was für Seife, was für Zahnpasta, und bei dem Rasierapparat ist ein Trick, wenn man den nicht weiß, funktioniert er nicht. Das Bett machen, das muß sie auch lernen, um Gottes willen gut einschlagen, und die Wärmflasche ganz nach unten, aber vielleicht will er die dann gar nicht mehr. Eine Wärmflasche, wo denkst du hin, Liebling, ich bin doch kein alter Mann. Nein, natürlich, nichts will er so, wie er es hier gehabt hat, keine Lavendelseife, keine harte Zahnbürste, alles anders, alles neu. Noch einmal alles ganz neu.

So habe ich vor mich hingeredet, während ich im Badezimmer auf dem Rand der Wanne gesessen bin, und in den Spiegel hab' ich dabei gesehen. Nicht mehr ganz jung, ein paar Falten, vom Lachen, vom Nachdenken, vom Leben einfach, von der Zeit, die vergeht. Falten sind wie Wege auf einer Landkarte, lauter gemeinsame Wege mit ihm. Ich habe aber nicht daran gedacht, ob die Frau, die ihm den Brief geschrieben hat, jünger sein könnte als ich, und überhaupt habe ich mir gar nicht überlegt, wer es sein könnte, das war mir egal. Ich habe mir das Gesicht gewaschen und bin dann wirklich ins Schlafzimmer gegangen, und dabei habe ich gedacht, die Wohnung muß er mir lassen, das wäre ja noch schöner, schließlich kann er sie ja nicht in mein Bett legen, und überhaupt, wer fort will, zieht aus. Wenn ich die Wohnung behalte, kann ich vermieten, das Vorderzimmer zum Beispiel, da kann man in die Ecke die Couch als Bett stellen, eine hübsche Decke ist auch noch da. Den Schrank aus dem Vorplatz, Fächer für die Wäsche muß man hineinmachen lassen und Kleiderbügel kaufen. Die Lampe mit dem grünen Schirm, nein, die paßt nicht, ich muß den Schirm anders überziehen. Schrankpapier muß ich auch kaufen, das hübsche rosane mit den Wellenlinien oder das mit dem Schiffchen, das wollte ich schon lange.

Über diese Gedanken hab' ich mich dann selbst lustig gemacht, was einem so alles in den Sinn kommt, nicht wahr, und vielleicht ist der Brief ganz alt und vielleicht ist alles schon längst vorbei. Vielleicht ist es noch nicht vorbei, aber es kann vorbeigehen. Und dann sind mir die Ratschläge eingefallen, die für solche Lebenslagen immer in den Briefkästen der Frauenzeitschriften stehen, die Ratschläge von einer, die sich Tante Anna oder Tante Emilie nennt. Nämlich, daß man den Tisch ganz besonders hübsch decken soll und sein neuestes Kleid anziehen und die Löckchen zurechtzupfen, und möchtest du nicht ein Glas Wein, Liebster, mir ist heute so nach Feiern zumute.

Indessen hat das Telefon geläutet, aber nur einmal, wie es manchmal vorkommt, wenn einer merkt, daß er die falsche Nummer gewählt hat und den Hörer ganz rasch wieder niederlegt. Es ist mir aber dabei eingefallen, daß es leicht möglich war, daß der Felix vom Büro anruft, und warum habe ich denn plötzlich Tränen in den Augen, aber das macht nichts, er sieht mich ja nicht. Er hört nur meine Stimme, und meine Stimme ist ganz sanft und fröhlich. Was sagt du? Du kommst nicht zum Essen? Ob das etwas macht? Aber natürlich nicht. Gar nichts macht das. Ich bin sogar froh. Ich hab' noch zu bügeln, und ich wollte auch später gern zum Friseur. Nein, ich habe gar nichts Besonderes vorbereitet. Ich habe noch nicht einmal angefangen zu kochen. Geht es dir gut, Liebster? Mir? Wunderbar. Es ist ja so ein schöner Tag. Auf heute abend, ja . . .

Ja, so wollte ich es machen, ganz leicht, ganz frei. Und so wollte ich auch mit ihm reden, wenn er kam.

Eigentlich hätte er ja jetzt schon dasein müssen. Es war halb zwei Uhr vorbei, und er kam immer eher pünktlich nach Hause. Er hatte auch immer großen Appetit mittags, und er wußte, daß es an dem Tag Schnitzel gab, die er sehr gern aß. Aber vielleicht wußte er das auch gar nicht mehr. Vielleicht kam er so spät, weil er noch mit ihr zusammen in einer Bar saß und etwas trank, und gerade jetzt vielleicht schaute er auf die Uhr und sagte, es ist halb zwei vorbei, sie wartet, ich muß nach Hause.

Sie wartet, habe ich gedacht. Sie, das bin ich. Man darf mich nicht warten lassen. Man hat Angst vor mir. Aber das ist nicht das Wichtige. Das Wichtige ist die dritte Person. Ich bin die dritte Person. Die dritte Person, die böse Person, der Störenfried, »sie«. Ich bin die gelbe Blume mit dem einen sonderbaren Blütenblatt und der langen roten Zunge, und jetzt soll er mir noch einmal auf den Leim gehen, kleine Vorspeise, Thunfisch mit Erbsen, jawohl Tante Emilie, vielen Dank für den guten Rat. Er wird ihn nicht hindern, plötzlich das Messer und die Gabel hinzulegen und zu sagen: Entschuldige, aber ich liebe dich nicht mehr, entschuldige, aber, bitte, gib mich frei.

Natürlich wollte ich ihn freigeben. Bitte, geh nur, viel Glück auf den Weg. Ich brauche dich nicht zum Leben, kein Mensch braucht einen andern zum Leben, ich brauche auch die Wohnung nicht, und ich will auch kein Geld von dir. Ich kann in meinem alten Büro arbeiten, ich hätte das schon längst tun können, aber du hast es nicht gewollt. So ein Büro ist etwas Nettes, guten Morgen, Herr Schneider, viel Post heute? Guten Morgen, Fräulein Lili, ist es besser mit dem Zahnweh? Herrgott, können die nicht anständig heizen hier! Was ich sagen wollte, die Geburtstagsfeier für den Chef . . .

Das ist mir durch den Sinn gegangen, während ich am Fenster gestanden und hinausgeschaut habe, aber durch die Gardinen, damit der Felix mich nicht da stehen sah. So ein schöner Februartag war das, blitzend und funkelnd, und jedes Jahr vergißt man wieder, wie stark das Licht im Februar schon sein kann, und jetzt rollen sie die Feuerräder von den Bergen und werfen die häßlichen Strohpuppen in den Brunnen, wir haben das einmal zusammen gesehen, der Felix und ich. Wir haben schon vieles zusammen erlebt, was herrlich war, und jetzt will er sich wahrscheinlich daran gar nicht mehr erinnern, jetzt soll alles nicht mehr gelten und grau und tot sein, und das ist das Schlimmste von allem, daß es die Zukunft nicht mehr geben soll, aber die Vergangenheit auch nicht, die wird gleich mit in den Brunnen geworfen, die häßliche, gelbe Strohpuppe, jetzt kommt der Frühling, jetzt wird alles ganz neu.

Indessen habe ich zweimal einen Schritt zurücktreten müssen, weil Bekannte vorbeigekommen sind, der Studienrat Wehrle von nebenan und die Frau Seidenspinner von Nummer fünf. Ich habe mir vorgestellt, wie sie dann reden würden: Haben Sie schon gehört, die arme Frau, und schlecht ist mir geworden, weil ich Mitleid nicht vertragen kann. Mitleid ist wie warme Brühe mit Fettaugen und eine furchtbare Anmaßung, wer ist schon die Frau Seidenspinner, daß sie sich Mitleid mit mir erlauben darf. In Todesfällen meinetwegen, da ist der liebe Gott persönlich am Werke, da gibt es kein Versagen, da ist er heimgegangen, liebe Worte auf den Lippen, du warst mir alles, und alles war schön. Da heißt es dann nachher nicht, sie hat sich in der letzten Zeit ziemlich gehenlassen, und eigentlich verdenken kann man es ihm nicht.

Ach, dummes Zeug, habe ich gedacht, was gehen mich die Nachbarn an. Ich würde auch nicht zu ihnen hinrennen und mich beklagen wie die Herta damals und sagen, nach so vielen Ehejahren, und immer bin ich ihm eine gute Frau gewesen, können Sie das verstehen? Denn natürlich bin ich dem Felix keine gute Frau gewesen, sonst würde er nicht fortwollen und sich nicht zärtliche Briefe schreiben lassen und vielleicht selber zärtliche Briefe schreiben und Angst haben vor dem Heimkommen, und wie sag ich's ihr nur.

Währenddem hab ich immer noch zum Fenster hinausgesehen, und auf einmal ist ein Mann um die Ecke gekommen, der hat seine Gestalt gehabt und auch seinen Gang und einen dunkelblauen Wintermantel, und mein Herz hat einen Sprung gemacht, wie wenn ein Flugzeug plötzlich absackt, und ich habe versucht, ein harmloses Gesicht zu machen und schon gemerkt, ich kann das nicht. Der Mann ist näher gekommen und war gar nicht der Felix, sondern ein Fremder, und ich habe gedacht, was soll die Komödie, und ich könnte eigentlich auch gleich fortgehen, noch bevor er kommt. Ich könnte in die Stadt gehen und mich in ein Caféhaus setzen, in das traurige, staubige bei der Börse, da sind so viele Spiegel, da sitze ich hundertmal, hundertmal dieselbe verlassene Frau. Ich könnte dort in den Zeitschriften blättern und rauchen und in die Luft schauen, ein paar Stunden bringt man damit herum. Nach ein paar Stunden könnte ich in ein Kino gehen, eine Vorstellung und noch eine Vorstellung, und dann ist es schon Nacht. Da ist es schon Nacht, und Felix muß die Polizei anrufen, sehr peinlich wird ihm das sein. Ihre Frau, sagen Sie, ist abgängig? Wie bitte? Was sie angehabt hat? Ja, das weiß ich nicht.

Es war jetzt gleich zwei Uhr, und ich habe nicht mehr stehen können. Ich habe mich auf einen Stuhl gesetzt und das Radio angedreht, und wie immer, wenn man etwas Erbauliches oder etwas Erholsames hören will, sind die Wasserstände gekommen, alle Flüsse des Landes, zum Aussuchen, und die Weser hat am meisten Wasser gehabt, aber die Weser ist sehr weit weg. Und dann hat wieder das Telefon geläutet, aber diesmal nicht nur ein einziges Mal. Ich habe gewußt, diesmal ist es wirklich der Felix, und er war es auch. Ich habe mich noch genau erinnert, was ich ihm sagen wollte, so wie ich es vorher geprobt hatte, leise Stimme, sanfte Stimme, aber gerade in diesem Augenblick war mir so übel zumute wegen dem traurigen Caféhaus und den Flüssen und der Polizei, und es ist ganz anders herausgekommen und zwar so:

Ach, so, du bist es. (Falsch, falsch!)

Was sagst du, du kommst nicht zu Tisch? (Ich treff' den Ton nicht!)

Doch, ich verstehe schon, es ist ja auch so schönes Wetter.

Davon hast du nichts? Nein, natürlich nicht.

Ich bin komisch? Wieso bin ich komisch?

Nein, es ist nichts geschehen. Wenigstens nichts, was dich interessieren könnte.

Warum nicht? Ich glaube, das weißt du besser als ich. Und so weiter. Immer in diesem grauenhaften, beleidigten Ton, den ich nicht gewollt habe, aber so hat sie aus mir heraus geredet, die

Strohpuppe, so gedrückt und gequetscht, so widerlich, und schließlich habe ich überhaupt nur noch geredet, damit er den Hörer hinwirft, damit Schluß ist, Schluß mit dem allen. Und weil er den Hörer nicht hingeworfen hat, bin ich einfach still gewesen, ganz still, die Muschel ans Ohr gepreßt. Bist du noch da? hat er gefragt, ganz lieb, ganz ratlos und hat dann schließlich eingehängt, und ich habe auch eingehängt und habe dagestanden und mich gehaßt, und ihn habe ich auch gehaßt, weil er schuld war, daß ich mich so benommen habe, dritte Person, böse Person, Strohpuppe in den Brunnen geworfen, adieu. Und danach habe ich gedacht, jetzt könnte ich auch ebensogut den Brief zu Ende lesen, jetzt war ich ja so, wie sie es sich vorstellten und wahrscheinlich bin ich immer so gewesen, solange ich lebe, die ganze Zeit.

Ich bin also ins Wohnzimmer gegangen und habe den Brief aus dem Buch gerissen und mir eine Zigarette angesteckt, längst hätte ich das tun sollen, und warum denke ich immer in zwei Stockwerken, und oben heißt es, es gibt keine glücklichen Ehen, und unten heißt es, ach komm doch zurück. Ich fange also an, den Brief noch einmal zu lesen, ganz schnell die erste Seite, die kenne ich schon, auf der zweiten steht nur ganz wenig und auf der dritten und vierten gar nichts mehr. Auf der zweiten Seite steht, sind es nur noch fünf Tage, eigentlich viereinhalb. Vergiß nur nicht bei dem Wäschegeschäft vorbeizugehen, die Sachen müssen längst fertig sein. Leb wohl, liebster Franz, ich umarme Dich, gib acht auf Dich, Maria.

Leb wohl, liebster Franz, gib acht auf Dich, leb wohl liebster Franz, gib acht auf Dich, zehnmal hab ich das wiederholt und bin dann in ein törichtes Gelächter ausgebrochen, weil der Brief überhaupt nicht an den Felix gerichtet war, sondern an einen Herrn namens Franz Kopf, der Name hat auch in dem Buch gestanden, und das Buch war eine Betriebswirtschaftslehre, und außer daß er sich dieses Buch von einem unordentlichen Herrn ausgeliehen hat, hat der Felix mit der ganzen Sache überhaupt nichts zu tun. Das hab' ich mir gesagt, aber es ist mir furchtbar schwer eingegangen, und eigentlich hätte ich jetzt doch herumspringen und lachen und singen müssen, aber keineswegs. Ich habe dagesessen und gestiert, und es ist mir gewesen, als sei ich in einen tiefen Brunnen gefallen und sei nun im Begriff, wieder herauszuklettern, aber komisch, ich komme nicht ganz bis obenhin, und es wird nicht wieder ganz hell.

Den ganzen Nachmittag habe ich versucht, aus dem finsteren Brunnen zu steigen, und am Abend war ich endlich so weit und guter Dinge, und als der Felix gekommen ist, habe ich gelacht und gesagt, entschuldige, ich war so grantig am Telefon, ich habe scheußliches Kopfweh gehabt, aber Gott sei Dank, das ist jetzt vorbei. Es muß wohl vorbei sein, hat der Felix gesagt, du siehst ganz rosig aus. Aber dann hat er plötzlich gefragt, was hast du denn da, und hat seine Hand ausgestreckt und hat mir etwas aus den Haaren gezogen, einen langen, bleichen Strohhalm – und bitte: wo kam der her?

Am Circeo

Freitag

Hier, unter dem Feigenbaum könnte man wieder anfangen zu leben, was bei dem einen dies und bei dem andern das bedeutet und bei mir Lieben und Schreiben, wobei natürlich nicht eigentlich das Schreiben gemeint ist, das eine Qual ist, sondern das rechte Hinschauen, Hinhorchen, das auf ein Wiedergeben zielt. Hier unter dem Feigenbaum, eines Tages, wenn wir gefrühstückt haben, nachtschwarzen Espresso und winzige Eier zum butterlosen Brot. Wenn Felice sein Dreirad hinter der Hecke zum Stehen gebracht und gerufen hat, oggi tutto apposto, was eine vornehme Art des Anbietens ist, denn natürlich hofft er, daß wir, seine Frage leidenschaftlich verneinend, hinausstürzen und Körbe voll Tomaten und Bohnen und grünen harten Pfirsichen erstehen. Wenn das Dreckauto vorbeifährt und fürchterlichen Staub aufwirbelt, und immer hat man vergessen, den Eimer hinauszustellen, und muß dem Wagen nachlaufen in der Staubwolke, und schon haben die Männer gehalten und kommen gutmütig lachend zu Fuß zurück. Morgens, wenn der unwiderstehliche Mauro um die Ecke biegt und seine Vespa beim Pozzo in den Schatten stellt, und manchmal grüßt er freundlich und manchmal überhaupt nicht, und auf seinem Gesicht kann man ablesen, was sich am Abend zuvor auf der Tanzfläche ereignet hat, ob Costanza freundlich mit ihm war

oder ihn übersehen hat, oder ob sie gar mit dem Ingenieur fortgefahren ist, in das schöne, geisterhafte Hotel am Berghang oder auf
den Jupitertempel im Mondschein, und er weiß schon, was dort
geschieht. Und gestern sind Costanza und Annamaria tatsächlich
in der Nacht dort oben gewesen, aber im entscheidenden Augenblick hat Costanza ihr unnachahmliches Register gezogen, weinerliche Stimme und wieso bella luna, es seien ja keine Sterne zu
sehen und Fischerboote auch nicht, und sie fröre, es sei kalt. Und
dann sind sie heimgefahren, und zweimal hat eine schwarze Katze
am Weg gesessen, und jedesmal haben die Ingenieure, diese erwachsenen Männer, gehalten und den Rückwärtsgang eingeschaltet und
sind zurückgefahren bis zur nächsten Kreuzung und dann weiter
auf schlechten, abenteuerlichen Wegen, alles, nur nicht an der
Katze vorbei. Davon erzählen die Mädchen, in der Hängematte
und im Liegestuhl liegend, und während sie sich räkeln und den
Tag nicht beginnen wollen mit Flötenüben und Vokabelabschrei-
ben, sind ihre Stimmen wie Brandungswellen, die kommen und
gehen und wollen mich fortziehen, ins Leben hinein. Und meine
Nacht war lang und wach, ein ewiges Verändern der Lage auf dem
knisternden Strohsack, ein Weg in Gedanken am Strand entlang,
am Saum der Wellen, wo der Sand naß und hart ist, an den Schilf-
wänden hin, am Eingang der Höhlen vorbei und immer ausge-
schaut nach einem Körper, nach deinem langen, schmalen Jüng-
lingskörper, den sollte das Meer ans Land spülen, der Tod ans
Land spülen, denn das Meer ist auch der Tod. Den wollte ich umarmen und erwecken oder auch nicht erwecken, nur umarmen,
weil das das Schlimmste ist, der Zerfall in der Erde, das Beinwer-
den, und was hat man zu schaffen mit Gebein. Hast du schlecht
geschlafen, fragt Annamaria, und Costanza sagt, der Mond ist
schuld, der Mond am Meer ist gefährlich, und dann springt sie auf
und schilt mit der schmutzig-weißen Henne, die wir Candida
nennen und die jeden Morgen an uns vorbei ins Eßzimmer spa-
ziert und dort etwas Feuchtes, Schwarzes hinterläßt. Und Annamaria seufzt und räumt das Geschirr zusammen, und Costanza
begibt sich ins Schlafzimmer, von wo bald die ersten Flötentöne
herdringen, eintönig, gepreßt und unangenehm, nur zur Übung
bestimmt.

Samstag

Mit den Augen beginnt es, die nichts mehr gesehen haben, keine Farben, keine Formen, nur graues, ungestaltetes Zeug, und die auch nichts anderes sehen wollten, da deine Augen gebrochen und zerfallen sind, und jedes Schauen und Wahrnehmen ist ein Stück Weiterleben, und jedes Weiterleben ist ein Verrat. Denn man erinnere mich doch nicht an das Märchen vom Tränenkrug, an dieses tote Kind, das vorgibt zu leiden, wenn seine Mutter mit ihren Tränen den Krug zum Überfließen bringt; das Märchen ist nichts anderes als eine Erfindung von lebensgierigen Hinterbliebenen, von Leuten, die das Weinen satt haben und die sich nicht vorstellen wollen, wie einsam die Toten sind, wie entsetzlich allein. Wer sich aber das vorstellt, auf dessen Netzhaut wächst ein schwarzes Moos, das verschluckt alles, und die Ohren sind ihm verstopft, daß er sie nicht hört, die Sirenenklänge des Lebens, die keine holde Musik zu sein brauchen, sondern vielleicht nur der Schrei eines Esels im verdorrten Artischockenfeld oder das Bellen der Hunde in der Nacht. Trotzdem fängt es eines Tages an, die Augen sehen wieder, hier in San Felice etwa, das Bild der Circe, ein Haupt aus Felsgestein, das liegend, zurückgeworfen, in die erbarmungslose Sonne schaut. Ein großes Profil vor dem südlichen Himmel, Circe, zu Stein erstarrt wie Niobe, wie alle wirklich Trostlosen, Circe, die mit all ihren Zauberkünsten den Odysseus nicht halten und nichts ausrichten konnte gegen sein Heimweh nach Ithaka, nach dem Tod. Es war das Haupt der Circe, das mir heute ins Auge fiel, nackt, schrecklich und schön über den Korkeichenwäldern von Torre Paola, und da machte es nichts aus, daß am Abend die Herren aus Rom kamen, die spaßhaften Freunde, und kurzerhand die Sage ans Schwarze Meer versetzten, Circe, Odysseus, die verwandelten Gefährten, alles an den Hellespont. Meine Augen standen doch plötzlich offen, kein schwarzes Moos mehr auf der Netzhaut, kein Gedanke mehr an Verrat und nur so viel Tränen, um die zarten Farben des abenteuerlichen Meeres mit einem Glanz von Perlmutter zu überziehen.

Sonntag

Ohne Zweifel befinde ich mich willentlich oder unwillentlich auf dem Weg zurück (zurück, woher? Aus dem Starrsein, dem Stumpfsein, dem Steinsein), auf einem Weg, der dem unterirdischen Gang zwischen dem Averner See und Cumae gleicht, in dessen Finsternis durch ungestalte Löcher in der gewölbten Decke zuweilen Licht fällt, Licht, das auch bedeutet Ausblick, Aufblick zu Lorbeer und Zistrosen und fruchttragenden Orangenzweigen, ein rechter Lebens- und Paradiesesblick für den Nordländer, der auf der Straße zwischen Unterweltsee und Sibyllengrotte ohnehin nur allzusehr zu Hause ist. Weg zurück in die Wirklichkeit, nur daß es in Wirklichkeit dort, wo wir wohnen, weder Lorbeer noch Zistrosen, noch fruchttragende Orangenbäume gibt. Denn wir wohnen in der Ebene, aus welcher der Berg so unvermittelt herausspringt wie die Faust des lebendig Begrabenen, den unser Nachbar eines Nachts (bei Vollmond natürlich) entdeckte und von der ich noch erzählen werde. Eine Faust, eine Hand, ein Fächer und am Berghang, dem Meere zu, die Flora der südlichen Inseln, die natürliche der Macchia und der Ölwälder und die künstliche der Rosen und Geranien und schreienden Bougainvillea und in den Schluchten Steineichen und im Schatten der Felswände Orangenbäume und Wein. Aber, wie gesagt, außerhalb der Faust, des Fächers, nichts davon, nichts von Klingsors Zaubergarten, plattes Land, staubweiße Wege, salz- und staubüberkrustete Krautgärten, Artischocken und Kornfelder. Die Gerste wird gerade geerntet, nicht mit dem Mähdrescher, nicht einmal mit der Sense, sondern mit der Sichel, dem mondrunden Stielmesser, wie eh und je. Sicheln, Sichelmänner, die aus ihrer gebückten Stellung plötzlich auftauchen, glühende Augen in schwarzverbrannten, schweißnassen Gesichtern und die Mädchen nach der Zeit fragen und ihnen nachlaufen, und Costanza und Annamaria machen erschreckte Sprünge und rufen nur über die Schulter, aber viele Male, l'una e mezza zurück. Schilf und Rohr und als Baum der Eukalyptus, kühl und schlank mit seinen silbernen, schmalhängenden, leicht gewellten Blättern, die auch auf der Erde um den Stamm herum liegen, fleischfarben, und fliederfarben, eine anmutige Verwesung ohne Pathos, ohne Verkrümmung und feurigen Zorn. So sieht es hier bei uns aus rund ums Häuschen und weithin, und der freie Strand nach Terracina zu ist eine schmutzige Wüste, von Unrat besät. Ein paar Knaben spielen dort wohl gegen Abend zwischen Wasser und Schilfwand Fußball, und ein Pferdchen zieht einen Karren voll Stangen am Rand der Uferwelle hin. Die schwarzen, trägen Kanäle landher bringen in die salzige Frische einen Geruch von Niederung, von Schwermut und Herbst. Was soll ich dir noch erzählen, schweigendes Herz, und willst du es erfahren, willst du noch wissen überhaupt?

Montag

Augen, neue Augen für Costanza, für ihre ruhigen, sicheren Bewegungen, für die unaussprechliche Reinheit und Lauterkeit ihres Blicks. Wie von einer langen Reise zurückgekehrt finde ich sie mit einem Mal mündig geworden, meine Verfinsterung war ihr ein wohltätiger Schatten, meine Trägheit ein ritardando, in dem einmal unsere Schritte das gleiche Maß halten, statt daß ich vorauslaufe und sie nachzerre, wie früher als kleines Kind. Die Angst, diese ewige, brennende Elternangst, etwas zu versäumen, etwas Wichtiges ungesagt zu lassen, hat sich verringert. Indem ich weiß, daß ich nur sie noch habe, weiß ich auch schon, daß ich sie nicht mehr habe, nichts von ihr verlangen darf, nicht einmal ein Verständnis für meine Krüppelhaftigkeit, meinen Haß auf mich selbst. Ich muß verbergen, daß ich dir, einem Toten, angehöre und damit dem Tod. Sie darf nichts mehr zu hören bekommen von unserer Liebe, von dieser einzigartigen Verbindung zweier Menschen, die ihr schließlich als etwas Grauenhaftes und Unmenschliches erscheinen muß. Denn es hat sich das Rad ja schon einmal gedreht, Herbst, Winter, Frühling, Sommer, und das ist viel, und gerade eine Tochter muß sich ja befreien. Jede Generation hat ihre eigene Art zu leben und zu lieben oder nicht zu lieben oder zu warten, und einmal muß es der Mutter doch erschütternd zum Bewußtsein kommen, daß das auch etwas ist, dieses unbeirrbar langsame Ins-Leben-Treten, dieses Zu-Hause-Sein in der unmenschlichsten der Künste, der Musik. Eines Tages muß sie auf die Flötenpassagen horchen, erkennen, wie fremd jedes Kind ist und wie vertraut doch auch wieder in seinen Ängsten und Bedrohungen, seiner Lebensliebe und Todessehnsucht, und was bei Costanza alles mitspielt, Donauwellen-Dämonie und deine Wege, in zerlumpter Uniform in Polen geritten, und meine Wege über die Weinberge und durch die Buchenwälder des Breisgaus und der letzte Schnaewelin, der Zwerg.

Dienstag
Der Mond, von dem in San Felice so viel die Rede ist, der Schlaf-störer und Liebeswecker, steigt über dem Meere auf, eine runde Öffnung in der wandernden Himmelsdecke, ein Loch, hinter dem ein mildes Feuer brennt. Erst später wird er groß, silbern, wirft sein Licht übers Wasser und verschwindet auch schon über dem Berg, so daß man ihn nun im Rücken hat und nur die Fischer draußen die breite zitternde Lichtbahn auf den Wellen sehen.

Auf einem Stuhl bei Cartuzza sitzend, die Füße auf das Terras-sengeländer gestützt, betrachte ich ihn schläfrig, unfähig, für wahr zu halten, daß er demnächst angesteuert wird, die kühle Selene eingespannt für kriegerische Unternehmungen unseres eigenen Sterns. Auf dem Fernsehapparat in der kleinen Eingangshalle des Hotels ist auch von ihm die Rede oder die Schau, da sitzen die übernächtigten Kinder, winzig in großen Stühlen, und starren auf die Leinwand, und auf der Leinwand sind auch Kinder, jedesmal ein paar mit ihrer Mutter, die Kinder nämlich der Männer, die demnächst in Hülsen gesteckt und zum Mond hinaufgeschossen werden. Ei, ei, sagt der Fernsehonkel, und freut ihr euch denn nicht, daß gerade euer Papi? Und die Kinder, die zwanglos Spiel-sachen in den Händen halten, sagen, daß sie es gar nicht abwarten können, und freuen sich sehr. Auch die hübsch frisierten Mütter freuen sich, jede hofft, daß ihr Mann als erster drankommen wird, Achtung, Achtung, meine Damen und Herren, und auf der ganzen Welt hält man dann den Atem an. Heldenfrauen, Heldenkinder, und draußen wieder die kühle Selene, nun schon ein Stück höher, Büsche und Täler füllend, auch die Büsche und Täler des Schwarz-waldes, und während ich da sitze und sie anstarre, hebt sich ihr entgegen die Scheibe der Tanzfläche, rund und silbern, auch sie habt sich mit all den tanzenden Paaren über den weißblühenden Oleander, über die Kronen der Mimosen und Pfefferbäume und das Strohdach der Barhütte, und den entrückten Tänzern nach klingt die traurige Melodie, diese Aufforderung an einen jungen Mörder, das Haupt zu senken und zu weinen, hang down your head and cry, und schweigt, und das Licht erlischt. Wind erhebt sich, die Eisenstangen klirren, und über die Terrasse weht Sand.

Mittwoch

Ohren, neue Ohren für die Geschichten, die hier umgehen, zum Beispiel die von dem lebendig begrabenen Toten, die ich mir heute vom Friseur in aller Ausführlichkeit erzählen ließ. Der Friseur weiß alles, der Held, eben jener die Faust herausstreckende Tote, war sein Vetter, und natürlich hat er auch die andern Personen der Handlung gekannt, die schöne bleiche Nanna, die die Geliebte des Vetters wurde und bei ihm wohnte und auf seiner Terrasse in Konservendosen Blumen zog, lauter feuerrote Blumen, Fuchsien und Geranien und Salvien, und die eine Kette aus dicken schwarzen Holzperlen trug. Ehi, Nanna, rief der Vetter, der als Maurer arbeitete, beim Heimkommen am Abend schon von weitem und ließ sein Motorrad knattern, und dann steckte Nanna ihr weißes Gesicht zwischen den Blumen hervor, während über die Treppe und durch die Hintertür der junge Gianni verschwand. Der Vetter merkte nichts; ist aber einer, der nichts merkt, nicht noch schlimmer als einer, der sich umschaut und losschlägt, ist er nicht ganz und gar widerlich in seiner Besitzerfreude und Sicherheit, schreit er nicht geradezu nach Blut und Unglück, und zieht er sich nicht selbst das Messer in den Bauch? Der junge Gianni verbringt die späten Nachmittage bei Nanna, am Abend ist er ausgestoßen und geht fleißig ins Kino, beobachtet die Messerstechereien, die Würgegriffe und die Schüsse aus der Hosentasche, alles, womit man einen Mann, der sowieso nicht viel redet, still machen kann. Daß er seinen Nebenbuhler im Grunde und vielleicht viel mehr als das Mädchen liebte, ist eine Beobachtung des Friseurs, die diesem so sehr zu denken gab, daß er, während er sie mir mitteilte, die Hände von meinen Haaren ließ und sich eine Zigarette anzündete und den Rauch gegen den trüben Spiegel blies. Deswegen hat er wohl auch nicht richtig zugestoßen, frage ich und denke meinerseits nach über diese südländische Männerliebe, Frauenliebe, Weltumarmung, und der Friseur wirft die Zigarette ins Waschbecken und erzählt Tatsachen: wie Gianni und Nanna seinen toten Vetter auf dessen Motorrad gesetzt und seine Arme um Giannis Leib gelegt und ihn da festgebunden haben und Nanna noch dahinter mit der Schaufel über den Knien. Denn nun sollte der Tote versteckt werden, begraben auch, aber doch vor allem versteckt, und ins Meer werfen nützt nichts, das Meer behält keinen, es wäscht das Blut ab, schließt aber die Wunden nicht. Also haben sie ihn vergraben, rasch, stümperhaft, unter der regennassen Scholle, weit weg von den Rebhängen des Dorfes, eben dort unten in der Ebene, wo die Sommerhäuschen für die Fremden stehen. Vergraben, aber nicht tief, so, als sei ihnen danach alles gleichgültig geworden, so, als hätte er nun auch herauskommen können, aber daß er selbst danach trachten würde herauszukommen, kam ihnen gewiß nicht in den Sinn. Jetzt die Haube, sage ich, als der Friseur soweit ist mit seiner Erzählung, und greife schon selbst nach der summenden Muschel, sie mir über den Kopf zu stülpen, weil mir die Geschichte jetzt auf den Leib rückt, in den Nachbargarten, lauter schwarze Fäuste wachsen da schon aus den römischen Kamillen, und es ist dem Vetter ja nicht zu helfen gewesen, keinem ist zu helfen, auch dir nicht, auch mir nicht, wie das Schicksal es will.

Donnerstag
Schreiben, beschreiben, ein Stück Welt erschaffen und die Frage, warum ich überhaupt wieder anfange, es zu tun. Weil ich nicht leben kann im Dunkeln, Gestaltlosen, oder weil ich dir in Erinnerung rufen will, was dir hier vor allem teuer war, die Landschaften, die du liebtest als Schauplätze der menschlichen Sehnsucht und Unruhe, aber auch als Schöpfung, als Stein und Wand und Kraut. Wer die Überschau hat, mag doch nicht ohne Heimweh sein nach dem Nahen und Kleinen, so wie den Luftreisenden, unter dessen Füßen das rätselhafte Mosaik der Erdoberfläche fortgezogen wird, eine Sehnsucht befällt nach dem fauligen Geruch der Häfen, wie seine Hand regennassen Boden zerkrümeln, seine Stirne ausruhen möchte im stacheligen Gras. Da ich dir nun anderes nicht mehr geben kann, will ich dir dieses geben, Ristorante Cartuzza, Bar in der Strohhütte, Jukebox, Büsche und Bäume und verblichene

Leinenschirme, alles spielzeugklein in meiner Hand und nun aufgebaut für dich zwischen Straße und Meer. Die Stühlchen nicht zu vergessen, rotweiße Holzstühlchen, die ich aufstelle, winzige, aber muß nicht für deine Augen jetzt alles klein sein, Riesenspielzeug, und der pflügende Bauer und das Riesenfräulein und die Pferde und der scheltende Riesenvater, alle sind tot. Riesenspielzeug, Sommerstrand, kleines, zwei Monate währendes Leben und nicht zu vergessen das besondere Spiel, der glasüberdeckte Kasten, in dem eine Kugel zwischen grellbunten, klingelnden Hindernissen und jäh aufblitzenden Lampen die schräge Fläche hinabrollt und sich bergen möchte im schwarzen Loch. Aber ein Hebel ist da, der im rechten Augenblick zwei kleine Barrieren vorschnellen läßt, und darauf kommt es an, zurück mit der Kugel ins Labyrinth, zurück zu den Säulchen und aufblitzenden Lampen, keine Ruhe, noch lange keine Ruhe, und über dem Kasten werden auf einer Tafel Zahlen – Gewinnsummen? Lebensjahre? – registriert. Nicht zu vergessen der gläserne Automat, der Münzen schluckt und kleine Platten vorschnellen und niedersinken läßt, When you smile to me, Giulia und Catch a falling star, aber wir sind im Juni, die Sterne fallen noch nicht. Nicht zu vergessen auf Cartuzzas Terrasse die Fahnenstange und das Blinklicht, mit dem die jungen Kellner, Kinder in langen Hosen und weißen Jacken, am Abend, wenn das Ausflugsboot von Ponza heimkehrt, ihre spaßhaften Zeichen geben. Kurz, kurz, lang, lang, und weit fort aus der weißen, Meer und Himmel untrennbar überflutenden Dämmerung blinkt es zurück.

Freitag
Klar und übersichtlich scheint alles am morgendlichen Strand und ist es doch nicht, nicht einmal das Treiben der Kinder, die sich mit Eimerchen und Schäufelchen so gutartig beschäftigen, aber man betrachte sie nur einmal mit den empfindlichen, über alles erstaunten Augen des lange blind Gewesenen, und schon ordnen sie sich ein in den Maskentanz der menschlichen Leidenschaften, den sie voll Anmut und Rätselhaftigkeit vollziehen. Strandspiele, Sandspiele, das große Meer wird kaum in Anspruch genommen, obwohl es seicht ist bis weit hinaus, wie sich schon am ersten Abend erkennen ließ, als Annamaria ihre Schuhe abstreifte und Rock und

Unterrock bis über die Hüften aufhob, um unter den Sternen, verfolgt von den Blicken aller Jünglinge, durch das schwarze Wasser zu waten und die Jolle des Motorboots zu holen, ein Komtessenstreich, ein Trotzköpfcheneinfall, der dazu beitrug, meine Töchter in den Ruf des Irreseins zu bringen. Es soll aber jetzt von ihnen die Rede nicht sein, sondern von der kleinen Nina mit dem dicken, roten Gesichtchen, deren einzige Beschäftigung es ist, ein Eimerchen Wasser zu schöpfen, und in der linken Hand hält sie einen großen Kamm und stellt das Eimerchen hin und nimmt den Kamm in die rechte Hand und strählt ihrer Mutter die Haare und ihrem Vater, ihren großen Brüdern, ihren Tanten und deren Freundinnen, indem sie bisweilen den Kamm ins Wasser taucht und bisweilen neues Wasser holt, und schließlich wehrt sich die ganze Familie, aber die Sonnenschirmnachbarn geben sich her. Und den ganzen Vormittag tut sie nichts anderes als strählen und glätten (noch einmal, noch einmal), mit ihren dicken Händchen und ihrem roten, todernsten Gesicht. Auch von Peppino soll die Rede sein, der darauf besteht, seine Mutter einzugraben, Sand über die Beine, festgeklopft (die Zehen, diese leidigen Tiere von Zehen), Sand auf die Arme, Sand auf den Bauch, auf die Brust, die hebt und senkt sich, immer gibt es Risse. Sand auf den Hals und die Haare, bis nichts mehr übrigbleibt als ein kleines, unheimliches Dreieck mit rollenden Augen und schnappenden Lippen, und Peppino erschrickt und will fortlaufen, aber da bricht die Mutter schon lachend hervor aus der Schale, und, noch einmal, bittet Peppino, noch einmal, schreit und stampft mit Füßen, bis sie ihn läßt. Ferner die kleine Joan, Britin, sechs Jahre alt, mit wilder, rauher Stimme und explosiven Bewegungen, unterm Badetuch hockt sie versteckt, und die Erwachsenen wissen schon, wie sie sich zu verhalten haben mit »I wonder where Joan is« und lang ausgesponnenen Vermutungen, in Afrika auf dem Rücken eines Elefanten, am Nordpol auf einer Eisscholle, und lange rührt sich Joan nicht, so lange, bis das Heimweh sie überwältigt und sie sich das Badetuch vom Kopf zieht, aber manchmal verwickelt sie sich auch darin und bekommt keine Luft mehr und rollt, ein blaurotes Bündel aus Frotteestoff, im Kreise herum. Aber, here is Joan, schreit sie am Ende tröstend und triumphierend und streckt ihr rosiges, von nassen Haarringeln umgebenes Gesicht heraus und greift (noch einmal, noch einmal) schon wieder nach der Hülle, der Tarnkappe, um das Spiel von neuem zu beginnen. Ach und die kleinen Buben, die nachts von der hellen Terrasse auf den Strand hinunterspringen, drei Meter tief auf den mondbeschienenen, nackten Sand, aus dem die Stümpfe der Sonnenschirme wie zerschossene Baumstämmchen ragen, in eine ganz und gar fremde Landschaft, und sie müssen ihre Sandalen, kleine, rote Sandälchen vorauswerfen, damit doch schon etwas da ist, das sie empfängt. Kaum unten angelangt aber schlüpfen sie schon in die Schuhe und laufen zur Treppe, noch einmal da oben stehen und den Schauder der Angst fühlen, noch einmal die ums Geländer gekrampften Hände lösen und springen, noch einmal, noch einmal . . .

Samstag
Jeden Tag sehe ich die Welt deutlicher, aus Schatten werden Gestalten, aus weißen Flecken Gesichter, aus dunklen Löchern Augen mit ihrem Begehren und ihrer Not. Menschen, die du nicht kennst und die mir deswegen verhaßt sind, aber ich muß sie doch wahrnehmen und aufzeichnen auf den Rand meiner Lebensgeschichte, von der ich gehofft hatte, daß es sie nie geben würde, nur unsere gemeinsame und Schluß. Aber nun gibt es sie doch, eine verzagte und traurige Geschichte, und es gibt Menschen, denen ich die Hand gebe und die ich nach ihrem Befinden frage, und sie fragen nach meinem Befinden und sehen mich schüchtern an. Es gibt die jungen Männer am Strand, den launischen Mauro und den Mago und den Ingenieur, zwei junge Leute, die zusammen wohnen und zusammen beim Straßenbau arbeiten, der, gerade zur Zeit der Sommergäste, die Uferstraße unzugänglich macht, tiefer Graben, hoher Erdwall und eine brandrote Maschine, die ihre gespenstischen Greifarme schwenkt. Am Abend sitzen die Freunde bei Cartuzza und erzählen, das heißt, der Ingenieur erzählt, er weiß die Worte zu setzen nach sechs Jahren Universität, aber wer hätte dem armen Giulio, den sie den Mago, den Regenmacher, nennen, das Studium bezahlen sollen, er hat arbeiten müssen von der Schulzeit an. Also sitzt er nur da und legt seine Blicke auf Costanza und nimmt sie nur weg, wenn die Buben von der Terrasse springen,

was ihn aufregt, während es den Ingenieur ganz kalt läßt, er schaut überhaupt nicht hin. Laßt es bleiben, fleht der Mago, eine Glasscherbe kann unten liegen, ein rostiger Nagel, aber niemand hört auf ihn, die Buben springen, und der Ingenieur erzählt weiter etwa von der Grotte, die sie beim Straßenbau entdeckt haben (aber nur der Name ihres Vorgesetzten war in der Zeitung erwähnt), von dem Seeungeheuer, dem riesigen Fuß und den großen und kleinen Köpfen, diesem ganzen nicht zusammenpassenden Steinplunder, in dem man den schlangenumwundenen Laokoon hat erkennen wollen, aber jetzt soll es Polyphem oder das Meeresungeheuer Szylla sein. Indessen ist die Nacht schon weit fortgeschritten, die Musik spielt, der Ingenieur springt auf und streckt, verwöhnt wie er ist, einfach nach Annamaria die Hand aus, und der Mago beugt sich über den Tisch zu Costanza und fragt, willst du tanzen, und lächelt das unbeschreiblich traurige Lächeln der süditalienischen Knaben, die schön und arm und hoffnungslos einsam sind.

Sonntag
Manche Menschen schleppen die zu ihnen gehörige Sitz- oder Liegegelegenheit immer mit sich herum, wie die Schnecke ihr Haus, aber unsichtbar, und nur wenn sie einmal wirklich in Erscheinung tritt, erkennen wir das Gemäße und lächeln befreit. Ja, denken wir, das paßt zu dir, der Bürostuhl, der Sattel, das breite Lager, der Sarg. Für Annamaria ist die Hängematte erfunden, aber wo trifft man sie heute noch an? Als Kinder trugen wir Hängematten, stattlich schwere Pakete, in den Tannenwald und spannten sie dort über dem schmalen, zwischen moosbewachsenen Steinen eilig bergab drängenden Bach. Zum Lesen und Schlafen, vor allem aber zum Träumen bestimmt, schienen sie jenen längst vergangenen Kindertagen anzugehören und mit diesen zum Untergehen bestimmt. Nun haben wir zu meiner Überraschung eine Hängematte auch hier, freilich eine veränderte, aus dünnsten Nylonfäden geschlungen, in winzigem Täschchen unterzubringen, ohne Holzbügel zu verwenden, so daß sie den Körper des Liegenden eng, wie ein Fischernetz, wie ein Kokon umschließt. Der Besitzer, der sie Annamaria leihweise überlassen hat, benützt sie nie, er ist ein moderner, das heißt ein ruheloser und strebsamer Mensch,

ein Tag, ein paar Stunden der Muße sind ihm schon zuviel. Bei uns aber ist die Hängematte zu Ehren gekommen, sie hat Seltenheitswert und wird bestaunt, und in Ermangelung großartiger Bewirtung bieten wir sie unseren Gästen gleich nach der Begrüßung an. Die sitzen breitseits darin, lassen die Füße heraushängen und stoßen sich zum Schaukeln an den Fliesen der Terrasse ab. Constanza legt sich zuweilen hinein, ihre Arbeit auf dem Schoß. Geboren aber für die Hängematte ist nur Annamaria, nur sie trägt sie unsichtbar mit sich herum, wie die Schnecke ihr Haus. Nur sie versteht noch zu träumen, die alten Mädchenträume, er und ich, ich und er, wozu unbedingt gehört, daß dieser er das Gesicht wechselt, auch die Bewegungen, auch die Gestalt. Das Gesicht lächelt Annamaria aus den Zweigen des Feigenbaumes zu, dem altmodischen Mädchen, und wenn sie sich hin- und herschwingt und ihre zärtlichen Blicke nach oben richtet, hört sie gewiß auch Stimmen, lauter verschiedene Stimmen, die alle dasselbe sagen, und damit ist eigentlich das Beste schon erfahren, denn natürlich haben Hängemattenmädchen vor der Wirklichkeit der Liebe Angst und stellen sie sich ganz entsetzlich vor. Ihre Ansichten vom Leben sind in der Schwebe, nur noch nicht zupacken, noch nichts festhalten, von den zahllosen Möglichkeiten des Künftigen die eine wählen, die alle anderen Türen verschließt. Nur hin- und herschwingen im Netz, im Kokon, und einem Jemand, einem Niemand zulächeln mit zärtlichem Blick. So ist Annamaria, die eigentlich gar nicht meine Tochter ist und nur hier dafür gilt. Wenn man sie beschreiben will, fallen einem lauter aus der Mode gekommene Wörter ein, trotzig, übermütig, neckisch, und sie selbst baut sich aus lauter Verkleinerungen, Häuschen, Bäumlein, Hühnlein, eine alte Kinderwelt auf. Daß sie dem gebeugten Mütterchen jederzeit seine Holzlast abnimmt, gehört zu ihrem Bild, nicht minder wie ihre jähen Traurigkeiten und Ratlosigkeiten, die ihr rotwangiges Gesicht mit einem Ausdruck des Schreckens überziehen.

Montag
Das Interesse, das ich neuerdings an Menschen und Dingen nehme, wird mir schon zuviel. Ich will nicht, daß meine Phantasie sich regt, ich will mir nichts ausdenken, erst recht keine Freude empfin-

den, dich nicht verlassen in deinem Alleinsein, deiner Machtlosigkeit, deiner Stummheit, die sich nicht mitteilen kann. Statt mit Costanza und Annamaria, die den ganzen Weg über lachen und schwatzen, gehe ich jetzt vom Strand allein nach Hause, unter dem Vorwand, noch etwas einzukaufen oder das Mittagessen zu kochen. Der Weg, den ich allein zurücklege, ist ein völlig anderer, heißer, heller und viel länger. Obwohl ich unter meinem großen Strohhut ein schwarzes Tuch geknüpft habe, brennt die Sonne unerträglich. Kein Mensch ist zu sehen, niemand kommt mir entgegen, niemand holt mich ein. Die Häuser liegen mit geschlossenen Fensterläden wie leeres Muschelgehäuse, vor die Tür des Kaufladens ist ein Scherengitter gezogen. Meine Füße mahlen im dicken Staub, Kiesel dringen mir unter die Sohle, und ich muß meine Füße schütteln, damit sie ihre Lage verändern. An einer bestimmten Wegbiegung dringt über einen Gartenzaun ein süßer, starker Geruch wie von Citrusblüten, und dort bleibe ich einen Augenblick stehen und auch bei dem wüsten kleinen Acker voll vertrockneter Artischockenpflanzen, über deren wildem eisernem Gezack ein paar zarte blaue Blüten, wie vom Himmel herabgesunken, schweben. Manchmal kommen mir die Männer entgegen, die von Amts wegen die Insekten zu vertilgen haben, und mit ihren Rüsselmasken, ihren langstieligen, mit weißen Schnauzen versehenen Kannen und ihren grünblau bestaubten Kitteln, in ihrer ganzen Fremdartigkeit und Unmenschlichkeit gefallen sie mir gut. Es gefällt mir auch, daß um diese Stunde niemand spricht, niemand singt oder das Radio anstellt und daß das einzige Geräusch, das ich höre, das dringlich aufreizende, aber ganz und gar anorganische Zirpen zahlloser Zikaden ist. Auf diesem Weg nach Hause denke ich fast nichts, auch nicht an dich. Aber es tut wohl, von keinem gesehen zu werden und also niemand zu sein, weil dich keiner mehr sieht und du niemand mehr bist. Die Abende allein (ich begleite die Mädchen zu Cartuzza, weil sich das hier gehört, la mamma, und trinke etwas und gehe zurück), die Abende also sind anders, weniger anorganisch, dafür melancholischer, von Erinnerungen heimgesucht, von Gesichten erschreckt.

Dienstag

Im Lichtschein, der aus der Wohnungstür auf die Terrasse fällt, lese ich Briefe aus dem Jenseits in einem französischen Buch. Eine Frau, deren Sohn mit fünfzehn Jahren gestorben ist, hat jeden Tag, durch Jahre hindurch, aufgezeichnet, was der Sohn ihr zugesprochen hat. Der junge Engel ist streng, wie auch junge Söhne streng sind, die Mutter ist ihm zu weltlich, zu zerstreut, er findet sie oft unlustig zur Versenkung, unlustig sogar zur Begegnung mit ihm. Daß er so jung, so schuldlos gestorben ist, macht ihn fähig, mit ihr in Verbindung zu treten, kein Fegfeuer muß er erdulden, nur ein etwas unklares Schweifen und Wirken im Jenseits, und der Anblick der Mutter Gottes ist ihm noch verwehrt. Das Medium, in dem seine Stimme hörbar wird, ist der gemeinsame Glaube – das bißchen Hokuspokus, das auch dieser Geist bei seinem Nahekommen hervorbringt, das Pochen, die im Dunkeln tanzenden Strahlen zählen nicht. Mit Liebe und Ungeduld bereitet der Sohn seine Mutter auf den Himmel vor. Sie soll sich von der Erde lösen, ihm im Geiste ebenbürtig werden, was alles in der Paradieseslandschaft der Kirche noch am ehesten gelingt. Jedoch erwartet man in der Niederschrift vergebens eine Steigerung des Himmlischen, eine Schwächung des Irdischen und am Ende den verklärten Tod. Nichts davon, aber auch kein Abtrünnigwerden, kein Entlassenwerden aus der übermenschlichen Zucht. Das Buch ist zu Ende, das Diktat, jeden Abend und oft auch tagsüber, wird ohne Zweifel fortgesetzt, eine Willensanspannung sondergleichen, eine Treue über den Tod hinaus, gleichviel, ob da wirklich ein anspruchsvoller Toter ertragen wird oder die eigene blühende Einbildungskraft dem Schatten Sprache verleiht. Daß nur ein Knabe, ein Kind beinahe noch, auf solche Weise in Erscheinung tritt oder von der Überlebenden in Erscheinung gebracht wird, hat gewiß nicht nur den schon erwähnten theologischen Grund. Einen erwachsenen Toten (und um wieviel mehr noch dich) mag man sich so unerbittlich humorlos nicht denken, man stellt sich vielmehr vor, daß er schon im Augenblick seines Übertritts völlig weise geworden ist und nachsichtig gegenüber den kindischen Spielereien, welche die Überlebenden hier noch beschäftigen mögen. In dieser Hinsicht hätte ich also keine Furcht, mit dir in eine solche Verbindung zu treten. Daß ich nachts, allein auf der kleinen Terrasse sitzend und in Gedanken ganz mit dir beschäftigt, Papier und Bleistift doch nicht zur Hand nehme, hat einen anderen Grund. Ich könnte alles ertragen, nur das nicht, daß ich nichts höre, nichts aufzeichnen kann und daß über das weiße Papier nur die Feigenblätterschatten wandern, von denen am Morgen nichts mehr zu sehen ist.

Mittwoch

Meine alte Neugierde ist wieder erwacht. Zum erstenmal, seit wir hier sind, bin ich ins Städtchen aufgestiegen, ein Bergstädtchen, dessen enge Straßen und Plätze vom Knattern der Motoren wie Maschinenhallen dröhnen. Das mit Schwarz und Weiß in quadratische Felder eingeteilte Pflaster schafft eine wohltuende Ordnung, auf der dann allerlei Unordnung, Abfälle jeder Art und rinnendes Schmutzwasser, sich angesiedelt hat. Hier und da führt eine Treppe mit gebauchtem Eisengitter außen zu einem Haus hinauf, und hinter geschwungenen Balkongittern sieht man in alten Konserveneimern Rosen und Nelken blühen. In ausladenden, mit mykenischen Mollusken verzierten Krügen tragen Mädchen das Wasser vom Brunnen heim. Dick schwarzumränderte Zettel an den Häusermauern beklagen den Tod eines Mitbürgers, und auf der Steinbank im Torweg sitzen die Uralten, wer die Stadt betritt, wer sie verläßt, muß an ihnen vorüber, wie an einem Mahnmal, daß die Jugend vergeht. Die Tempelritter spuken in Straßen- und Gasthausnamen, aber das Gedächtnis der Einwohner ist kurz und weiß als Besitzer des Schlosses nur einen zu nennen, der vor zwei Menschenaltern große Teile des Berges für ein Butterbrot erwarb. Wer hier im Ort wirklich regiert und wahrscheinlich immer regiert hat, ist die uralte Frau mit den knöchernen Fingern und dem Fliegenkranz um die Lippen. Vor ihrem winzigen Häuschen sitzt sie auf der Steinbank, ausgedörrt, beinern, mit glühenden Krateraugen, und eine riesige behaarte Spinne hockt über ihrem Kopf an der mit Mörtel beworfenen Wand. Durch den halb zurückgeschlagenen Vorhang sieht man in ihre fensterlose Höhle, auf ein Lager voll grauer Lumpen und auf den Herd, über dem Bündel von getrockneten Kräutern hängen. Die Alte ist nicht anzusprechen. Sie ist gewiß weder taub noch stumm, aber ohne Teilnahme, oder teilnehmend an einem uns verborgenen, über Jahrtausende sich hinziehenden Geschehen. Da man hier auf dem Lande, aber auch in den Städten, kaum hundert Meter von den glänzenden Marmorfassaden entfernt, immer wieder auf sie trifft, sie also nicht einmal, sondern unzählige Male vorhanden ist, kenne ich sie schon und kenne an ihr auch andere Gesichter, auch furchterregende, so als wäre ihr zuzutrauen, daß sie nachts umhergeht und die kleinen Kinder im Schlafe erstickt. Ich ahne ihre Zähigkeit, die Zähigkeit der Ameisen, die der schwerste Fuß nicht zertreten kann. Ich ahne auch ihre Herrschergewalt und wie sie mit der Krankheit, der Hoffnungslosigkeit, der Verzweiflung im Bunde steht. Bestrebungen sie auszuweisen sind im Gange, und es ist schon vorgekommen, daß man ihr hinter dem Rücken die alte, baufällige Hütte abgerissen hat. Dann hat sie sich wohl wortlos erhoben und ist weitergewandert, um alsbald wieder Platz zu nehmen, vor einer Wellblechhütte, einer Höhle im Abhang oder in einer der steinernen Schluchten der Vorstädte, in die kein Lichtstrahl fällt. Dort sitzt sie dann, so wie ich sie heute hier im Bergort sah, regungslos, mit einem Kranz von Fliegen um die bläulichen Lippen und in den zersprungenen Augen einen alten Triumph. Die Spinne über ihrem Haupt aber hat ihr Netz fertiggestellt und lauert in der Mittagshitze, ein tiefschwarzer Fleck auf der grellweißen Wand.

Donnerstag

Umherstreifen, allein, das heißt mit dir, wie früher, nur ohne Rede und Antwort, ohne Berührung, ohne bestätigende Blicke, auf dem Berg Circeo, dem das flache Schwemmland um den Fuß gebreitet ist. Der Berg gehört zu den Inseln des Mittelmeeres, nicht zur Küste, Inselleute sind, die da oben wohnen, und denkbar sind alle Gewalttaten, die auf den Inseln vorkommen, in der Abgeschiedenheit, Blutstrafe, Sippenrache, selbstvollzogenes Gericht. Ich sah heute ein paar Männer unter einem Weindach die Köpfe zusammenstecken und auf einen anderen Mann deuten, der, städtisch gekleidet, offenbar mit dem Autobus angekommen war und jetzt die steile Bergstraße hinaufging, kein Fremder, einer von ihnen, und doch schienen sie etwas gegen ihn zu haben und sich zu verabreden, ihm einen Streich zu spielen oder etwas Schlimmeres anzutun. Der Mann sah sie nicht; wie einer, der nach langer Abwesenheit heimgekehrt, ließ er seine Blicke vorauslaufen und betrachtete, den Kopf in den Nacken gelegt, die Häuser, die sich unter dem Gipfel zusammendrängten, schien auch ein bestimmtes mit glücklichem Lächeln ins Auge zu fassen. Es drängte mich, ihn zu warnen, aber was hatte ich da im Kopf, nur eine Geschichte, die ich gehört hatte und die sich ganz woanders abgespielt hatte, auf einer wirklichen Insel, was hier geschah, hatte nichts damit zu tun und mochte ganz harmlos sein. In der Geschichte war nichts harmlos, da war der Heimkehrer ein Zypriote, der es mit den Engländern gehalten hatte und der gleich nach Beendigung der Feindseligkeiten bei diesen geblieben und also von den Fremden vor seinen eigenen Landsleuten geschützt worden war. In einer von Stacheldraht umgebenen Militärbaracke hatte er viele Monate verbracht, er war gut genährt und freundlich behandelt worden. Es hatte ihn aber mit der Zeit ein immer stärkeres Heimweh nach seinem Bergort gepackt, er war krank geworden vor Sehnsucht und hatte schließlich gebeten, nach Hause gehen zu dürfen. Die Engländer gaben ihm einen Polizisten mit auf den Weg, der ihn bis zum Eingang seines Dorfes begleitete, ihn dann aber nur zu gern sich selbst überließ. Inzwischen war beim Bergansteigen der Heimkehrer schon beobachtet, und es war die Nachricht von seinem Kommen schon verbreitet worden. Die Bevölkerung hatte sich auf dem Platz vor seinem Hause zusammengefunden, wie zur Begrüßung, aber eine Begrüßung fand dann nicht statt, sondern ein Gericht. Die Frau des Heimkehrers hatte nichts Gutes geahnt, sie hatte vorauslaufen wollen, ihren Mann zu warnen, da hatte man sie kurzerhand mit Stricken an den Bettpfosten gebunden, die Zimmertür aber offengelassen, sie sollte nur sehen, was ihrem Mann geschah, Frauen von Verrätern sind nicht ohne Schuld. Da hing sie nun in ihren Stricken und jammerte und schrie, weil sie sah, wie die Verwandten und alten Freunde Benzinkanister herbeischleppten und Strohwische dazu. Denn sie hatten vor, den heimwehkranken Verräter mit Benzin zu überschütten und ihn wie eine Fackel abbrennen zu lassen, und das taten sie auch, und der Mann war viel zu überrascht, um sich zu wehren, oder vielleicht hatte er

auch gar nichts anderes erwartet, aber trotz allem nach Hause ge-
mußt. Die schaurige Szene hatte ich heute vor Augen, während ich
dort oben neben der Weinlaube stand und horchte, dort hinauf,
wo die vielen Männer aus der Weinlaube und auch der Heimkehrer, aber auf verschiedenen Wegen, verschwunden waren. Es waren
aber keine Schreie zu hören, überhaupt nichts Entsetzliches, sondern eine Blechmusik fing plötzlich, weit entfernt, einen fröhlichen
Willkommensmarsch zu spielen an.

Freitag
Mit dem Motorboot zu fahren, das, halben Leibes aus dem Wasser
ragend, mit großer Geschwindigkeit über die wellige Fläche stiebt
und dabei die gewagtesten Kehren und Schwünge ausführt – wie
ein überirdisches Wesen, meinte ich, müsse man sich dabei fühlen,
auf der Bordkante kauernd, das Gesicht überflogen von Sprüh-
wasser, Salz und Wind. Als ich heute auf eine solche Fahrt mitgenommen wurde, empfand ich zwar das Freiheitsgefühl, das wir ein
göttliches nennen, zugleich aber erschütterten die heftigsten, unangenehmsten Stöße den Leib des immer wieder aufs Wasser auf-
klatschenden Bootes und teilten sich meinem Körper mit. Der Motor machte einen erschütternden Lärm, das Bild des Strandes wech-
selte unaufhörlich, nun der weiße Sand mit den bunten Sonnen-
schirmen, nun die zerrissene Felsküste, und schon ging es wieder in
südlicher Richtung auf Terracina und den Jupitertempel zu. Die
Geschwindigkeit machte das Fahrzeug zum Traumvogel, das harte
Aufstoßen gab ihm etwas von einem störrischen Steppenpferd, dessen harte Sprünge dem Reiter die Besinnung rauben und auf dessen
Rücken er sich kaum halten kann. Dann aber setzte der Motor aus,
und wir glitten eine Weile lang lautlos über das Wasser, und schon
war alles wieder da, die Besinnung, die Algenwälder und die Fische
und Vineta tief unterm Wasserspiegel aufragend mit schattenhaften
Türmen und hinaufläutend mit geheimnisvollen Glocken. Ich erinnerte mich, wie wir an einem noch viel südlicheren Strand, von
einer abendlichen Bootsfahrt heimkehrend, die Köpfe übers Wasser
beugten, da waren wirkliche Ruinen, Trümmer einer allmählich
vom Wasser bedeckten Stadt, aber ich meinte schon damals, es
läge dort am Grunde nichts anderes als die große Landschaft der

Toten und keineswegs nur der Ertrunkenen, und es sänke am Ende alles, was einer auf der Erde gelebt und geliebt und gelitten habe, dort hinab. Auch alle Erinnerungen, so daß wohl dieselben Orte oben noch weiter bestehen konnten, während sie dort unten eine bestimmte Lebenszeit verkörperten, eine unwiederbringliche Zeit. Dort lagen heute für mich Rom, Athen und Stambul, die gemeinsam mit dir erlebten, und diese versunkenen Städte waren die eigentlichen, und nichts von Grabeskühle haftete ihnen an. Ich meinte auch, nur hinabgleiten zu müssen, um sofort wieder umgeben zu sein von dem glühenden Leben, das sie für dich und mich einmal besessen haben. Während das Boot immer noch leise dahinglitt, dachte ich an Vineta als an einen großen Markt der Erinnerungen, an die Gespräche, die dort wieder aufklingen und an die vergessenen Gesichter, die aus den Fenstern schauen, ich achtete nicht auf den Besitzer des Bootes, der sich scheltend am Motor zu schaffen machte, und hörte nur die Stimme meines jungen Begleiters, der mir fröhlich anbot, ein Sträußchen Algen für Sie, Madame, und sich anschickte, in die Tiefe zu tauchen. Dann aber wurden wir plötzlich unter heftigem Knattern der Maschine wieder vorwärts geschleudert, der Strand raste vorüber, die Felsen und der Leuchtturm, das Meer schloß sich zur glasharten Fläche, auf der wir unseren störrischen Tanz vollführten, bis alles, die Sonnenhitze, der fliegende Gischt und der nackte, tiefblaue Himmel wieder ihr unerbittliches Heute, Heute schrien.

Samstag

Das Fortgehen und Zurückkommen, das sich von der Welt und den Menschen Entfernen und sich ihnen wieder Nähern ist eine Bewegung von ungleichem Pendelschlag, kurze Zeiten, lange Zeiten der Verfinsterung oder des Lichts.

Aus dem Dunkel der Absonderung müssen die Erfahrungen eben dieses Dunkels mitgebracht werden, man kann nicht einfach da anfangen, wo man aufgehört hat und im selben Ton. Um wieviel mehr gilt das nach einem Gang an die Grenze des Ertragbaren, einem halben Tod. Neue Worte, meint man, müßten sich dem Schreibenden anbieten, neue Farben dem Maler, und nie erfaßte Zusammenhänge müßte der Denker zum Ausdruck bringen. Enttäuschenderweise ist das nicht der Fall. Noch nach dem furchtbarsten Erlebnis gehorcht man den Gesetzen der Schwerkraft, hat die Beine unten und den Kopf oben, wacht auf, zieht sich an und geht auf die Straße hinunter, bleibt fest in der Haut, aus der man doch hatte fahren wollen, wenigstens im geistigen Sinn. Man ist trauriger geworden, wohl auch weniger neugierig, aber nicht neu, und für das Unerhörte stehen einem keine anderen Worte zur Verfügung als bisher. Der Tonfall ist gleichfalls derselbe, ohne Krampf läßt er sich nicht ändern, er gehört nicht nur einem selbst, sondern auch der Generation. Auch große, herzzerreißende Erfahrungen bewirken nicht, daß man die Sprache von morgen entdeckt. Die heute aufklingt, ist schon unsagbar für den Gestrigen, der der Wirklichkeit, der sinnlichen Wahrnehmung noch seinen Platz einräumt und für den das Zeichen noch nicht völlig an die Stelle des Bildes tritt. Nicht so weitermachen wie bisher, ist der Wunsch jedes Menschen, der seinen neuen Anfang nicht selbst erwählt, sondern auferlegt bekommen hat, und er weiß nicht, zu welchem Ende und in welchem Sinn. Wenigstens das will er nun, aus dem alten Gleis springen, Fluchtwege finden, wieder dasein mit einer neuen Stimme, einem neuen Gesicht. Statt dessen ist er noch derselbe Mensch, der auch jetzt nicht wesentlich mehr zu sagen hat und keine neuen Formen entdeckt, sich vielleicht auch manchmal vorkommt, als habe die Zahl der in der Dunkelheit verbrachten Jahre sich durch einen Zauber vervielfacht, so daß er nun die um ihn gesprochene Sprache und die Wichtigkeit der für wichtig gehaltenen Dinge nicht mehr versteht. Es bleibt ihm dann, neben dem Schweigen, nur das Selbstgespräch, freilich ein mit Zucht und Überwindung geführtes, das eben um dieser Zucht und Überwindung willen noch einen Sinn haben mag. Eine Rechenschaft, die er sich selber abgelegt, ein Weiterschreiben, wie er es nicht mehr gewollt hat, mit schwererem Mut als bisher.

Sonntag
Weiterschreiben, weiterleben, mit schwererem Mut als bisher. Die Koffer gepackt, letzte Nacht am Circeo, letzte Tanzmusik hinwehend über den nächtlichen Strand, catch a falling star, hang down your head and cry, Kugel, die durch die klingenden Hindernisse

in ihre dunkle Geborgenheit strebt und wieder zurückgejagt wird, magisch aufleuchtende Ziffern, wer sich am längsten halten kann, gewinnt. Ich will mich nicht halten, will nicht hin und her gestoßen werden zwischen diesen grell aufblitzenden Merkzeichen, und doch hat mich etwas im Leben zurückgetrieben und mir die Augen aufgerissen, du rollst noch nicht ins Loch, bemühe dich gefälligst, was du daraus machst, steht bei dir. Jeden Tag habe ich ein wenig mehr gesehen und gehört und bedacht, und meinen toten Geliebten habe ich nicht aus dem Sinn verloren, er war immer da. Er war so sehr da, daß ich Angst haben muß, daß er hier zurückbleibt, wenn ich in den Autobus steige, San Felice-Roma, dort beim Hotel Neandertal, wo sie den Schädel der Vorzeit in einer Höhle bewahren. Alle stehen da und winken, die ungleichen Jünglinge und die ungleichen Schwestern und der Friseur und der Photograph mit seinem komischen afrikanischen Mützchen, der Costanza aufgenommen hat, einmal als junge Mädchenblüte in einem blühenden Garten und einmal im Badeanzug, mit einer furchtbaren Frage in den Augen, aber das war seine Absicht nicht. Von Majolatis Strandterrasse dieselben, immer dieselben Tanzmelodien und Stimmen, es ist ja erst Juli, das Karussell Sommerstrand ist noch im Gange, die Herbststürme, die frühen Abende, die großen Verlassenheiten des September sind noch fern. Unser Häuschen ist wieder vermietet, während ich dies schreibe, steht die neue Familie schon vor der Terrasse, und Annamaria will die kleinen schwarzhaarigen Buben in die Hängematte setzen, ehe sie sie abbindet und zusammenschnürt, aber die Kinder fürchten sich, sie haben so etwas nie gesehen. Von dem Feigenbaum ist am schwersten Abschied zu nehmen, seine Früchte sind jetzt reif, aber trocken, fast ungenießbar, er war der Gefährte meiner Nachtstunden auf der Terrasse, ein verwandelter Mensch, der manchmal seufzte und seine Arme bewegte. Aber du warst es nicht. Du bist nicht in eine Gestalt gebannt, und daß ich nicht weiß, wo ich dich suchen soll, macht meine Heimatlosigkeit, meine Unruhe aus. Daß du hier zurückbleiben könntest, ist meine Angst. Schon sehe ich uns fortfahren, die Straße windet sich zweimal und führt an der Rückseite des Berges entlang, Haupt der Circe, zurückgeworfen und versteint, römische Villa, schon aufgeteilt in Grundstücke, aber noch Wildnis, und vielleicht während wir da fahren, strebst du schon luftigen Schrittes hinauf zu der Wohnung der Zauberin, zu den schwarzen Büschen, aus denen Odysseus einen geheimnisvollen Rauch aufsteigen sah und aus denen vor seinen Blicken Löwen und Bergwölfe sprangen.

Das dicke Kind

Es war Ende Januar, bald nach den Weihnachtsferien, als das dicke Kind zu mir kam. Ich hatte in diesem Winter angefangen, an die Kinder aus der Nachbarschaft Bücher auszuleihen, die sie an einem bestimmten Wochentag holen und zurückbringen sollten. Natürlich kannte ich die meisten dieser Kinder, aber es kamen auch manchmal fremde, die nicht in unserer Straße wohnten. Und wenn auch die Mehrzahl von ihnen gerade nur so lange Zeit blieb, wie der Umtausch in Anspruch nahm, so gab es doch einige, die sich hinsetzten und gleich auf der Stelle zu lesen begannen. Dann saß ich an meinem Schreibtisch und arbeitete, und die Kinder saßen an dem Tisch bei der Bücherwand, und ihre Gegenwart war mir angenehm und störte mich nicht.

Das dicke Kind kam an einem Freitag oder Samstag, jedenfalls nicht an dem zum Ausleihen bestimmten Tag. Ich hatte vor, auszugehen und war im Begriff, einen kleinen Imbiß, den ich mir gerichtet hatte, ins Zimmer zu tragen. Kurz vorher hatte ich einen Besuch gehabt und dieser mußte wohl vergessen haben, die Eingangstür zu schließen. So kam es, daß das dicke Kind ganz plötzlich vor mir stand, gerade als ich das Tablett auf den Schreibtisch niedergesetzt hatte und mich umwandte, um noch etwas in der Küche zu holen. Es war ein Mädchen von vielleicht zwölf Jahren, das einen altmodischen Lodenmantel und schwarze, gestrickte Gamaschen anhatte und an einem Riemen ein Paar Schlittschuhe trug, und es kam mir bekannt, aber doch nicht richtig bekannt vor, und weil es so leise hereingekommen war, hatte es mich erschreckt.

Kenne ich dich? fragte ich überrascht.

Das dicke Kind sagte nichts. Es stand nur da und legte die Hände über seinem runden Bauch zusammen und sah mich mit seinen wasserhellen Augen an.

213

Möchtest du ein Buch? fragte ich.

Das dicke Kind gab wieder keine Antwort. Aber darüber wunderte ich mich nicht allzusehr. Ich war es gewohnt, daß die Kinder schüchtern waren und daß man ihnen helfen mußte. Also zog ich ein paar Bücher heraus und legte sie vor das fremde Mädchen hin. Dann machte ich mich daran, eine der Karten auszufüllen, auf welchen die entliehenen Bücher aufgezeichnet wurden.

Wie heißt du denn? fragte ich.

Sie nennen mich die Dicke, sagte das Kind.

Soll ich dich auch so nennen? fragte ich.

Es ist mir egal, sagte das Kind. Es erwiderte mein Lächeln nicht, und ich glaube mich jetzt zu erinnern, daß sein Gesicht sich in diesem Augenblick schmerzlich verzog. Aber ich achtete darauf nicht.

Wann bist du geboren? fragte ich weiter.

Im Wassermann, sagte das Kind ruhig.

Diese Antwort belustigte mich und ich trug sie auf der Karte ein, spaßeshalber gewissermaßen, und dann wandte ich mich wieder den Büchern zu.

Möchtest du etwas Bestimmtes? fragte ich.

Aber dann sah ich, daß das fremde Kind gar nicht die Bücher ins Auge faßte, sondern seine Blicke auf dem Tablett ruhen ließ, auf dem mein Tee und meine belegten Brote standen.

Vielleicht möchtest du etwas essen, sagte ich schnell.

Das Kind nickte, und in seiner Zustimmung lag etwas wie ein gekränktes Erstaunen darüber, daß ich erst jetzt auf diesen Gedanken kam. Es machte sich daran, die Brote eins nach dem andern zu verzehren, und es tat das auf eine besondere Weise, über die ich mir erst später Rechenschaft gab. Dann saß es wieder da und ließ seine trägen kalten Blicke im Zimmer herumwandern, und es lag etwas in seinem Wesen, das mich mit Ärger und Abneigung erfüllte. Ja gewiß, ich habe dieses Kind von Anfang an gehaßt. Alles an ihm hat mich abgestoßen, seine trägen Glieder, sein hübsches, fettes Gesicht, seine Art zu sprechen, die zugleich schläfrig und anmaßend war. Und obwohl ich mich entschlossen hatte, ihm zuliebe meinen Spaziergang aufzugeben, behandelte ich es doch keineswegs freundlich, sondern grausam und kalt.

Oder soll man es etwa freundlich nennen, daß ich mich nun an den Schreibtisch setzte und meine Arbeit vornahm und über meine Schultern weg sagte, lies jetzt, obwohl ich doch ganz genau wußte, daß das fremde Kind gar nicht lesen wollte? Und dann saß ich da und wollte schreiben und brachte nichts zustande, weil ich ein sonderbares Gefühl der Peinigung hatte, so, wie wenn man etwas erraten soll und errät es nicht, und ehe man es nicht erraten hat, kann nichts mehr so werden wie es vorher war. Und eine Weile lang hielt ich das aus, aber nicht sehr lange, und dann wandte ich mich um und begann eine Unterhaltung, und es fielen mir nur die törichtsten Fragen ein.

Hast du noch Geschwister? fragte ich.

Ja, sagte das Kind.

Gehst du gern in die Schule? fragte ich.

Ja, sagte das Kind.

Was magst du denn am liebsten?

Wie bitte? fragte das Kind.

Welches Fach, sagte ich verzweifelt.

Ich weiß nicht, sagte das Kind.

Vielleicht Deutsch? fragte ich.

Ich weiß nicht, sagte das Kind.

Ich drehte meinen Bleistift zwischen den Fingern, und es wuchs etwas in mir auf, ein Grauen, das mit der Erscheinung des Kindes in gar keinem Verhältnis stand.

Hast du Freundinnen? fragte ich zitternd.

O ja, sagte das Mädchen.

Eine hast du doch sicher am liebsten? fragte ich.

Ich weiß nicht, sagte das Kind, und wie es dasaß in seinem haarigen Lodenmantel, glich es einer fetten Raupe, und wie eine Raupe hatte es auch gegessen, und wie eine Raupe witterte es jetzt wieder herum.

Jetzt bekommst du nichts mehr, dachte ich, von einer sonderbaren Rachsucht erfüllt. Aber dann ging ich doch hinaus und holte Brot und Wurst, und das Kind starrte darauf mit seinem dumpfen Gesicht, und dann fing es an zu essen, wie eine Raupe frißt, langsam und stetig, wie aus einem inneren Zwang heraus, und ich betrachtete es feindlich und stumm.

Denn nun war es schon soweit, daß alles an diesem Kind mich aufzuregen und zu ärgern begann. Was für ein albernes, weißes

Kleid, was für ein lächerlicher Stehkragen, dachte ich, als das Kind nach dem Essen seinen Mantel aufknöpfte. Ich setzte mich wieder an meine Arbeit, aber dann hörte ich das Kind hinter mir schmatzen, und dieses Geräusch glich dem trägen Schmatzen eines schwarzen Weihers irgendwo im Walde, es brachte mir alles wässerig Dumpfe, alles Schwere und Trübe der Menschennatur zum Bewußtsein und verstimmte mich sehr. Was willst du von mir, dachte ich, geh fort, geh fort. Und ich hatte Lust, das Kind mit meinen Händen aus dem Zimmer zu stoßen, wie man ein lästiges Tier vertreibt. Aber dann stieß ich es nicht aus dem Zimmer, sondern sprach nur wieder mit ihm, und wieder auf dieselbe grausame Art.

Gehst du jetzt aufs Eis? fragte ich.

Ja, sagte das dicke Kind.

Kannst du gut Schlittschuhlaufen? fragte ich und deutete auf die Schlittschuhe, die das Kind noch immer am Arm hängen hatte.

Meine Schwester kann gut, sagte das Kind, und wieder erschien auf seinem Gesicht ein Ausdruck von Schmerz und Trauer und wieder beachtete ich ihn nicht.

Wie sieht deine Schwester aus? fragte ich. Gleicht sie dir?

Ach nein, sagte das dicke Kind. Meine Schwester ist ganz dünn und hat schwarzes, lockiges Haar. Im Sommer, wenn wir auf dem Land sind, steht sie nachts auf, wenn ein Gewitter kommt, und sitzt oben auf der obersten Galerie auf dem Geländer und singt.

Und du? fragte ich.

Ich bleibe im Bett, sagte das Kind. Ich habe Angst.

Deine Schwester hat keine Angst, nicht wahr? sagte ich.

Nein, sagte das Kind. Sie hat niemals Angst. Sie springt auch vom obersten Sprungbrett. Sie macht einen Kopfsprung, und dann schwimmt sie weit hinaus...

Was singt deine Schwester denn? fragte ich neugierig.

Sie singt, was sie will, sagte das dicke Kind traurig. Sie macht Gedichte.

Und du? fragte ich.

Ich tue nichts, sagte das Kind. Und dann stand es auf und sagte, ich muß jetzt gehen. Ich streckte meine Hand aus, und es legte seine dicken Finger hinein, und ich weiß nicht genau, was ich dabei empfand, etwas wie eine Aufforderung, ihm zu folgen, einen unhörbaren dringlichen Ruf. Komm einmal wieder, sagte ich, aber es war mir nicht ernst damit, und das Kind sagte nichts und sah mich mit seinen kühlen Augen an. Und dann war es fort, und ich hätte eigentlich Erleichterung spüren müssen. Aber kaum, daß ich die Wohnungstür ins Schloß fallen hörte, lief ich auch schon auf den Korridor hinaus und zog meinen Mantel an. Ich rannte ganz schnell die Treppe hinunter und erreichte die Straße in dem Augenblick, in dem das Kind um die nächste Ecke verschwand.

Ich muß doch sehen, wie diese Raupe Schlittschuh läuft, dachte ich. Ich muß doch sehen, wie sich dieser Fettkloß auf dem Eise bewegt. Und ich beschleunigte meine Schritte, um das Kind nicht aus den Augen zu verlieren.

Es war am frühen Nachmittag gewesen, als das dicke Kind zu mir ins Zimmer trat, und jetzt brach die Dämmerung herein. Obwohl ich in dieser Stadt einige Jahre meiner Kindheit verbracht hatte, kannte ich mich doch nicht mehr gut aus, und während ich mich bemühte, dem Kinde zu folgen, wußte ich bald nicht mehr, welchen Weg wir gingen, und die Straßen und Plätze, die vor mir auftauchten, waren mir völlig fremd. Ich bemerkte auch plötzlich eine Veränderung in der Luft. Es war sehr kalt gewesen, aber nun war ohne Zweifel Tauwetter eingetreten und mit so großer Gewalt, daß der Schnee schon von den Dächern tropfte und am Himmel große Föhnwolken ihres Weges zogen. Wir kamen vor die Stadt hinaus, dorthin, wo die Häuser von großen Gärten umgeben sind, und dann waren gar keine Häuser mehr da, und dann verschwand plötzlich das Kind und tauchte eine Böschung hinab. Und wenn ich erwartet hatte, nun einen Eislaufplatz vor mir zu sehen, helle Buden und Bogenlampen und eine glitzernde Fläche voll Geschrei und Musik, so bot sich mir jetzt ein ganz anderer Anblick. Denn dort unten lag ein See, von dem ich geglaubt hatte, daß seine Ufer mittlerweile alle bebaut wären: er lag ganz einsam da, von schwarzen Wäldern umgeben und sah genau wie in meiner Kindheit aus.

Dieses unerwartete Bild erregte mich so sehr, daß ich das fremde Kind beinahe aus den Augen verlor. Aber dann sah ich es wieder, es hockte am Ufer und versuchte, ein Bein über das andere zu legen und mit der einen Hand den Schlittschuh am Fuß festzuhalten, während es mit der andern den Schlüssel herumdrehte. Der Schlüssel fiel ein paarmal herunter, und dann ließ sich das dicke Kind auf alle viere fallen und rutschte auf dem Eis herum und suchte und sah wie eine seltsame Kröte aus. Überdem wurde es immer dunkler, der Dampfersteg, der nur ein paar Meter von dem Kind entfernt in den See vorstieß, stand tiefschwarz über der weiten Fläche, die silbrig glänzte, aber nicht überall gleich, sondern ein wenig dunkler hier und dort, und in diesen trüben Flecken kündigte sich das Tauwetter an. Mach doch schnell, rief ich ungeduldig, und die Dicke beeilte sich nun wirklich, aber nicht auf mein Drängen hin, sondern weil draußen vor dem Ende des langen Dampfersteges jemand winkte und »Komm Dicke« schrie, jemand, der dort seine Kreise zog, eine leichte, helle Gestalt. Es fiel mir ein, daß dies die Schwester sein müsse, die Tänzerin, die Gewittersängerin, das Kind nach meinem Herzen, und ich war gleich überzeugt, daß nichts anderes mich hierhergelockt hatte als der Wunsch, dieses anmutige Wesen zu sehen. Zugleich aber wurde ich mir auch der Gefahr bewußt, in der die Kinder schwebten. Denn nun begann mit einem Mal dieses seltsame Stöhnen, diese tiefen Seufzer, die der See auszustoßen scheint, ehe die Eisdecke bricht. Diese Seufzer liefen in der Tiefe hin wie eine schaurige Klage, und ich hörte sie und die Kinder hörten sie nicht.

Nein gewiß, sie hörten sie nicht. Denn sonst hätte sich die Dicke, dieses ängstliche Geschöpf, nicht auf den Weg gemacht, sie wäre nicht mit ihren kratzigen unbeholfenen Stößen immer weiter hinausgestrebt, und die Schwester draußen hätte nicht gewinkt und gelacht und sich wie eine Ballerina auf der Spitze ihres Schlittschuhs gedreht, um dann wieder ihre schönen Achter zu ziehen, und die Dicke hätte die schwarzen Stellen vermieden, vor denen sie jetzt zurückschreckte, um sie dann doch zu überqueren, und die Schwester hätte sich nicht plötzlich hoch aufgerichtet und wäre nicht davongeglitten, fort, fort, einer der kleinen einsamen Buchten zu.

Ich konnte das alles genau sehen, weil ich mich darangemacht hatte, auf dem Dampfersteg hinauszuwandern, immer weiter, Schritt für Schritt. Obgleich die Bohlen vereist waren, kam ich doch schneller vorwärts als das dicke Kind dort unten, und wenn ich mich umwandte, konnte ich sein Gesicht sehen, das einen dumpfen und zugleich sehnsüchtigen Ausdruck hatte. Ich konnte auch die Risse sehen, die jetzt überall aufbrachen und aus denen, wie Schaum vor die Lippen des Rasenden, ein wenig schäumendes Wasser trat. Und dann sah ich natürlich auch, wie unter dem dicken Kinde das Eis zerbrach. Denn das geschah an der Stelle, an der die Schwester vordem getanzt hatte und nur wenige Armlängen vor dem Ende des Stegs.

Ich muß gleich sagen, daß dieses Einbrechen kein lebensgefährliches war. Der See gefriert in ein paar Schichten, und die zweite lag nur einen Meter unter der ersten und war noch ganz fest. Alles, was geschah, war, daß die Dicke einen Meter tief im Wasser stand, im eisigen Wasser freilich und umgeben von bröckelnden Schollen, aber wenn sie nur ein paar Schritte durch das Wasser watete, konnte sie den Steg erreichen und sich dort hinaufziehen, und ich konnte ihr dabei behilflich sein. Aber ich dachte trotzdem gleich, sie wird es nicht schaffen, und es sah auch so aus, als ob sie es nicht schaffen würde, wie sie da stand, zu Tode erschrocken, und nur ein paar unbeholfene Bewegungen machte, und das Wasser strömte um sie herum, und das Eis unter ihren Händen zerbrach. Der Wassermann, dachte ich, jetzt zieht er sie hinunter, und ich spürte gar nichts dabei, nicht das geringste Erbarmen und rührte mich nicht.

Aber nun hob die Dicke plötzlich den Kopf, und weil es jetzt vollends Nacht geworden und der Mond hinter den Wolken erschienen war, konnte ich deutlich sehen, daß etwas in ihrem Gesicht sich verändert hatte. Es waren dieselben Züge und doch nicht dieselben, aufgerissen waren sie von Willen und Leidenschaft, als ob sie nun, im Angesicht des Todes, alles Leben tränken, alles glühende Leben der Welt. Ja, das glaubte ich wohl, daß der Tod nahe und dies das letzte sei, und beugte mich über das Geländer und blickte in das weiße Antlitz unter mir, und wie ein Spiegelbild sah es mir entgegen aus der schwarzen Flut. Da aber hatte das dicke Kind den Pfahl erreicht. Es streckte die Hände aus und begann sich heraufzuziehen, ganz geschickt hielt es sich an den Nägeln und Haken, die aus dem Holze ragten. Sein Körper war zu schwer, und seine Finger bluteten, und es fiel wieder zurück, aber nur, um wieder von neuem zu beginnen. Und das war ein langer Kampf, ein schreckliches Ringen um Befreiung und Verwandlung, wie das Aufbrechen einer Schale oder eines Gespinstes, dem ich da zusah, und jetzt hätte ich dem Kinde wohl helfen mögen, aber ich wußte, ich brauchte ihm nicht mehr zu helfen – ich hatte es erkannt...

An meinen Heimweg an diesem Abend erinnere ich mich nicht. Ich weiß nur, daß ich auf unserer Treppe einer Nachbarin erzählte, daß es noch jetzt ein Stück Seeufer gäbe mit Wiesen und schwarzen Wäldern, aber sie erwiderte mir, nein, das gäbe es nicht. Und daß ich dann die Papiere auf meinem Schreibtisch durcheinandergewühlt fand und irgendwo dazwischen ein altes Bildchen, das mich selbst darstellte, in einem weißen Wollkleid mit Stehkragen, mit hellen wäßrigen Augen und sehr dick.

Schneeschmelze

Die Wohnung lag im zweiten Stockwerk eines großen, hellen Miethauses, auch die Zimmer waren hell und freundlich, blauer Linoleumbelag mit weißen Spritzern, Nußbaumschrank mit Vitrine, Sessel mit Schaumgummipolster, tomatenroter Bezug. Die Kücheneinrichtung noch altmodisch, aber frisch gestrichen, schneeweiß und gemütlich, mit Sitzbank und großem Tisch. Draußen war Tauwetter, der Schnee schmolz, tropfte von der Dachrinne, rutschte in dicken Paketen von der Schräge und stäubte am Fenster vorbei. In der Küche stand die Frau, als der Mann von der Arbeit heimkehrte. Es dämmerte schon, es war beinahe sechs Uhr. Sie hörte, wie er die Wohnungstür von außen mit seinem Schlüssel öffnete und sie dann von innen wieder abschloß, auf die Toilette ging, zurückkam, die Tür hinter ihrem Rücken öffnete und guten Abend sagte. Da erst nahm sie die Hände aus der Seifenbrühe, in der lange Strümpfe sich wie Aale wanden, spritzte die Tropfen von den Fingern, drehte sich um und nickte ihm zu.

Hast du die Tür abgeschlossen? fragte sie.

Ja, sagte der Mann.

Zweimal? fragte die Frau.

Ja, sagte der Mann.

Die Frau ging zum Fenster und ließ den Laden herunter.

Mach noch kein Licht, sagte sie, es ist ein Spalt im Laden, wenn du ein Stück Pappe davor nageln könntest, wäre es gut.

Du bist zu ängstlich, sagte der Mann.

Er ging hinaus und kam mit Handwerkszeug und einem Stück grober Pappe zurück. Auf die eine Seite der Pappe war ein Bild geklebt, ein Neger mit einem roten Halstuch und blitzenden Zähnen, und der Mann nagelte die Pappe so an, daß man den Neger von innen sah. Er verrichtete seine Arbeit in dem bißchen Licht, das vom Korridor in die Küche fiel, und kaum daß er fertig war, ging die Frau hinaus, drehte draußen das Licht aus und schloß die Tür. In der Neonröhre über dem Herd zuckte und flimmerte es, plötzlich war der Raum strahlend hell, und der Mann ging an den Ausguß, wusch sich die Hände unter dem Wasserhahn und setzte sich an den Tisch.

Jetzt will ich essen, sagte er.

Ja, sagte die Frau.

Sie nahm aus dem Kühlschrank eine Platte mit Wurst, Schinken und Salzgurken und stellte eine Schüssel voll Kartoffelsalat dazu. Das Brot stand in einem hübschen geflochtenen Körbchen schon auf dem Tisch, auf einer Wachstuchdecke, die wie Leinen aussah und die ein Muster von kleinen, lustig bewimpelten Schiffen zeigte.

Hast du die Zeitung? fragte die Frau.

Ja, sagte der Mann. Er ging wieder in den Flur hinaus, kam zurück und legte die Zeitung auf den Tisch.

Du mußt die Tür zumachen, sagte die Frau. Das Licht fällt durch die Glastür auf die Treppe, jeder kann sehen, daß wir zu Hause sind. Was steht in der Zeitung? fragte sie.

Es steht etwas drin von der Rückseite des Mondes, sagte der Mann, der die Tür zugemacht und sich wieder hingesetzt hatte und der nun anfing, Kartoffelsalat und Wurst zu essen. Auch über China etwas und über Algier.

Das will ich nicht wissen, sagte die Frau. Ich will wissen, ob die Polizei etwas tut.

Ja, sagte der Mann. Sie haben eine Liste angelegt.

Eine Liste, sagte die Frau höhnisch. Hast du Polizisten auf der Straße gesehen?

Nein, sagte der Mann.

Auch nicht vor dem Roten Bock an der Ecke?

Nein, sagte der Mann.

Die Frau hatte sich an den Tisch gesetzt, sie aß jetzt auch, aber wenig, und die ganze Zeit über horchte sie angestrengt auf jedes Geräusch, das von der Straße herdrang.

Ich begreife dich nicht, sagte der Mann, ich wüßte nicht, wer uns etwas tun sollte, und warum.

Ich weiß schon wer, sagte die Frau.

Außer *ihm* wüßte ich niemanden, sagte der Mann, und *er* ist tot.

Ich bin nicht ganz sicher, sagte die Frau.

Sie stand auf und räumte das Geschirr zusammen und fing auch gleich an, es abzuwaschen, wobei sie sich bemühte, so wenig Lärm wie möglich zu machen. Der Mann steckte sich eine Zigarette an und starrte auf die erste Seite der Zeitung, aber man konnte ihm anmerken, daß er nicht richtig las.

Wir haben ihm nur Gutes getan, sagte er.

Das will nichts heißen, sagte die Frau.

Sie nahm die Strümpfe aus der Schüssel, spülte sie aus und hing sie an hübschen blauen Plastikklammern über der Heizung auf.

Weißt du, wie sie es machen? fragte sie.

Der Mann sagte, nein, ich will's auch nicht wissen, ich fürchte mich nicht vor diesen Rotzkerlen. Ich will die Nachrichten hören.

Sie klingeln, sagte die Frau, aber nur wenn sie wissen, daß jemand zu Hause ist. Wenn niemand aufmacht, drücken sie die Glastüre ein, sie kommen ins Zimmer, mit dem Revolver in der Hand.

Hör auf, sagte der Mann. Hellmuth ist tot.

Die Frau nahm das Handtuch von einem Plastikhaken an der Wand und trocknete sich die Hände ab.

Ich muß dir etwas erzählen, sagte sie, ich habe es bisher nicht tun wollen, aber jetzt muß ich es tun. Damals, als ich von der Polizei abgeholt wurde...

Der Mann legte die Zeitung auf den Tisch und sah seine Frau erschrocken an. Ja? fragte er.

Sie haben mich in die Totenkammer geführt, sagte die Frau, und der Polizist hat angefangen, einen abzudecken, aber langsam, von den Füßen an.

Sind das die Schuhe Ihres Sohnes? hat er gefragt, und ich habe gesagt, ja, es sind seine Schuhe.

Ist es auch sein Anzug? hat der Polizist weiter gefragt, und ich habe gesagt, ja, es ist sein Anzug.

Ich weiß, sagte der Mann.

Ist es auch sein Gesicht? hat der Polizist am Ende gefragt und hat das Leinentuch ganz zurückgeschlagen, aber nur einen Augenblick, weil das Gesicht ganz zerstört war und weil er dachte, ich würde in Ohnmacht fallen oder schreien.

Ja, habe ich gesagt, es ist auch sein Gesicht.

Ich weiß, sagte der Mann.

Die Frau kam zum Tisch, setzte sich ihrem Mann gegenüber und stützte den Kopf auf die Hand.

Ich habe ihn nicht erkannt, sagte sie.

Er kann es aber gewesen sein, sagte der Mann.

Er muß es nicht gewesen sein, sagte die Frau. Ich bin nach Hause gegangen und habe dir gesagt, er war es, und du warst froh.

Wir waren beide froh, sagte der Mann.

Weil er nicht unser Sohn war, sagte die Frau.

Weil er war, wie er war, sagte der Mann.

Er starrte seiner Frau ins Gesicht, ein ewig junges, rundes, von Kräuselhaaren umgebenes, das sich urplötzlich verwandeln konnte in das einer ganz alten Frau.

Du siehst müde aus, sagte er, du bist nervös, wir sollten schlafen gehen.

Es hat keinen Zweck, sagte die Frau, wir können schon lange nicht mehr schlafen, wir tun nur so und machen ganz leise die Augen auf, und dann kommt der Morgen, und unsere leisen Augen sehen sich an.

Wahrscheinlich, sagte der Mann, sollte niemand ein Kind annehmen. Wir haben einen Fehler gemacht, aber jetzt ist es gut.

Ich habe den Toten nicht erkannt, sagte die Frau.

Er kann trotzdem tot sein, sagte der Mann, oder außer Landes, in Amerika, in Australien, weit weg.

In diesem Augenblick rutschte wieder ein großes Stück Schnee vom Dach und fiel auf das Straßenpflaster mit einem weichen, dumpfen Laut.

Erinnerst du dich an das Weihnachten mit dem vielen Schnee, sagte die Frau.

Ja, antwortete der Mann. Hellmuth war damals sieben Jahre alt. Wir haben ihm einen Rodelschlitten gekauft. Er hat noch viele andere Geschenke bekommen.

Aber nicht, was er wollte, sagte die Frau. Er hat alle Geschenke durcheinandergeworfen und gesucht und gesucht.

Schließlich hat er sich beruhigt und mit dem Baukasten gespielt. Er hat ein Haus gebaut, das weder Fenster noch Türen hatte, und eine hohe Mauer darum.

Im Frühjahr darauf hat er das Kaninchen erwürgt, sagte die Frau.

Sprechen wir von etwas anderem, sagte der Mann. Gib mir den Besen, damit ich den Stiel festmache.

Das macht zuviel Lärm, sagte die Frau. Weißt du, wie sie sich nennen?

Nein, sagte der Mann. Ich will es auch nicht wissen, ich will ins Bett gehen oder etwas tun.

Sie nennen sich die Richter, sagte die Frau.

Sie erstarrte und horchte, jemand kam die Treppe herauf, blieb einen Augenblick stehen und ging weiter, langsam, alle Stufen, bis zum obersten Stock.

Du machst mich verrückt, sagte der Mann.

Als er neun Jahre alt war, sagte die Frau, hat er mich zum erstenmal geschlagen. Erinnerst du dich?

Ich erinnere mich, sagte der Mann. Sie hatten ihn von der Schule gejagt, und du hast ihm Vorwürfe gemacht. Damals kam er in die Erziehungsanstalt.

In den Ferien war er bei uns, sagte die Frau.

In den Ferien war er bei uns, wiederholte der Mann. Ich ging einmal am Sonntag mit ihm zu den Teichen im Wald. Wir sahen einen Feuersalamander. Auf dem Heimweg schob er seine Hand in meine Hand.

Am Tag darauf, sagte die Frau, schlug er dem Sohn des Bürgermeisters ein Auge aus.

Er wußte nicht, daß es der Sohn des Bürgermeisters war, sagte der Mann.

Es war sehr unangenehm, sagte die Frau. Du hättest um ein Haar deine Stellung verloren.

Wir waren froh, als die Ferien vorbei waren, sagte der Mann. Er stand auf, holte eine Flasche Bier aus dem Kühlschrank und stellte ein Glas auf den Tisch. Willst du auch? fragte er.

Nein, danke, sagte die Frau. Er hat uns nicht liebgehabt.

Er hat niemanden liebgehabt, sagte der Mann, aber er hat einmal Schutz bei uns gesucht.

Er war aus der Anstalt ausgerückt, sagte die Frau. Er wußte nicht, wohin.

Der Direktor hat uns angerufen, sagte der Mann. Der Direktor war ein freundlicher, lustiger Herr. Wenn der Hellmuth zu Ihnen kommt, hat er gesagt, dann machen Sie ihm nicht auf. Er hat kein Geld und kann sich nichts zu essen kaufen. Wenn der Vogel Hunger hat, kommt er in den Käfig zurück.

Hat er das gesagt? fragte die Frau.

Ja, sagte der Mann. Er hat auch wissen wollen, ob der Hellmuth Freunde hat in der Stadt.

Er hatte aber keine, sagte die Frau.

Das war zur Zeit der Schneeschmelze, sagte der Mann. Der Schnee rutschte vom Dach und fiel in Klumpen auf den Balkon.

Wie heute, sagte die Frau.

Alles wie heute, sagte der Mann.

Alles wie heute, wiederholte die Frau, das Fenster verdunkelt, leise gesprochen, nicht zu Hause gespielt. Das Kind ist die Treppe heraufgekommen und hat geklingelt und geklopft.

Ein Kind war der Hellmuth nicht mehr, sagte der Mann. Er war fünfzehn Jahre alt, und wir mußten tun, was der Direktor sagte.

Wir hatten Angst, sagte die Frau.

Der Mann schenkte sich das zweite Glas Bier ein. Die Straßengeräusche waren beinahe verstummt, man hörte den Föhn, der in mächtigen Stößen aus dem Gebirge kam. Er hat es gemerkt, sagte die Frau. Er war schon fünfzehn Jahre alt, aber er hat auf der Treppe geweint.

Das ist jetzt alles vorbei, sagte der Mann und fuhr mit der Spitze seines Mittelfingers auf dem Wachstuch herum, immer zwischen den kleinen Schiffen, ohne eines zu berühren.

Auf der Polizei, sagte die Frau, war eine Zigeunerin, deren Kind da lag, überfahren, tot. Die Zigeunerin hat gebrüllt wie ein Tier.

Die Stimme des Blutes, sagte der Mann spöttisch und machte ein unglückliches Gesicht.

Er hat doch einmal einen Freund gehabt, sagte die Frau. Es war ein kleiner, schwacher Junge. Er war der, den sie auf dem Schulhof an einen Pfahl gebunden haben. Sie haben das Gras um seine Füße angezündet, und weil es sehr heiß war, hat das Gras gebrannt.

Da siehst du es wieder, sagte der Mann.

Nein, sagte die Frau, Hellmuth war es nicht, und er war auch nicht dabei. Das Kind hat sich losreißen können, aber es ist später gestorben. Alle Jungen sind zu seiner Beerdigung gegangen und haben Blumen gestreut.

Der Hellmuth auch? fragte der Mann.

Der Hellmuth nicht, antwortete die Frau.

Er hatte kein Herz, sagte der Mann, und fing an, sein leeres Bierglas zwischen den Händen zu rollen.

Vielleicht doch, sagte die Frau.

Es ist so hell hier, sagte der Mann plötzlich. Er starrte auf die Neonröhre über dem Herd, und dann legte er seine Hand über die Augen und rieb mit den Fingern auf den geschlossenen Lidern herum.

Wo ist das Bild? fragte er.

Ich habe es in den Schrank gelegt, sagte die Frau.

Wann? fragte der Mann.

Schon lange, antwortete die Frau.

Wann genau? fragte der Mann wieder.

Gestern, antwortete die Frau.

Also hast du ihn gestern gesehen? sagte der Mann.

Ja, sagte die Frau rasch, wie erlöst. Er stand an der Ecke, beim Roten Bock.

Allein? fragte der Mann.

Nein, sagte die Frau, mit ein paar Burschen, die ich nicht kannte. Sie standen zusammen, die Hände in den Hosentaschen, und sprachen nichts.

Dann hörten sie etwas, was ich auch hörte, einen langen, scharfen Pfiff, und plötzlich waren sie alle verschwunden, wie vom Erdboden verschluckt.

Hat er dich gesehen? fragte der Mann.

Nein, antwortete die Frau. Ich stieg aus der Elektrischen, und er drehte mir den Rücken zu.

Vielleicht war er es nicht, sagte der Mann.

Ich bin nicht ganz sicher, sagte die Frau.

Der Mann stand auf, reckte sich, gähnte und stieß ein paarmal mit dem Fuß gegen das Stuhlbein.

Das ist es, warum man keine Kinder annehmen soll. Man weiß nicht, was in ihnen steckt.

Man weiß von keinem Menschen, was in ihm steckt, sagte die Frau.

Sie zog die Tischschublade ein Stück heraus, fuhr mit der Hand darin herum und legte eine Rolle schwarzen Faden und eine Nähnadel auf den Tisch.

Zieh deine Jacke aus, sagte sie. Der obere Knopf ist lose.

Während der Mann seine Jacke auszog, beobachtete er, wie sie versuchte, die Nadel einzufädeln. Es war sehr hell in der Küche, und die Nadel hatte ein großes Öhr. Aber ihre Hände zitterten, und es gelang ihr nicht. Er legte die Jacke auf den Tisch, und die Frau saß da und versuchte immer weiter, die Nadel einzufädeln, und es gelang ihr nicht.

Lies mir etwas vor, bat die Frau, als sie bemerkte, daß er sie nicht aus den Augen ließ.

Aus der Zeitung? fragte der Mann.

Nein, sagte die Frau. Aus einem Buch.

Der Mann ging in das Wohnzimmer hinüber und kam gleich mit einem Buch zurück. Während er es auf den Tisch legte und in seinen Taschen nach der Brille suchte, hörten sie beide vor dem Fenster die Katze schreien.

Da kommt sie endlich heim, die Herumtreiberin, sagte der Mann, stand auf und versuchte den Rolladen ein Stück heraufzuziehen, aber weil er die Pappe dagegen genagelt hatte, bewegte sich der Laden nicht.

Du mußt die Pappe wieder abmachen, sagte die Frau.

Der Mann holte eine Zange und zog die Nägel aus der Pappe. Er zog den Laden herauf, und die Katze sprang mit einem Satz vom Fensterbrett und huschte wie ein kohlschwarzer Schatten in der Küche umher.

Soll ich die Pappe wieder annageln? fragte der Mann, und die Frau schüttelte den Kopf. Lies jetzt bitte, sagte sie.

Der Mann nahm die Pappe mit dem Neger und stellte sie gegen den Kühlschrank, und der Neger grinste ihn von unten an. Dann setzte er sich hin und zog seine Brille aus dem Futteral.

Miez, sagte er, und die Katze sprang ihm auf den Schoß und schnurrte, und er fuhr ihr mit der Hand über den Rücken und sah plötzlich ganz zufrieden aus.

Lies bitte, sagte die Frau.

Von Anfang an? fragte der Mann.

Nein, sagte die Frau, irgendwo. Schlag das Buch in der Mitte auf und lies irgendwo.

Das hat doch keinen Sinn, sagte der Mann.

Das hat doch einen Sinn, sagte die Frau. Ich will wissen, ob wir schuldig sind.

Der Mann setzte die Brille auf und schlug viele Seiten des Buches um. Es war irgendeines, das er im Dunkeln gegriffen hatte, viele Bücher besaßen sie nicht. Ich aber, las er langsam und schwerfällig, erblickte ihn jetzt fast mit Entsetzen, denn seine regelmäßigen, aber starken Züge, die schwarzen, in die Stirne fallenden Locken, die großen Augen, die mit kalten Flammen leuchteten, alles sah ich später lange noch einem gemalten Bilde gleich vor mir. Er las noch ein paar Worte weiter und dann ließ er das Buch auf den Tisch sinken und sagte, daraus erfahren wir nichts.

Nein, sagte die Frau und hielt wieder die Nadel mit der linken Hand gegen das Licht und fuhr mit dem schwarzen Fadenende in ihrer Rechten an dem Nadelöhr vorbei.

Warum willst du es durchaus wissen? fragte der Mann, jeder Mensch ist schuldig und nicht schuldig, darüber nachzudenken, hat keinen Zweck.

Wenn wir schuldig sind, sagte die Frau, müssen wir jetzt den Laden aufziehen, damit jeder von weitem sieht, daß wir zu Hause sind. Wir müssen auch das Licht im Vorplatz brennen lassen und die Wohnungstür aufmachen, damit jeder ungehindert eintreten kann.

Der Mann machte eine Bewegung des Unmuts, und die Katze sprang von seinem Schoß und glitt in die Ecke neben den Mülleimer, wo ein Schüsselchen mit Milch für sie stand. Die Frau versuchte nicht mehr zu fädeln, sie hatte den Kopf auf den Tisch, auf die Jacke ihres Mannes gelegt, und es war jetzt so still, daß sie beide hören konnten, wie die Katze in ihrer Ecke leckte und trank.

Möchtest du das? fragte der Mann.

Ja, sagte die Frau.

Auch die Wohnungstür? fragte der Mann.

Ja, bitte, sagte die Frau.

Du bist doch gar nicht sicher, daß er es war, an der Ecke beim Roten Bock, wandte der Mann noch ein. Aber er stand dabei schon auf und zog den Rolladen hoch, ganz bis obenhin, und dabei bemerkte er, daß alle anderen Läden heruntergelassen waren und daß nun der Schein des Neonlichtes wie das weiße Feuer eines Leuchtturms hinausstrahlte in die Nacht.

Es ist doch möglich, sagte er, daß es der Hellmuth war, der damals bei der Messerstecherei umgekommen ist, und dem man das Gesicht zertreten hat.

Ja, das ist möglich, sagte die Frau.

Ja, und? fragte der Mann.

Das tut nichts zur Sache, sagte die Frau.

Der Mann ging auf den Vorplatz und drehte dort das Licht an und dann schloß er die Wohnungstür auf. Als er zurückkam, hob die Frau ihr Gesicht aus dem kratzigen Jackenstoff, sie hatte das Fischgrätenmuster auf der Backe und lächelte ihn an.

Jetzt kann jeder herein, sagte er unzufrieden.

Ja, sagte die Frau und lächelte noch liebevoller.

Jetzt, sagte der Mann, braucht sich niemand mehr die Mühe zu machen, die Glastür einzuschlagen. Jetzt können sie plötzlich in der Küche stehen, mit dem Revolver in der Hand.

Ja, sagt die Frau.

Und was tun *wir* jetzt? fragte der Mann.

Wir warten, sagte die Frau.

Sie streckte die Hand aus und zog den Mann neben sich auf die Bank. Der Mann setzte sich und zog seinen Rock an, und die Katze sprang ihm auf den Schoß.

Jetzt kannst du auch das Radio andrehen, sagte die Frau. Der Mann hob die Hand zum Büfett und drückte eine Taste herunter, und an dem Apparat leuchtete das grüne Auge und die Ortsnamen wurden hell. Es kam eine Musik, die sehr fremdartig und eigentlich gar nicht wie Musik klang, und an jedem andern Abend hätte der Mann jetzt sofort den Knopf nach rechts oder nach links gedreht, aber heute war es ihm gleichgültig, er rührte sich nicht. Auch die Frau rührte sich nicht, sie hatte ihren Kopf an des Mannes Schulter gelegt und machte die Augen zu. Auch der Mann machte die Augen zu, weil ihn das Licht blendete und weil er sehr müde war. Verrückt, dachte er, da sitzen wir im Leuchtturm und warten auf die Totschläger, und dabei war es vielleicht gar nicht der Junge, vielleicht ist der Junge tot. Er merkte schon, daß seine Frau am Einschlafen war und nahm sich vor, sobald sie schlief, aufzustehen und den Laden herunterzulassen und die Tür zu verschließen. Sie hatte aber schon lange, viele Jahre nicht, so an seiner Schulter geschlafen, sie tat es auf dieselbe Art und Weise wie früher und war überhaupt dieselbe wie früher, nur das Gesicht ein bißchen zerknittert, aber das Gesicht und den weißen Haaransatz sah er jetzt nicht, und weil alles so war wie früher, tat es ihm leid, seine Schulter wegzuziehen, es war auch möglich, daß sie dabei aufwachte und alles von neuem begann. Von neuem, dachte er, von vorne, wir wollten doch ein Kind haben, immer habe ich mir ein Kind gewünscht, und wir bekommen keines, da, Schwester, das Lockenköpfchen in der dritten Reihe, und kommt nicht jemand die Treppe herauf, ein Junge? Nicht aufmachen, sagt der Direktor, also still, ganz still. Still, ganz still, wir haben ihn nicht liebgehabt, aus dem Lockenköpfchen ist ein wildes Tier geworden, hereinspaziert, meine Herren, alle Türen sind offen, schießen Sie, meine Frau will es nicht anders, und es tut nicht weh.

Es tut nicht weh, sagte er, halb im Schlaf schon, unwillkürlich laut, und die Frau schlug die Augen auf und lächelte und dann schliefen sie beide und merkten nicht, wie später die Katze von seinem Schoße sprang und durch das angelehnte Fenster hinausschlüpfte, wie der Schnee vom Dach rutschte und der warme Wind das Fenster bewegte und wie endlich die Morgendämmerung kam. Sie schliefen, gegeneinandergelehnt, tief und ruhig, und niemand kam, sie zu töten, es kam überhaupt niemand, die ganze Nacht.

Als ob es für einen alten Mann keine Abenteuer mehr gäbe. Das eine vor allem: fortziehen, wohin, über die Grenze, die Grenzen sind offen, die Kinder sind versorgt. Irgendwo leben, wo man die Peterskuppel sehen kann, etwas Gewaltiges ist die Peterskuppel, ein Stück Himmelsarchitektur, über der Erde schwebend und eigentlich gar nicht in Verbindung mit der Kirche, in die man nicht gehen mag, weil sie etwas für Fremde und für Bettler ist. Hoch oben wohnen, es werden jetzt so hohe Häuser gebaut, einen Aufzug gibt es immer, wenn auch einen klapprigen mit erschreckenden Geräuschen, aber das Drahtseil hält. Das oberste Stockwerk heißt *attico* und ist ein Häuschen auf dem flachen Dach, mit Terrassen auf drei Seiten, wer Geld hat, kann sich dort einen Garten anlegen, Rosen, Oleander, Gelsominen, wie an den Brunnen von Palermo, die duften süß. Ehe man dort hinzieht, verkauft man alles Angeschwemmte, behält nur das Liebste, drei Regale voll Bücher, einen chinesischen Seidenstoff mit Sonnen und Vögeln, glänzend und schwebend, und einen riesigen, festen Tisch. Eine Hilfe sollte man haben, wenn man ein Mann ist und allein und alt. Aber die alten Frauen, die zu alten Männern in Dienst gehen, die mag man nicht, die mochte er nicht, der alte Herr Seume, der seit einigen Jahren auf einem der sieben Hügel Roms wohnte und auf die Peterskuppel hinübersah. Also suchte er einen Mann, der Diener und Koch war in einer Person, und fand ihn auch. Roberto, einen hochfahrenden jungen Menschen, der sich auf Kosten des Herrn gleich drei Hilfskräfte hielt, die aber der Herr nicht zu sehen bekam, nur früh und spät forthuschen sah, wie Hühner verscheucht. Roberto, der die Besucher des alten Herrn Seume so unterschiedlich behandelte, die hochmütigen, unwirschen wie Fürsten und die freundlichen, hilfreichen wie Dreck. Roberto, der sich auf die feine Küche verstand, auch aufs Anrichten, schön und zierlich, nur daß der alte Herr Seume bald nach seinem Einzug in das Himmelsquartier Diät halten mußte, seines Magens wegen, der manchmal heftig schmerzte, aber auch weil der Blutdruck zu hoch war und Schwindel verursachte und seltsame Zustände von Benommenheit und Angst. Also war es bald aus mit den Speisen, mit denen Roberto sich eingeführt hatte, der Hummermayonnaise und den kleinen, goldgelben *Volauvents* mit der negerbraunen, glänzenden Schokoladencreme als Füllung und dem Häufchen Schlagrahm als Hut. Ein junger Krieger, dachte Herr Seume, wenn Roberto ihm servierte, in der Livree, die aus Botschafterzeiten stammte und glitzernde Epauletten hatte wie eine Uniform. Ein junger Krieger, der Grießbrei anbietet, aber doch ein Soldat, und der Grießbrei ist seine Waffe und eine tödliche zuletzt. Denn der alte Herr Seume wollte nicht wahrhaben, daß sein Hausarzt, ein liebenswürdiger Tiroler, der mit ihm ermunternde Späße trieb, solcher Kost das Wort redete, ja, den Roberto beim Kommen und Gehen jedesmal zur Strenge ermahnte. Roberto war an allem schuld, Roberto, der seinen Launen so freien Lauf ließ, Roberto, der so schön singen konnte, nachts auf der Terrasse, aber von Herrn Seume befragt, stritt er es ab, und weil Herr Seume einmal durch die Läden gespäht und eine dem Diener ähnliche Gestalt dort draußen hatte stehen sehen, glaubte er, daß Roberto einen Zwillingsbruder hätte, der manchmal in der Nacht zu Besuch käme, ihn in den Schlaf zu singen, zwei schöne Brüder, Hypnos und Thanatos, und Roberto war Thanatos, der Tod. Nicht daß Herr Seume beständig so überschwenglich an seinen Diener gedacht hätte, er hatte viel Ärger mit ihm und beklagte sich auch bei seinen Freunden über ihn und nahm sich vor, ihn zu entlassen und einen anderen zu suchen, nur daß er dazu schließlich doch keine Lust hatte und auch keine Zeit.

Denn mit der Zeit, die der alte Herr Seume nach Ansicht all seiner Bekannten so reichlich zur Verfügung hatte, stand es in Wirklichkeit ganz anders, nämlich schlecht, und schlechter mit jedem Tag. Sie zerrann ihm zwischen den Fingern, gleich nachdem das Frühstück abgetragen war, brachte Roberto schon das Mittagessen, und nur ein paar Worte standen in frischer Tinte auf dem Papier, das heißt auf einem der zahllosen kleinen Zettel, die Herrn Seumes riesigen Schreibtisch bedeckten. Zwischen dem Frühstück und dem Mittagessen war ein schwarzes Loch, in dem die großen blütenartigen Sonnen von dem chinesischen Wandbehang langsam auf und nieder schwebten, sonst nichts. Es kam aber auch vor, daß Herr Seume den ganzen Tag wach, ja, überwach war und daß er, den Kopf dicht aufs Papier gebeugt, schrieb und schrieb, lauter neue blitzende Gedanken über die Wesensart und das Verhalten der Menschen, Gedanken, die wohl wert gewesen wären, gedruckt zu werden, nur daß Herr Seume sie am Abend, wenn er das Geschriebene überlesen wollte, nicht mehr auffaßte, ja, manchmal keinen einzigen Satz mehr verstand. Das waren die Abende, an denen Herr Seume auf seiner breiten, langen Terrasse auf und ab ging und die neuen Schößlinge seiner gelben Rosen betrachtete, und wenn dann ein Besucher kam und den herrlichen Ausblick auf die schwarzen Pinien und die Peterskuppel rühmte, deutete Herr Seume auf den Platz, der tief unten lag, und sagte, es zieht hinunter, und machte die sonderbare nervöse Grimasse, die er sich in der letzten Zeit angewöhnt hatte und die manchmal einem unangebrachten Lächeln, manchmal aber auch einem teuflischen Grinsen glich.

Nun muß man jedoch nicht denken, daß diese Geschichte damit endet, daß man den alten Herrn Seume eines Tages zerschmettert dort unten fand. Seine Tage waren gezählt, aber es war in diesen gezählten Tagen noch etwas verborgen, wie ein Goldstück in einem Wunderknäuel, ein Erlebnis, das sichtbar wird, wenn sich die Tage abspulen, und das taten sie im Falle des alten Herrn Seume, von einem gewaltsamen Durschschneiden des Lebensfadens konnte die Rede nicht sein. Das Erlebnis stand im rechten Gegensatz zu der strengen Zucht und dem finsteren Wesen des schönen Roberto, es war heiter, rund und durchaus weiblich und hatte mit guten, fetten Speisen und starkem rotem Wein zu tun. Es begann an einem Sonntag, als Roberto Ausgang hatte und Herr Seume den Entschluß faßte, das karg diätisch hergerichtete Abendmahl kurzerhand in die Toilette zu schütten und auswärts essen zu gehen, freilich nicht mit dem Taxi in die Stadt hinunter, sondern zu Fuß in eines der Gartenrestaurants in der Nähe, das sich eines guten Rufs erfreute. Eine junge Frau bediente ihn da und tat es ihm an, da sie ernste Augen und ein fröhliches, sinnliches Lachen hatte und ihn versorgte wie eine Tochter, wie seine Tochter, die weit fort ihr eigenes Leben hatte. Auch die hübsche Caterina hatte ihr eigenes Leben und ihre eigenen Sorgen, an denen sie Herrn Seume teilnehmen ließ, nicht gleich am ersten Abend, aber an manchen folgenden, die Herr Seume unter dem Vorwand, eingeladen zu sein, in dem von Pinien beschatteten Wirtshausgarten verbrachte. Caterina, die, von ihrem Geliebten verlassen, bei dem Onkel Gastwirt aushalf, setzte sich zu ihm an den Tisch, legte die Serviette über seine Knie und schenkte den verbotenen Wein ein, den er, da seine Hände leicht zitterten, sonst verschüttet hätte. Hatte sie zu tun, schickte sie ihr Söhnchen, das Kind der Liebe, dessen ernsthafter Eifer den alten Mann rührte und mit dem er phantastische Späße trieb, wie er es mit den eigenen Enkeln nie getan hatte – erst der Unvernunft des hohen Alters gelingt es, den größeren Bogen zu schlagen. Von Caterina wurde er als Mann und Berater genommen, ohne Berechnung auch als ein Geschenk des Himmels, da er ihre Rechnungen bezahlte und ihr kleine Geschenke gab. Von der Gesundheit des Herrn Seume war hier nicht die Rede, oder doch nur auf die einfache, volkstümliche Weise, nach der ein kräftiges Essen, ein feuriger Wein Hilfsmittel für alles, Leibes- und Seelennöte sind. Weißen harten Fenchel, im Wasser schwimmend, aß Herr Seume, Nudeln in hitziger roter Sauce, Leber mit Speckstückchen, gebraten am Spieß. Man wußte nichts von seinen Leiden, konnte sie nicht einmal ermessen, und Caterina, hätte sie ihn am Schreibtisch sitzen und Unsinniges und Tiefsinniges mühsam zu Papier bringen sehen, hätte auf jeden Fall die tiefste Ehrfurcht empfunden. In ihrer Gegenwart fühlte Herr Seume sich jung und gesund, die merkwürdigen Zustände, die solchen Gelagen folgten, nahm er leicht, fast als Zeichen der Genesung, hin. Eines Abends, als das blasse Kind um seinen Teller ein Papierschiffchen wie um eine runde Insel schob, kam ihm ein Gedanke, der ihn entzückte. Möchtest du verreisen, fragte er, und der Bub ließ das Schiffchen sogleich stehen und starrte ihn überwältigt an. Eine Wallfahrt, fragte er, Tre Scaline? Madonna di Pompei? Dort war die Mutter einmal gewesen und hatte dem Kinde viel erzählt, auch von der großen Stadt Neapel und den Schiffen, die im Hafen vor Anker liegen. Keine Wallfahrt, sagte Herr Seume erregt und dachte im Geheimen, eine Wallfahrt doch, aber eine heidnische, zu den griechischen Inseln, die, Wunder über Wunder, auftauchen und nähergleiten auf dem gefährlich schwankenden Meer. Eine solche Reise mit Caterina und dem Knaben zu machen, erschien ihm plötzlich unsagbar begehrenswert, schon zeichnete er auf die Speisekarte mit unsicherer Hand und recht im Zickzack die Schiffsroute, Thasos, Lindos, Mykonos, Santorin, Samothrake, Kos. Er sagte Caterina noch nichts von seinen Plänen, erst mit den Fahrkarten in der Hand wollte er sie überraschen, sie auch dann erst loskaufen von ihrer übernommenen Pflicht. Er verabschiedete sich und ging heim, wo er zu seinem Verdruß Roberto schon antraf, der ihn mit strengen Blicken musterte, auch später nicht zu Bett ging, sondern sich unter allerlei Vorwänden immer wieder ins Zimmer schlich, wo Herr Seume noch um Mitternacht stand und, sonderbare Namen vor sich hin murmelnd, den Diener anstarrte mit glasigem Blick. Als er endlich zu Bett lag, hörte Herr Seume auf der Terrasse draußen wieder einmal Singen und dachte, der unverschämte Kerl, er behält seinen Bruder über Nacht hier, aber ohne Zorn. Am nächsten Morgen ließ er ein Taxi kommen und fuhr zum Bahnhof Termini, wo die schöne Schwingung der Vorhalle den Ankommenden wie eine starke und sanfte Welle in die Stadt hineinträgt wie auf einen ewig heimatlichen Strand. Den alten Herrn Seume berührte die Schwinge nicht, ihn trug es hinaus, und so reisesüchtig war er mit einemmal, daß er sich an seinem eigentlichen Ziel, dem Büro für Zug- und Schiffsreisen, vorbeischieben ließ, den Bahnsteigen zu. Von seiner hohen, stillen Dachterrasse mit ihrer reinen Luft in das stinkende, schreiende, wirbelnde Menschengewühl wie aus dem Himmel auf die Erde, wie aus dem Tod ins Leben versetzt, ließ er sich puffen und stoßen und empfand all dies nicht als lästig, sondern wie eine Befreiung, ein Aufgenommenwerden im Greifbaren und Begreiflichen, dem er sich sein Leben lang ferngehalten hatte. Durch Zufall von einer Schar junger Fußballspieler umringt, nickte er freundlich nach allen Seiten, sein nervöses Gesichtszucken stellte sich auch ein und wurde als spaßhafte, vielleicht sogar anzügliche Gebärde gedeutet, auch wurde Herr Seume als Fremder sogleich erkannt und gutmütig aufs Korn genommen, endlich auch zum Sitzen aufgefordert, da man sich, geschoben und gezerrt, gerade bei den Eisenstühlchen und Tischchen der Bar befand. Auf ein solches kaltes Stühlchen ließ sich der alte Herr Seume, vielleicht schon von einer leichten Schwäche überkommen, nun tatsächlich fallen, wonach die jungen Leute, in der Hoffnung, von dem reichen Amerikaner reich bewirtet zu werden, anfingen, ihn auf spaßhaft übertriebene Weise zu bedienen. Der alte Herr Seume sah die jungen Gesichter sich zugeneigt und hinter ihnen die leuchtenden Buchstaben, die auftauchten und verschwanden, und die Räder, die sich drehten, und jenseits der Sperre die Züge, die hereinkamen und wieder fortglitten. Er hörte das ungeheure Getöse des großen Bahnhofs und spürte, wie ein jäher Frühlingsduft von blühenden Mimosen den Dunst von Schweiß und Zigarettenrauch, von Gebratenem und Gebackenem durchdrang. Wohin reisen Euer Exzellenz, riefen die jungen Männer, und wieder zeichnete Herr Seume mit zitternden Fingern, aber schwungvoll die Schiffsroute, Thasos, Lindos, Mykonos, Samothrake, Kos. Mittendrin sprang er auf und wollte zur Kasse, einen großen Geldschein wie ein Fähnchen in der Hand schwingend. Da warf ihn der Schwindel zwischen die Tische und Stühle, wo ihn ein paar der fröhlichen Knaben, die ihm dienstfertig nachgelaufen waren, gerade noch auffangen konnten, ehe er sich das Gesicht zerschlug. Ein Sofa gab es weit und breit nicht, auch keine Bank, auf der Herr Seume sich hätte ausstrecken können, also saß er gegen die Leiber der Fußballer wie gegen eine lebendige Mauer gestützt auf einem der Eisenstühlchen und kam langsam so weit zu sich, daß er seine Adresse nennen und ein Taxi besteigen konnte. Den großen Geldschein hatte ein Junge aufgefangen, hatte die Rechnung bezahlt und den genauen Rest dem Herrn Seume wieder in die Tasche geschoben, nun winkten sie alle beim Abschied, ein wenig betroffen, weil sie plötzlich einsahen, wer sie bewirtet hatte, das Alter, vielleicht der Tod. Einer noch schwang sich im letzten Augenblick auf das Trittbrett und zum Fahrer, brachte Herrn Seume auf den Hügel und ins Himmelsquartier, wurde aber von Roberto mit so unverhohlenem Mißtrauen empfangen, daß er sich bald entfernte, was Herrn Seume nur recht war, so wenig wie möglich von seinem Abenteuer sollte Roberto zu Ohren kommen. Der fragte nicht viel, er brachte seinen Herrn zu Bett und telefonierte mit dem Arzt, der dann noch in der Nacht seinen Besuch machte und Herrn Seume das Ausgehen auf ungewisse Zeit verbot.

Herr Seume war darüber weniger ungehalten, als man hätte

annehmen können. Auf ungewisse Zeit – ach, die Zeit des Herrn Seume war schon von sich aus eine ungewisse, die mit Morgen und Abend, Tag und Nacht willkürlich umsprang und die nun schon manchmal bei hellem Tageslicht Robertos Zwillingsbruder auf der Terrasse singen ließ. Roberto freilich wollte es nicht wahrhaben, er blickte Herrn Seume streng an und sagte, es sei niemand draußen und niemand in der Wohnung, der Arzt habe jeden Besuch verboten. In der Tat hörte der Herr mehrmals, wenn es geschellt hatte, an der Eingangstür leise und heftig sprechen, und einmal kam es ihm in den Sinn, Caterina sei es, die da Einlaß begehrte, er glaubte ihre Stimme zu hören, und nun war er mit einemmal wieder zu Hause, fuhr nicht mit einer andern traumhaften Caterina von Insel zu Insel, schüttelte nicht für ein traumhaftes Söhnchen Schmetterlinge vom Baum. Er stand auf und schlich sich auf die Terrasse, wobei ihn von neuem ein heftiger Schwindel überkam. Dort unten aber trat Caterina aus dem Haus, sie hatte das Kind nicht bei sich, ganz klein und verloren, ein fernes Figürchen, stand sie in der grellen Mittagssonne und hob jetzt den Blick, und Herr Seume beugte sich über die Brüstung und bewegte seinen weißen Kopf rätselhaft hin und her. Da winkte Caterina nur schnell und lief fort, quer über den Platz und um die Ecke und sah auch nicht mehr zurück, vielleicht aus Besorgnis, Herr Seume möge sich allzuweit vorbeugen und das Gleichgewicht verlieren. Das Gleichgewicht aber meinte Herr Seume nun gerade wiedergewonnen zu haben, den Sinn für Oben und Unten und für Heute und Morgen, und heute wollte er noch zu Hause bleiben und den Roberto mit großer Fügsamkeit in Sicherheit wiegen, aber morgen ihn mit einem Auftrag fortschicken und seinerseits das Haus verlassen. Bei diesem Gedanken wurde Herr Seume so guter Laune, daß er sich an seinen Schreibtisch setzte, wo Roberto die zahllosen, von Herrn Seume in der letzten Zeit mit kleiner, feiner Schrift bedeckten Zettel auf mehrere Haufen geschichtet hatte, und diese Zettel nahm Herr Seume nun zur Hand und las und verstand alles und wunderte sich, was das für Gedanken waren, klarere, kühnere als je zuvor. Über den Tisch gebückt, laut vor sich hinredend, fand ihn Roberto und trieb ihn ins Bett zurück, wo Herr Seume die Zettel verstreute und über ihnen einschlief, ein begeistertes Lächeln auf dem Gesicht. Am nächsten Morgen erinnerte er sich sehr wohl seines Vorhabens, er schrieb, aber erst am Nachmittag, ein winziges Briefchen an eine sehr weit entfernt wohnende Bekannte und schickte Roberto damit auf den Weg. Roberto ging gutwillig, aber als er fort war und Herr Seume sich anziehen wollte, stellte sich heraus, daß Roberto den Kleiderschrank abgeschlossen und den Schlüssel versteckt oder mitgenommen hatte und daß auch Herrn Seumes Hausschlüssel, die auf der Kommode im Korridor ihren bestimmten Platz hatten, fehlten. Herr Seume dachte nicht daran, sich zufriedenzugeben, auch einen Roberto kann man überlisten, auch einen Engel mit einem flammenden Schwert. In einem Mottenkoffer in der Besenkammer waren noch alte Kleider, von denen Roberto nichts wußte, besonders ein uralter, sehr langer Mantel, der den Schlafanzug völlig bedeckte, und auch ein altes lächerliches Jägerhütchen, von dem Herr Seume sich nie hatte trennen können. In dem grauen, schon zerlöcherten Mantel, das staubige Hütchen auf dem Kopf, ging Herr Seume die Treppe hinunter, ja, zu Fuß all die vielen Treppen, weil er für die Fahrstuhltür keinen Schlüssel hatte. Er ging am Fenster des Portiers vorüber, der mochte ihn für einen Bettler halten und schalt hinter ihm her. Weil Herr Seume nicht erkannt sein wollte, trat er rasch auf den Platz hinaus, wo die Nachmittagssonne glühte, ein wenig zu rasch, und schon schwindelte ihm wieder, und er war geblendet und schlug eine falsche Richtung ein. Er merkte es auch gar nicht, so schwer war das Zufußgehen, so ungewohnt war es ihm, all die heftigen Geräusche zu bestehen. Die Straße trug ihn bergauf, dann wieder bergab, an Gartenmauern hin, bergab hätte es nicht gehen dürfen, und Herr Seume dachte einen Augenblick daran, zu fragen, nur wußte er plötzlich nicht mehr, was er fragen sollte und was eigentlich sein Ziel gewesen war. Ein klappriges Taxi fuhr an ihm vorüber und hielt an, und der Fahrer beugte sich heraus und forderte ihn auf, einzusteigen, er suche keine Kundschaft mehr, er führe nach Hause. Daß der zerlumpte Alte, statt sich zu ihm nach vorn zu setzen, die hintere Tür öffnete und sich wie ein großer Herr in die Polster fallen ließ, belustigte den Fahrer sehr; wohin befehlen? spottete er, nach San Pietro, und behandelte Herrn Seume wie einen vornehmen Fremden, der nichts weiß und nichts versteht. Herr Seume war froh, zu sitzen, er nickte, und sein Gesicht verzog sich zu der alten Grimasse, die der Fahrer für ein spaßhaftes Einverständnis nahm. So machte er auch weiterhin den Fremdenführer, sagte Porta San Pancrazio und Garibaldi, und schon waren zur Seite kleine Gärten mit Bambus und grünem Salat. Der Wagen rollte jetzt im Leerlauf im tollsten Tempo bergab, hielt mit einem Ruck beim roten Licht und fuhr dann, während rechts der Tunnel wie ein Höllenrachen gähnte, wirklich auf die mächtigen abendlichen Kolonnaden der Peterskirche zu.

Herr Seume griff in die Tasche, er hatte kein Geld, daß er so erstaunt immer weiter danach suchte, nahm der Fahrer als den letzten, köstlichsten Scherz. Er ließ Herrn Seume aussteigen und am Brunnen stehen, wo der Wind ihm das Regenbogenwasser ins Gesicht schleuderte, und die Kolonnaden begannen zu wandern und gingen langsam, aber unaufhörlich im Kreise um ihn herum. Herr Seume trat auf die breite Treppe zu und stieg mit großer Mühe ein paar der flachen Stufen hinauf, da stand im Mantel und Dreispitz eines Kirchenhüters Roberto und hob mit feierlicher Gebärde den Stab. Aber dann war es doch nicht Roberto, sondern sein Bruder, den es nicht hatte geben sollen, aber jetzt gab es ihn doch, denn er sang mit hundert Stimmen aus der Kirche heraus. Eine Frau, die dort herkam, gab Herrn Seume eine Münze, und dieser nahm sie ernsthaft und demütig und schob sie unter die Zunge, wie ein Kind alles, was man ihm gibt, zum Mund führt. Er wollte nicht in die Kirche, mußte auch nicht, er konnte sich ganz langsam hinfallen lassen, auf die Knie, auf die Hände, auf die Stirn. Er konnte sich auf den königlichen Stufen von St. Peter ausstrecken und ruhen, bis er aufgehoben und fortgetragen wurde, ein fremder Bettler und tot.

VI

AUS
»ENGELS-
BRÜCKE«

Totenhemdchen Samenkorn

Nach einer Samenhandlung habe ich hier vergeblich Ausschau gehalten. In Frankfurt ging ich zu dieser Zeit des Jahres, im April oder Mai, in eine bestimmte Straße, in der solche Geschäfte zahlreich, fast Tür an Tür, zu finden waren, und wühlte, unter dem Vorwand eines bescheidenen Einkaufs, mit immer gleicher Lust in den kühlen Körnern, die dort grüngelb und bläulich, goldgelb und rostbraun, spitz und rund, glatt und pelzig in flachen Behältern ausgelegt waren. Die Geschäfte waren stets voll von Menschen, auf deren Gesichtern eine eigentümliche, freudige Erwartung stand, wie eine Vorwegnahme der kommenden Blüte oder Frucht. Die den Kästen aufgesteckten Tütchen zeigten das zukünftige Wachstum in besonderer Pracht, aber ich glaube, daß jeder der Käufer sie noch anders im Sinne hatte, noch leuchtender, noch saftiger, Erinnerung aus Kinderzeiten, Idole aus den Gesichten des Traums. Jedesmal bei solchen Besuchen tauchte der mit Kresse gesäte eigene Namenszug vor mir auf, die zarten Spitzen, die man frühmorgens, noch vor der Schule, erregt wahrnahm, und später, beim Auswuchern, der scharfe, reine Geschmack, der einem die Tränen in die Augen trieb. G.'s kindliche Wunderspiele waren einfallsreicher, vielleicht schon wissenschaftlicher, da er auf der Veranda seines Elternhauses in Wien die verschiedensten Kerne, Nüsse, Zitronen, Datteln, auch Kartoffelstückchen mit Augen, in die Erde steckte, und das alles heranwachsen ließ. Aber ob es sich nun um exotische Früchte handelt, um Mumienweizen oder um den Kirschkern aus dem Kompott vom vorigen Jahr, es begibt sich doch immer das gleiche: ein Trockenes, Lebloses quillt im Erdwasser, ein weißlich eingerollter Keimling durchstößt die Krume, um zu wachsen und sich zu entfalten, kurzlebig windig oder zu mächtiger Verholzung und jahrhundertelanger Dauer bestimmt. In der Kinderstube der Gärtnerei in B. haben die niederen Holzkästen mit ihrem zarten Flaum immer etwas von Adonisgärtchen, man wunderte sich nicht, umwüchse einen, plötzlich aufschießend, bis zu den Schultern das unwahrscheinliche Grün. Von vielen Jahren einmal bewegte es mich sehr, in einer Samenhandlung am Münsterplatz in Freiburg nicht nur die zukünftige Fülle des Gartens feilgeboten zu finden, sondern auch Sterbehemdchen aus Papier, in länglichen Schachteln mit weizengelben Bändchen festgebunden und zierlich in Falten gelegt. Alles der Erde gehörig, alles zur Auferstehung bestimmt.

Am Ufer der Dreisam

In N. der Spaziergang durch die Ebene, dem Kaiserstuhl zu. Die tote Saatkrähe am Waldrand flach ausgebreitet, grau mit blauen Flügelrändern, keine Schußwunde zu sehen. Die Bekassinen knatternd aus einer Mulde wegstreichend. Dunstig blauer Föhnhimmel, die Märzwiesen mattgrün, auf dem Kandel noch Schnee. Bauern scherenklappernd in den Kronen der Obstbäume, schwarzfeuchtes Astwerk auf den Baumscheiben verstreut. Die Dreisam, so bald nach der Schneeschmelze noch voll weißgrünem Wasser, ein rechter Wildbach, aber mit künstlich schnurgerade geführtem Bett. Auf dem schmalen Dammweg das alte Fluggefühl der Flußdämme, von denen aus jede Landschaft weit ist und schmerzlich schön. In der Nähe des Wehrs die drei Fischwilderer, zwei einheimische und ein Franzose in Uniform. Das Wasser am Wehr sprühte und rauschte, die Angelhaken blitzten, auf dem braunen Acker drehte, auf der Suche nach Würmern, die Frau des Franzosen langsam die Schollen um. Auf dem Heimweg die Fabrik mit silbergrauen Holzschuppen, rosaroten Dachflächen und weißen kahlen

Pappeln, dahinter die Parkbäume, dunkel und still wie ein Wald. Auf der Dorfstraße schaufelte ein Mann aus einem Kastenwagen Humus, schwarz, fett und übelriechend, Erde von den Rieselfeldern, Blut aus der Abdeckerei. Im Hause klopften Kastanienknospen, schon groß und prall, an die Fenster des oberen Stockwerks, wenn der Wind an den Zweigen riß. Am Abend Gespräche mit den erwachsenen Kindern über die sogenannte Onkel-Ehe in Deutschland, über die juristische Laufbahn, über Valérys Einfluß auf die italienische Literatur. Das alles nur wie eine Vorbereitung auf den Augenblick am Bahnsteig, in dem, ganz kurz vor dem Einlaufen des Zuges, M. mir sagte, was ich die ganze Zeit über schon hätte erraten können aus ihren alle Dinge schmerzlich umarmenden Blicken, aus ihrer warmen Stimme, ihrem jung gewordenen, staunenden Gesicht.

Kuckuck am Nemisee

Auf dem Weg durch die Galleria di sopra, die alte Eichenallee, hoch über dem Albanersee, herrscht eine große, schöne Stille, ein Zug von weißen Nonnen verschwindet im Klostergarten, über einen Holzplatz ziehen beladene Maultiere, auf deren letztem ein kleiner Knabe sitzt und singt. Über den tiefgebetteten, düsteren See gehen kalte Windstöße, hinter den Wolken zieht ein viermotoriges Flugzeug seine unsichtbare Bahn. Jenseits der Autostraße läuft der Pfad über silbergraue, glatte Felssteine durch eine bestürzend reich blühende Wildnis, Akazien, Zistrosen, Sternblumen, Spiräen und Orchideen, Federnelken, Lungenkraut und fremde weiße Rispen, an denen sich von unten her Blüte um Blüte erschließt. Schwere, süße Gerüche, auch reine, herbe von schwarzer Erde und rinnendem Wasser, und die Schritte so leicht von Stein zu Stein. Unversehens beginnt der Wald, das vielstämmige Kastaniengehölz, laubraschelnde Rinnen von lichtgrünen Kronen überwölbt, stundenlanges Bergaufschreiten, nach rechts und links sich Wenden, Mutmaßen der Himmelsrichtung, ohne Ausblick, ohne Weg und Steg. Oberhalb des Ortes Nemi sollte man sich am Ende befinden, aber wer wäre hier nicht irregegangen, immer schlägt man, unter der meergrünen Decke tastend, den Bogen zu kurz, immer ist es der prato, auf den man herauskommt, und die verkehrte Seite des Sees. Den heißt es nun umgehen, hoch oben auf der großen Weide mit Schäfern und weißen Hunden und den Schafen, die rupfen und rupfen, unablässig, emsig, sogar auf der Flucht. Sehr großartig fließen hier die Hänge des Albanergebirges bergab, der kahle Buckel von Sommerwolken überflogen, und jenseits der Seemulde die Campagna und der metallen blinkende Streifen Meer. Das hat man alles schon gesehen, vor Jahren, vor Jahrzehnten, auch die kleinen bogenförmigen Weidennarben des Hügels und den Esel, der, am Baumstämmchen angebunden, den Kopf hebt und schreit. Man weiß, was jetzt kommt, das stachlige Weißdorngebüsch, der blühende Ginster am Waldrand, der Hohlweg und dann, im Wald drinnen, der große Brunnen, Feuerplatz und römischer Meilenstein, feucht zerstampfte, schwarze Tierpfade, zusammenlaufend von überall her. Pfade der eigenen Vergangenheit, aber nicht zum Nachsinnen und Vergleichen reizend, und nicht zur Melancholie, sondern den Schritt beschwingend und das Bewußtsein verrückend ins Alterslose, in dem von den gehabten Gefühlen nur eines noch, nämlich die Liebe besteht. Ihre eigentliche Landschaft sind diese zugleich finsteren und leuchtenden Hügel, zu ihr gehört dieser Frühlingsweg am langen Maitag, nun Wald, nun Felshang, Zyklamen im Buschwerk, Ziegenhirten in schwarzen Mänteln, jäher Hufschlag, und die Pferde vorbeigetrieben, Stuten mit zusammengekoppelten Vorderfüßen, seltsam und qualvoll hüpfend, und Fohlen mit wehenden Mähnen und glühendem Blick. Zu ihr gehört das Sichausdenaugenverlieren und die Stimme des anderen Vernehmen hinter Felsen und lichtgrünem Laubwerk, begleitet vom Rufe des Kuckucks, einem fernen, unzählbaren Ruf.

Ostia, Ende Mai

Das erste Schwimmen im Meer, heuer sehr spät, nämlich Ende Mai, hatte etwas überaus Festliches, trotz des verschleierten Himmels über dem öden Vorgelände von Ostia, wo zehnstöckige Zinshäuser aus dem grauen Dünensand aufragen und Reste von Pinienwäldern, von Stacheldraht umgeben, ihrer Ausrottung entgegensehen. Unvergleichlich viel mehr als Fluß und Weiher ist das Meer das andere Element; vom anorganischen Salz durchsetzt, von stummen Lebewesen bevölkert, von kosmischen Gewalten aufgewühlt, ist es unserem Wesen so fremd, daß die Tatsache, daß wir uns in ihm arglos frei bewegen können, immer wieder, und jedenfalls bei jedem ersten Bad des Jahres, als ein unbegreifliches Wunder erscheint. Das Andersartige gerade vermittelt ein Gefühl der Ablösung vom eigenen Ich, dem organischen wie dem schicksalsmäßigen, eine Empfindung von Aufgenommenwerden in größeren Zeitläuften, unpersönlicherem Geschehen. Die Zeile Baudelaires »Homme libre, toujours tu chériras la mer« hat für mich diesen Sinn, daneben den der grenzenlosen Weite, die erschreckt und beglückt. In Ostia, am vergangenen Himmelfahrtstag, spürte ich das alles sehr stark, auch das Entzücken über die Heimkehr ins Wellengeräusch, eine sehr vertraute Melodie. Das sonst so öde und mißfarbene Ufer bot zudem ein besonders überraschendes Bild: nach der langen, kühlen Regenzeit war das niedere Gebüsch hinter den Kabinenreihen von zahllosen weißen und gelben Blüten wie von Schmetterlingsschwärmen beflogen und, noch überraschender, waren die Fettkrautpolster von großen, leuchtendroten Blütensternen bedeckt. Vergebens versuchte ich den Namen der Pflanze zu erfahren, sole, Sonne schien sie im Volksmund zu heißen, und tatsächlich leuchteten die großen, distelartigen Sterne aus dem fahlen Blaugrün der Wüstengewächse wie kleine Ableger der verhüllten Sonne hervor.

Hingerissen von dem Titel eines Buches von Malraux ›Das ima-
ginäre Museum‹ habe ich mir etwas Ähnliches eingerichtet, nämlich eine Sammlung von heute selten gewordenen Dingen, die ich
einmal gesehen und geliebt und als etwas Merkwürdiges und Kost-
bares empfunden habe. Die Kinderzeit wurde eine besondere
Fundgrube, und nicht nur, weil damals eben noch mehr solcher
Dinge in Glasschränken, unter Vitrinen und in Schubladen gehütet
wurden, sondern auch, weil solche Dinge damals für uns noch zau-
berkräftiger und merkwürdiger waren. Aus jener Zeit stammt ein
bemaltes Kärtchen, das meine Mutter zuweilen, aber nicht oft,
hervorholte, und auf dem jetzt meine Besucher ein ländliches
Schloß von französischer Bauart sehen. Sobald ich heimlich einen
an der Rückseite des Kärtchens angebrachten Papierstreifen
bewege, erscheint vor den hohen Glastüren eine Reihe von Oran-
genbäumchen in weißen Kübeln, ein zweiter Ruck zaubert im
Laub der kugelrunden Kronen die schönsten goldroten Früchte
hervor. Aus derselben Zeit bewahre ich einen altmodischen,
schwärzlich verfärbten Kompaß und einen Fisch, den meine Gäste
in die Hand nehmen dürfen, wobei er, wie von selber, seinen glatten
Schuppenschwanz bewegt. Zu den Dingen, die ich selbst noch
besessen und während des letzten Krieges eingebüßt habe, gehört
eine unten abgeplattete Glaskugel, in deren Innerm eine Unmenge
von geschliffenen Glas- und Steinstückchen, dicht aneinandergedrängt und in die durchsichtige Hülle eingeschmolzen, den Eindruck einer unerreichbaren Märchenwelt hervorrufen. Natürlich
besitze ich auch japanische Blumen, trockene, unansehnliche
Holzstückchen, die ich für meine Besucher in eine Waschschüssel
werfe, wo sie sich, das Wasser leicht giftgrün verfärbend, langsam
entringeln und große farbige Blüten bilden. In derselben Abteilung
meines Raritätenkabinetts befindet sich die Kaleidoskopscheibe,
die, vor das Objektiv der Laterna magica geschoben, beständig
wechselnde kristallinische Gebilde von großer Farbenpracht auf
ein ausgespanntes Bettuch wirft, ein Vorgang, bei dem sich das
Zimmer, wie von selber, mit dem Geruch einer blakenden Petro-
leumlampe erfüllt. Bei der Hochzeit zu Kanaan, die mit in Samt

und Seide gekleideten Wachsfigürchen, einem spitzengedeckten Tisch und winzigem Blumengeschirr in einer kleinen Guckkastenbühne aufgebaut ist, handelt es sich um ein spät hinzugekommenes Stück, das ich mir, mit mehreren anderen, aus dem Museum in Gmunden angeeignet habe. Aus viel früherer Zeit jedoch, und aus dem Hause einer alten Verwandten, stammen die beiden Porzellanfiguren, Mönch und Nonne, deren Köpfe, mit einem Gewicht versehen, so locker sitzen, daß ein leichter Stoß des Fingers genügt, um sie in lang andauernde Bewegung zu versetzen, wobei sie dann auch die Münder, wie Gebete herleiernd, bewegen. Der Besucher, der sich an diesem Spielzeug ergötzt, wird bemerken, daß, während die Nonne schier in alle Ewigkeit fortbeten kann, der Mönch ziemlich bald erlahmt, und zwar weil, dank einer technischen Unvollkommenheit, sein spitzer und schütterer Bart sich in seiner nußbraunen Kutte verfängt. Eine etwas erschreckende Gestalt ist die große Handpuppe, die, in gelben und schwarzen Satin gekleidet, einen Chinesen darstellt, dessen asiatisch finstere Züge durch den starren, hölzernen Zopf und die nach unten gekrümmten, lackschwarzen Schnurrbartspitzen etwas besonders Bedrohliches und Fremdländisches bekommen. Während ich dieses gelbe Gesicht meist schweigend vor den Augen meiner Besucher bewege, muß ich zu einem anderen Stück meiner Sammlung, einem bemalten Lackkästchen, einige Erklärungen abgeben. Es ist nämlich darauf eine Troika zu sehen, die in anscheinend rasender Fahrt durch eine Schneelandschaft hinjagt, und obwohl ich damit nur an einem kindlichen Irrtum festhalte, behaupte ich, daß der einzige Insasse des Schlittens meinen Urgroßvater darstelle, der als zwölfjähriger Knabe dem Kaiser Napoleon in den russischen Feldzug folgte. Leider ist es mir unmöglich, alle Stücke meiner imaginären Sammlung hier aufzuführen. Ich erwähne nur noch das ungeborene Krokodil, das mit seinen silbrigen Schuppen und seinen weißen Beinchen einen gespenstigen Eindruck hervorruft, und meine letzte Erwerbung, ein fein geritztes Glas aus dem Besitz des Professors B. in Frankfurt, unter dessen schönen Blumen und Ranken die Worte »Freiheit mit Furcht« eingezeichnet stehen.

So wahr mir Gott helfe

Das genaue Hinsehen und Hinhören, so wichtig es für den Schriftsteller sein mag, bedeutet doch auch wieder einen gefährlichen Verlust an Unbefangenheit, ja man könnte fast sagen, an Unschuld des Erlebens. Wer aus einem Eindruck nichts ›machen‹ will, gibt sich argloser hin, er läßt sich manches entgehen, wie es scheint in der geheimen Absicht, anderes, und vielleicht ganz Unwesentliches, stärker im Gedächtnis zu behalten. Solcher Betrachtungsweise am nächsten steht noch der Lyriker, der unter Umständen mit den Tatsachen sehr willkürlich und selbstherrlich umspringt und oft keineswegs das Vernünftige und allgemein Wissenswerte eines Vorganges mitzuteilen sich bemüht. Der Prosaschriftsteller muß aufmerksamer sein, der Berichterstatter noch genauer, am Ende der Reihe dann steht die Maschine, der Tonabnehmer, der photographische oder der Filmapparat. Aus dem eigenen Auge etwas kaltes Mechanisches, eine Linse zu machen, und mit dem eigenen Ohr Ton um Ton zu registrieren, gelingt schwer, es kommt immer etwas dazwischen, ein persönliches Behagen oder Unbehagen, eine Gedankenflucht, Moorlöcher des Stumpfsinns, in denen man versinkt. Als ich mich heute daran zu erinnern versuchte, was bei der Vereidigung der Schweizergarde im Belvederehof des Vatikans vor sich gegangen war, hatte ich schon die Hälfte vergessen. Ich wußte nicht mehr, wie die Trommler und Pfeifer gekleidet gewesen waren, mit welchen Stickereien die Fahne verziert war, und wie die genaue Schwurformel gelautet hatte. Dafür habe ich die eintönigen Klänge und den starren Rhythmus der Musik noch im Ohr. Ich sehe die starken Farben, das Blau, Rot und Gelb der Pluderhosen und die Gesichter der Männer, grau und faltig unter den runden Blechhelmen, von der altertümlichen Tracht ins Altertümliche verwandelt, Landsknechte und Galgenvögel aus der Zeit des Sacco di Roma, unvorstellbar im grauen Anzug und weichen Hut. Ein kleiner Geistlicher geht hurtig die Reihe ab, schwingt seinen Weiberrock und zieht vor der Fahne den schwarzen Filz. Eine unsichtbare Stimme liest etwas vor von Treue gegen den heiligen Vater, von Manneszucht und Erfüllung der Pflicht. Ein paar Kommandorufe, und die Hellebarden zucken in die Luft und prallen dann mit den Schäften auf den Kies. Der Fahnenträger, alt und dick, mit gepanzertem Spitzbauch, läßt die Fahne vornüberfallen, sodaß sie nun waagerecht, wie ein Schlagbaum, liegt. Im leisen Sprühregen tritt ein Rekrut nach dem andern aus der Reihe und macht seinen Weg über die ganze Breite des Hofes und wieder zurück, der Fahne zu. Dort stehen die Offiziere und sehen ihm entgegen, auch sie gepanzert, aber in roten Samthosen und weichen, vorne spitz aufgebogenen Schuhen. Hinter den Wolken erscheint ein schwaches Licht, die Arkaden des Hofes und die hoch aufsteigenden Gebäude des vatikanischen Palastes sind jetzt deutlicher zu sehen. Immer steht ein Mann bei der Fahne, immer ist einer gerade unterwegs, immer tritt einer aus dem Glied. Die Bewegungen der Schwörenden sind alle groß und kühn, nichts von zackigem Drill. Die einstudierte Geste, mit der sie die Hand von oben auf die Fahne fallen lassen, hat etwas von einem plötzlichen, wilden Entschluß, Raubvogel, der sich auf eine Beute stürzt, zugleich auch etwas Tänzerisches, aber in einem vergangenen, sakralen Sinn. Nur die Stimmen enthüllen die persönliche Eigenart, laut und klangvoll, beinahe triumphierend die einen, die anderen heiser und brüchig vor Scham und Scheu. So wahr mir Gott helfe.

Schattenwelt

Das kann einem geschehen, daß man sich plötzlich die Sonne nicht mehr auf den Kopf scheinen lassen darf, daß man den Schatten aufsuchen muß, den kühlen, verhaßten, und Schattenwege gehen. So war ich heuer daran, und weil südlicher Frühling für mich immer bedeutet hatte: Sonnenfeuer auf den Augenlidern, Sonnenhitze auf der Haut, Insektensummen und Glyzinienduft, haderte ich eine Weile und sehnte mich zurück nach dem animalischen Wohlgefühl, dem schönen Verdummen zwischen dem glühenden Erdkern und dem glühenden Gestirn. Mit der Zeit entdeckte ich jedoch, daß die Welt der Schatten und Halbschatten reicher ist als die des grellen Lichtes, reicher an Tönungen und Schwingungen, an Sinnenreizen aller Art. Wer sich in ihr bewegt, bleibt wach und hält die Augen offen, er verschmilzt nicht mit der Natur, sondern nimmt sie wahr, und als eine Wahrheit von bestürzender Fülle und Kraft. Der Borghesegarten, in dem ich mich in anderen Jahren immer an denselben der prallen Sonne ausgesetzten Plätzen aufgehalten hatte, bekommt nun für mich ein ganz anderes Gesicht. Ich begehe die Wege, die unter Steineichen und Akazien, unter Ulmen und Platanen in sanften Tälchen hinlaufen, mit maigrünem hohen Gras zu beiden Seiten, mit kreisförmigen Steinbänken, die, an den Hang gelehnt, runde Brunnenschalen umgeben. Ich spüre den Geruch des Wassers, die Schattenkühle und den Hauch der feuchten Erde, auf die hinab im steigenden Jahr noch schwärzlich welke Blättchen sinken. Der Frühling ist anders als bei uns zuhause, das ganz und gar Neue fehlt, das wie mit einem Schlage hartes, totes Holz mit einer leuchtenden Wolke umgibt. Doch glänzen an den Spitzen der Zweige auch hier die jungen, zarten Triebe, im Blattwerk der Akazien hängen dunkle, im Laub der Steineichen zeisiggrüne Blütenwürstchen, die Pinien blühen und treiben zu gleicher Zeit. Nach und nach bekomme ich einen Blick für die außerordentliche Farbigkeit des grünen Gartens, ein Ohr für die zarten Vogelstimmen, die sich unter der dichten Decke der Motorengeräusche erheben. Die einzelnen Wege und Plätze unterscheiden sich mir nicht nur durch die sie umgebende Pflanzenwelt, sondern auch durch die Menschen, die sich dort aufhalten, immer dieselben oder doch von ähnlicher Art. Ich sehe ihre Gesichter in den tiefen Schattenmulden des Giardino del Lago hineintreiben, sich im Liebesspiel einander zuneigen oder zurücksinken auf die Banklehne über dem eisenblauen Gras. Das zur Unterhaltung der Kinder bestimmte Eselsgefährt führt einen Drahtkäfig mit, in dem zwei neugeborene Esel ihre schweren, großen Köpfe schwankend bewegen. Aus einem Brunnen, nahe der niederen Umfassungsmauer des Gartens, trinken Pferde, auf der Marmorbank sitzt eine Frau, immer dieselbe, von morgens bis abends, mit Köfferchen und Taschen, eine andere liegt, den Kinderwagen mit aller Habe neben sich, schlafend im Gras. Die Obdachlosen beugen sich über das vom Moosbelag der Schale grünschimmernde Wasser und waschen Gesicht und Oberkörper, Frauen, die ganze Rudel von häßlichen

Hunden gewerbsmäßig spazierenführen, gehen zwischen den Pinienstämmen hin und her. Und mehr noch als die Frühlingsverwandlung des Gartens ergreift mich das selbstverständliche Aufgehobensein, das Heimatrecht, das er nun wieder so vielen Existenzen gewährt.

Alle Tage Neujahr

Unser Gefühl, in einer Zeitenwende zu stehen, ist wahrscheinlich weniger originell, als wir glauben, ebenso wie unsere Einbildung, daß die besonderen Menschen, die Genies und Käuze, am Aussterben sind. Die große Zeitenwende, die sich in Heines Dichtung ausspricht, hat gestern Fritz Strich in einem Vortrag sehr anschaulich gemacht: in dem Gedicht ›Der Kranz‹ wird eine ganze verlorene Welt, die des romantischen Waldes, mit Fee und Alräunchen, als eine entschwundene beklagt. Die Jammerei darüber war allgemein, Heine ging sie schließlich auf die Nerven, er wollte etwas tun, nicht mehr gestalten, sondern die Welt verwandeln, im grellen Licht der sozialen Wirklichkeit stehen. Er verhielt sich damit ähnlich, wie heutzutage Brecht und Becher, nur daß ihm nicht, wie diesen, nach einer Weile die Gewaltherrschaft die Feder führte. Wenn er am Ende verlangt, daß ihm, als einem guten Soldaten im Kampf für die Freiheit, ein Schwert auf die Bahre gelegt würde, so klingt das für unser Ohr noch höchst romantisch, und gewiß werden kommende Zeiten auch in den späten Hervorbringungen des Dichters der Seefahrerballade so etwas wie Romantik, aber eben die andere, die kollektive erkennen. Die den Übergang nicht mitgemacht haben, sind ungebundener und nüchterner, die Realisten im 19. Jahrhundert, die Realisten jetzt, die sich von niemandem mehr frei machen müssen, nicht mehr von der blauen Blume der Romantik und nicht mehr von der Hermetik Mallarmés. Der Rabe Nevermore, der auf der Büste über Poes Schreibtisch saß, krächzt dennoch immer wieder, und der haut goût des Übergangs in die Verwesung gibt zu allen Zeiten gewissen Erscheinungen ihren besonderen Geschmack. Die Empfindlichkeit dafür ist vielleicht eher eine Frage der Altersstufe als der Generation – daß die Welt zunehmend härter und kälter wird, kann nicht sein, wir wären sonst schon längst auf dem Gefrierpunkt angelangt und bliesen einander wortlos den Atem ins Gesicht. Was wir als Untergehendes beklagen, war auch einmal erschreckende Neuheit, auch das Waldhorn, auch die gemütliche Eisenbahn, auch der ritterliche Krieg, nicht von Atomspezialisten, sondern von Panzersoldaten und Bombenfliegern geführt. Die uralte Lili Helbig, die ihre römische Jugend, beginnend mit den sechziger Jahren des vergangenen Jahrhunderts, beschrieb, nannte diese Memoiren »Jugend im Abendrot« – das war das ewige Abendrot älterer Menschen, die mit sich selbst die Sonne untergehen sehen. Man ist immer noch versucht, Rom in dieser magisch glühenden Beleuchtung zu erblicken, etwa das würdevolle Glasperlenspiel der gelehrten Akademien oder die großen Schauspiele auf dem Petersplatz, denen eine kommunistische Regierung ohne Zweifel ein Ende setzen würde. In Wirklichkeit natürlich ist alle Tage Neujahr, auch in Rom, Durchdringung des Alten mit dem Geist der Aufklärung, aber auch mit einem Gefühl der Brüderlichkeit, das in vielen jungen Menschen an Stelle des orthodoxen Kirchenglaubens tritt.

Cocktailparties

Gespräch mit R.H. über die Möglichkeit, beziehungsweise Unmöglichkeit, das römische Gesellschaftsleben, in diesem Falle die geselligen Zusammenkünfte der Kulturvertreter der verschiedenen Nationen, wenn nicht erschöpfend, so doch treffend zu schildern. Im Gegensatz zu der von Proust unsterblich gemachten Gesellschaft des Faubourg St. Germain sind hier die Institutionen das eigentlich Überlebende, während die dazugehörigen Menschen in beständigem Wechsel nur auftauchen und verschwinden. Die moderne Form der Geselligkeit, die Cocktailparty, hat sich auch hier eingebürgert: eine Unzahl von Gästen, die Stühle werden fortgeräumt, nicht nur aus Platzmangel, sondern auch weil man sich nicht setzen *soll* – was für eine Verlegenheit für die Gastgeber, wenn so etwas entstände wie ein wirkliches, ernstes Gespräch! Eliots Resignation auf diesem Gebiet, seine Meinung, für mehr als eine flüchtige Berührung, eine leise Bekundung der Sympathie seien in unserer Zeit der Liebes- und Opferunfähigkeit nur noch ganz wenige ausersehen, hat mich seinerzeit beim Anhören seiner Komödie sehr geärgert, erst später habe ich die besondere britische Form der eigenen Unterbewertung darin erkannt. Von einer solchen bewußten Beschränkung kann hier die Rede nicht sein, der Zeitmangel bestimmt alles, die Überfülle von Menschen und Einrichtungen, der der Einzelne nicht mehr gewachsen ist. Im 19. Jahrhundert hatte ein deutscher Botschafter noch Zeit, allwöchentlich einen kleinen, von ihm ins Leben gerufenen Chor zu dirigieren, heute kann er sich überall nur für Augenblicke sehen lassen – in der wahrsten Bedeutung des Wortes. Was bei der neuen Massenform der Geselligkeit für die Bewirtung gilt, bei der zuerst die Brotrinde, dann das Brot verschwand und durch auf Zahnstocher gespießte, schmelzende Bissen ersetzt wurde, gilt auch für das Gespräch, es gibt nichts mehr zu beißen, nur Fragen, deren Antworten nicht abgewartet werden, die flüchtige Begrüßung, die Feststellung der Existenz. Die Getränke sind konzentriert, ein Gläschen schon soll ein aufgeräumtes Wesen bewirken, aufgeräumt gleich gesellschaftsfähig, gleich sozial. Menschen, die unter solchen Umständen nicht einem Automatismus der Reaktionen zum Opfer fallen, nicht krampfhaft lächeln, ihre Blicke herumirren lassen, sind wahre Weltwunder, Oasen der Menschlichkeit, wie etwa Frau S. oder Monsieur und Madame B., die sich im Salon um keinen Deut anders als etwa im Luftschutzkeller oder auf einer Wiese benehmen. Wie übrigens auch Miß R., die in aller Ruhe, inmitten des summenden Bienenschwarms, einem wissenschaftlichen Problem von allen Seiten her zu Leibe gehen kann.

Salvador Dali

Salvador Dali erklärt in einem Manifest, das am Eingang seiner Ausstellung angeschlagen ist, den alten Materialismus für tot und verkündet die Wiedergeburt des christlichen Glaubens, aus der Erfahrung der modernen Psychoanalyse, auf dem Boden der großen mystisch-realistischen spanischen Tradition. Wie er solche Theorien in die Praxis umsetzt, mit viel Malbegabung und Phantasie, ist bekannt, auch sein Weg vom magischen Realismus, der Traum- und Angsttraumerscheinung zur kubischen und sphärischen Gestalt. In dem, was er selber seine Kosmogonie nennt, stehen die schweren Vierfüßler auf riesigen Spinnenbeinen zeitlich vor den auseinander- und zusammenfliegenden Leibern, diese wieder vor den Würfeln, die das Kreuz Christi bilden, vor den schwebenden, tanzenden Kugeln, in denen ein Antlitz erscheint. Er selber, Dali, stieg beim römischen Presseempfang wie ein Spauzteufel aus einem mit Buchstaben bedeckten Papierwürfel und ließ sich so, mit halbem Leibe daraus hervorragend, photographieren, wobei er sich den berühmten, zu dünnen Spitzen ausgezogenen ›Es-ist-erreicht‹-Schnurrbart strich. Die Angeberei, so öffentlich, so absichtlich betrieben, ist von den Hervorbringungen Dalis nicht zu trennen, man kann die Frage ›Wenn ich nun von dem allem garnichts wüßte‹ angesichts seiner Bilder nicht stellen, da man ja wissen soll und weiß. Dali will also gar nicht das sein, was wir einen ernsten Künstler nennen, einen Wahrheitssucher um jeden Preis. Haben die andern Spanier, Goya und Picasso, den bitteren Ernst, die soziale Anklage, so glaubt er sich im Besitz der Gnade, kann, irgendwo am Rande der berstenden Materie, neue Engel ansiedeln und so etwas malen wie die Vision eines Gekreuzigten über einem nächtlichen See. Schöpfung und Zerstörung beschäftigen ihn unablässig, die auferstehenden, noch blinden Toten werden von ihm mit neuem Fleisch bekleidet, dem Menschen, der eben erschaffen wird, fliegen seine einzelnen Teile mit stürmischer Gewalt irgendwo aus dem Äther zu. Bei der Galathea entsteht, gewissermaßen vor den Augen des Zuschauers, aus zusammenliegenden Würfeln, Keilen, Farbtropfen und Kommas über dem schon fertig gemalten Halsausschnitt ein Gesicht. Auf diesem Bild ist die blaue Meeresoberfläche wie eine Tischplatte aufgebrochen, man erblickt Fächer, und auf einem von diesen einen toten Fisch – auch das ist eine Andeutung des schöpferischen Vorgangs, der tote ›abgelegte‹ Gegenstände zum Leben erweckt. Das Überkommene wieder löst sich auf oder wird durchsichtig, hat Hohlräume wie reinlich ausgeschnittener Stein, im Hohlraum der Madonna sitzt das Kind, im Hohlraum des Kindes die Hostie, oder es erscheint im gleichsam gesprengten und nach beiden Seiten mit Gliederteilen und Stofffetzen forttreibenden Körper der Maria der Gekreuzigte wie eine kleine, scharfe Farbenphotographie. Bei der alten Frau, die neben ihrem Nachtkastl am Wasser sitzt, ist der aus ihrem Leib gebrochene Raum völlig leer, – das Bruchstück von einer Gabel gestützt, – solche Stützen erscheinen hier und dort, halten das teigig Zerfließende aufrecht, wie etwa das Selbstbildnis oder das Klavier, das wie eine letzte Emanation eines modernen Schädels anmutet. Stützbedürftigkeit, Aushöhlung, Zutagetreten des Unbewußten, dynamische Bewegung, das alles könnte als Versuch, unserer heutigen religiösen und weltlichen Erfahrung Rechnung zu tragen, durchaus ernst zu nehmen sein. Es ist es doch nicht, und zwar weniger wegen der glatten Süßlichkeit der Darstellung, als weil man Dali keine wirkliche Betroffenheit glaubt, nicht einmal seine schauerliche Vision des Krieges, auf der, in den Augen und der Mundhöhle eines Totenschädels, andere kleine Totenschädel mit auf dieselbe Weise gefüllten Augen und Mundhöhlen sichtbar sind. Die Einbildungskraft, so erkennt man, genügt nicht allein, auch nicht die Geschicklichkeit der Hände, um eine Welt zu erschaffen, welche die Wirklichkeit in ihrem Wesentlichen erfaßt. Das Betroffensein gehört dazu, und ein um so tieferes, je anspruchsvoller der Stoff ist, der bewältigt werden soll. So findet man in Dalis Werk von seinen Theorien eigentlich nur eines bestätigt, nämlich den Bezug auf die Zeit des Barock. Tatsächlich erscheint in vielen Werken des Barock dieselbe effektvolle und spielerische Art, mit den letzten Dingen umzugehen, auch das Pompös-Glänzende, die geschickte Anwendung der Verkürzung und des Lichteinfalls, eine Mystik, die sich ganz nach außen hin projiziert. Auch zu jener Zeit gab es Spielwerke, die in künstlicher Beleuchtung geheimnisvoll glitzerten, wie Dalis edelsteinbesetzter Goldschmuck, wie das von ihm in

einen Samtschrein gestellte goldene Herz, in dessen Innerem ein
weicher Kern aus Rubinen und Diamanten sich, von einem verborgenen Motor angetrieben, im Takt eines wirklichen Herzschlages
bewegt.

Kleine Ferne, große Ferne

Zwischen der Nähe und der kleinen und großen Ferne wandert der
Blick von der Gianicolostraße unaufhörlich hin und her. Das Nahe,
das Berührbare, liegt am Wege, wenig über der Klosterkirche San
Onofrio zur Rechten der Platanenallee das Brünnchen in der efeu-
überwölbten Nische, die Maske, die einen Strahl hellen Wassers
speit. Dann, am Ansatz der großen Schleife, die Tassoeichen, die
neu gepflanzte mit der vollen Krone, die alte mit dem Ast, der
unheimlich, wie ein Menschenarm, aus dem festgestampften
Boden wächst, mit dem halb schon abgestorbenen, durch Back-
steine und Eisenbänder gestützten Stamm. An der Stützpyramide,
fast unleserlich schon unter der Fülle von gekritzelten Namen, die
Inschrift ›All'ombra di questa quercia‹, die zwei Männer von völlig
verschiedener Wesensart zusammenkoppelt: Torquato Tasso und
Filippo Neri, – den Dichter, der, wie es da heißt, »an diesem Ort
all sein Elend still bedachte«, den Pädagogen, der eine Schar von
Kindern hier versammelte und mit ihnen »zum Kinde wurde,
weise«. Das kleine Amphitheater am steilen Hang, in dem einmal,
eben zur Zeit des Filippo Neri, Chöre von Palestrina gesungen
wurden, und das sich jetzt versteckt hinter schwarzgrünen Zypressen, zerrissenen Stämmen, deren Rindenfasern wild und zornig
aufwärts streben. Der kleine Leuchtturm, zuckergußweiß, ein Riesenspielzeug wie zum Hierhin- und Dorthinsetzen, und Anita Garibaldi, dahinsprengend mit drohend gen Himmel gerichteter Pistole,
mit einem Kind an der Brust. Die Büstenmänner endlich, Helden
der Nation aus weißem Marmor zwischen Palmen, blühendem
Oleander und Rosen, glattwangig und mit wallenden Bärten, mit
Uniformkrägen, geknoteten Busentüchern und nackten Schultern,
mit energischen Nasen und erschreckt aufgerissenen Augen, Gari-

baldimützchen und Federhüten, lauter Musterbeispiele der männlichen Tatkraft, und darunter der sanfte Francesco Nullo mit dem lockigen, spitzen Bart. Garibaldis Zeit und Garibaldis Berg, und doch auch eine Art von Athos mit soviel geistlichen Gebäuden, so vielen Priestern und Mönchen mit aufgeschlagenem Brevier. Eine Promenade, auf der keine einzige Bank sich der Aussicht zukehrt, von allen schaut man auf Weg und Straße, nichts ist wichtiger, nichts ist interessanter als die Gegenwart, der gleichzeitig lebende Mensch. Ein Kinderspielplatz, Reigen und Abzählreime – non hai visto mio marito, che colore ha vestito – von Sechsjährigen mit heller Krähstimme gesungen. Zur Rechten und zur Linken hinter den niederen Mauern die kleine Ferne: am Abhang der Stadt zu Öl- und Akaziengärtchen, wo Esel weiden und goldbraune Hühner picken, und drunten das Häusergewirr, vom Fluß durchzogen, von Türmen, Kuppeln und Pinienkronen überhöht. Die Villa Medici, ockergelbes Haupt auf schwarzgrünem Kissen, das weiße Monument mit seinen Quadrigen, in denen ich aus solcher Entfernung immer etwas ganz anderes, nämlich zwei schwarze, zornig den Bergen zu auffliegende Schwäne sehe. Auf der Westseite das Valle dell' inferno, Kürbisfeldchen und gekreuzte Bohnenstangen, Bambusgehölze, gelber Hafer und roter Mohn. Jenseits des Tälchens die Villa Doria Pamphili, von geschorenen Rasenflächen deutlich sich abhebend Pinien, Eukalyptusbäume und Zypressen und das Casino der vier Winde, alles scharf gezeichnet und doch entrückt wie eine gemalte Landschaft unter glänzender Lasur. Endlich die große Ferne: der Himmel, bedeckt mit schnell ziehenden Wolken, aus denen Bündel von Sonnenstrahlen brechen, Vorbild der Himmelsglorie in den Barockkirchen Roms. Der Monte Cavo, hinter den grau-rosanen Ruinen der Kaiserpaläste aufragend, und im Sabinergebirge, von schwefelgelben Sonnenstrahlen getroffen, Tivoli, wie die Vision einer himmlischen Zitadelle, einer goldenen Stadt.

Fortschritt

Sehr aufschlußreich war mir heute bei einem Vortrag von Löwith
in der Villa Sciarra die Feststellung, daß der Fortschrittsglaube und
der Glaube an das Heil der Geschichte durchaus nicht immer bestanden haben. Im Altertum zum Beispiel nicht, da glaubte man
an eine Pendelbewegung des Geschehens [»wackelts außi, wackelts
eini aa«, sagte der Maler Franz von Kobell], nicht an die mehr oder
weniger stetige Aufwärtsbewegung, deren Ziel später Hegel in der
Freiheit, Croce in der Humanität sah. Scipio, nach der Zerstörung
Carthagos, rief aus: Genauso wird es uns auch einmal ergehen, –
sehr im Gegensatz zu der heutigen Einstellung glaubten die Sieger
weder an eine Dauer noch eine moralische Berechtigung ihres Sie-
ges.

Toteninsel Palatin

Hochsommerabend auf F. G.s Terrasse, am Dachgeschoß eines
Eckhauses in der ärmsten, verkommensten Gegend der alten Stadt.
Der Taxichauffeur, der P. H. und mich dorthin beförderte, wollte
nicht wegfahren, er vermutete wahrscheinlich ein düsteres Absteige-
quartier, aus dem bald fürchterliche Schreie hervordringen würden.
In der Wohnung oben hatte F. G. alle Birnen ausgeschraubt, was
dort zu sehen sei, sei keine malerische Bohème mehr, nur elendeste
Armut – er wolle uns den Anblick ersparen. Also stolperten wir im
Finstern auf die Terrasse, auf die aus einem breiten, mit schütteren
Rolladen verhängten Fenster Lichtstreifen fielen. Die Terrasse war
ein Garten mit wehenden Ranken und dunklem Laubwerk, durch
das große Katzen sprangen. Wir saßen um einen runden Tisch, ich
war unfähig zu reden, was man vor Augen hatte war überwältigend,
der große, blasse Himmel, der steile Abhang des Palatin mit Mauer-
resten und Felsen, schwarzen Gebüschen und Baumkronen im
elektrischen Licht, eine Theaterdekoration von äußerster Unwahr-
scheinlichkeit, ein Stück Natur vom Menschen herangezogen und
ihm doch schon wieder magisch entrückt. F. G. erzählte die Geschichte seiner Straße, anstelle der kleinen Kirche San Teodoro

hatte ein Fortunaheiligtum gelegen, da sei Caesar vorbeigeritten, und sein Pferd sei an dieser Stelle gestolpert oder habe gescheut. Im Mittelalter und später hätten leichte Mädchen zu Hunderten die Straße bevölkert, jetzt gehöre sie zu den Slums, wo aus Höhlenwohnungen zahllose Kinder quellen und die Ratten springen. Die Terrasse sei tagsüber eine Hölle, Reflektor irrsinnig tanzender Sonnenstrahlen, Schallmuschel für Motorengeknatter und gellendes Geschrei. Wir konnten es kaum glauben, so unschuldig still wie eine schlafende Brust hob sie sich jetzt dem Himmel entgegen, nur von den auf- und abschwellenden Tonwellen einer jenseits des Forums, in der Basilica des Constantin, erklingenden Orchestermusik erreicht. Eine Stunde schon vor Mitternacht ließ sich die Luft trinken wie reines, kühles Wasser, und der sizilianische Wein blieb, rötlich leuchtend, in den Gläsern stehen. Soviel ich mich erinnere, sprachen wir um diese Zeit über verschiedene Selbstmordarten. Ein junger italienischer Gast hatte für ein Schneckengericht, das seine Mutter bereiten wollte, noch am Abend drüben auf dem Palatin Fenchel gesammelt, der sah dem tödlichen Schierling zum Verwechseln gleich. P. H. berichtete, daß die Wahl zwischen dem Schierlingsbecher und dem Fallbeil noch zu Beginn dieses Jahrhunderts in seiner baltischen Heimat den zum Tode Verurteilten freigestellt wurde. F. G., der auf einem schweren, großen Fahrrad, also auf eine völlig vorsintflutliche Weise, die Stadt Rom zu durchstreifen pflegt, erzählte von einem Gift, das so schnell wirke, daß ein Mann vom Rad fallen und sterben könne, ehe man noch Zeit finde, ihn in den Schatten zu tragen. Wir sprachen alle auf der Spitze der Zunge, mit großer Leichtfertigkeit, leicht fertig mit dem Leben, und doch gerade in diesem Augenblick von ihm als von einer Ungeheuerlichkeit berührt. Der Palatin hatte am Abend noch wie ein Alpengipfel geglüht, am Morgen würde etwas anderes an seiner Stelle stehen, eine Gartenanlage und Sammlung von Monumenten, mit Balkonen voll Fremder, denen die Führer mit schallender Stimme die Aussicht erklären. Jetzt lag er da wie eine Toteninsel, uns vor die Augen getrieben und bereit wieder wegzuschwimmen, verankert nur für die Dauer dieser Nacht. Die Geschichte war tot und doch gegenwärtig, die Natur verfremdet und doch überwältigend nah. Denn um Mitternacht schon begann der Tau zu fallen und bald waren, als seien wir selbst nichts anderes als Fliesen und dunkle Pflanzen, unsere Gesichter, unsere Arme und Hände von seiner eisigen Mondkühle bedeckt.

Nicht ans Äußerste

Ich las, zitiert, eine Forderung von Thomas Mann »an jeder Stelle bis ans Äußerste gehen«, und erinnerte mich dabei an eine Klavierstunde im Eßzimmer meines Großvaters in K., den großen Flügel am Fenster, die gepreßten Samtstühle um den Tisch. Ich spielte, recht stümperhaft, die chromatische Phantasie von Bach, im aufgeklappten Flügeldeckel spiegelten sich die sommerlichen Linden, eine Fliege summte. Du strengst dich nicht an, sagte die junge Lehrerin plötzlich zornig, du tust nicht, was du könntest, nie das Äußerste, warum eigentlich nicht. Ja, warum eigentlich nicht, dachte ich verstört, wahrscheinlich aus Trägheit, aber auch aus Angst. Das Äußerste, das ist die Grenze, dahinter steht der Wahnsinn oder die Verzweiflung, dahin wollte ich nicht. Beim Schreiben war es später dasselbe, immer diese Furcht vor dem Äußersten als einer Todeslandschaft, da kann man mit einem Gedicht oder ein paar Prosazeilen hingreifen, aber sich aufhalten nicht. Der Ehrgeiz treibt dorthin, aber ein höherer, ein unheimlicher, der nichts zu tun hat mit Ruhm oder Nichtachtung, mit guter oder schlechter Kritik. Elisabeth Langgässer hatte ihn im hohen Maße. Bei einer Tagung in Royaumont schliefen wir in einem Zimmer und schwätzten wie Internatsschülerinnen in der Nacht. Sie haben keinen Ehrgeiz, sagte sie und betrachtete mich wie ein kleines Weltwunder, aber ein zu mißbilligendes, der Mensch ist kein Bach, der sich laufen läßt, keine Blume, die blüht. Ich konnte ihr nicht erklären, so wenig wie der Klavierlehrerin, was es war, diese Furcht vor dem Zerreißen in der letzten Anspannung, diese Scheu, bis an die letzte Grenze des mir Möglichen zu gehen. Wahrscheinlich wollte ich leben, nicht allein, sondern in der Liebe, dazu gehört Ausgewogenheit, ein Schweben und Sich-tragen-Lassen, wenigstens für eine Frau. Wer sich die Welt auf die Schultern packt, wird hinabgerissen, ach manchmal kann man es nicht so regieren und hat sie schon im Nacken und stürzt hinunter und von allen andern fort. Die äußerste Bemühung ist ein Fieber, ein krankhafter Zustand – da gibt es keine Verteidigung mehr, da fliegen Goyas schwarze Vögel ungehindert zum Fenster herein.

Fesselung

Ein sehr schüchterner junger Mann besuchte uns, redete mühsam, wie in einer fremden Sprache, hatte manchmal ein schönes verlorenes Lächeln wie ein Kind. Schüchternheit bei Erwachsenen ist dasselbe wie bei Kindern, ein Sichnichtzurechtfinden, die Spielregeln nicht begreifen, eine Angst, den Ton nicht zu treffen, der geheimnisvoll alles entwirrt. Ich selbst war als Kind Erwachsenen gegenüber von äußerster Schüchternheit, zum Beispiel konnte ich auf der Straße nicht grüßen, besonders nicht gewisse Freunde meiner Eltern, die für mich unberechenbar, wie große, gefährliche Götter waren. Sobald das Gartentor hinter mir zufiel, begann ich mich schon zu fürchten, aber nicht wie vor bösen Hunden, sondern ganz unvernünftig vor dem Knicks, den ich unter Umständen zu machen haben würde, vor dem artig freien Gruß, von dem ich wußte, daß er mir nicht gelang. Sobald eine Person oder ein Paar aus dem Bekanntenkreis meiner Eltern in der Ferne auftauchte, begann ich schon zu überlegen, aus welcher Entfernung ich sie ansehen, und wann ich meine Stimme erheben mußte. In einigen Metern Abstand setzte dann die Fesselung ein, eine Lähmung der Glieder wie der Stimmbänder, eine Unfähigkeit, den Blick vom Pflaster zu lösen. Ich hörte, wie die Entgegenkommenden mich erkannten, wie sie sagten, das ist doch die kleine Holzing, wahrscheinlich lächelten sie mir sogar zu. Aber gerade dieses Lächeln und Namennennen waren der Strick, der mich vollends zusammenschnürte und mich blind, grußlos und stocksteif an ihnen vorüberschleichen ließ. Ich war noch niemand, wollte, wenigstens im Sinne der Erwachsenen, noch niemand sein. Zurück ins Mausloch, in die schwarze Höhle, herumwuseln, pfeifen und spielen, aber nicht hinzugezählt werden zu der unheimlichen zweibeinigen Welt. Früher oder später dann bekommt man die Übersicht, da geht alles von selber, und es braucht das Lächeln kein Grinsen und die Höflichkeit kein Krampf zu sein. Die angenehmen Kinder, die mit dem sicheren Anstand und dem freien Blick, sind nicht immer nur altklüger oder gar gerissener anpassungsfähig – manchen von ihnen wird der Schlüssel zu allem, das Erbarmen, gleich mit in die Wiege gelegt.

Rom im Hochsommer

Rom im Hochsommer, das sind die langen Alleen von Oleanderbäumen, weiß und rosa blühend. Die blauen, von der Sonne aufgeweichten Asphaltstraßen zwischen rostroten Mauern, die kühlen Schluchten der Altstadtgassen, dröhnend von heftigen Geräuschen, die Wasserschleier über den Brunnenschalen, von kleinen Stückchen Regenbogen überglänzt. Das sind auf den Landstraßen dem Meer oder dem Gebirge zu die grellen Reklameschilder, feuerspeiende Hunde, beständig sich vergießende Riesenflaschen, gigantische Autoreifen, die vom Abhang herunterrollen, und die drei roten Blechrosen des Stoffgeschäftes Coen –, ewig wiederholte Mittagsgespenster, die auf den Fahrenden zuschießen und durch ihn hindurchgleiten, körperlos in der zitternden Glut. Das sind die Sonntage am Strand von Tor San Lorenzo, wo Hunderte von Kindern in Zelten im Pinienwald mittagschlafen, wo an Baumstümpfen zum Trocknen angeknotete Laken phantastisch aufgebläht im Sturm knattern, wo über opalglänzendem Sande die kleine rote Gefahrenfahne weht. Die heißen Stadtnächte, kein Luftzug auf dem Grunde der Straßen, nur Staub und Brodem der Motoren und ruheloses Rasen der Räder ums Geviert. Die Mitternachtsstunde am Fluß, bei der Brunnenmulde der Aqua Acetosa, in der dicken Feuchtigkeit der Tibernebel, Opernarien aus dem Lautsprecher, magisch grün angestrahlt der uralte Stamm einer Pappel, unter der man, auf Liegestühlen ruhend, die Hände hinterm Kopf verschränkt, zwischen einer Grammophonplatte und der andern ein paar Augenblicke der Stille atemlos gierig genießt.

Urlandschaft Morteratsch

Ein plötzlich auftauchendes Gegenbild der römischen Sommer-hitze, der großstädtischen Unruhe mit ihrer Vielfalt der Erschei-nungen, der Farben und Formen: die Mondlandschaft der Hoch-täler des Engadin, wo die Natur um diese Jahreszeit keinerlei Kin-kerlitzchen, wie Sommerblumen, blühende Sträucher, verschieden-artiges Laub, hervorbringt, wo am Augustabend die breiten weißen Steinhäuser verschwimmen im feuchten Violett der Berge, in märz-stumpfen braunen und grünen Tönen des Hangs. Die Kargheit der Formen beruhigt das Auge, das Atmen, sonst nur unbewußt und nebenbei betrieben, ist von ungeheuerer Bedeutung, so als habe die Luft dort alles in sich gesogen, was anderswo allen Sinnen zugute kommt. Die Unmenschlichkeit der Umgebung erschreckt noch in der Erinnerung, – zum Beispiel der Weg entlang dem Morteratsch-gletscher, der mir heute mit einemmal völlig gegenwärtig war. Ich ging zwischen den von rostroten Eisenadern durchzogenen Granit-blöcken zur Rechten der langsam abschmelzenden Gletscherzunge bergauf, von ihrer schwärzlichen Eisdecke durch den tobenden Wildbach getrennt. Das wild bergabschießende Wasser strömte eisigen Hauch aus, in den Gletschermühlen polterten die Steine, kalte heftige Windstöße nahmen mir den Atem, in meinen Augen brannte ein funkelndes, schmerzhaft starkes Licht. Hoch über der Gletschermulde aber glänzten wieder die unwahrscheinlich rein-weißen Schneefelder der Gipfel, und mit der Erinnerung an die be-ängstigende Urlandschaft kam mir auch eine damals überwältigende Empfindung von vogelleichtem Schweben und von übermensch-licher Heiterkeit und Freiheit zurück.

Die Totenuhr

Horch, schon wieder, sagte Joles Mutter und meinte damit die Uhr des heiligen Pasquale, die Totenuhr, die sie ticken hörte hinter der Wand. Das war im Jahre 1945, im November, die Deutschen waren fort, die Amerikaner im Land. Joles Vater machte den Nachtwächter am Bahnhof, in dem ein Munitionslager untergebracht war. Er ging jeden Abend fort von zuhause, nach dem Essen, von dem er aber an jenem Abend kaum etwas anrührte, weiß Gott warum, er war sonst ein starker Esser und groß und dick. In Stiefeln war er fortgegangen, deutschen Soldatenstiefeln, zurückgelassen auf der Flucht. Der Weg zum Bahnhof führte über einen Bach, besser gesagt durch ein Bachbett, das nahezu trocken lag den ganzen Sommer lang. Die Brücke hatten die Deutschen gesprengt, eine Notbrücke, von den Amerikanern gebaut, lag eine Viertelstunde weit entfernt, der Umweg lohnte nicht. Es hatte ein paar Tage lang geregnet, jetzt zogen die Wolken noch immer, Joles Mutter sah sie, als sie mit dem Vater vor die Haustüre trat. Du kommst doch noch einmal, sagte sie, ich mache die Läden nicht zu. Dies Noch-einmal-Kommen in der Nacht war an sich unerlaubt, eine Entfernung aus dem Dienst, eine Tasse heißen Kaffee zu trinken vor Mitternacht, weil man, im zugigen Bahnhofsgelände und unzureichend bekleidet, fror. Joles Mutter brachte die Kinder ins Bett, legte sich selbst nieder, trat den leisen Vorschlaf an, aus dem der Schritt ihres Mannes sie zu erwecken pflegte, der Kaffee stand, warmgehalten, schon im Herd. Horch, sagte sie zu Jole, die noch ihren kleinen Singsang vollführte, da ist das Ticken wieder, aber die Kinder hörten es nicht. Jole schlief ein, die Mutter auch, als sie aufwachte, war Mitternacht längst vorüber und der Vater nicht gekommen. Sie stand auf und schloß die Läden, die Zeiten waren unsicher und viel fremdes Soldatenvolk, auch schwarzes, unterwegs. Am Morgen hätte der Vater zum Frühstück da sein sollen und war nicht zurück, also belud die Mutter den Esel mit Körben, Kastanien vom Schwager zu holen, sie nahm die Kinder mit, am Bahnhof vorbeigehen wollte sie auf jeden Fall. Als sie die Straße bergab ging, kamen ihr ein paar Eisenbahner entgegen, die von weitem lachten und Grimassen machten, den Kopf wie auf ein Kopfkissen in die Hände legten und Schlaflieder summten. Selbst Jole mit ihren acht Jahren verstand, daß sich diese Scherze auf den Vater bezogen, von dem die Kameraden annehmen mochten, daß er die ganze Nachtwache verschlafen habe. Die Mutter blieb auf der abschüssigen Straße stehen und wartete, bis die Männer herankamen, ihr Gesicht war steinern still. War er nicht im Dienst, fragte sie, und setzte sofort hinzu, dann ist

266

er tot. Die Männer sahen sie betroffen an, Jole brachte, den kleinen Bruder mit sich schleppend, den Esel in den Stall zurück. Nach ein paar Minuten war das Haus voll von klagenden, schreienden Nachbarn und Verwandten, der Bach, hieß es, habe in dieser Nacht sechs Meter hoch Wasser geführt, kein Mond, keine Sterne, nicht die Hand vor den Augen war zu sehen. Die Mutter ging allein ihrer Wege, zuerst an die noch immer gurgelnd überströmte Furt, dann an den Bahnhof, dann in den Nachbarort, wo ihr Bruder wohnte. Während sie dort in die Stube trat und ohne jede Hoffnung den Namen ihres Mannes rief, begann ein paar Kilometer bachabwärts der Hund eines Schäfers wütend zu bellen und am Wasser entlangzulaufen, hin und her. Der Schäfer sah näher zu, an einem Felsblock im Bachbett hatte sich ein entwurzelter Baum festgeklemmt und in dem wieder eine menschliche Gestalt.

Der Schäfer verließ seine Schafe und ging zum nächsten Haus, einer bescheidenen Gastwirtschaft an der Landstraße, in der zufällig auch eine Verwandte des Vermißten, nämlich die einzige Schwester seiner Frau, die Wirtin war. Ich muß Stricke haben, sagte der Schäfer zu der Frau, eine Kuh herauszuziehen, die ins Wasser gefallen ist. Du brauchst mir nichts vorzumachen, sagte die Frau, mein Schwager ist die Nacht verschwunden, ich kann mir schon denken, daß er es ist. Das war schon am Nachmittag, das Wasser war bereits wieder gefallen, die Herbstsonne schien. Die Bergung des Toten nahm viel Zeit in Anspruch, er hatte, vom Wildbach fortgerissen, die Hände ins Astwerk des treibenden Baumes verkrampft, und der Baum, der einzige Gefährte dieser wilden nächtlichen Reise, gab ihn nicht mehr frei. Jole hörte all diese Einzelheiten erst in der Nacht, als der Vater riesengroß, schwarz zugedeckt, drin auf dem Bett lag, von den Gebeten der Frauen wie noch vor kurzem vom Wasser umspült. Aber sie vergaß nichts davon, und als sie mir heute die Geschichte erzählte, hatte sie das Gesicht jenes Kindes von acht Jahren, das in der Nacht auf der Hausschwelle hockte, ein verlorenes, trotziges Gesicht.

Eine kleine Stadt

In Isola Sacra, dem Begräbnisort des antiken Hafens von Ostia, hat man zur Linken der alten Pflasterstraße die Grabruinen, zur Rechten ein Stück Grasfläche, Feigen, Apfelbäume und Zypressen und einen Zaun, hinter dem am Abend weiße Rinder ihres Weges ziehen. Jetzt, im September, blüht dort das flockige Wollgras, und die Zypressen sind voll von kleinen Zapfen, die wie Messing glänzen. Eine Ameisenstraße überquert das flachköpfige Pflaster mit den alten Radspuren, ein Gewusel in beiden Richtungen mit geheimnisvollen, aber genau eingehaltenen Abzweigungen, unverständliche Geschäftigkeit, wie sie sich dem Vogelblick auf eine unserer Großstädte darbieten mag. Die Gräberstadt ist voll Frieden und wunderlich puppenhaft, lauter kleine Häuschen wie zum Drin-Wohnen, aber für Kinder oder Zwerge, mit dem ganzen Reiz einer spielzeugähnlichen Welt. Wir besichtigten gewissenhaft die Urnen- und Grabkammern, die steinernen Liegebänke für die Totengedächtnismähler, das Taubenmosaik, das Relief mit der als Vögelchen entschwebenden Seele, die Inschriften, auf denen die Bauherren gewisse Gräber ihren Freigelassenen und Freizulassenden bestimmen. In einer Nische das blasse Wandbild einer stolzen Schwebenden, auf Marmortafeln kunstvolle Reliefs, die mit Sensen, Mühlen, Fischfanggeräten das Gewerbe der Begrabenen anzeigen. Nach Sonnenuntergang hatten wir eine seltsame Erscheinung, nämlich in einem tonnengewölbten und nur durch eine kleine Öffnung erhellten Grab einen grellen Flecken des verschwundenen Sonnenlichts, der dort, gleichsam vergessen, übriggeblieben war. Da bekam dann gleich wieder der ganze Ort sein mir vertrautes märchenhaftes Gesicht. Die kleinen Häuser mit ihren nur meterhohen Türen strahlten in den unbeschreiblich zarten Tönen von Rosa und Grau, im Innern der Kammer leuchtete das giftgrüne Moos und zitterten die winzigblättrigen Farne. Die als Armenurnen bis zum halben Leib in den Boden gesteckten Ölkrüge glichen wieder klagenden, gefesselten Menschengestalten, und im messinggelben Abendlicht trat aus der halboffenen Relieftüre der kleine Tote, lockend und rufend, hervor. Der seltsame Widerspruch von Kinderspiel und Tod erweckte die Vorstellung von einer Schar von Geisterkindern, die allabendlich, wenn der Pförtner das Gitter verschlossen hat, von dem einsamen Ort Besitz ergreifen, einander in den Grabhäuschen besuchen, in den Columbarien Kaufladen spielen und durch die engen Sträßchen hinwandeln, Kränze von Wollblumen im Haar.

Desastres de la guerra

Wie manchmal eines der schönen am Abhang der Berge und inmitten von Weingärten gelegenen Häuser zu reden anfängt, durch den Mund einer alten Frau etwa, und wie sich dann alles gleich verdüstert, von der Geschichte der Menschen her, die eine Geschichte der Leiden ist. Wie man das vor sich sieht, das weiße gekalkte Zimmer mit den verrammelten Läden und im Schein einer Kerze die Frau mit den Kindern, einer Zehnjährigen und zwei Kleinen, die längst im Bett liegen sollten, aber wer geht noch zu Bett. Die Marokkaner sind im Ort, kein Mann ist mehr im Haus, und wenn einer da wäre, würde er auch nichts helfen können, sie packen ihn und stellen ihn an die Wand. Die Schwarzen sind wie Tiere, man weiß nicht, was in ihnen vorgeht, vielleicht glauben, die heute umherstreichen, daß dies ein unbewohntes Haus sei, eine Ruine, helf Gott. Die Kinder spielen mit getrockneten Erbsen, die Älteste legt ein Muster, eine Rose, einen Stern. Heute mittag, erzählt sie, haben auf der Dorfstraße zwei Marokkaner gestanden, die haben sie angesehen und sind ihr dann nachgegangen, aber nur bis zum Ausgang des Ortes, weiter nicht. Die kleinen Kinder streiten sich und plärren und die Mutter reißt sie erschrocken sich auf den Schoß. Plötzlich, ohne daß jemand Schritte gehört hätte, wird an die Türe gepocht. Laß sie klopfen, denkt die Frau, noch lauter, immer lauter, daß es die Nachbarn hören. Die Nachbarn sind auch gleich zur Stelle, man hilft sich gegenseitig, aber was nützt es, es gibt ein Gebrüll und Schüsse vor der Tür. Die Frau steckt die Zehnjährige in der Kammer in den Schrank und schiebt die Riegel zurück, gerade ehe die Türe einzubrechen droht. An der vom Mond beschienenen Stallwand sieht sie mit hinter dem Kopf verschränkten Armen die Männer stehen, ihren Bruder, den alten Schäfer, sogar den Herrn Pfarrer, alle mit dem Gesicht zur Wand. Fünf Minuten später sitzt sie wieder auf dem Stuhl, aber schwarzblau geschlagen, gelähmt und blutig, und das Blut ist nicht ihr eigenes, sondern das ihres Kindes, das sie aus dem Schrank gerissen haben und das sich in ihre Arme geflüchtet und dort verkrampft und nicht losgelassen hat, und sie hat auch nicht losgelassen, bis sie es erstochen haben, eine Frucht in ihrem Leib.

Wie man das alles vor sich sieht, und mit einem grauen Netz wächst der Goldglanz der Landschaft zu. Ein Netz aus Angst und Haß, desastres de la guerra, darin hängen die Häuser wie gelbe Kürbisse im schlangengestengelten Laub, und die schwarzen Gestalten an der mondbeschienenen Stallwand und die blassen Mädchen, diese kleinen Heiligen, und der fremde Soldat, der friedlich am Rande des Kleefeldes hinging, und gerade dieser hatte nie einem Mädchen ein Haar gekrümmt, aber plötzlich stürzte er in sich zusammen und lag im Thymianbusch mit erschrockenen schwarzweißen Augen, erschossen wie ein streunender Hund.

Der Rappe Inder

Jemand behauptete heute, daß die meisten Menschen schon einige Zeit vor ihrem leiblichen Tode so etwas wie einen Todesstoß versetzt bekämen, und daß sie danach nicht mehr dieselben seien. Ich mußte an meinen Vater denken und an den großen Rappen, der den Namen Inder trug. Der Rappe war eines der Pferde, die mein Vater hielt, als er schon alt war und auf dem Lande lebte, und die er auf die Hohe Schule zuritt. Bei dieser Art der Ausbildung gibt es für den Reiter zweierlei Arbeit, eine, bei der er vom Sattel aus die nötigen Hilfen gibt, und eine andere, bei der er das Pferd zwischen den sogenannten Pilastern, und geleitet von ganz leisen Berührungen der Peitsche, sich bewegen läßt. Mein Vater verrichtete diese zweite Arbeit sehr früh morgens, und er benützte dazu die offene Halle, die einmal als Trottschopf gedient hatte und aus der die mächtige alte Eichenpresse entfernt worden war. Zwei der alten Holzpfeiler dienten als Pilaster, zwischen ihnen stand, an langen Zügeln rechts und links angebunden, das Pferd und führte auf das Geheiß meines Vaters seine knappen Bewegungen aus, die Gewichtsverlagerungen, das Übertreten der Hufe und die Levade, die in einem kurzen, heftigen Aufbäumen des Vorderleibes besteht.

Mein Vater hatte nicht gern, daß man ihm bei dieser Arbeit zusah, die viel eher auf einer geheimnisvollen Willensübertragung als auf lauten Kommandorufen und mächtigen Peitschenschwüngen beruhte. Er sah in ihr eine Möglichkeit, durch äußerste Selbstbeherrschung eine Art von Vollkommenheit zustande zu bringen, aber er vergaß nie, daß er es bei der Dressur mit einem lebenden Wesen und nicht mit einem Mechanismus zu tun hatte. Diese Einstellung meines Vaters war sehr fern von einer sentimentalen Tierliebe, und man muß sie sich vergegenwärtigen, wenn man verstehen will, was ihm an einem Augustmorgen in dem Jahre vor seinem Tode geschah.

Dieser Morgen zeichnete sich durch nichts Besonderes aus, wenn nicht durch einen leichten Nebel, der sich in den späteren Vormittagsstunden zu heben versprach. Mein Vater war in einer ruhigen und heiteren Gemütsverfassung, wenigstens behauptete das später der Gärtner, der ihm die Stalltür öffnete, als er den Rappen in die Reitbahn führte. Das Pferd hatte gut gefressen und beim Verlassen des Stalles die größte Bereitwilligkeit gezeigt. Der Gärtner schloß die Türe wieder und begab sich auf den Hinterhof, wo er zu tun hatte. Er hörte aber sehr bald darauf seinen Namen rufen, von einer Stimme, die die Stimme meines Vaters war und auch wieder nicht. Als er den Trottschopf betrat, sah er den Rappen zwischen den Pilastern liegen, mit weggestrecktem Kopf, riesig und schwarz und tot. Mein Vater hatte sich neben dem toten Tier auf die Knie geworfen, und jetzt stand er auf und klopfte sich die schwarze Melasse von den Reithosen und den Stiefeln ab. Er sagte, daß den Rappen der Schlag getroffen habe, und dann gab er seine Anweisungen, wie der tote Körper noch in derselben Stunde, und ehe jemand im Hause erwachte, fortzuschaffen sei. Danach bedankte er sich, wie dies seine Art war, für den geforderten Dienst und ging in den Stall, um sich das andere Pferd zu satteln, einen Schimmel, der sehr alt war und das Gnadenbrot bekam. Auf diesem sah ihn der Gärtner kurze Zeit danach wegreiten, den steilen Weg, auf das Gebirge zu.

Mein Vater blieb damals drei Tage aus, ohne irgend jemandem eine Nachricht zu geben. Als er zurückkam, durfte niemand mit ihm von dem toten Rappen sprechen, und auch später erwähnte er den Vorfall nie. Der Gärtner, der früher einmal die Pferde versorgt hatte und einiges von ihnen verstand, meinte, daß der Inder vielleicht einen Gehirnschlag erlitten habe, wie manche Artisten, die, etwa mit Bällen, die leichtesten Bewegungen ausführen, denen aber der dauernde Zwang zur Sammlung unmerklich zum Schaden gereicht. Mein Vater mag derselben Ansicht gewesen sein und darüber so etwas wie Schuld empfunden haben, oder auch eine Art von Beschämung, wie ein Architekt, dem der eben vollendete Turm einstürzt, oder ein Schiffsbaumeister, dem das beinahe fertige Schiff beim Stapellauf kentert und versinkt. Vielleicht aber war, was ihn so erschreckt hatte, auch nichts anderes gewesen als das jähe Zusammenbrechen eines eben noch schön aufgebäumten Leibes – der Tod an sich.

Würde der Armen

Äußerste Bedürftigkeit, ein wenig Märchenglanz und große Würde der Armen bei den Einwohnern der Küstenorte an der salernitanischen Bucht. An einem der letzten Wochenenden begegnete uns dort der ›paparillo‹, ein Kutscher, der uns vor vielen Jahren mit seinem Wägelchen die schöne Küstenstraße auf und ab gefahren hatte, und lud uns zu sich nach Hause ein. Längst hatte er Pferd und Wagen verkaufen müssen, die Trunksucht hatte ihn zugrunde gerichtet, flink vom Bock zu springen erlaubten ihm seine zittrigen Beine nicht mehr. Er war jetzt Nachtwächter in der Garage der Autobuslinie, verschlief die Tage und machte sich am Abend zu Fuß auf den Weg, auf die Schulter eines seiner Buben gestützt. An dem Tag seiner Einladung aber tat er alles, um uns seinen kläglichen Zustand nicht merken zu lassen. Er rasierte sich, zog seinen guten Anzug an, lieh von einem andern Kutscher das Gespann und holte uns im Gasthof ab. In der schnellsten Gangart, zu der das magere Pferdchen fähig war, mit donnerndem Räderrasseln, wildem Peitschenknallen und Schellengeklirr fuhr er uns durch die engen Gassen des Ortes, ein Juppiter tonans, der mit zornig stolzen Schreien dem Erstaunen und dem Gelächter der Vorübergehenden Antwort gab. Seine Wohnung lag im weißgekalkten Labyrinth der in den Felsen gebauten Altstadt, im engsten Winkel stiegen wir aus, schon waren wie durch einen Zauber Pferd und Wagen verschwunden und wir kletterten auf steilen Treppen bergan. In die Wohnstube unter dem langen Tonnengewölbe fiel von der nahen Felswand ein schwaches grünliches Licht, dort saßen wir um den Tisch und bekamen süßen schwarzen Kaffee, und nun sprach der Paparillo, erzählte von früher, von seinem schwarzen feurigen Pferdchen, von den tollen Fahrten, die er gemacht hatte, von Schmugglern, Soldaten und verrückten Fremden, von der glorreichen vergangenen Zeit. Die Kinder standen dabei und starrten in atemloser Bewunderung den Vater an, die Frau aber, still und ihrer selbst sicher, setzte sich nicht, sie ging, das kleinste Bübchen auf dem Arme, ab und zu und zeigte uns am Ende im Schlafzimmer, in dessen beiden Betten die acht Menschen schliefen, ihr Erbteil und ihren Stolz: Heiligenfiguren unter hohen Glasstürzen, Mariaselbdritt, Maria und Anna, alle aus Wachs und in Samt und Seide gekleidet, die Gewänder mit funkelnden Glassplittern benäht. Bei einem andern Besuch, den wir in jenen Tagen bei alten Bekannten machten, fanden wir dasselbe, Armut und Finsternis, Gastfreundschaft und Stolz, diesmal in einem alten, tonnengewölbten Bauernhause am steilen Abhang vor der Stadt. Auch hier war der Wohnraum eine langgestreckte lichtlose Höhle mit graubraunen abgebröckelten Wänden, der Wandschmuck bestand aus grellbunten Reklamebildern, in einem Glasschrank prangten ein paar goldgeränderte Tassen, auf der Kommode stand die Porzellanfigur eines Mädchens, mit süßlichen Farben bemalt. Um den Tisch mit der schmutzig-gelben Fransendecke saßen hier die Frauen, die Mutter und zwei Töchter, der kleine alte Vater kauerte abseits auf einer Wandbank und schwieg. Die ältere Tochter führte das große Wort, sie erzählte von ihrem Verlobten und legte ihren

Ring auf den Tisch, ein klobig-schweres, wie aus drei Schnecken-
häusern bestehendes Goldgebilde, über dessen seltsame Formen
das Licht der von der Decke baumelnden Glühbirne strich. Die
Schwester war still und traurig, seit einem Jahr schon ohne Eßlust,
ohne Schlaf. Die Mutter, klein, runzlig und lebendig, ging vor die
Türe und holte die Hühner herein, trug die zehn oder zwölf flatternden kreischenden Tiere an beiden Händen in die Küche, goß
dann für uns in kleine spitze Gläser süßen Likör. Der Vater erwachte plötzlich, wie ein Spaszteufel aus der Schachtel sprang er
von der Bank und wetterte gegen die Herren Deputierten in ihren
weißen Villen, nur eines wollte er noch erleben, den Sieg der
Sowjets, und schon sank er wieder in sich zusammen, ein freundlich kindliches Lächeln auf dem Gesicht. Als wir, von der ganzen
Familie begleitet, vor die Haustüre traten, leuchteten schon die
ersten Lichter der Fischer tief unter uns bei der Felsenküste, und
im Umkreis ihrer Laternen schimmerte das Meer tief-grün. Über
die Wölbung des Hauses warfen sich die phantastischen Gebilde
der Kaktusfeigen, und von der weißgekalkten Mauer hoben sich
die mit schwarzer Farbe angebrachten Zeichen von Hammer und
Sichel deutlich ab.

Himmel auf Erden

Der Bischof war gescheit und lebendig, dabei noch jung und unver-
traut mit seiner Würde, – obwohl er schon weit vom offenen Fenster saß, setzte er sich aus Furcht, die Neugier der Vorübergehenden
zu erregen, noch weiter fort. Wir sprachen über die Prachtent-
faltung der Kirche, wozu ein Fest in der nahegelegenen Franziska-
nerkirche den Anlaß gab. Christus, sagte der Bischof, ist nicht nur
die historische, sondern auch eine mythische Gestalt. Jede Kirchen-
feier ist ein Glanz des Auferstehungstages, eine Vorwegnahme der
ewigen Seligkeit im Paradies. Er zitierte das Evangelium des Tages:
die Geschichte jener Hochzeit, zu der ein Gast nicht in dem ihm
zur Verfügung gestellten Prachtgewand, sondern in einfachen
Kleidern erscheint, weswegen er dann das Fest verlassen muß. Jede

Verschönerung der Kirche, sagte der Bischof, sei, wie das Festkleid des Gastes, nur die Ehre, die Gott gebührt. Ob denn der heilige Franz solche eschatologische Bedeutung des Kirchenglanzes nicht gekannt habe, wurde gefragt, und ein Jesuitenpater, der den Bischof hergeleitet hatte, meinte, daß die ursprünglichen Ordensregeln des heiligen Franziskus eine Überforderung des Menschen gewesen seien, möglich für einzelne, unmöglich für eine Gemeinschaft, die sich durch Jahrhunderte hindurch am Leben erhalten muß. Wie sich Franziskus von Assisi, im Gegensatz zu Luther, der Rechtskirche gebeugt habe, wurde dann erörtert, und der Bischof bezeichnete diese Rechtskirche als das Rückgrat, ohne das der Leib, die Liebeskirche, nicht stehen und bestehen kann. Die Humanität nannte er am Ende eine entlaufene Tochter der Caritas, eine Auffassung, gegen die ich einen sehr protestantischen Widerwillen empfand.

Das rechte Hinschauen

Die Gloxinie, die ich geschenkt bekam, hat vier Blüten und viele Knospen, tief himbeerrote, innen samtene Kelche, die sich, aus sieben kleinen Kelchblättern herauswachsend, weit oben in sieben ondulierte Lappen teilen. Die Blätter sind groß, kräftig und leuchtend grün wie Tabakblätter, mit heller Mittelrippe und sechs Seitenrippen, jedes von ihnen biegt sich ein wenig schalenförmig auf. Alle Blätter- und Blütenstengel kommen dicht übereinander aus dem Pflanzenschaft. Die Knospe gleicht einem festen hellgrünen Ball, der sich schon innerhalb der langsam auseinandertretenden Kelchblätter zu färben beginnt, wobei sich zuerst kleine rosane Fleckchen zeigen. Das ist nur die flüchtige Wiedergabe eines ersten Eindrucks, und doch, indem ich die paar Worte aufzeichne, meine ich schon die Pflanze auf eine andere und bessere Art zu besitzen als vorher. Dabei ist natürlich nicht das Schreiben das Wesentliche, sondern das rechte Hinschauen, die wirkliche Hinwendung zu einem fremden Organismus, dessen Struktur auch gleich etwas von den Geheimnissen seiner Lebensgesetze offenbart.

Das Recht der Massen auf die Cappella Sistina

Einbahnwege führen durch die Vatikanischen Museen, in den breiten Korridoren werden die Hinflutenden von den Zurückgehenden durch eine Schranke getrennt. In der Sixtinischen Kapelle stehen die Menschen dicht aneinandergedrängt, kaum daß einer noch die Hand mit dem Spiegel sich über die Augen halten kann. Nach einer Gruppenführung, die keinen einzigen Raum ausließ, aber auch in keinem verweilte, geschah es, daß eine weitgereiste Pilgerin in Tränen ausbrach, weil man ihr die Sistina vorenthalten hatte, – als man ihr klarmachte, daß sie dort gewesen war, weinte sie erst recht. Über solche Sehweise und die Unmöglichkeit, vor irgendeinem der großen Kunstwerke in Rom noch einen Augenblick still zu verweilen, erhebt sich oft ein großes Klagegespräch, das am Ende fast immer in einen Streit ausartet. Die Frage ist, was hat der durch sein Arbeitsleben an einer rechten Vorbildung verhinderte Reisende aus Amerika, Deutschland, Holland usw. von solchem Durchgetriebenwerden, hat er überhaupt etwas anderes davon als Kopfweh und Minderwertigkeitsgefühle, Beschämung und Zorn. Man sollte, schlagen die Unerbittlichen vor, die Massen vom Besuch der römischen Museen ausschließen, einen Befähigungsnachweis verlangen und damit für die Studierenden und wirklich Genießenden Raum und Stille schaffen. Eines Wortes von L. C. wird gedacht, man sieht nur, was man weiß, also was man schon im Geiste kennt und sucht und was man mit anderen Dingen in Beziehung setzen kann. Mit der Kenntnis eines Faches ist es in den Vatikanischen Museen nicht getan, für die Messe von Bolsena in den Stanzen sollte man die Legende kennen, für den Parnaß die Literaturgeschichte, für die Disputà die Theologie. Wer unvorbereitet Bildungsreisen unternimmt, kann sich selbst bald nirgends mehr unterbringen und sehnt sich nach Hause, wo er, mit vielen in Beziehung, an seinem Platze steht. Die Schwermut des Karawanenreisens ist unermeßlich, da wird, was Freude bedeuten, ja manchmal ein Leben krönen soll, zur Bestätigung des eigenen Unwerts und damit zur äußersten Einsamkeit, da sich ja gerade dieses Unwertsgefühl nicht mitteilen läßt. Vielleicht sollte man aber gerade in solcher Ausgesetztheit das Fruchtbringende des heillosen Reisevergnügens sehen. Keine Bestätigung mehr, durch Mitarbeiter, Vorgesetzte und Untergebene, durch Familie, vertraute Dinge und Orte oder durch die Gewohnheiten des täglichen Lebens, die auch eine Bestätigung sind. Keine Sicherheit gegenüber den Abenteuern des menschlichen Geistes, durch Jahrtausende hindurch in den Stein gehauen oder auf die Leinwand gemalt. Ein Verstehen wie von Kindern, denen man unverständliche Geschichten vorliest, nicht folgerichtig, sondern bruchstückhaft, ein Auffassen nicht der gemeinten Töne, sondern geheimnisvoller Obertöne, die mit diesen schwingen. Der strengen Forderung des Fachmannes nach richtigem Verständnis könnte man entgegenhalten, daß weder das Erlebnis der Einsamkeit in der Bildungswelt noch die dem Gegenstand nicht gemäßen Gefühle allzu gering einzuschätzen sind. Es beginnt etwas, auch wenn die nächste Ratenzahlung nach der Heimkehr noch keineswegs für eine dickleibige Kunstgeschichte aufgewendet wird. Wer den Leidensweg der Museen mit all seinen Ratlosigkeiten und seinen plötzlichen und irrationalen Glücksgefühlen gegangen ist, wird nicht nur wie erlöst in seinen eigenen Bereich heimkehren, er wird auch anders leben und vielleicht dem Tod anders gegenüberstehen als bisher. So betrachtet gewinnt die Frage nach dem Recht der Massen auf die Sistina ein anderes Gesicht.

Über die Freundschaft

Freundschaft aus Erkenntnistrieb: der andere weiß oder ahnt etwas uns Wissenswertes, oder er will erfahren, wir können geben und uns dabei weiter vortasten, das höhere Dritte ist immer im Spiel. Freundschaft aus der Gemeinsamkeit des Schicksals: hierher gehören alle Beziehungen zum guten Nachbarn, auch alle Bindungen der Katastrophenzeiten, Front- und Bombenkellerkameradschaften, – die Erhaltung des Lebens im handgreiflichsten Sinne ist da das Gemeinsame, vollkommen gegensätzliche Anschauungen und Neigungen beeinträchtigen das gute Einvernehmen nicht. Die Sympathie ist das irrationalste aller Freundschaftsmotive, der

Stern der flüchtigen Begegnungen, deren geheime Intensität ein langes Beieinandersein ersetzen kann, recht im Gegensatz zu der landläufigen Ansicht, daß die Dauer die Freundschaft veredle wie das Alter den Wein. Mit den alten Freunden hat es dennoch auch etwas auf sich, die Treue, die eigene wie die fremde, rührt ans Herz, und würde sie auch nur schweigend gehalten, über Jahrzehnte und Weltmeere hinweg. Dankbarkeit ist da ein starkes Bindemittel, gälte sie diesem oder jenem, dem Gewinn an Erkenntnis, dem Gewinn an Geborgenheit in der Welt. Von jedem Freunde hat man ja etwas, Teilnahme oder Bereicherung des eigenen Wesens oder die Möglichkeit, ebendieses zurückzusetzen und mit des anderen Augen zu sehen. Die eigene Vergangenheit bleibt im Bewußtsein der Freunde lebendig, die der Freunde in unserem, und immer das beste Teil davon, eine Biographie, die in lauter verschiedenen Herzen aufgezeichnet wird und die aus lauter lichten, zumindest aus lauter spannungsreichen Momenten besteht. Ein Ende ist da, bis zum eigenen Ende, nicht abzusehen, da jede neue Begegnung die Möglichkeit der Freundschaft in sich schließt. In der Gefahrenzone der zweiten Jahrhunderthälfte jedes Menschenlebens wird alles dramatischer, nicht schlafmütziger, das große Abenteuer des Alterns und der Todesnähe muß bestanden und – verschwiegen werden, das gibt den Beziehungen ein Leuchten wie von Oktoberblättern, einen Farbenglanz, den die Natur der menschlichen Erscheinung versagt. Ein Symposion aller Freunde eines Lebens wäre trotz alledem unsinnig, sie würden sich keineswegs vertragen, ja, es würde für manche von ihnen die Tatsache, daß wir mit dem oder jenem auch gut sind, ein Beweggrund zum Bruche sein. Sind wir so schillernd, so in Facetten geschliffen, so charakterlos bunt? Wahrscheinlich wenden wir jedem Menschen eine andere Seite unseres Wesens zu, wahrscheinlich zeigt uns jeder ein anderes Gesicht. Das Symposion findet dennoch unaufhörlich statt, und zwar in unserem Innern, da verschwinden die Gegensätze, da wandeln Wolf und Lamm friedlich wie im Paradiese, und wir, Wolf und Lamm im Paradiese anderer liebender Herzen, in ungetrübter Harmonie.

Zuende

Ein Tagebuch zuende bringen macht vieles augenfällig, zum Beispiel die Kürze eines Jahres, – schon wieder wehen über die Straßen die schönen Blätter der Platanen, wieder erhebt sich in der Altstadt der Geruch der Holzkohlenfeuer, wieder werden auf den Spielplätzen der Villa Borghese die Kinder aus dem Schatten in die Sonne getrieben. Morgen ist auch noch ein Tag, aber da soll nun nichts mehr aufgeschrieben werden, nur ein paar Worte vielleicht in den Kalender gekritzelt, Gespräch mit einem Optimisten, Basilica sotterranea, Sappho auf dem leukadischen Felsen, Film La Strada, unvergeßliches Zucken vom Ernst zur Spaßhaftigkeit in einem traurigen jungen Gesicht. Ein Jahr lang hat man das alles ausführlich behandelt, man wollte so vielem auf die Sprünge kommen, dem schönen grausamen Tier Leben und der schönen grausamen Stadt. Im Grunde war alles nachhause geschrieben, in das Nebelland, für Menschen, die von Rom, und vom sonnigen Süden überhaupt, eine ganz bestimmte Vorstellung haben, und die Goldorangen glühen im dunkeln Laube ja auch tatsächlich, aber von Orangen wird niemand satt und Ferien von der Zeit gibt es nicht mehr. Es gibt keinen Urlaub von der Auseinandersetzung mit den Mächten des Zerstörerischen, und wie könnte sie auch gerade hier zum Schweigen kommen, wo man nicht nur die Geschichte beständig vor Augen hat, sondern auch die Zeugnisse einer heftigen und dumpfen Vitalität. Die Bemühung um Einklang ist vergeblich, eine Unzahl von Linien, die sich erst im Unendlichen treffen, aber die eine oder andere leuchtet doch und schwingt sich so frei, daß man ihr wohl mit Freuden zu folgen vermag. Was man hier lernen kann, ist Bescheidung, die uralte Geduld des römischen Volkes gegenüber der Ungunst der Verhältnisse, und Ungeduld auch, aber eine ganz persönliche und künstlerische: genug des vernünftigen Aufzeichnens und der Schau von außen, hinein in das Herz der Dinge, aus ihm zu schweigen, oder zu reden, entrückt und verwandelt, in der Zeichensprache des Gedichts.

VII

AUS
»WOHIN DENN
ICH«

Nicht nur mit meinem bescheidenen Kleinrentnerinnenleben, sondern auch mit meiner stillen Todessehnsucht war es in diesen Wochen schon völlig vorbei. Von meinem Schreibtisch aufblickend, sah ich das Bild des Mannes, den ich verloren hatte, meines Mannes, wie ich zu seinen Lebzeiten arglos zu sagen pflegte, aber jetzt kam mir das Wort nicht mehr über die Lippen. Die Zeit, da ich ihn besessen hatte, war lang gewesen, aber die Ewigkeit war länger, aus ihr war er hervorgetreten, ihr gehörte er wieder an. Das Bild stammte aus dem Hungerjahr 1945, auf eine unheimliche Weise hatte der Maler die Leichenblässe, die dämonische Fremdheit seiner letzten Tage vorweggenommen, kalt und feindlich sah mich der Sterbende an. Die ganze Zeit über hatte ich mich seinem Blick gestellt, jetzt wich ich ihm aus, suchte die Photographien späterer reicher Jahre und legte auch diese beiseite, da ich ja noch immer umarmen wollte, während doch das Abbild, wie das Nachleben eines Toten, eine Fläche ist, die niemand umarmen kann. Das große Bild, das in mir die entsetzliche Vorstellung erweckte, du seiest an meiner Seite den Hungertod gestorben, stellte ich weg, stand aber jetzt während des Arbeitens oft auf, ging umher und betastete die Gegenstände, die deine Hände berührt hatten, und fand mich allein, ein Gefühl, das ich kaum gehabt hatte, als ich noch unbeschäftigt, das heißt, nur mit dir beschäftigt gewesen war. Ich sah jetzt auch manchmal in den Spiegel, fand mein Gesicht unstet, meine Augen koboldhaft und überlegte, was aus Frauen wird, die ein Menschenalter lang in der Liebe wie auf festem Boden stehen und die dann, verlassen, wieder flüchtig werden – wie ihre

Haare, beständig gegen den Strich gekämmt, zu sprühen anfangen, wie sie irrsinnig kichern, wie der Teufel einzieht in ihren einsamen Leib. Aus solchen Gedanken rettete ich mich in meine neuen bescheidenen Beschäftigungen zurück, schrieb auch an meine weit entfernt wohnende Tochter, brüstete mich mit meiner Tätigkeit und bekam Briefe, in denen sie auf das Lebhafteste begrüßte, daß ich an der Welt wieder Anteil nahm. Dabei ging ich doch noch immer unsicher wie auf einer nassen und glatten Eisfläche, über die der Wind pfeift und unter der mit Baumkronen, Dächern und Gartenzäunen ein überschwemmter Landstrich schattenhaft zu sehen ist. Oft hörte ich in meinem behaglichen Zimmer ein flatterndes, scharrendes Geräusch, wenn ich aber das Fenster öffnete, blieb alles still, und kein Seelenvogel flog mir über die Schulter auf die nächtlichen Pappeln zu. [. . .]

Im Zug nach H. seltsame Zustände des Hinabtauchens in mein jüngst vergangenes Leben, das mir in der Erinnerung überaus glücklich erschien. Selbst im Nachtrauern, Nachsinnen noch war eine Geborgenheit, nach der ich mich bereits zurückzusehnen begann. Wer allein ist, wird unruhiger, wacher, aufmerksamer, von jeder Unruhe mitgerissen, wie ein Weidenzweig, den das strömende Wasser eines Baches mitreißt, wieder freigibt, wieder mitreißt, es ist da kein Ende abzusehen. Ich fragte mich, ob, wie jemand gesagt hat, wirklich Einsamkeit das natürliche Klima der Seele ist und ob diese bei mir neue gespannte Aufmerksamkeit mit allen daraus folgenden Ängsten und Bedrohungen den Einsamen die natürliche Lebensluft ist. Tatsächlich nahm an diesem Tage alles, was ich sah, den Charakter des Bedrohlichen an. Daß der Zug nach kaum einer Minute Aufenthalt nicht mehr rollend, sondern mit einem hellen Pfeifen und Rauschen den Bahnhof verließ, daß es unmöglich war, ein Fenster zu öffnen, und man also, abgeschlossen von Stadtluft, Waldluft, Kältehauch gleichsam von einem Ort zum andern geschossen wurde, schien mir kennzeichnend für eine Beschleunigung, die weniger von den Menschen hervorgerufen wurde, als daß sie ihnen geschah, auch schien mir diese Beschleunigung in der Zeit meiner Abwesenheit in ein neues unheimliches Stadium getreten zu sein. Mit solchen Gedanken beschäftigt, sah ich den Vortrag, den ich im Koffer liegen hatte, nicht mehr an. Es würde schon gut gehen, schien auch gar nicht mehr wichtig, gemessen an dem, was ich fahrend erfuhr, etwa der Stadt, die der Zug gegen Abend erreichte und die mein Reseziel war: Schwarzes Wasser schon bei der Einfahrt, unübersichtlich mit Brücken und einander kreuzenden Schienenwegen und bunten, grell aufflammenden und wieder erlöschenden Werbezeichen und eben das unergründliche, dem Binnenländer immer als eine alte Ursprungszone erscheinende Element. Später in der Nacht das schmale Flüßchen ebenso schwarz, mit den weißen Schaumwellen des kleinen Dampfers, der da Holzsteg um Holzsteg mit der Pünktlichkeit einer Straßenbahn erreichte, aber das Tau mußte um den Pfahl geworfen und festgezogen werden, nicht anders als in den mir längst versunkenen Häfen des Bosporus und der Inseln im Ionischen Meer. Es war auch warm, nichts von nordischer Schneebleiche, und die Erlen und Weiden trugen ihre Schatten wie sommerliches Laub. Neugierig, dies alles bei Tage zu sehen, schlief ich kaum, es kam mir, während ich wach lag, auch zum Bewußtsein, daß ich neugierig war, begierig, das neue Bild der Welt mit neuen Augen aufzunehmen – dabei hatte ich doch auch schon Angst vor dem, was ich, vielleicht nicht gerade morgen, aber in der Zukunft, zu sehen bekommen sollte. Mein Auge, eine Linse wie die jenes Photographen, der sich anschickte, einen orientalischen Palast vor stahlblauem Himmel aufzunehmen, da gab es auf dem großen Platz vor den Stufen einen Tumult, Bewaffnete marschierten auf, Sultan und Hofstaat traten aus dem Portal, zwei reuige Aufrührer waren gekommen, um sich dem Sultan zu Füßen zu werfen, aber es war keine Rede von Verzeihung, den Aufrührern wurde der Kopf abgeschlagen und der gerade bereitstehende Photograph gezwungen, die ganze schauerliche Szene festzuhalten, was er mit geübter Geschicklichkeit tat. Danach wurde ihm schlecht, er fiel in Ohnmacht und fand sich am Ende im Staub liegend, da waren die Toten schon weggeschafft und die Tore des Palasts geschlossen, kein Mensch weit und breit, nur der Mond, der den leeren Platz verschwenderisch beschien. [. . .]

Daß man nach Vorträgen in fremden Städten mit den verschie-
denartigsten Menschen zusammensitzt, sagte ich schon, auch daß
diese in solchen Fällen oft von ihren eigenen Neigungen berichten.
In F. nun war zum erstenmal alles anders, weder von Segelschiffen
noch von Sprachschnitzern war die Rede. Wir saßen hart unter
dem roten Sandsteingebirge des Münsters, seinem rotschwarzen
Spitzenwerk, seinen phantastischen Tieren, aus deren Mäulern
friedlich fades Regenwasser rann. Im Kaiserstühler und Mark-
gräfler war das Reben- und Obstland gegenwärtig, seine verschleierten Wiesenmulden und flammenden Waldränder; Gästen aus
dem Elsaß zu Ehren wurden Schnecken gegessen, die in ihrem eigenen Gehäuse in einer Gewürzsoße schwammen. Kaum daß mit
einigen auf meinen Vortrag bezüglichen Worten der Höflichkeit
Genüge getan war, kam die Rede auf die Vernichtungsmöglich-
keiten durch nukleare Waffen, auf Stoß und Sog von Druckwellen,
auf Blitz und Feuerbälle von grauenhafter Helligkeit, auf den
Atomstaub, der schon jetzt die Erde umwehte, und auf den Ring
von Kupfernadeln, der, in die Atmosphäre geschossen, unseren
Himmelskörper umkreiste. Schwellköpfe, ähnlich den zu Fast-
nacht jubelnd mitgeführten grotesken Figuren, wurden als Folge
der Atomversuche in Betracht gezogen, auch ein Erlöschen der
menschlichen Intelligenz und der Zeugungskraft in Aussicht gestellt.
Alle diese Ungeheuerlichkeiten wurden zwischen Schneckenessen,
Fingerspülen, Mundabtrocknen auf die sachlichste Weise vorge-
tragen, während die Turmuhr des Münsters mit mächtiger Stimme
ihre kurzen Viertelstunden schlug. Vergeblich suchte ich in den
gescheiten Gesichtern der vorwiegend männlichen Tafelrunde eine
Verzerrung des Entsetzens, schon wurde die apokalyptische Vorstellung als etwas Gegebenes (Gottgegebenes?) hingenommen und
dem Alltag vermählt, wie einem unvorstellbaren Monstrum eine
Tochter von bescheidenem, aber im Augenblick unsäglich rührenden Glanz. Am Ende gab es dann noch so etwas wie einen Aufruhr,
freilich einen, der mit taktvoll ablenkenden Worten sogleich niedergeschlagen wurde. Einer der Besucherinnen aus dem Elsaß nämlich, einer jungen Frau, die, wie ich, bisher stumm dagesessen hatte,
wurde die Bemerkung, daß mit einer bestimmten Waffe im »gün-
stigsten Falle« neunzig Prozent, im weniger günstigen Falle siebzig

Prozent der Bevölkerung ausgelöscht werden könnten, zuviel. Mit einer fast krankhaften Bewegung preßte sie die Hände gegen die Ohrmuscheln, schrie, ich will das nicht hören, ich kann das nicht hören, und kniff schließlich, wie um sich von der Welt völlig abzuschließen, mit einer furchtbaren Grimasse auch noch die Augenlider zu. Zu meinem Erstaunen hielt ich es nicht mit ihr, sondern wandte mich, von solchem Sichbewahrenwollen peinlich berührt, meinem Nachtisch zu. Ich fragte aber später nach ihrem Namen, und die Tatsache, daß sie Bonheur (genau gesagt, Rosa Bonheur wie die Malerin) hieß, erstaunte mich nicht. [. . .]

So bemühte ich mich zum Beispiel in jenen Herbsttagen, mich mit dem Sterben zu beschäftigen, oder vielmehr, mich der Beschäftigung mit seinen Absonderlichkeiten nicht zu entziehen. Anläßlich eines Verkehrstodes, den ich aus einiger Entfernung miterlebte, fiel mir ein, daß manche Tote etwas Erhabenes haben; eine riesige Hand legte sich auf eine gewaltige Brust und ist stärker, preßt ihr den Atem ab, aber Auge in Auge mit dem zu Überwindenden, den zu überwinden es sich lohnt. Andere Tode, wie eben der auf der Straße, waren dagegen wie ein achtloses Ausfahren der eisenharten Finger, fort mit dir, warum läßt sich nicht fragen, es könnte auch ein göttliches Versehen gewesen sein. Kein letztes Zwiegespräch mit der Vernichtung, kein letztes Aufbegehren und schließlich Annehmen, eine kleine Tücke, sonst nichts. Neben der Ungerechtigkeit des Todes seine Häßlichkeit, sein Häßlichmachen, Ausdörren, Fahlschminken, während den Menschen doch ebensogut wie etwa den Herbstbäumen zuletzt noch ein Äußerstes an Schönheit und Merkwürdigkeit gegönnt sein könnte. Das Gegenteil ist der Fall, einer Frau mit besonders schöner Brust schrumpft am Ende diese Brust ein, während der ehemals flache Leib, mit Wasser gefüllt, grotesk anschwillt, ein rosiges junges Mädchen wird in seinen letzten Tagen, verdorrt und beinahe gewichtslos, von der Pflegerin im Zimmer herumgetragen wie ein uraltes Kind. Ferner die Sterbensweise der Menschen, ihre letzten Tage, letzten Beschäftigungen, letzten Worte usw. Ich ertappte mich dabei, daß ich beim Lesen von Lebensbeschreibungen nicht mehr bei der Geburt begann, sondern so lange in dem Buch herumblätterte, bis ich auf das Ende oder den Anfang vom Ende stieß. Als ich einmal las, daß Renoir, todkrank, den Pinsel an die gelähmte Hand gebunden, sagte, je me perfectionne toujours, erfüllte mich ein Entzücken, das ich nur schwer erklären kann. In aller Ausführlichkeit ließ ich mir eines Tages von einem Bekannten den Tod seines Vaters erzählen, eines Arztes, der vor dem Sterben seine goldene Taschenuhr auf das rote Samtgestellchen hängte, einen Spiegel zur Hand nahm, in dem er während der fünfundzwanzig Minuten, die er sich noch zugemessen hatte, den Verfall seiner Gesichtszüge beobachtete. Auch den Vorstufen des Todes sann ich oft nach, indem ich die Alten und Kranken in meiner Umgebung beobachtete und sie ausfragte, über die nicht wegzuscheuchenden Fliegen vor ihren Augen, über die Häuser, die ihnen ins Wogen und Kreisen geraten, die Zungen, die ihnen am Morgen dick und gepanzert wie Lindwürmer am Gaumen kleben, über ihre Hände, die sie schüchtern betrachten, weil sie ganz von selber zu schütteln beginnen. Auch die Erinnerung kam mir jetzt wieder zu Hilfe, Erinnerung an eine alte Frau in meiner Heimat, die sich in jedem unbewachten Augenblick auf den Weg machte, fort, nur fort – an einen alten Bauern, der mitten in der Winternacht aufgestanden und in den Wald gegangen, nicht mehr zurückgekommen, auch nie mehr gefunden worden war: beide hatten ohne Zweifel, am Ufer eines verhüllten Flusses entlangirrend, den Fährmann gesucht. Ihrer Angst und Ungeduld glich die Angst und Ungeduld der Lebenden, die es, soweit ich sah, nirgends aushielten und ihren Aufenthaltsort unaufhörlich zu verändern trachteten. Der Fluß ist nahe, im Notfall findet sich auch ein Fährmann für eine Welt von Toten. Dabei gibt es natürlich auch alte Leute, die weder Unruhe noch Furcht empfinden. Wie der Priester, der seine Pupillen blinden Kindern vermachte, schenken sie am Ende ihre von der Schönheit der Erde und dem Reichtum der Menschen gesättigten Augen einem blinden Geschlecht. [. . .]

Das rasche Hin und Her der Flugreisen verwirrt. Ich habe von Mailand nichts im Gedächtnis behalten, ausgenommen einige dünnleibige und leise schwankende Hochhäuser, eine Pietà im Dom und die Galleria, eine mit Glas überdeckte und nur für Fußgänger bestimmte Straßenkreuzung im Herzen der Stadt. Tummelplatz der Geschäftemacher und Herumsteher, mit Läden und Bars zu beiden Seiten, und in den lichtlosen Stockwerken finstere Räume, in denen Druckmaschinen stampfen, Kartonagen gestapelt werden und Grottenolme sich gespenstisch bewegen. Die einander kreuzenden Hallen sind mit dem verstaubten Glanz des vergangenen Jahrhunderts ausgestattet, mit Kristall-Lampen und Mosaikfußböden, gerade unter der Glaskuppel der Kreuzung ist dort etwas Mythologisches dargestellt, Europa auf dem Stier, einem ungeheuren Stier mit stark betontem Geschlechtsteil – die elegantesten Spaziergänger bemühen sich, im Gespräch mit den Freunden gerade da Fuß zu fassen, in der Hoffnung, daß von der göttlichen Zeugungskraft etwas auf sie übertragen wird. An mehr erinnere ich mich nicht, nur noch an ein paar Fetzen von Gesprächen, die ich, auf den zierlichen Eisenstühlchen der Galleria sitzend, mit alten Freunden und neuen Bekannten führte und in denen einmal nicht von der Zukunft, sondern von einer gar nicht weit zurückliegenden, aber völlig unbegreiflich gewordenen Vergangenheit die Rede war, zum Beispiel von gewissen Plakaten, die damals in Vernichtungslagern angebracht waren und auf welchen den bereits zur Vergasung eingeteilten Lagerinsassen Reinlichkeit empfohlen wurde. »Reinlichkeit ist Gesundheit«, »Eine Laus dein Tod«, hieß es da, oder »Arbeit macht frei« – da konnten sich die in die Steinbrüche getriebenen Skelette unter Freiheit vorstellen, was sie wollten, auch die völlige Gleichgültigkeit, auch den Tod. Jemand erzählte von dem besonderen Vergnügen eines Schinders an grotesken Folterungsarten, er war der Erfinder des sogenannten Bärentanzes, bei dem jeder zum Tode bestimmte Häftling sich zuerst sein Grab graben und sich dann um den in die Erde gestochenen Spaten wie ein Tanzbär so lange im Kreise drehen mußte, bis er die Besinnung verlor. Ein anderer Tischgenosse zog eine Zeitung heraus, in der von einer Ausstellung von Kinderzeichnungen berichtet wurde. Die Zeichnungen waren in Theresienstadt entstanden, der Lehrer, der den Kindern Papier und Buntstifte verschafft hatte, war für diese Liebestat ermordet worden, auch die Kinder waren eines nach dem andern ermordet worden, nur ihre ungelenken Darstellungen von gezackten Mauern, von Galgen, Särgen und Stiefelmännern, aber auch von Karussells, Kinderrollern und Apfelbäumen war noch da. Ein Gedicht war in der Zeitung ebenfalls wiedergegeben, wir lasen es uns vor und übersetzten es, mitten in dem Lebensgedröhn der Galleria, den triumphierenden Stimmen der Zeitungsausrufer, dem Flüstern der Liebenden, die sich vor den Schaufenstern trafen und einander mit glühenden Blicken verzehrten. Das Gedicht war von einem Kind namens Teddy, der wäre heute über dreißig Jahre alt, könnte hier umherwandern, Camparisoda trinken und ein Mädchen treffen, ist aber verscharrt, verschollen. Hat einmal geschrieben, Theresienstadt mutet mich schrecklich an – wann gehen wir nach Hause, weiß selbst nicht, wann, was nun wieder, nach mehr als zwanzig Jahren, mich schrecklich anmutete und daß wir, du und ich, während dieser Zeit lebten, uns liebten und glücklich waren. Außerdem der Gedanke, daß die Grausamkeit, die damals mit so offenem Hohn gewaltet hatte, nicht wie durch einen Zauberschlag verschwunden sein könne, daß sie noch irgendwo lauere, bereit hervorzubrechen und völlig sicher, ihre Opfer zu finden. [. . .]

Ich las in jener Zeit wenig, abgesehen von dem, was ich beurteilen mußte, nämlich Prosa von heute, an der mir ein seltsam kalter, fast wissenschaftlicher Stil auffiel, auch die Neigung, mit Methoden der Polizei oder des Gerichtssaales einem Ereignis oder einem menschlichen Wesen nachzuspionieren, es von allen Seiten zu umzingeln und es auf diese Weise in die Enge zu treiben. Die Zeit saß über sich selbst zu Gericht, enthüllte erbarmungslos ihre eigene Kälte und Gleichgültigkeit, fragte und antwortete, fragte und antwortete, bei diesem großen Kreuzverhör kam an Ende wenig mehr heraus als eben die Fragwürdigkeit, die ein Rest des Humanen, vielleicht der letzte ist. Sehr anderes las ich, als ich einmal in meinen alten, immer geduldig wartenden Büchern herumblätterte und mir dabei der berühmte Brief der Caterina von Siena an einen ihr befreundeten Mönch in die Hände fiel. In jener gewiß auch dunklen, von furchtbaren Bedrohungen überschatteten Epoche war immerhin Gott noch jemand, ein mächtiger Gegenspieler, mit dessen Kraft sich der hinfällige Mensch im mystischen Außersichsein vereinen konnte, während das Kennzeichnende des heutigen Menschen seine gottverlassene Einsamkeit und Langeweile ist. Auch wer in seinem Nebenmenschen auf- und mit ihm unterging, gelangte damals zu Gott, was noch etwas bedeutete und mehr als ein seliges Hinwallen in einem heute als langweilig empfundenen Paradies. Dem erwähnten Brief liegt eine ganz moderne Situation zugrunde: ein wegen abfälliger Kritik an der Regierung zum Tode verurteilter Häftling soll geköpft werden. Der Mann ist gottlos oder wenigstens lau im Glauben, er hat wahrscheinlich seit seiner Kindheit die heilige Kommunion nicht empfangen. Caterina, die von dem Urteil erfahren hat, steht ihm in seinen letzten Tagen und Stunden bei und hält endlich sein abgeschlagenes Haupt im Schoß. Schon vorher hat sie selbst ihren Kopf auf den Richtblock gelegt und dabei, recht herrisch, die heilige Caterina von Alexandria und die Muttergottes um Beistand angerufen. Ihre Kraft danach ist ungeheuer, sie fordert den durch ihre Teilnahme schon aufgerichteten Verurteilten auf, mit ihr zur Hochzeit, einer mystischen Hochzeit, zu gehen und küßt ihn wie einen irdischen Bräutigam. Ihre Schilderung dieser Vorgänge ist abstoßend und faszinierend, schon zu Anfang spricht Caterina von der Speerwunde Christi und dem Duft des Blutes, das dieser Wunde entströmt, später vom Blut und Feuer als den mystischen Vehikeln, die zur Erlösung und zur Vereinigung führen. Solche Möglichkeiten des Einswerdens auch mit dem leidenden Nebenmenschen kennen wir nicht mehr, der eigenen Teilnahmslosigkeit steht die der andern gegenüber, was eine doppelte, also äußerste Einsamkeit ergibt. Gemessen an den Erfahrungen der furchtbaren und großartigen Caterina (aber auch an denen noch viel späterer Zeiten) sind die Verfolgungen von gestern und die Kriege von morgen nicht nur sang- und klanglos, sondern auch trostlos, keine mystische Hochzeit mit dem Tode, ein kaltes Verstummen und Ausgelöschtwerden, dem sich selbst der letzte Hahnenschrei versagt. [. . .]

Graue, feuchte Dezembertage, an denen ich kaum ausging, jedenfalls mein Viertel nicht verließ. Vorbereitung auf meinen Vortrags-
abend und noch mehr Erinnerungen an früher, traumhaftes Umherwandern in den zur Zeit leerstehenden Ateliers, diesen über-
großen und überhohen Räumen mit ihren riesigen Rolltüren zum
Herausschaffen tonnenschwerer Figuren und gigantischer Lein-
wände, aber solche gab es nicht mehr. Umherwandern und sehen,
was da gehangen und gestanden hatte, im alten, vergangenen
Jahr. Alles ganz deutlich zu erkennen, die große, ungeschlachte
messingglänzende Maske mit den Quellaugen und dem schrägen
hilflosen Mund und die Häuser wie nasse zerquetschte Schwert-
lilien, weißgelbe, aus dem Sumpf gezogen und im Begriff zu erstarren, Glasfluß noch in Bewegung, trübe und zäh. Deutlich zu erkennen die Frau, immer dieselbe, ohne Arme auf einem Holzstuhl
(ohne Armlehnen) sitzend, von hauchfeinen Gazebinden umwik-
kelt, eine Gefesselte, eine Verstümmelte, und unter den hauchfeinen Hüllen quellen die fetten Polster von Schultern und Brust. Mir
ebenso deutlich sichtbar die auf einem Brettertisch ausgelegten
Piniensamen, verholzt, mit kleinen Stegen in der Mitte, und daneben Frauengestalten mit kleinen Stegen in den hohlen, langge-
streckten Leibern, und die Füße fehlen, als die Füße darankamen,
war schon alles ausgedrückt und getan. Bildflächen auch, bedeckt
mit Zersprungenem, Zersprengtem, kein Raum mehr, in dem etwas
steht, wohl aber einer, in dem sich etwas abspielt, eben diese Spren-
gung, die den Stoff über die Ränder des Bildes schleudert, den
glühenden Kern, der Beinernes, Hölzernes, Eisernes in eine flutende,
unendliche Bewegung versetzt. Ein Christus ferner, der sich von
den senkrechten und waagerechten Balken seines Kreuzes nicht
mit ausgebreiteten Armen und schmalem Leib abhebt, vielmehr
treffen die Balken des Kreuzes sich nicht, Marterinstrument und
Gemarterter verschmelzen, und in demselben furchtbaren Wirbel
bewegen sich Kreuz und Gott. Gegensätze, gewiß, und schwer ein-
zuordnen, besonders die so fest auf ihren dicken Gesäßen ruhenden
Frauen, auch die Tausendmännchen des Zeichners, der eine kleine
Fläche mit einer Unzahl von winzigen Menschen oder winzigen
Bäumen bedecken und auf diese Weise die unheimlich flutende,
nicht aufzuhaltende Bewegung großer Menschenmassen darstellen

kann. Aber vorherrschend war doch eben diese Bewegung, nicht planen, sondern sich tragen lassen, treiben lassen, warten, daß etwas geschieht, einem unter den Händen, der Stoff bewegt sich, der Stoff trägt weiter, unter den Händen geschieht's. Das Explosive der damals entstandenen Bilder und Plastiken gab zu denken, gab mir zu denken, als ich von meiner Terrasse zu den dunklen und schweigenden Atelierhäusern hinüberblickte, während der Motorenlärm der Düsenflugzeuge die Stille zerriß. Und noch etwas anderes gab zu denken. Nämlich die Dinge, denen man ja – und nicht nur den früher als schön bezeichneten, sondern auch den Schuhen und Äpfeln – ihre Schönheit längst abgewonnen hatte, den Schuhen die faltige Schwärze, den Äpfeln die glatte Rundung, und die man als unbrauchbar weggeworfen hatte, und daß eben diese Dinge nun noch einmal zurückkehrten, daß sie, mythisch wie aus dem Urschlamm gezogen, zerfetzt von wirbelnder Bewegung oder gefesselt und verstümmelt, sich noch einmal zeigten – auf der Schwelle einer ganz neuen oder für immer zerstörten Welt. [. . .]

Nach so vielem ziellosen Herumirren am Tage blieb ich jetzt abends oft zu Hause, arbeitete, hörte spät in der Nacht den Rundfunk, wobei ich mir, die rote Nadel über alle Wellenlängen gleiten lassend, Aufführungen von neuer Musik suchte. Die Kompositionen, die ich mir auf diese Weise aus dem Äther heranholte, waren fremdartig und erregend, vielleicht gerade dadurch, daß sie eines geplanten und durchgeführten Gefühls- oder Erlebnisinhaltes völlig entbehrten. Die Töne, selten anhaltend geblasen oder gestrichen, vielmehr nur kurz angeschlagen oder gezupft, standen ohne Verbindung nebeneinander, die ehemals vorhandene Melodie war zerfallen, aber noch erkennbar, so wie die Quecksilbersäule eines beschädigten Thermometers noch immer, aber in einzelnen kurzen Stücken, hinter der Skala erscheint. Die neuerdings verwendeten Instrumente, Batterien von Trommeln und metallenen Schlagflächen, Gongs, Celesten, Rasselkugeln, Metallstäbe (sogenannte Glocken), vermittelten den Eindruck des Unzusammenhanges, auch der Öde und Leere, zartestes Tonmosaik und Riesenkrach von schmetterndem Blech und dumpf dröhnendem Kalbfell, also

293

Schocks, die übrigens durch die leisen bruchstückhaften Klänge und die sprechenden Pausen nicht weniger als durch die heftigen Detonationen hervorgerufen wurden. Dem des Hörens Ungewohnten frißt auch bei öffentlichen, also weniger geisterhaften Konzerten diese Musik an der Nervensubstanz, er rettet sich darein, die ernsthaft ihre Rasselkugeln schwingenden, ihre Kettenkränze schüttelnden und ihre blitzenden küchengerätähnlichen Schlagzeugbatterien bedienenden Männer lustig zu finden, während er über eine leise Angst, manchmal über ein nacktes Grauen nicht Herr werden kann. Von den solchen Kompositionen zugrunde liegenden Serien wußte ich nichts, während die Rolle, die der Zufall bei dem Ganzen spielte, mir manchmal demonstriert wurde, etwa wenn vier Herren, um einen weitgeöffneten Flügel herumstehend, Karten spielten und ihre bekennenden oder stechenden Blätter auf die Saiten fallen ließen, was dann bald im Diskant, bald im Baß klirrende und scheppernde Akkorde ergab. Eine mit östlichen Zeremonien eingeleitete Vorführung, die aus nichts anderem als aus etwa dreißig in gleichen Zeitabständen und im selben Tonklang hervorgebrachten überlauten Gongschlägen bestand, rief durch die Terrorisierung des Bewußtseins in mir ebenfalls Angst hervor, auch wenn sich diese in einem nervösen Gelächter Luft machte. Ich folgte trotzdem, wollte trotzdem wieder hören, wollte heraushören, ob nicht auch diese Musik in ihrer Unmenschlichkeit gerade wieder eine (unsere) menschliche Situation, Terror, Kälte, Bruchstückhaftigkeit, zum Ausdruck bringt. [. . .]

Jemand hat mir von Brasilien gesprochen, mir auch ein Buch mit vielen in diesem übrigens riesigen Land gemachten Aufnahmen geschenkt. Ein Ortsname fiel mir auf, Salvador – Rettung, Ziel meiner Reise; wie kindisch, was könnte eine persönliche Rettung dem bedeuten, der für sich selbst nichts mehr will. Rettung zudem wovor und woraus, ich wußte ja, was meine Not war, diese schmerzhafte Spannung zwischen Todessehnsucht und Lebenswillen, die übrigens gewiß ein allgemeines Übel ist und die so leicht niemand aufheben kann. Eine große Reise ins Unbekannte gleicht freilich nur zu sehr der größten, letzten, von der man sich ja auch ein

Wunder erwartet, eine Gnade, die nicht von dieser Welt ist und die ich mir zu verdienen keine Anstalten machte. Das griechisch-tragische Lebens- und Todesgefühl, das von Lesern meiner Gedichte mir einmal nachgesagt wurde, besaß ich gar nicht, vielmehr ein durchaus christliches, nur keinen Glauben an den Schatz der guten Werke, an die Möglichkeit, sich den Himmel zu verdienen. Immerhin war noch jemand da, mit dem ich, wie die Maus mit der Schlange, wie der Apfel mit dem Messer, Streitgespräche führte, die alten Fragen, warum tust du das, warum läßt du das zu, auch jemand, an den ich störrische Stoßgebete richtete. Denen, die vor den Kirchentüren stehenbleiben, fühlte ich mich mehr verbunden als denen, deren Namensschildchen an den Bänken befestigt sind, es gibt auch eine Treue zu solchen, die nie ankommen, den verlorenen Schafen mit ihren trotzig hämmernden Hufen, ihrem aufsässigen ratlosen Blick. Trotzdem hatte ich, wenn ich nachts das Licht ausmachte, jetzt oft die Vorstellung, im Schlafe schon aufgenommen zu werden in eine übersinnliche Welt, genauer gesagt, in ein großes schweigendes Haus, in dem »die Herren« den Ton, und den eines überirdischen Friedens, bestimmten. Diese Herren, deren Gegenwart ich nur spürte, ohne sie je zu Gesicht zu bekommen, waren der Vater und du, also Gott und der Geliebte, der durch das Mysterium seines Leidens in dem rätselhaften Hause mehr als nur ein Wohnrecht genießt. Im Halbschlaf meine Lage verändernd, also bald auf der rechten, bald auf der linken Seite und bald auf dem Rücken liegend, öffnete ich mir immer neue Räume, neue Landschaften, die weder dunkel noch hell, weder farbig noch ohne Farbe waren. In all diesen Räumen herrschte Frieden, fühlte ich die Gegenwart der beiden Wesen, ohne die ich erst eigentlich verloren bin. Eine andere kindische und ketzerische Gewißheit: daß es auch im Leben (also auch im Wachen) Augenblicke gibt, die die Seligkeit vorwegnehmen, und Fügungen, die anders als durch Gnade gar nicht zu erklären sind. Das Jenseits war mir eine Gegend, in der man weniger alles hatte, als alles konnte, zum Beispiel lieben, auch geliebt werden, was den meisten Menschen doch den Charakter verdirbt. Das am schwersten zu Bestehende, also auch schwer zu Wünschende, war der furchtbare Anspruch der Ewigkeit, wer würde zwischen dem Immer-Wachen und dem Immer-Schlafen nicht den Schlaf wählen, dessen eiskalte Traumlosigkeit er sich freilich nicht vorstellen kann. Die Überzeugung von der neuen Würde der Toten verbot mir die Hoffnung auf ein Wiedersehen, wenigstens auf eines in der Gestalt und mit den irdischen Eigenschaften, auch im Geflecht aller menschlichen Beziehungen, in dem sich ja irdische Situationen wiederherstellen würden. Ein Geisterkuß wiederum bedeutete mir nichts, und doch ersehnte ich ihn als das einzig noch Mögliche, die Essenz alles dessen, was am Eros, auch dem sinnlichsten, schon größere Versöhnung, schon heilige Hochzeit war. Die Mysterien der Kirche schienen mir jedem zugänglich, der die Mysterien von Geburt, Liebe und Tod wirklich erlebt hat, am eigenen Fleische, das ja nicht der eigene Körper sein muß. Auch wenn seine Scham ihm die Wichtigmacherei eines öffentlichen Bekenntnisses untersagt, möchte er sich doch zugehörig fühlen, die erschütternden Worte der Liturgie wurden auch für ihn gesprochen, die Monstranz auch für ihn erhoben und geküßt. Für ihn hieß in diesem Fall für mich, aber für wen eigentlich noch von den verlorenen Schafen, und wie oft, wenn ich aus meinem Vorhofschlaf plötzlich aufwachte, war mein Bett nur ein Bett, und an meine Ohren drang der Lärm des Düsenflugzeugs, schrill und entsetzlich, wie wenn der Vorhang im Tempel zerreißt. [. . .]

Hellblauer, reiner Märzhimmel und üppiger Amselruf aus nassen schwarzen Zweigen, nachts am Himmel das Boot ohne Mast und Segel, auch ohne Insassen, aber stetig weiterwandernd, zierlich geformt und silberweiß. In den Auslagen Karnevalsflitter, Kronen und Indianerfedern, Sonderangebot an Schallplatten und Papierschlangen und neueste Nachrichten von einer Grubenkatastrophe, da drehte sich im Freien das Rad, da schaffte der Förderkorb die Helfer hinunter und die Toten ans Tageslicht, zu Hunderten lagen sie in langen Reihen unter Zeltplanen, ein schwarzverbrannter Fuß, ein paar nackte verkrampfte Hände schauten heraus. Die Nation sollte das Tanzen und Jubeln lassen, wenigstens ein Wochenende lang, war aber nur schwer dazu zu bringen, nicht weil das Jubeln so lockte, aber weil Geldverluste zu befürchten waren.

Wenn man so etwas erfährt, ist es gleich aus mit dem Nichts-mehr-Wissen-Wollen, Auf-der-Stelle-Treten, Unter-die-Erde- und In-den-Himmel-Fahren, da nützt es auch nichts, daß man sich schämt, ein Hiesiger oder gar ein Mensch zu sein. Wenn niemand verzichten will, die Gastwirte nicht auf ihre Einkünfte, die Algerienfranzosen nicht auf ihr Algerien, müßte man zunächst einmal selbst verzichten, zum Beispiel auf dieses freie und nachdenkliche Schriftstellerleben, und etwas machen, was man zweifellos schlechter macht, wodurch man aber den kleinen Schatz der freiwilligen Liebe um ein winziges vermehrte. Muß dieser Stern denn untergehen, hörte ich eines Abends Nelly Sachs' prophetischen Schuster Michael verzweifelt rufen und spürte, er müßte nicht, müßte nicht, wenn alle bereit wären, von etwas zu lassen, was sie aber gerade deshalb nicht können, weil ein Untergang in der Luft liegt, der den Ersättlichsten unersättlich macht. Die Freiheit ist mit der Unersättlichkeit verhängnisvoll gekoppelt, der kleinen Freiwilligkeit haftet zumindest in den Augen der jungen Menschen etwas von der stillen Schäbigkeit der Heilsarmee an. Wer das Motiv seines Verzichts unter die Lupe nimmt, ist nicht sicher, ob er nicht nur etwas für sein eigenes Seelenheil unternehmen will, eine Vorstellung, die jeden aufrichtigen Menschen anwidert, wer will denn gerettet werden, wo so viele verurteilt sind. Auch solche Erwägungen waren natürlich Teufelsgeflüster, wie das Traumbild der Vollkommenheit (Vollkommenheit eines Verses, einer Seite Prosa), das ich mit dem Entschluß, Spitalböden zu scheuern, fallenlassen mußte. Ich wußte aber bereits, daß ich es nicht fallenlassen würde, ich hielt mich an ein Wort des alten Fischers und Jägers, laß die, die es wollen, die Welt retten, wenn du nur dazu kommst, sie deutlich als Ganzes zu sehen. Daß ich dabei ein schlechtes Gewissen hatte, daß ich mir bewußt war, schuld zu sein, wenn dieser Stern unterging, dieses Unbehagen war alles, was ich leistete, und natürlich war es um nichts mehr wert, als das Unbehagen eines, der auf seinen Luxuswagen nicht verzichten will. Unbehagen rettet nichts, Wunderglauben auch nicht, und wer die Erde als Ganzes sieht, gewahrt einen riesigen Kranken, an dessen Körper in jedem Augenblick eine neue Wunde aufbricht und dessen rauher stoßweiser Atem dem Galgenhumor der Schlagermelodien einen finsteren

Kontrapunkt setzt. Ja, ein Kranker ist es, um den wir in weißen Kitteln herumhocken, unser Lager haben wir bei ihm aufgeschlagen, beobachten und füttern ihn, was nicht hindert, daß er eines Nachts über unsere schlafenden Glieder hinwegsteigen und das Haus in Brand setzen wird. Und vielleicht wäre er doch noch gesund geworden, vielleicht hätte ihn die Liebe geheilt. [. . .]

Die Worte »Waisenhaus Erde« stehen nicht von ungefähr in einem gedichtähnlichen Gebilde, das ich in jenen Märztagen niedergeschrieben habe. Von einer Hausgenossin, die in der sozialen Fürsorge arbeitet, hatte ich mir in der letzten Zeit vieles erzählen lassen, auch Statistisches, wie zum Beispiel die Tatsache, daß ungefähr zwanzig vom Hundert aller Kinder wegen anomalen Verhaltens in Behandlung sind oder zum mindesten in Behandlung gehören. Kinder also, die mit dem Kindsein nicht fertig werden, die nicht bekommen haben, was sie brauchen. Kinder, die in ihren Familien darben, und Kinder, die, in Heimen freundlich aufgenommen, mit allen neuzeitlichen Methoden getestet, nach klugen und genauen Richtlinien behandelt, ebenfalls darben. Als gehöre das Darben schon zum Kindsein, wohlgemerkt zu einem, bei dem die wirtschaftlichen Sorgen nicht im Vordergrund stehen. Mit der Geldgier der Eltern, dem Immer-mehr-Verdienen-, Immer-mehr-Haben-Wollen, ist der Notstand nicht zu erklären, vielmehr mußte da doch etwas abhanden gekommen sein, eine ursprüngliche Freude und eine ursprüngliche Geduld. Die Mütter können mit den Kindern nichts mehr anfangen, entweder sie wollen nicht erwachsen werden und keine Verantwortung tragen oder sie sind zu schnell erwachsen geworden und haben die Spiele verlernt. Bestätigung des eigenen Wesens, wie sie jeder Mensch von irgendeiner Seite her braucht, sind Kinder in den meisten Fällen nicht mehr, man kann vielleicht noch gelegentlich mit ihnen Staat machen, aber sie füllen das leere und sehnsüchtige Herz nicht mehr aus. Es bleibt immer noch Raum für Wünsche und Ängste, die sie nicht betreffen und die von ihnen nicht gestillt werden können. Die Geschichte von Hänsel und Gretel ist ein klassischer Fall für die Kinderpsychologen, was die Märchenkinder erlauscht haben vom

298

Zwiegespräch ihrer Eltern in der Nacht, das wird jetzt *gespürt*, das nicht Gewolltsein, dem man sich nur durch Flucht entziehen kann, durch Weglaufen und durch eine stillschweigende und viel weiter tragende Entfernung in die Einsamkeit, in der dann auch Gefahren lauern, die aber durch Tapferkeit und Klugheit überwunden werden können. In der Sprache der Psychologen sind die Begriffe Verwöhnung und Verwahrlosung bedenklich nah aneinander gerückt. Auch das verwöhnte Kind kann verwahrlost sein, womit sich vielleicht erklären läßt, daß Jugendliche, die eine nach außen hin besonders glückliche Kindheit gehabt haben, sich plötzlich auf die schroffste Weise von den Eltern abwenden, so als sei alles nichts gewesen, der Sonntagskuchen mit Schlagrahm nichts, die gemeinsame Sommerreise in die Alpen nichts. Es ist, als läge kein Segen mehr auf der alten Eltern-Kinder-Beziehung, wobei man an die äußersten Fälle, wo Söhne ihre Väter verprügeln oder Mütter ihre Kinder im Dreck ersticken lassen, noch gar nicht einmal zu denken braucht. Auch das erwünschte Kind kann der Mutter zum Wechselbalg werden, vor dessen zärtlicher Berührung ihr schaudert, dessen Stimme ihr in den Ohren gellt. Soll das mein Kind sein? – und schon erfolgt die Flucht an die Arbeitsstätte, das Abschieben ins Heim, sei nur brav, wir holen dich bald wieder, aber sie kommen nicht mehr, die Eltern, sie verziehen in eine andere Stadt. Das ist der Betrug, auch eine Vokabel aus dem Sprachschatz der Heimerzieher und eine der wichtigsten, weil die Heimkinder ja in den meisten Fällen nach Hause wollen, weil ihr eigenes unerfreuliches Zuhause immer noch ein anderes, die uralte Vorstellung einer Traumheimat, in sich schließt. Eine Traumvorstellung vom Kinderhaben muß es auch geben, sonst wären die Mutterstellen in den Kinderdörfern (mindestens sechs fremde Kinder, geringe Bezahlung, wenig oder keine Freizeit) nicht so begehrt, da wird doch etwas erwartet an Wärme, Liebe und Dankbarkeit, auf das keine Büroangestellte oder Rayonchefin eines Warenhauses rechnen kann. Diesen Müttern aus Leidenschaft, aber ohne die leidenschaftliche Ichbezogenheit vieler leiblicher Mütter, spricht am Ende die Jetztzeit die Kinder zu, so wie in Brechts Stück der nicht leiblichen Mutter, der mit dem warmen und selbstlosen Gefühl, am Ende das Kind zugesprochen wird, was alles doch auch wieder unsinnig und tragisch anmutet und eben als ein Zeichen für die Gnadenlosigkeit, die ganz im allgemeinen über der Eltern-Kinder-Beziehung heutzutage liegt. Den Eltern in jedem Fall die Schuld zu geben, sie und nicht die Kinder für behandlungsbedürftig zu erklären, liegt nahe, aber müßte man dann nicht auch wieder zurückgreifen in die Kindheit derer, die heute als Eltern versagen? Vieles war da zu besinnen, vor allem natürlich das doch auch immer wieder vorkommende rätselhafte Gelingen von Kindsein und Mutter- oder Vatersein, aber auch das Verhalten des Zehnjährigen, der sich – ein Betrogener auch er – mit dem verzweifelten Aufschrei, ich bin verloren, im Heim auf den Fußboden warf. Waren unsere Kinder wirklich verloren und mußten sie verloren sein? [. . .]

Ende März schien eine kraftlose Sonne, schmolz ein kraftloser Schnee, Nachwinterwetter, dabei noch immer unwirtlich kalt. Mein Paß war, auf seinem Wege durch die Amtsstuben, verlorengegangen, ob er noch zur Zeit wiederauftauchen würde, war nicht gewiß. Daß an dem Papier alles hing, der Paß zwar ohne mich, aber ich nicht ohne den Paß über den Ozean reisen konnte, war ein wunderlicher Gedanke; Meeresferne, Salvador, alles woraufhin ich, mit großem Bangen, während der letzten Monate gelebt hatte, konnte, da meine Verpflichtungen in Brasilien nur in einer bestimmten Zeit zu erfüllen waren, ins Wasser fallen und dort untergehen, übrigens recht sang- und klanglos und nur mit dem leisen Schmatzen, mit dem ein mittelschwerer Gegenstand im Sumpf versinkt. Während ich ganz mechanisch weiter aufräumte, einräumte und die Wintersachen mit Naphthalin besprühte, lebte ich doch, ohne Nachricht aus den Amtsstuben, gewissermaßen zukunftslos, ein Zustand, der mich für das Gegenwärtige besonders hellhörig machte. Einen alten Bekannten, der mich während dieser Zeit besuchte, hatte ich lange nicht gesehen, er war im großen ganzen (große, etwas gebeugte Gestalt, dunkle Hautfarbe, aufrührerisches Mienenspiel) derselbe geblieben, es war nur noch etwas dazugekommen, die Verfolgung nämlich, die jetzt überall, in seinen Brauen, seinen Wangenfalten, seinen Fingerecken nistete und gegen die er sich unaufhörlich zu wehren hatte. Kaum daß er ins Zimmer getreten war, deckte er schon mit einem Sofakissen das Telefon zu, und als es während seines Besuchs an der Haustür schellte, fragte er allen Ernstes, ob es wohl von Balkon zu Balkon und durch die Nachbarwohnung einen Fluchtweg gäbe. Als ich ihn notdürftig beruhigt hatte, erzählte er mir, daß »sie« hinter ihm her seien, die alten, eine Weile lang zum Schweigen gebrachten, aber nun wieder allmächtigen Schergen, natürlich nicht mehr in Uniform, sondern im eckigen Sakko der Arrivierten und mit dem keineswegs mehr auffälligen Luxuswagen vor der Tür. Was er dann im einzelnen vorbrachte, war absurd, unwahrscheinlich, eine maßlose Überschätzung der Wichtigkeit seiner Person, auf die ich in hergebrachter gedankenloser Weise mit Ausdrücken wie »Sie sehen doch wirklich zu schwarz« und »Lassen Sie sich doch nicht verrückt machen« reagierte. Er ging endlich, wenig überzeugt, und war im nächsten Augenblick schon wieder da und mit ihm alle, in deren Augen die Angst flackerte und die sich gemieden oder verfolgt, vernachlässigt oder angegriffen sahen. Sie saßen auf meinen Stühlen und öffneten ihre Dossiers, in denen alles beieinander lag, Drohbriefe, Liebesbriefe und Empfehlungsschreiben, und die Liebesbriefe waren voll von Judasküssen, die Empfehlungsschreiben waren auf den Namen Urias ausgestellt, das bedeutete den Tod. So wenigstens lasen sie es heraus und schrien und flüsterten es mir in die Ohren, ohne Maß, ohne Sinn für die Realitäten, nur daß eben dies ihre Realitäten waren, Übelwollen, Ehrabschneiden, Verrat. Keine Krankheit, nur ein wenig zuviel an Selbstzerstörungstrieb, ein geringer Mangel an Lebenswillen, der über die schwarzen Vögel, über Wozzeks Stimmen der Tiefe hinweghören läßt. Trug und Verschwörung selbst in den Wolken und Sternen, aber bei allen Gehetzten, die ich kenne, sind es, wie übrigens auch bei dem Soldaten Wozzek, doch sehr reale Ereignisse, sehr historische Verfolgungen, die solchen Zerstörungstrieb ausgelöst haben. Den ihnen damals entgangenen Opfern wird über Jahrzehnte hinweg die Geißel in die Hand gedrückt, wer noch lebt, soll doch nicht mehr leben im eigentlichen vertrauensvollen Sinn. Diese unter uns wohnenden, sich selbst geißelnden Gespensterseher liegen dem nicht unschuldigen älteren Zeitgenossen schwerer auf der Brust als die in den Massengräbern verscharrten Toten. Was ihr euch immer einbildet, sagen wir, und tatsächlich ist an dem allen wenig daran, nichts Zählbares, Meßbares, nur der geheime Auftrag, sich selbst zu zerstören, aus dem dann manchmal, eben im Umgang mit den Stimmen der Tiefe als Ausdruck eines höheren Lebenswillens, auch etwas Unsterbliches entsteht. [. . .]

Natürlich habe ich auch auf dem Schiff, sozusagen gewohnheitsmäßig, zu arbeiten versucht. Abgesehen von meinen Notizheften und Tagebüchern habe ich auch meinen Vortrag mit auf den Liegestuhl geschleppt, wo ich mich freilich, umgeben von soviel fröhlichem Müßiggang, schämte, den Bleistift zur Hand zu nehmen. Ich bin von Natur schüchtern, falle nicht gern auf, fiel aber doch auf und unangenehm genug. Dem Handwerk des Schreibens haftet ohnehin etwas Unanständiges an, wie dem des Nacktphotographen, schon das Sichbesinnen ist verdächtig, warum will er alles so genau wissen, warum schließt er die Augen, worauf horcht er, schon sein Schweigen sondert ihn ab. Beinahe also hätte ich die Flinte ins Korn geworfen, was doch nur Wilderer tun, und nur, um sich danach, die Hände in den Hosentaschen, als friedliche Spaziergänger zu gebärden. Als ich dann doch schrieb, tat ich es verstohlen, im Schatten eines Buches (Casanova) aus der Schiffsbücherei, brachte aber auch auf diese Weise nichts zustande als Worte, die sich nicht zu Sätzen, Sätze, die sich nicht zu einer sinnvollen Gemeinschaft zusammenfinden wollten. Namentlich die immer aufs neue versuchten Verbesserungen meines Vortrages gelangen nicht, es schlichen sich da vielmehr recht unpassende Wendungen ein, die meinen allerdings weit zurückliegenden Ansichten über das Amt des Dichters geradezu widersprachen und die ich am Ende, um das ganze Gebäude nicht ins Wanken zu bringen, wieder ausstreichen mußte. Von diesen in den Text eingeschalteten und wieder getilgten Sätzen, die zum Teil einen geradezu höhnischen Klang haben, führe ich hier nur die folgenden an: Der Dichter hat kein Amt, soll keines haben, will keines haben. Der Dichter ist das Sprachrohr der Ratlosigkeit seiner Zeit. Der Dichter kann nichts tun als die Erscheinungen abtasten, er wird sich die Fingerspitzen aufreißen, in Kot fassen, in klares rinnendes Wasser, in Blut. Der

Dichter soll das Erwünschte verschweigen und das Unerwünschte sagen. Jede seiner Äußerungen soll eine Zerreißprobe sein, zerreiß Leinwand, oder laß dich stoßen, in die Zukunft hinein. Der Dichter soll nicht um Humanität buhlen. Er ist ein Mensch, also ist er human. Nach allem, was ich bisher über meinen ominösen Vortrag gesagt habe, wird man verstehen, daß ich diese Sätze in meinen Text nicht einbauen konnte. Ich wollte aus ihnen auch kein Programm machen und war nicht einmal sicher, daß ich mich immer nach ihnen richten würde. Sie fielen mir nur ein, wie mir noch so manches einfiel, wenn ich mit angezogenen Knien auf meinem Liegestuhl hockte, während die Polizisten des bärtigen Neptun, riesige Augen auf die sonnenroten Rücken gemalt, die widerspenstigen Täuflinge jagten, während die ersten brühwarmen Regentropfen aus dem Äquatorhimmel fielen, während ich in meinem Tarnbuch, den Lebenserinnerungen Casanovas, las. Was für ein sonderbarer Mensch, Anstand und übelste Machenschaften, wirkliches Interesse an der Wissenschaft und Lust an Intrigen und Klatschereien. Ein Abenteurer, der, von den Großen seiner Zeit oft wie Dreck behandelt, die Würde eines großen Herrn zur Schau trägt, sie wohl auch empfindet, weil die Dinge, mit denen er sich gelegentlich beschäftigt, Iliasübertragung, Geschichte von Venedig, Geschichte von Polen, ihn über die Betrüger und Falschmünzer, zu denen er ja auch gehört, hinausheben. Wie übrigens auch in seinen Beziehungen zu Frauen viel ist von jener sublimen Kunst der Verführung und zugleich Beschützung, die nur einem großen Herren gelingt. [. . .]

Eines Abends, Anfang April, auf dem zehnten Breitengrad und bei tropischer Hitze, ist mir der Gedanke gekommen, einen Bericht zu machen, einen Vor-Reisebericht oder auch schon Reisebericht insofern, als uns das alte Gefühl, mit einem gewissen und doch so ungewissen Ziel durch die Zeit zu reisen, nie verläßt. In der angenehmen Frischluft meiner Kabine auf dem Bett sitzend und von Kalendern, Notizbüchern und bekritzelten Zetteln umgeben, habe ich mir vorgenommen, mitzuteilen, was ein nicht mehr junger und im landläufigen Sinne nicht mehr glücklicher Mensch mitzuteilen hat. Die Geschichte einiger Monate, die Geschichte einer Lehrzeit, wie sie jeder beschreiben könnte, denn machen wir nicht immer wieder Lehrzeiten durch, ohne am Ende das Gefühl eines Erfolges zu haben, im Gegenteil, wir haben nicht wirklich achtgegeben, wir haben geträumt, wir haben versagt. Knöpfe machen, gerade Nähte nähen, gerade Furchen pflügen, das alles ist erlernbar, mit dem Säen verhält es sich schon anders, da hier jede innere Unausgeglichenheit und Unaufmerksamkeit den Schwung zerstört. Paveses Handwerk des Lebens ist am schwersten erlernbar, für mich das Handwerk des Alleinlebens, mein alter Grundsatz, immer das Nächstliegende möglichst gut zu machen, verfing da nicht mehr, was liegt fern, was liegt nah, wenn der eigene Ort nicht mehr bestimmbar ist. Mein Alter hatte die Faszination des Auf-der-Erde-Seins nicht beeinträchtigt, aber es hatte mir auch keine Sicherheit gegeben, ich war noch immer unmündig, stand noch immer nicht auf festem Grund. Obwohl doch nun wirklich keine Zeit mehr zu verlieren war, hätte ich auch diese Zeit wieder verlorengeben müssen, gab sie aber nicht verloren, sondern beschloß sie festzuhalten, in Worten festzuhalten als eine der leidenschaftlichen und am Ende doch nicht ganz fruchtlosen Bemühungen, aus denen unser Leben besteht. Immerhin hatte ich gelernt, die nach meiner Rückkehr aus dem Totenland neu vor mir auftauchende Welt als fragwürdig zu betrachten, hatte ihr also eine Würde gegeben, die sie für den Stumpfsinnigen, Gleichmütigen nicht besitzt. Ich hatte mich von dir entfernt und war dir nähergekommen, ich hatte dich mit jedem neuen Atemzug tiefer in mich hineingerissen und wußte, daß ich dich nicht mehr verlieren konnte. Nun wollte ich ein Ende machen mit dem Ungefähren, dem Selbstmitleid, dem hektischen Schwanken zwischen Leben und Tod. Die Wahrheit, nichts als die Wahrheit und die ganze Wahrheit, die Liebe, nichts als die Liebe und die ganze Liebe, wie still war ich in diesen letzten Tagen geworden, wie andächtig sah ich an jenem Abend die Sonne, den kleinen Feuerkegel, versinken, und wie ruhig ließ ich mich tragen, einem unbekannten Erdteil zu.

VIII

AUS DEN
GEDICHTEN
(1957-1965)

Hiroshima

Der den Tod auf Hiroshima warf
Ging ins Kloster, läutet dort die Glocken.
Der den Tod auf Hiroshima warf
Sprang vom Stuhl in die Schlinge, erwürgte sich.
Der den Tod auf Hiroshima warf
Fiel in Wahnsinn, wehrt Gespenster ab
Hunderttausend, die ihn angehen nächtlich
Auferstandene aus Staub für ihn.

Nichts von alledem ist wahr.
Erst vor kurzem sah ich ihn
Im Garten seines Hauses vor der Stadt
Die Hecken waren noch jung und die Rosenbüsche zierlich.
Das wächst nicht so schnell, daß sich einer verbergen könnte
Im Wald des Vergessens. Gut zu sehen war
Das nackte Vorstadthaus, die junge Frau
Die neben ihm stand im Blumenkleid
Das kleine Mädchen an ihrer Hand
Der Knabe der auf seinem Rücken saß
Und über seinem Kopf die Peitsche schwang
Sehr gut erkennbar war er selbst
Vierbeinig auf dem Grasplatz, das Gesicht
Verzerrt von Lachen, weil der Photograph
Hinter der Hecke stand, das Auge der Welt.

Obertöne

Die Rechte weiß nicht
Was die Linke tut
Der Tag nichts von der Nacht.
Aber der Zorn
Der mir das Auge verdunkelt
Schlägt alles mit an
Auch die zartesten Glöckchen
Auch die vergessensten
Töne der Liebe.

Liebe Sonne

Wir glauben an diese
Unsere große
Freiheit zu sterben
Häuser unsere
Einstürzen zu lassen
Weingärten unsere
Brach –

Wir glauben es zwänge
Uns niemand aufzustehen
Späterhin in das Licht
In die gewaltige
Anstrengung ewigen Lebens.

Wir glauben es stünde bei uns
Niemanden mehr zu lieben
Und hintreiben zu lassen endlich
Erkaltet in kalten Schwärmen
Diesen unseren Stern.

Aber die unverminderte
Tägliche Zeugenschaft
Küssender Lippen
Liebe Sonne
Schöne Erde
Ewig ewig
Weiß es besser.

Wenn aber die Kinder

Verächtlich ist mir
Zu widerrufen
An der Schwelle des Alters
Die Angst und den Aufschrei
Den ungebärdigen
Meinen früher.

Ich bin nicht geneigt
Zu vergessen die Wundmale
Die verstümmelten Glieder
Die abgesunkenen Augen
Der von mir Verratenen.

Ich will mich nicht einzwängen in
Den spärlichen Sonnenschein
Grade für mich nur
Meines Erntetages
Und übersehen
In der Mulde des Kirchenstuhls
Die Unmasse der Feindschaft.

Wenn aber die graue
Welle der Waisenknaben
Über den Hügel herab

Weiße kleine
Dreiecksgesichter
In meine Hecke gedrückt

Äpfel rot
Blühendes Herbstblatt
Zeig ich den Kindern
Und den fremden glänzenden Vogel
Am Rande des Teichs.

Picasso in Rom

Zertrümmertes Antlitz des Menschen
Löwen- und Wolfsgesicht
Auftauchend inmitten
Und blutiger Halbmond

Ein Auge belauernd
Das andere.
Zwischen gespaltener
Wange und Wange
Hervorgetrieben
Die Eiterbeule.

Kinder strotzen im
Bleichen gierigen
Fettfleisch. Dachüber
Schleicht die dämonische
Katze. Zerrissenen
Vogel im Zahn.

Und draußen um
Die zuckergußweiße
Säulenhalle

Die wundgefetzte
Von brüllenden Fahrgeschossen
Die leidende
Klarheit
Abend.

Ostia Antica

Durch die Tore: niemand
Treppen: fort ins Blau
Auf dem Estrich: Thymian
Auf den Tischen: Tau
Zwiegespräch aus Stille
Tod aus Käferzug
Abendrot im Teller
Asche im Krug.
Asphodeloswiese
Fledermäusekreis
Diesseits oder drüben
Wer das weiß -

Reggio

Wer den Fisch verfehlt
Darf nicht wieder jagen.
Klage und Fastenspeise
Warten seiner daheim.

Am Ufer der Meerenge steht er
Geduldig auf glatten Steinen
Zieht auf und ab das runde
Korbnetz der Alten.

Sieht sie ausfahren wieder und wieder
Inmitten der blaugrünen Ströme
Der weißen Strudel und blitzend
Aufheben den Wurfspieß.

Dort an der Meerenge, wo
Um die blendende Mittagsstunde
Messina geisterklar
Im Wasser steht.

Wo am Abend die Insel versinkt
In veilchenfarbene Wolken.
Die Hügel, die Täler und
Der heilige Aetna.

Genazzano

Genazzano am Abend
Winterlich
Gläsernes Klappern
Der Eselshufe
Steilauf die Bergstadt.
Hier stand ich am Brunnen
Hier wusch ich mein Brauthemd
Hier wusch ich mein Totenhemd.
Mein Gesicht lag weiß
Im schwarzen Wasser
Im wehenden Laub der Platanen.
Meine Hände waren
Zwei Klumpen Eis
Fünf Zapfen an jeder
Die klirrten.

Herbst im Breisgau

I

Drei Schritte von meinem Vaterhaus
Bin ich über meinen Schatten gesprungen.
Da hingen die Dächer firstab im Blau
Die Linden wurzelten im Wolkenbett
Die Toten flogen vom Weinberg auf
Seltene Vögel.

Gekleidet in die graue Wolle der Waldrebe
Steigt der Herbst von der Höhe.
Sitzt bei den Kindern am Wiesenfeuer.
Die braten die Frösche
Die knacken die Schenkel
Die schlagen wenn der Abend graut
Aus dem wilden schwarzen Kartoffelkraut
Funken wie Sterne.

Der Sog der Schwalben ist stärker als alles andre
Er zieht aus der glitzernden Wiese die Zeitlose auf
Und die Nebel die kommen und fliehen.
Weil die Stare so hoch im Himmel schrieen
Verlassen die Bienen den Efeu
Und die Kühe den Apfelgarten
Die Blätter der Linde lassen sich fallen
Und die Blätter der Rosen.
Ein Zug dorfaus
Die riesigen Sonnenblumen voraus
Die wilden schwarzen Medusen.

Dem Fels im Walde steigt der Nebel zu.
Begräbt am Hang die Buchen und den Wein.
Wo sonst die rauhen Wurzeln sich verschlingen
Hängt graues Tauwerk aus den Eisenringen.
Versteinte Muscheln färben sich opal
Meerüber kommen die verlornen Segelschiffe
Und Kinder gehen schlafen in der Grotte.
Feine Skelette legen sich zur Ruh.

Im Hohlweg zieht die kleine Prozession
Jesus aus Holz geschnitzt
Auf dem Esel aus Holz geschnitzt.
Jesus mit rosenroten Wangen
Die kleinen Räder knarren und singen
Eine Krone für mich eine Krone für Dich
Aus der roten Berberitze.

In den Springbrunnen fällt die Nacht
Wie ein Stein vom Himmel.
Schlägt dem Putto ins breite Gesicht,
Reißt ihm die Locken herunter.
Auf der Rose dem schwankenden Lächeln
Treiben die Fische tot.

Im grünen Osten steht der Fürst der Welt
Die Blüte in der Hand.
Im roten Westen steigt mit Lilienhänden
Das Fleisch gen Himmel.
Mein Bett das leichte Holz
Treibt auf dem versandenden Strome.
Die Uhren schlagen. Keine Stunde gilt.

II

Ausgestreckt
Das Gesicht in die Mulde gepreßt,
Die Hände rechts und links
Im Wald verkrallt,
Den Mund voll Ackerkrume,
Quellwasser im Haar,
Den Atem angehalten
Nußlaubatem:
Alles soll bleiben,
Keiner gehe fort.

Denn dies ist ein Ort,
Wo der Vogel im hohen Tambour,
Der wundgeschlagene,
Seinen Ausweg findet.

Und dies ist der Ort,
Wo der Hund mit dem goldbraunen Fell,
Der im Walde lärmt,
Heimkehrt am Abend.

Wo die Liebe wandert
Auf Schären des Untergangs
Im Herzen der roten Sonne.

Aber nichts bleibt,
Nur die Glieder
Der Kette, die glatten, runden
Milchweißen, fuchsfellbraunen
Spielen mit meinen Fingern.

Glühender Kiesel
Kühle Kastanie
Ein Sommer
Ein Winter
Ein Sommer.

Meine Inseln blühen mir auf
Im grauen Verputz der Mauer.
Meine Briefe schreib' ich
Mit der leichten Forellengräte
Über den Hügelkamm.
Abends sitz ich am Feuer,
Bau in die Flasche
Ein Haus, einen Brunnen, acht Linden,
Ein Spruchband aus Schilfgras,
Kein Wort darauf.

Denn die Schrift der Sterne wird klarer,
Wenn die Sterne verschwinden,
Der Leib, von den Schlangen erstickt,
Vergißt die Schlangen,
Die den Tod übergangen,
Die Knöchlein
Im Mörser tanzen und singen.

Auferstehung

Manchmal stehen wir auf
Stehen wir zur Auferstehung auf
Mitten am Tage
Mit unserem lebendigen Haar
Mit unserer atmenden Haut.

Nur das Gewohnte ist um uns.
Keine Fata Morgana von Palmen
Mit weidenden Löwen
Und sanften Wölfen.

Die Weckuhren hören nicht auf zu ticken
Ihre Leuchtzeiger löschen nicht aus.

Und dennoch leicht
Und dennoch unverwundbar
Geordnet in geheimnisvolle Ordnung
Vorweggenommen in ein Haus aus Licht.

Dein Schweigen

Du entfernst dich so schnell
Längst vorüber den Säulen des Herakles
Auf dem Rücken von niemals
Geloteten Meeren
Unter den Bahnen von niemals
Berechneten Sternen
Treibst Du
Mit offenen Augen.

Dein Schweigen
Meine Stimme
Dein Ruhen
Mein Gehen
Dein Allesvorüber
Mein Immernochda.

Vom Strand wo wir liegen

Vom Strand wo wir liegen
Silberne Häute ausgespannt
Stehen wir auf
In der mondlosen Nacht
Begehen das Feigental
Und die feurige Macchia
Lieben im Fleische
Reden mit Zungen
Tauschen das Augenlicht.
Ziehen auf aus der Erde
Hausmauern
Tisch und Bett
Reichen uns ernsthaft
Der eine dem andern
Der andre dem einen
Handüber herzüber
Bis zum Morgengrauen
Das rehrote Windei
Hoffnung.

Gloria

Bänder rückwärts gespielt
Geschnatter
Höllengelächter.
Sieben Ziffern
Auf der Wählscheibe gedreht.
Ich melde, ich will aus der Welt gehen.
Macht doch Regen Freunde
Peitscht die Wolken
Schlaff sind die Schläuche
Der Acker ist dürr.

Wohl tat zu singen
Das Heimweh nach Wäldern
Halali zu blasen
Und zu trommeln über den Gräbern.

In der Kammer schlafen
Die Instrumente
Goldglühende
Ebenholzschwarze
Unter staubigem Samt
Und die Träume.

Ein Gedicht erfinden
Die Worte ins Feuer blasen.
Musik aufschreiben
Die Noten zerkauen
Schluck unter, Häftling.
Lautlos sprechen
Tonlos singen
Wir das kalte Gloria.

Meine Staaten

Meine Staaten haben ein großes
Eiskaltes Meer
Und platte Felsen
Auf denen die Seekühe rollen.
In meinen Staaten wächst
Ein Ilexwald
Ein Nesselfieberbusch.
In meinen Staaten
Kann man dem Gürteltier
Auf der Straße begegnen
Und auf der Hügelkuppe
Stehen sehen
Ein junges Rind
Ein steifgefrorenes
Vom letzten Schneesturm
Weiß wie meine Zukunft
Verkrustet von Kristallen
Aufrecht
Tot.

Weißnoch

Weißnoch, weißnoch
Den Vogel Unheil,
Seh ihn noch hocken,
Seh ihn noch hüpfen
Im Käfig über dem Bett uns.
Seine Federn wuchsen,
Seine Flügel wurden kräftig.
Ach wie ich ihn auf den Schoß nahm,
Ihn hegte und wiegte,
Gleich einer Taube,
Hielt ich ihn auf dem Schoß.
Wie ich ihn fütterte,
Mit Süßholz zuerst,
Dann mit Herzblut,
Daß er nicht aufflöge,
Geierkahl krächzend,
Weißnoch, weißnoch,
Wie er sich losriß,
Geierkahl krächzend
Die Sonne verschlang.

Notizen der Hoffnung

Nicht zu vergessender Stein
Der mir den Himmel aufriß
Brunnentief über den Erlen
Nicht zu vergessender
Singender Pfiff
Aus dem Herzen des Reisigfeuers.
Nicht zu vergessendes Wiegen
Ast über Ast
Der Knaben im Buchenskelett
Nicht zu vergessende Märzsonne
Ungebührliches Scheinen
Und purpurner Seidelbast
Tannenschonungversteckt
Blühend für keinen.

Spring vor

Für Wilhelm Lehmann zum 80. Geburtstag

Spring vor, spring zurück,
Umarme den Taustrauch,
Begrüße den Frühmond,
Berühre das Steinherz,
Wo sind wir zuhause
Bei Asche und Streuwind
Im Wolkenrot Mohnrot
Im Hall zweier Stimmen
Im Fall zweier Schritte
Im Nirgends und Immer
Im Überallnie.

Morgen

Morgen passen mir die roten Schuhe
Morgen bin ich leicht und hafte nirgends
Morgen bläst mich dein geheimer Atem
Meertief über das zerwühlte Herzland
Morgen spielt der Abend mir vom Blatt
Rotem Sichelblatt des Eukalyptus
Drei vergessene winzige Etüden
Hingetupfte schwarz und elfenbein.

Juni

I

Über den Tod geht nichts
Kein Springbrunnenstrahl überspielt ihn
Keine Musik deckt ihn zu.
Er ist wenn er ausholt richtig und richtig zuschlägt
Ein gewaltiger Zerstörer.

Mit ihm in Beziehung gebracht
Sind Aufgaben Kinderrasseln
Und Pflichten Halme aus Stroh für Seifenblasen.
An einen Leichnam gebunden
Verbrennt wer will oder nicht
Und fliegt mit der weißhäutigen Asche.

Einige geben sich Mühe
Üben das Wort ich
Und das Wort mein
Und das vergebliche Wort
Meine Zukunft.

Andere
Nach zehntausend Tagen Du und Du
Zurückgekehrte
Woher sie gekommen
Zum Ufer des Teiches
Versuchen das Schluchzen des Schlammes
Das Mückengesumm.

Aber das Wasser hat eine starre Haut
Der Wildbusch besetzt sich mit Dornen
Der Weidenbaum sperrt sich
Läßt seine Dryade nicht ein.

Nur die vergeßliche Luft
Die sich zu allem hergibt
Gab sich mir her zum Haus
Empfing mich mit singenden Drähten und Reiseschwalben
Steckte mir die verlorene Feder ins Haar.

II

Einen Körper zuweilen
Leih ich mir aus
Da sitzt er zwischen den Freunden
Seine Hand macht Gebärden
Sein Mund sagt Worte
Ich entferne mich lautlos.

Wer überallhin kann
Will nirgendswohin
Wer frei ist erfindet ein Gitter
Aus Schatten und Mondstrahl.

Ein Windlicht steck ich mir an
Ein Freudenlicht
Mir heimzuleuchten
Wer weiß
Wieviel Wendungen noch der Weg hat.

Juni mein Monat
Mit Fingerhut weißem Holunder
Ein Glühlicht aufleuchtend erlöschend
Am Wiesenrand Waldrand
Und die Glücklichen denken ihm nach.

Schiffsweiß

Wer hätte in dieser unserer
Mathematischen Welt
Je ein Ding gesehen, das verwest
Und ein Ding, das wurzelt?
Weiß weißes Weiß
Über kurz oder lang
Werden auch wir mit Ölfarbe angestrichen
Dann altern wir nicht mehr
Wir essen Blancmanger
Die Uhren stehen weiß
Nur daß die Nacht
Aufzieht mit Horden unbekannter Sterne.

Mann und Maus

Zwar eines Tages öffnet sich das Meer
Für Mann und Maus
Zwischen grüngläsernen Wächtern
Führ ich die meinen
Trockenen Fußes
Schellenklirrend
Auch mit Schalmeien
Dir entgegen
Alles wie einst.
Nur daß auf der Hälfte des Wegs
Bei dem gesunkenen Schiff
O ihr toten Augen
Ihr tangüberwachsenen Lippen
Liebe Brüder gescheiterte
Euch
Zu liebkosen versäum ich die Zeit
Über mir schließt sichs und wallt

Du unerreichbarer Strand.

Wenn alles gut geht

Niedergerissenes Haus
Darin wohnt unterm Seetang
Das Pferdchen auf Rädern
Schon abgegriffen
Zwischen Mauern aus Luft.

Erschrick nicht. Geh leise
Wir reden im Fieber.
Seit gestern
Die Fünfarme schon
Ein wenig eingefaltet
Aber von Glitzern bedeckt
Bewegt sich der Seestern
Im mondgelben Hafer.
Vielleicht
Wenn alles gut geht
Erreicht er das Meer.

Nausikaa

Komm wieder ans Land
Tangüberwachsener
Muschelbestückter
Triefender Fremdling
Du
Noch immer der alte
Voll von Männergeschichten
Fragwürdigen Abenteuern
Lieg mir im grasgrünen Bett
Berühre mit salzigen Fingern
Mein Veilchenauge
Meine Goldregenlocken
Fahr weiter nach Ithaka
In dein Alter in deinen Tod
Sag noch eins
Eh du gehst.

Bericht vom Neumagen

I

Wenig Aussicht
Fast gar keine
Natur beschränkt
Auf etwas Erdbewegung
Braune Wellen
Rebäcker bepflanzt mit Kartoffeln
Bach

Bach schöner Bogen
Du breiter schneller
Dampfend vom heißen
Abwasser. Pappelbegleitet
Zwischen Ufern des Urstroms.

Fingerabdrücke meine
Schon am steinernen Brückengeländer
Meiner Sohlen genaues Profil
Im nachgiebigen Lehm.

Schon gilt nicht mehr
Ein Ding links liegen lassen
An einem Orte nie gewesen sein.

Das bleiche Fähnlein Mais
Die toten zerfetzten Ritter
Ziehen hügelan
Und schneiden dir den Weg ab

Vor
Vorfrühling hinter der Nebelwand
Ein Auf und Ab
Von Drosseln.

Kurgast sieh
Im Wasser der Staustufe still
Den Lebensbaum
Woher gespiegelt?
Wundere
Wundere dich.

Du wirst geheilt
Von was –
Genug
Geheilt.

II

Die Erde durchkämme
Fünfzackig mit Fingern
Nach Graswurzeln weißen
Stückchen vom Regenwurmleib
Feinzahniger Muschel

Leg den Kopf in den Nacken
Sieh Wassersäulen
Hinwandern über die Äcker
Sieh die riesigen Toten, ein Jahr voll
Zur Ruhe sich legen
In Rübengruben
Die zugedrückten Augen aufgeschlagen
Zum rätselhaften Vogelzug

Sieh das Getümmel am Flußufer
Langschwänziger Mäuse
Unterm schwarzfaulen Staudengeschling
Und im Wasserfall tanzend
Hinabgestoßen
Zurückgerissen
Hinab
Die Blechbüchse klappernde Seele
Verlorene ach

Halte nicht ein bei der Schmerzgrenze
Halte nicht ein
Geh ein Wort weiter
Einen Atemzug
Noch über dich hinaus
Greif dir im Leeren
Die Osterblume
Wenn das Maisstroh fragt
Das Junilaub wird Antwort geben
Die Vögel mondvorüber sind am Ziel.

III

Sterile Erde
Träge hingebreitet
Schlaffbrüstige
Die schwarzen Schamhaarwälder
Die dornigen Locken reifbestreut
Das Kiesgrubenauge verhangen
Wo Düsenjäger
Steigen und landen
Auf schneeigen Schenkeln
Wo junge Fasanen
Totliegen im Auwald

Erde mein Ärgernis
Frostiger Flüßchenweg
Im Kurhaus die Wetterberichte
Bilderbuchsonne umzogen von Bilderbuchwolken
Bauchrednerstimme. Kalt kälter
Und Eisnadeln spicken die Leinwand.

Auf der Straße ein Wagen heran
Dreht sich lautlos im Kreis
Schrumpfköpfe tanzen am Heck

Nicht lange mehr, nicht lang die Knospenstarre
Die Eishaut mir zwischen den Fingern
Ein Sturmtief kommt
Ein Regen und Regenbogen
Fuß auf dem Tuniberg
Fuß auf dem Belchen
Darunter sein zarteres Abbild

Staubweiße Braue
Kastanienschwarzlaub
Heurigenschwermut

Kommt alles wieder
Ist da
Und geht.

Demut

Mir aufgelauert entdeckt
Die Blüten Falschgeld
Die ich unter die Leute bringe
Und die falschen Papiere
Mit denen ich reise
Und das falsche Zeugnis
Das ich ablege ehe
Der Morgen kräht
Und das falsche Spiel
Das ich treibe
Mit wem
Mit mir

Rotwelsch entziffert
Letzthin
Im Jahr der ruhigen Sonne
Blutsenkung erhöht
Und gewußt
Es ist Zeit für Demut.

Nicht gesagt

Nicht gesagt
Was von der Sonne zu sagen gewesen wäre
Und vom Blitz nicht das einzig richtige
Geschweige denn von der Liebe.

Versuche. Gesuche. Mißlungen
Ungenaue Beschreibung

Weggelassen das Morgenrot
Nicht gesprochen vom Sämann
Und nur am Rande vermerkt
Den Hahnenfuß und das Veilchen.

Euch nicht den Rücken gestärkt
Mit ewiger Seligkeit
Den Verfall nicht geleugnet
Und nicht die Verzweiflung

Den Teufel nicht an die Wand
Weil ich nicht an ihn glaube
Gott nicht gelobt
Aber wer bin ich daß

Ein Riese im Goldlack

Windige Orte jetzt
Im Schilf des botanischen Gartens
Mühlos im Mispelgewächs
Im Rauch der aufsteigt.
Andere damals ein Stuhl
Eine Lampe
Ein Zimmer.
Du knietest ein Riese im Goldlack
Deine Arme umschlangen mein Haus
Hielten es fest
Vier Wände
Ein Dach
Deine Augen über dem First
Sahen was kam.

V

Wieder von vorn angefangen
Aufgespürt
Alles Durchsichtige
Töne zwischen Tönen
Luftwurzel:
Schlüsselwort

Denn erhob uns, erhob es uns nicht
Zollbreit über die Erde
Luft unter der Sohle
Ging

Heugeruch nicht im November
Und Firnschneehauch
Durch die Höfe von Leverkusen

Wir fortgerissen wie oft
Von Tisch und Bett
Auf schnellfließendem Wasser
Mit Algen und Stern

Leichtleichter Doppelgang
Aller Lebendigen
Hier und woanders sein
Ja: dies woanders

Wo von Freuden getöteten
Eine aufwächst wächst
Geht eine Rose unterm Baldachin

Wo adamische Zuversicht
Niedergeknüppelt
Neu erschaffen vom Finger
Flugfinger zur Lebzeit

Worte: Ewigkeit. Ewig.
Augen: dahinter der andere
Würde: der Sterbzimmer
Kleinweis

Lesen wir ab Verwandlung.
Hier von den Schatten
Hier von den Steinen
Die Hoffnung.

VI

Spindel Spindelgang immer
Vom Breitfluß ins Engere Dunkle
Dort sprechen die Worte sich selbst aus
Alte der Liebe
Wenn der Staub aus dem Schnürboden fällt
Aufgebaute Balkone
Künstliche Lauben verrieseln
Scheinwerfer ausgelöscht
War ein Paar
Da ein Paar
Vergessene. Aber frei
Freischwebend die Worte, vor allen
Das herrliche Du
Fischerwort Netzwort
Gelöst von gebrandmarkten Lippen
Aufziehend glitzernd neu
Den beargwöhnten Himmel.

Denn wir wußtens ja, wußten es immer
Wo Freiheit wohnte. Blind blindlings
Wußten wirs hin-
Gestürzt an die atmende Brust
Was da sein wird
Im Jen.

Das Unverlierbare

Römischer Nachtblick.
Braunblaues Gemäuer
Angestrahltes Gebälk
Und die Zeder
Schiefwipflig
Gegen den helleren Himmel.
Bilder, nie mehr verlierbare. So
Trieb auf der Donau der Kranz
Septemberblumen
Zum Gedächtnis der Selbstmörder
Flammend gegen das Offene. So
Fielen die Tropfen mondtriefend
Vom Ruderblatt
Als wir heimkehrten hafenwärts
Und erspähten tief unten
Im schwarzklaren Wasser
Die Märkte der Toten.

IX

AUS
»HÖRSPIELE«

Die Kinder der Elisa Rocca

1. SZENE

*Man hört, zuerst leise, dann lauter und deutlicher, die Geräusche eines
sehr großen Amtsraumes, murmelnde Stimmen, Schreibmaschinen, Fern-
schreiber, Telefone usw.*

MÄNNLICHE STIMMEN *durcheinander* Artur März, geboren am 2. Januar 1943...

Krankenhausaufenthalt der Frieda Gutgesell vom 3. Februar bis
zum 31. Dezember.

Fünfundsiebenzigtausend Francs überwiesen an den Verein der
Kinderreichen zugunsten der Familie Petitpierre in Lyon.

Eingabe des heimatvertriebenen Schlossers Georg Meidner aus
Brünn.

Kinderbeihilfe für James und Dick Sutherland.

Dreitausend Franken zur Reihenuntersuchung der Jugendlichen
in den Gemeinden.

Gesuch der neunzigjährigen Kleinrentnerin Marta Moeller in
Utrecht.

Mütterlandverschickung, Abteilung Stockholm.

Hilfsstelle für die Kinder der belgischen Bergarbeiter.

Zwanzig Patenschaften für die Kinder der Überschwemmungs-
geschädigten in Urfahr bei Linz.

MÄNNLICHE STIMME Die Kinder der Elisa Rocca...

Die Stimmen und Geräusche verklingen.

ANSAGER *sehr deutlich* Namen und Zahlen. Und dahinter Menschenschicksale. Wer mag das sein, dieser kleine Artur März? Warum war jene Frieda Gutgesell elf Monate im Krankenhaus? Wer sind die Kinder der Elisa Rocca?

BEAMTER *mit lauter, mechanisch klingender Stimme* Dies ist der siebzehnte Antrag einer gewissen Elisa Rocca aus Caltanisetta auf Zuweisung einer Wohnung. Die Antragstellerin ist achtunddreißig Jahre alt und Witwe. Sie hat während des Krieges ein Kind durch Feindeinwirkung verloren. Ihre übrigen Kinder sind zum Teil in öffentlichen Anstalten untergebracht. Wie ich höre, handelt es sich um eine Familie, die schon vor dem Kriege heruntergekommen ist. Hat die Fürsprecherin etwas dazu zu sagen?

FÜRSPRECHERIN *leise* Ja, ich habe etwas dazu zu sagen. Ich habe eine Weile in Caltanisetta gewohnt, und ich kenne diese Frau Elisa Rocca ziemlich gut. Ich kenne auch ihre Kinder, wenigstens die sechs, die noch am Leben sind. Ich habe mir einiges erzählen lassen und mir meine Gedanken gemacht. Eine heruntergekommene Familie. Wie leicht sich das sagt...

2. BEAMTER *wie der erste* Wie ich höre, will diese Elisa Rocca beweisen, daß ihr Mann an einer Krankheit gestorben ist, die er sich im Kriegsdienst zugezogen hat. Er besteht die Vermutung, daß ihre Angaben nicht der Wahrheit entsprechen. Wie es scheint, hat sich der verstorbene Rocca bereits vor Ausbruch des Krieges von einer Freiwilligenorganisation anwerben lassen.

FÜRSPRECHERIN Ja, das stimmt. Er hat es getan, weil er dem bürgerlichen Erwerbsleben nicht gewachsen war. Die Nachrichten über seinen Tod sind ziemlich unzuverlässig, und es ist durchaus denkbar, daß er plötzlich wieder auftaucht. Auch seine Frau Elisa scheint dies für möglich zu halten. Das hindert natürlich nicht, daß sie ihn für tot erklären möchte. Sie hat sechs Kinder und braucht Geld.

3. BEAMTER Es liegt noch eine Eingabe der Elisa Rocca aus Caltanisetta vor. Sie verlangt eine Beihilfe für ihre älteste Tochter, die Novizin bei den Ursulinerinnen ist und kurz vor ihrer Einkleidung steht. Diese Tochter heißt Anna. Die Nonnen haben sich ihrer angenommen, aber sie sind nicht zufrieden mit ihr. Sie ist unruhig, und es fehlt ihr an der christlichen Demut und Geduld.

FÜRSPRECHERIN Es ist wahr, daß die Novizin Anna den Erwartungen ihrer Erzieher nicht immer entspricht. Sie ist erst achtzehn Jahre alt und voll von Zweifeln und Besorgnissen. Aber glauben Sie nicht, daß mehr oder weniger alle Kinder ihre Zweifel und Besorgnisse haben? Alle Kinder sind ein Stück der Lebensgeschichte ihrer Eltern, und mit dieser Lebensgeschichte schlagen sie sich herum.

1. BEAMTER Für die sechzehnjährige Tochter Teresa der Elisa Rocca aus Caltanisetta wird um weitere kostenlose Unterbringung in der Heilanstalt Santa Barbara nachgesucht. Die Patientin wird in der Kanzlei der Heilanstalt beschäftigt. Sie leidet an epileptischen Anfällen. Sie bekommt diese Anfälle seltsamerweise jedesmal, wenn davon die Rede ist, daß sie jetzt nach Hause zurückkehren könnte. Es muß festgestellt werden, ob nicht so etwas wie böser Wille diesen Krankheitserscheinungen zugrunde liegt.

FÜRSPRECHERIN Natürlich kann von bösem Willen bei Teresa die Rede nicht sein. Sie muß etwas erlebt haben, einen Schock oder dergleichen. Eines Tages wird sie ihre Lebensangst überwinden.

2. BEAMTER Die hier unterzeichnete Frau Elisa Rocca verlangt einen Unkostenbeitrag zur Erziehung ihres Sohnes Antonio, der bis jetzt eine öffentliche Schule besucht hat. Antonio ist vierzehn Jahre alt. Seine Zeugnisse sind gut, aber er gilt für jähzornig und unberechenbar. Es ist die Frage, ob er weiterhin aus öffentlichen Mitteln fortgebildet werden soll.

FÜRSPRECHERIN Dieser Sohn Antonio ist das einzige der Kinder, das bei der Mutter wohnt. Wie mir scheint, haßt und liebt er sie zugleich. Obwohl er niemals von seinem Vater spricht, hat man den Eindruck, daß er durch ein bestimmtes Erlebnis diesem Vater besonders verbunden ist.

3. BEAMTER Die Kinderlandverschickung sucht Freistellen für zwei Knaben, die zur Zeit im Ferienlager untergebracht sind. Diese Knaben sind Zwillinge und zwölf Jahre alt. Ihre Charaktere sind außerordentlich verschieden. Während der eine von ihnen zum Opportunismus neigt, ist der andere ausgesprochen kritisch und revolutionär. Es besteht die Gefahr, daß er sich in späteren Jahren einer Bewegung anschließt, die einen staatsfeind-

lichen Charakter hat. Die Kinder heißen Peter und Paul Rocca. Sie wollen auf keinen Fall getrennt werden.

FÜRSPRECHERIN Natürlich sollte man sie nicht trennen. Was haben sie denn, wenn sie einander nicht haben? Im Gegensatz zu ihren großen Schwestern haben sie nie etwas anderes erlebt als Hunger und Not. Sie haben ihren Vater kaum gekannt und können sich an kein Zuhause erinnern. Es ist verständlich, daß sie etwas suchen, was ihnen die Heimat ersetzt.

2. BEAMTER Der Verein für private Fürsorge bittet seine Mitglieder um freiwillige Spenden von getragenen Kleidern und Schuhen für ein Mädchen von fünf Jahren. Es handelt sich um die kleine Luisa Rocca, die Tochter einer armen Witwe aus Caltanisetta, die einst bessere Tage gesehen hat.

FÜRSPRECHERIN Ausgenommen den kleinen Jungen, der auf dem Militärfriedhof von Massa unter einem Soldatenkreuz liegt, ist dies das letzte Kind der Elisa Rocca. Die kleine Luisa ist ein ausgesprochen fröhliches Kind. Es weiß von nichts Traurigem und will auch nichts davon wissen. Es ist leichtfüßig und leichtherzig, zärtlich und flüchtig. Noch kann niemand voraussagen, was aus ihm wird. Es wohnt bei einer alten Familienangehörigen in einem Dorf im Gebirge. Manchmal schreibt es der Mutter einen Brief. *Die Geräusche des Amtsraumes, die als Begleitung der Stimmen immer zu hören waren, verschwinden plötzlich. Es wird still.*

2. SZENE

TANTE Komm Luisa, schreib jetzt den Brief. Ich führ' dir die Hand.

LUISA Die Mama wird sich wundern, wie gut ich schreiben kann.

TANTE Ja, aber nun komm auch. Hast du dir die Hände gewaschen? Setz dich daher. Wirf das Tintenfaß nicht um.

LUISA Ich weiß, was ich schreibe.

TANTE So. Was denn?

LUISA Daß ich einen Mann gesehen habe mit zwei Köpfen. Die Köpfe haben einer über dem andern gesessen, und der untere hat keine Augen gehabt und keine Nase und keinen Mund.

TANTE   So etwas schreibt man doch nicht in einem Brief.

LUISA   Was schreibt man denn?

TANTE   Vom Zeugnis. Von der guten Note, die dir die Lehrerin
gegeben hat. Was machst du denn da?

LUISA   Ich habe einen Kreis gemalt und daneben geschrieben, das
ist ein Kuß. Jetzt mach' ich noch einen. Das sind goldene Küsse.
Die gibt es nicht alle Tage. Manchmal macht der liebe Gott welche mit einer Teemaschine, die sind ganz schwarz.

TANTE   Du hast nichts wie Dummheiten im Kopf. Jetzt fangen
wir an. Liebe Mutter!

LUISA   Wer ist denn das?

TANTE   Na eben, deine Mama.

LUISA   Ich kenn' sie nicht mehr. Sieht sie aus wie du?

TANTE   Ich habe dir doch das Bild gezeigt.

LUISA   Das schöne. Zeig mir's noch mal!

TANTE   Du bist ein Quälgeist. Hol die Schachtel vom Schrank.

LUISA   Die da?

TANTE   Nein, die Schuhschachtel, mit dem roten Band darum.
Fall nicht!

LUISA *erwartungsvoll* Jetzt...

TANTE   Du darfst es nicht schmutzig machen. Laß es da liegen,
auf dem Tisch.

LUISA   So ein schöner Schleier. Wie eine Prinzessin.

TANTE   Das ist ein Brautschleier. Damals war deine Mutter Braut.
So wie sie da photographiert ist, hat sie am Tisch gesessen, und
dein Vater hat ihre Hand in seiner Hand gehalten.

LUISA   Haben sie denn nicht gegessen?

TANTE   Doch, gegessen haben sie und getrunken auch. Der Gasthof, in dem die Hochzeit war, hat deinem Großvater gehört, und
es hat Fisch gegeben und Braten und dreierlei Wein. Alle Leute
haben schöne Kleider angehabt und Ketten und Ringe aus Gold.
Es war im Frühling, und im Hof haben die Akazien geblüht. Es
sind ein paar Reden gehalten worden, und wir haben auf das
Wohl des Brautpaars getrunken. Schließlich hat dein Großvater
gesungen.

LUISA   O Jesulein süß.

TANTE   Nein. Das nicht. Kein Kirchenlied. Dein Großvater hat sich seine Lieder immer selbst ausgedacht. Er hat sich auch nicht darum gekümmert, ob ihm jemand zuhört oder nicht. Die Musik hat gespielt, und er hat irgendwo hingestarrt, in die Luft.

3. SZENE

ZWISCHENSZENE

Die Hochzeitsgesellschaft. Man hört von fern eine ländliche Tischmusik, die näher kommt, und Stimmen wie von einer fröhlichen Tafelrunde. Dann hört man Luisas Großvater, mit einer alten, ein wenig zitternden, aber mit der Zeit immer kräftigeren Stimme singen.

GROSSVATER Gut ist der Wein, den wir gepflanzt haben,
Auf unserem Weinberg am Abhang, der gegen die Sonne liegt.
Dessen Triebe wir geschnitten haben im Frühjahr,
Als die ersten Vögel aus Afrika wiederkehrten.
Den wir geerntet haben, Traube um Traube, im Herbst
Und hinabgetragen in Bütten.
Den wir gekeltert haben und getreten mit unseren Füßen.

EIN MANN Hör auf, Pepe. Wir sind hier nicht bei der Weinlese.

EINE FRAU Gebt ihm etwas zu essen, damit er wach wird und sich daran erinnert, daß seine Tochter heiratet.

EIN JUNGER MANN Das schönste Mädchen aus dem Ort.

EIN ÄLTERER MANN Wenn du schon singen mußt, Pepe, sing auf das Brautpaar. Auf den Bräutigam, den Herrn Geschäftsreisenden, und auf die guten Geschäfte, die er in der Ehe machen wird. *Allgemeines Gelächter.*

ANDERER MANN *den Gesang nachahmend* Auf die Braut, die sich in ihn verliebt hat, weil er so groß ist und sie auf die Arme nehmen kann wie ein kleines Kind. Auf die Kinder, die kommen werden.. *Johlendes Gelächter und verschiedene Stimmen, von Männern und Frauen, rasch hintereinander.*

STIMMEN Zwei Kinder.
Drei Kinder.
Fünf Kinder.
Sieben Kinder.

JUNGER MANN Nimm mich zum Gevatter, Elisa!

350

GROSSVATER *singt* Roten Wein haben wir verschüttet auf die Erde,
Und die Erde ist schwanger geworden.

ELISA Hör auf, Vater, bitte!

MANN Da siehst du es, Schwager. Deine Tochter bittet dich, still
zu sein. Sie will nicht schwanger werden.

Gelächter.

FRAUENSTIMME Was sagst du dazu, junger Ehemann?

GROSSVATER *singt* Sieben Söhne und Töchter gebiert das Mädchen
Erde.
Die kommen aus ihrem Leibe und treten auf ihren Schoß.
Da liegt sie in ihrer Pracht, und auf ihr stehen
Ihre Kinder und greifen nach den Wolken am Himmel.

MÄNNERSTIMME Schluß damit. Ein Glas auf die glücklichen Zeiten.
Auf den Sack voll Geld.

GROSSVATER Die Zeit ist ein Sack, in dem bewegt sich's wie eine
Brut von jungen Katzen. Die Zeit springt aus dem Sack, ein
Jahr nach dem andern. Gute Jahre, böse Jahre . . .

EINE FRAU Bringt ihn zu Bett! Die jungen Leute wollen tanzen.
Die Musik soll etwas Lautes spielen, damit er das Singen vergißt.
Einen Marsch!

Laute Marschmusik.

GROSSVATER *singt dazu* Soldaten – Soldaten – Soldaten . . .

MÄNNERSTIMME Auf deine sieben Kinder, Elisa!

*Die Musik geht über in einen ländlichen Tanz, man hört Stühlerücken,
scharrende Schritte, Tumult. Dann plötzlich wird alles ganz still.*

4. SZENE

LUISA Was schaust du, Tante. Da ist nichts.

TANTE *zornig* Nein, da ist nichts. Kein Gasthof mehr und kein
Braten und keine Blumen und keine Musik. Und warum ist das
alles nicht mehr da? Weil dein Vater ein Taugenichts war. Weil
er auf das Erbe deiner Mutter heimlich Geld aufgenommen hat,
und am Ende hat ihr nichts mehr gehört. Räum das Bild weg,
Luisa.

LUISA Komm, schöne Mama, ich leg' dich ins Bett. Ich deck'
dich mit der Papierserviette zu, das ist eine Steppdecke, mit Rosen bestickt.

TANTE *plötzlich böse* Deine Mutter ist keine Braut mehr, Luisa,
und eine Steppdecke hat sie auch nicht. Sie ist arm wie eine Kir-
chenmaus und hat schon drei Monate lang keinen Pfennig für
dich bezahlt. Wenn das so weiter geht, kommst du ins Waisenhaus, wie deine Geschwister.

LUISA *verspielt* Ins Bi-Ba-Baisenhaus.

TANTE Da hast du es nicht so gut wie bei mir. Da gibt es nur
Wasser und Brot.

LUISA *singt* Ba bibt bes bur Basser bund Bot.

TANTE Sei doch nicht so kindisch. Schreib weiter!

LUISA *singt* Nina nanna, nina nanna ... *spricht* Schlaf, schöne
Mama, sonst kommst du ins Waisenhaus. *Munter* Was schreiben
wir jetzt?

TANTE Die Grüße an deine Geschwister. Zuerst an deine Schwester Anna, die Novizin bei den Ursulerinnen ist.

LUISA Im Kloster. Da läuten die Glocken den ganzen Tag. Bim –
bam. Bim – bam ...

*Das Geräusch der Glocken, das die kleine Luisa nachahmt, geht über in
ein paar richtige Glockentöne. Sobald sie zum Schweigen kommen, hört
man leise Orgelmusik.*

5. SZENE

OBERIN Komm, Anna. Bring die silbernen Leuchter. Ich werde
sie auf den Altar stellen. Zwei rechts und zwei links. Die großen
innen und die kleinen mehr zum Rand. Ein bißchen weiter zurück, Kind.

ANNA So, Schwester Oberin?

OBERIN Ja, so ist's gut. Jetzt die hohen Vasen mit den Schneeballen.

ANNA Wer spielt die Orgel, Schwester Oberin?

OBERIN Ein Musikstudent. Wir haben ihm erlaubt, hier zu üben.
Die hohen Vasen mit den Schneeballen kommen hierher. Die
niederen mit dem Weißdorn unten auf die Stufen.

ANNA   Er spielt schön, der Student, nicht wahr? *Pause.* Ich muß mit Ihnen sprechen, Schwester Oberin.

OBERIN   Aber doch nicht gerade jetzt, mein Kind. Es ist bald acht Uhr und die Maienandacht beginnt.

ANNA   Es handelt sich um meine Mutter.

OBERIN *geschäftig*   Die Vasen sind trüb. Man sieht auf dem Silber die Spuren deiner Finger. Du mußt ein Tuch nehmen und sie blank reiben.

ANNA   Jetzt sind sie schön. Die ganze Kirche spiegelt sich in ihnen. Schwester Oberin?

OBERIN   Ja, Anna.

ANNA   Meine Mutter befindet sich im Zustande der Todsünde.

OBERIN *zerstreut*   Der Weißdorn streut. Jedes Jahr sag' ich, sie sollen mir keinen mehr bringen. Nimm einen Besen, Anna. Er steht hinter der Tür zur Sakristei. Was hast du von deiner Mutter gesagt?

ANNA   Meine Mutter will nicht, daß ich Nonne werde. Sie sagt, die Klosterfrauen seien eine Gesellschaft von Nichtstuerinnen und Tagediebinnen.

OBERIN *ruhig*   Man findet diese Ansicht häufig bei Leuten, die in der Welt leben. Der Teppich liegt nicht gerade, Anna. Hilf mir, ihn zurechtrücken.

ANNA   Das ist noch nicht alles, Schwester Oberin, was ich Ihnen von meiner Mutter sagen wollte. Sie spricht mit . . .

OBERIN   Noch ein bißchen weiter zu dir hin. So, jetzt ist es gut. Mit wem, sagst du, redet deine Mutter?

ANNA   Sie ruft die Geister der Toten und fragt sie um Rat.

OBERIN   Die Seelen der Heiligen, meinst du wohl?

ANNA   Nein, durchaus nicht. Meinen Großvater, den vor ein paar Jahren der Schlag getroffen hat, und meinen kleinen Bruder, den sie im Krieg erschossen haben. Mein Großvater war zuletzt ganz kindisch geworden, und mein kleiner Bruder war erst vier Jahre alt. Aber jetzt sind sie alle beide sehr gescheit. Sie sagen meiner Mutter, wie man einen wichtigen Brief schreibt, welche Medizin man einnehmen muß und welche Mannschaft im Fußball gewinnt. Ist es nicht merkwürdig, Schwester Oberin, wie gescheit man wird, wenn man einmal gestorben ist?

OBERIN Sprich nicht so laut, Anna. Es sind schon Leute in der Kirche. Bring mir die Lilien aus der Sakristei. Räum den Besen weg. Wenn deine Mutter einen Rat braucht, sollte sie lieber ihren Beichtvater fragen.

ANNA Das hat sie getan, Schwester Oberin, und er hat ihr verboten, die Geister zu rufen. Seitdem ist sie nicht mehr zur Beichte gegangen.

OBERIN Es gibt viel Elend in der Welt, mein Kind. Deine Mutter sollte froh sein, daß du hier bist und für sie beten kannst.

ANNA Sie ist nicht froh. Sie sagt, daß eine Frau heiraten und Kinder haben soll. Sie sagt das, obwohl sie soviel Unglück gehabt hat und mein Vater ihr am Ende noch weggelaufen ist.

Die Orgelmusik hat aufgehört.

ANNA Warum spielt er nicht mehr, Schwester Oberin?

OBERIN Wer?

ANNA Der Musikstudent.

OBERIN Weil es schon spät ist. Räum die Körbe weg, Anna. Sie läuten das Ave Maria.

Schwaches Glockenläuten.

ANNA *leise* Einmal, wie ich klein war, bin ich aufgewacht, wie die Glocken geläutet haben. Ich habe die Glocken gehört und dann noch etwas anderes. Meine Mutter hat auf ihrem Bett gesessen und sich die Haare gekämmt. Mein Vater ist nach Hause gekommen.

Stärkeres Glockenläuten von anderer Klangfarbe. Man hört die Stimmen von Annas Vater und Mutter.

6. SZENE

ZWISCHENSZENE

VATER *gutgelaunt* Seit wann gehst du mit den Hühnern zu Bett, Elisa?

ELISA Es ist schon spät.

VATER Es ist nicht spät. Es ist beinahe noch hell draußen, und die ganze Stadt ist auf den Beinen.

ELISA *mürrisch* Meinetwegen. Was tust du?

VATER Ich setz' mich zu dir aufs Bett. Darf ich das vielleicht nicht mehr?

ELISA Nein. Nicht wenn du von einer andern kommst.

VATER Von welcher andern?

ELISA Nimm die Hand weg. Ich hab' dich gesehen.

VATER Und wo, wenn man fragen darf?

ELISA Du bist an der Ecke gestanden, neben dem Friseurgeschäft, und hast zu ihrem Fenster hinaufgesehen. So stiere Augen hast du gehabt. Ich hätt' dich können mit einer Nadel stechen. Ein paar Minuten später ist sie herausgekommen, und du bist mit ihr fortgefahren. Sie hat eine rote Jacke angehabt und einen schwarzen, engen Rock.

VATER Das war die Schwester eines Kunden. Ich hab' ihr müssen einen Gefallen tun.

ELISA Und der Ida, der du das Halstuch gekauft hast? Und der Schwarzen, mit der du in den Zirkus gegangen bist?

VATER Bim-bam. Bim-bam . . .

ELISA Was sagst du?

VATER Ich hab' es gern, wenn du eifersüchtig bist. Dann knistern deine Haare wie das Fell einer Katze. Komm, kratz mir die Augen aus. Du bist doch meine . . .

ELISA *wütend* Was bin ich?

VATER Ich werd' dir's zeigen. Gleich weißt du's.

ELISA Du sollst nicht. Das Kind wird wach.

VATER Was versteht das davon! Gib mir einen Kuß!

ELISA Hör wenigsten auf, solange die Glocken läuten.

VATER Willst du beten? Du sollst, aber auf meine Art. Bim-bam. Hast du mich lieb, deinen Herumtreiber, deinen alten Schürzenjäger?

ELISA Ja. Sei nur still!

Das Läuten, das die ganze Zeit über angedauert hat, hört plötzlich ganz auf. In der Stille vernimmt man die Stimme der Oberin in der Kirche.

OBERIN Trag den Eimer hinaus, Anna. Wir sind jetzt fertig. Unsere Kirche ist die schönste in der ganzen Stadt. Hast du etwas gesagt? Oder betest du jetzt? Für wen betest du, Anna?

ANNA *leise* Ich bete für meinen Vater, der im Krieg verschollen ist. Ich bete für meine Mutter und für meine Brüder und Schwestern in der Welt. Der Herr behüte meine Schwester Teresa, daß sie nicht mehr hinfallen muß, mit Schaum vor dem Mund.
Gemurmelte Gebete der Nonnen fallen ein, dann Stille.

8. SZENE

Büro in der Heilanstalt.

ARZT Bist du fertig, Teresa?

TERESA Ja, Herr Doktor. Hier sind die Abschriften, die ich von den Analysen gemacht habe. Ich habe sie nach dem Alphabet geordnet und in eine Mappe gelegt. Jetzt bin ich dabei, aus farbigem Papier kleine Streifen zu schneiden, die ich an die Blätter der Kartothek kleben will. Man findet sich dann leichter zurecht.

ARZT Du hast geschickte Finger, Teresa.

TERESA Ich finde es lustig, daß man diese Papierstreifen Reiter nennt. Meine kleinen Reiter haben bunte Kleider, die wie Seide glänzen.

ARZT Willst du dich einen Augenblick hierhersetzen, Teresa? Du fühlst dich doch ganz wohl heute, nicht wahr? Keine Kopfschmerzen, nichts?

TERESA Ganz wohl, Herr Doktor.

ARZT Ich habe heute ein paar Gutachten abfassen müssen. Bei dieser Gelegenheit habe ich in den alten Krankengeschichten gelesen.

TERESA *ängstlich* In *meiner* Krankengeschichte?

ARZT Ja, in deiner auch. Ich habe gefunden, daß sie ziemlich unvollständig ist. Es stehen einige Aussagen darin, die deine Mutter gemacht hat, als sie zum erstenmal mit dir zu uns gekommen ist. Laß mich sehen . . .

TERESA *unruhig* Was hat meine Mutter gesagt?

ARZT Daß du ein besonders sauberes und ordentliches Kind warst. Daß du weintest, wenn du dein Kleid oder deine Finger beschmutzt hattest. Daß du eine große Vorliebe für schöne Kleider hattest und daß alles, was du besaßest, von dir peinlich in Ordnung gehalten wurde. Daß du die Musik liebtest und dich oft vor dem Spiegel in feierlichen Tanzschritten bewegtest. Ist das wahr, Teresa?

TERESA Ja, das ist wahr. Ich bildete mir dann ein, eine Prinzessin zu sein.

ARZT Und das wärest du gern gewesen, eine Prinzessin?

TERESA Ja. Oder eine Filmschauspielerin. Oder einfach: reicher Leute Kind.

ARZT Und was hättest du dann getan, Teresa?

TERESA Ich hätte alle Tage frische Wäsche angezogen. Ich hätte von sauberem Geschirr gegessen, und statt in einem stinkenden Autobus zu fahren, wäre ich in einem schönen Wagen gesessen, ganz allein. Was steht da noch?

ARZT Das ist beinah alles. Nur noch eine Bemerkung darüber, daß ihr einmal auf dem Land gewohnt habt. In einem schönen Haus.

TERESA *eifrig* Ja. Das Haus war sehr schön. Die Zimmer waren weiß und hoch und hell. Wie diese Zimmer hier.

ARZT Und ein Garten war da auch?

TERESA Ja. Auch ein Garten. Wie hier. Mit sauberen Wegen und Beeten voll Blumen. Ich hatte ein Beet ganz für mich allein.

ARZT *heiter* Was wuchs auf deinem Beet, Teresa?

TERESA *leicht* Klee, Herr Doktor. Lauter vierblättriger Klee.

ARZT Damals ging es euch gut, nicht wahr?

TERESA Ja, damals ging es uns gut. Wir hatten eine Köchin, die alle grobe Arbeit machte. Meine Mutter saß den ganzen Tag an der Nähmaschine oder in der Laube im Garten. Sie hatte einen großen Haufen Erbsenschoten auf dem Schoß, und ich stand neben ihr und fuhr mit dem Finger in der Schüssel herum. Die Erbsen waren sehr frisch und grün und sehr rein.

ARZT Und dein Vater saß auch dabei?

TERESA Nein. Mein Vater fuhr umher und machte Geschäfte. Er hatte einen alten Wagen gekauft und ihn mit rotem Lack angestrichen. Er besaß eine komische Signalhupe, die von allen andern zu unterscheiden war. Wenn wir sie von weitem hörten, liefen wir alle vor die Gartentüre hinaus und schrien und winkten. Darf ich jetzt gehen, Herr Doktor?

ARZT Nein. Bleib noch einen Augenblick sitzen. Hier steht, daß euer Haus später verkauft wurde und daß der Erlös an die Gläubiger ging. Damals zogt ihr in die Stadt. Du warst zehn Jahre alt. Erinnerst du dich?

TERESA *leise* Ja, ich erinnere mich. Wir zogen in eine Kellerwohnung, die sehr eng war und dunkel und kalt. Die Sachen im Schrank wurden stockfleckig, und wir aßen verschimmeltes Brot. Mein Vater saß den ganzen Tag daheim, stierte in die Zeitung und schalt. Eines Tages war er verschwunden.

ARZT Und was sagte deine Mutter dazu?

TERESA Nichts, Herr Doktor. Sie ging arbeiten. Außerdem war sie beständig auf der Suche nach Nebenverdiensten. Eines Tages ging sie ganz früh am Morgen fort, und als sie zurückkam . . .

ARZT Was war, als sie zurückkam, Teresa?

Die Stimmen verschwinden, man hört Schritte auf einem Korridor und das Aufschließen einer Tür. Straßenlärm, der, als die Tür von innen wieder zugemacht wird, schwächer wird.

9. SZENE
ZWISCHENSZENE

ELISA Ich bin's, Teresa.

TERESA *(als Kind) schläfrig* Wo warst du, Mama?

ELISA Steh auf, Kind. Wasch dich. Ich hab' Glück gehabt.

TERESA Was für ein Glück?

ELISA Ich hab' was gefunden. Arbeit, für euch alle.

TERESA Was ist das, Mama, was du da ins Zimmer schleppst?

ELISA Steh auf, Teresa, zieh dich an.

TERESA *angstvoll* Was ist das für ein häßliches schwarzes Bündel, Mutter. Es sieht aus wie ein Mensch ohne Kopf. Wie ein Mann mit langen schwarzen Armen, der am Boden kriecht und keinen Kopf hat. Wie der schwarze Mann.

ELISA Sei nicht kindisch, Teresa. Das sind Lumpen. Die hole ich
jetzt jeden Tag. Sie müssen sortiert und gewaschen werden. Ich
zeig' euch, wie man das macht. Stell den Zuber auf, Teresa.
Schür das Feuer!
Geräusche von der Herdtür, brechendem Kleinholz, knisterndem Feuer.

TERESA Was geschieht mit den Lumpen, Mutter?

ELISA *zerstreut* Ich weiß nicht. Sie kommen in eine Maschine und
werden zerstampft. Vielleicht wird Papier daraus gemacht.
Schnür das Bündel auf, Teresa. Wirf die Lumpen ins Wasser.
Rühr um!

TERESA Ich kann nicht.

ELISA *scharf* Was kannst du nicht?

TERESA Ich kann sie nicht anfassen, Mutter. Es ist Schweiß daran.

ELISA Schämst du dich nicht, Teresa?

TERESA *weinend* Es ist Eiter daran und Blut . . .

ELISA *ruhig* An allem, was wir anrühren, Kind, ist Schweiß und
Blut. Du wirst dich daran gewöhnen. Paß auf, morgen schon
ekelst du dich nicht mehr. Übermorgen . . .

TERESA *entsetzt* Morgen, übermorgen . . . *Schreit* Nein!

ELISA *schreit* Hilf mir, Antonio. Teresa ist hingefallen. Sie liegt
ganz steif da und hat Schaum vor dem Mund . . .
Alle Geräusche, Herdfeuer, ferner Straßenlärm usw. hören auf.

10. SZENE

ARZT *freundlich* Nimm dich zusammen, Teresa. Du träumst.
Was war, als deine Mutter zurückkam?

TERESA *leise* Damals, Herr Doktor, kam es zum erstenmal. Ich
sollte einen Haufen schmutziger Lumpen waschen, und dabei
wurde mir schlecht. Ich fiel hin und schlug um mich, und dann
wußte ich gar nichts mehr von mir. Meine Mutter brachte mich
ins Krankenhaus, und mein Bruder mußte die Arbeit übernehmen.

ARZT Dein Bruder Antonio? Und der fürchtete sich nicht?

TERESA Mein Bruder Antonio fürchtet sich vor nichts.
*Geräusche von einer Bar an der Straße, Geklapper von Gläsern, Schritte,
Stimmen, Radiomusik.*

KELLNER MASSIMO He, Antonio! So heißt du doch, nicht wahr?

ANTONIO Ja. Was willst du?

KELLNER Du kannst mir helfen, die Stühle auseinanderzustellen. Wartest du wieder auf deine Mutter?

ANTONIO Ja.

KELLNER Hier, faß an. Immer vier Stühle um einen Tisch, nicht zu eng und schön gerade, wie die Soldaten. Du kannst auch etwas trinken nachher.

ANTONIO Ich will nichts.

KELLNER Siehst du, da kommt schon jemand. Wisch den Tisch ab, Junge. Auch wieder einmal bei uns, Herr Ingenieur? Etwas zu trinken gefällig? Oder warten wir auf das Fräulein Julia?

INGENIEUR Nein, Massimo. Ich warte heute nicht auf das Fräulein Julia. Ich warte auf eine Frau, die schon Mitte dreißig ist und bereits sieben Kinder gehabt hat. Ich habe sie aufgefordert, mit mir einen Kaffee zu trinken, und wenn sie nicht kommt, werde ich sehr schlechter Laune sein. Was sagst du dazu, Massimo?

KELLNER Ich sage, daß es nicht auf das Alter ankommt, sondern auf das Temperament. Ich habe eine Vierzigjähre gekannt, die hitzig wie der Teufel war. Wenn ich gedacht habe, sie wird mich küssen, hat sie mir die Augen ausgekratzt. Wenn ich gemeint habe, sie ist böse, ist sie mir an den Hals gesprungen.

MÄNNERSTIMME Kellner, zwei Whisky Soda!

KELLNER *gleichgültig* Komme sofort. Ein Bier inzwischen, Herr Ingenieur?

INGENIEUR Meinetwegen. Was ist das für ein Junge?

KELLNER Ein Junge? Wo?

INGENIEUR Er stellt die Stühle auf. Aber er schaut die ganze Zeit herüber. Er starrt mich an.

KELLNER Ach, der! Ich kenn' ihn nicht. Er wartet manchmal hier auf seine Mutter. Ich weiß nur, daß er Antonio heißt.

INGENIEUR *horcht auf* Antonio?

KELLNER Ja. Er hilft mir. Ich hab' ihn gefragt, ob er etwas trinken möchte, aber er hat nicht gewollt.

INGENIEUR *nachdenklich* Er *soll* etwas trinken. Mit mir.

KELLNER *ruft* Hast du gehört, Antonio! Der Herr hier lädt dich auf ein Bier ein.

ANTONIO *von weitem* Ich komm' schon. Aber ich trinke nicht.

INGENIEUR So, du trinkst nicht. Du bist wohl zu stolz, etwas von mir anzunehmen.

KELLNER Die Herren können ja spielen. Wir haben ein Glücksrad und Würfel, und das Fußballspiel. Das Fußballspiel ist sehr beliebt.

INGENIEUR Das sind die Männchen an den vernickelten Stangen. Nun, was meinst du dazu, Antonio?

ANTONIO *nah* Ich möchte nicht spielen. Ich hab' keine Zeit.

INGENIEUR Du wartest, nicht wahr?

ANTONIO Ja. Auf meine Mutter.

INGENIEUR Wenn deine Mutter wüßte, daß du schon so lange wartest, würde sie sich gewiß beeilen. Aber vielleicht weiß sie es gar nicht?

ANTONIO Nein, sie weiß es nicht.

INGENIEUR Sie kommt vielleicht hierher, um jemanden ganz anderen zu treffen. Jemanden, den sie gern hat. Einen Mann . . . *Nach einer Pause* Willst du jetzt doch etwas trinken?

ANTONIO *zornig* Sie hat ihn nicht gern.

INGENIEUR Aber vielleicht braucht sie ihn. Sie steht allein, nicht wahr?

ANTONIO Sie steht nicht allein. Sie hat mich. Ich arbeite in einer Schlosserei. Diese Woche habe ich zwanzig Mark verdient.

KELLNER *zu neu Angekommenen* Guten Tag, die Herrschaften. Was darf ich bringen?

HERR Was nimmst du denn, Häschen. Einen Kaffee?

DAME Ja, gern.

HERR Also zwei Espresso, bitte.

INGENIEUR Hast du das gehört, Massimo? Der Junge ist klassisch. Er hat nichts gelernt und will eine ganze Familie ernähren. Nun sag mir mal, Antonio, wie das ist . . .

ANTONIO Wie *was* ist?

INGENIEUR Es könnte doch sein, daß du diesen Mann einmal zufällig triffst. Auf der Straße. Oder in einer Bar.

ANTONIO Welchen Mann?

INGENIEUR Den deine Mutter gern hat. Der ihr helfen will . . .

ANTONIO *finster* Ja, und?

INGENIEUR *betont* Und er wäre gar nicht so, wie du ihn dir vor-
stellst. Er würde dir Geld geben, um zu studieren. Statt in deiner
Garage die rostigen Nägel zusammenzukehren, würdest du
etwas lernen und ein Herr werden, ein großer Herr . . .

ANTONIO *drohend* Und was muß ich dazu tun?

INGENIEUR Gott, nimm doch nicht alles so tragisch. Du sollst
ja nur ein bißchen netter mit mir sein. Du sollst deiner Mutter
nicht dreinreden und gelegentlich zur rechten Zeit verschwinden. Zum Beispiel jetzt. Trink, Junge, überleg dir's. Na?

*Man hört die Klänge einer Ziehharmonika und, von einer Männerstimme
auf sentimentale Art gesungen, das Lied:*

Und als sie ihm gaben den Sold,

Lauter Silber und Gold

Da trug er schon fort in der Hand,

Sein Grab im Wüstensand.

INGENIEUR He, Massimo. Was soll denn das?

KELLNER Das ist der ohne Beine. Er wird auf einem Wägelchen
gefahren. Es ist ein Invalide aus dem Krieg.

INVALIDE *singt* In der Nacht von Afrika her

Geht der Wind übers Meer.

Meine Kinder spielen im Traum

Unter dem Feigenbaum.

Die Musik ist weiterhin, aber immer leiser zu hören, dann Stille.

13. SZENE

ZWISCHENSZENE

Innenraum, Klopfen an der Tür.

ANTONIOS VATER *draußen* Antonio?

ANTONIO *Kinderstimme* Wer ist da?

VATER Mach auf, Antonio. Ich bin's. *Die Tür wird geöffnet.*
Näher Du kennst mich wohl gar nicht mehr, Antonio?

ANTONIO *schüchtern* Doch, Papa.

VATER *noch näher*   Oder hast du vielleicht Angst vor mir?

ANTONIO   Nein, ich hab' keine Angst.

VATER   Aber du hast ihn nicht besonders gern, deinen Papa. Bist du allein zu Hause?

ANTONIO   Die Mutter kommt spät. Was hast du, Papa?

VATER   Ich bin müde. Ich muß mich hinsetzen. Mir ist kalt.

ANTONIO   Ich will ein Scheit Holz holen. Vielleicht geht das Feuer noch mal an.

VATER   Jetzt seh' ich dich besser. Du bist ein großer Junge geworden. Ich bin froh, daß du allein zu Hause bist.

ANTONIO   Du bist froh?

VATER   Ja. Weil du nicht so neugierig bist. Weil du nicht fragst, wo ich war und ob ich Geld mitgebracht habe. Weil du nicht wissen willst, wo das Erbe deiner Mutter hingekommen ist und warum ich wieder fortgehen muß.

ANTONIO   Nach Amerika.

VATER   Wieso nach Amerika?

ANTONIO   Ich hab' das Schiff gesehen. Marias Vater fährt mit dem Schiff. Wenn er wiederkommt, ist er ein reicher Mann. Dann kauft er ein Haus und Kleider und Schuhe für alle. Darf ich mitkommen zum Schiff, Papa?

VATER   Ich geh' noch nicht. Ich hab' noch was vor, weißt du. Ich werde hier abgeholt. Wie sieht die Mutter aus, Antonio?

ANTONIO   Wie sie aussieht? Ich weiß nicht. Ich schau sie nicht so an.

VATER   Wahrscheinlich hab' ich sie auch nie so recht angeschaut. Du könntest ein bißchen auf sie achtgeben, Antonio.

ANTONIO   Ja, Papa. *Man hört Pfiffe vor dem Haus.* Jetzt kommen sie.

VATER *erschrocken*   Wer kommt?

ANTONIO   Deine Freunde.

VATER *nimmt sich zusammen*   Ja. Jetzt kommen meine Freunde. Sie bringen mich mit dem Wagen zum Schiff. Wenn ich wiederkomme, bin ich ein reicher Mann. Ich kauf' der Mutter das Haus zurück. Erinnerst du dich, Antonio?

ANTONIO   Teresa erinnert sich. Sie spricht von nichts anderem. Aber ich will kein Haus. Ich will ein Motorrad. Ich will studieren.

VATER *begeistert*   Du sollst studieren. Alle meine Söhne sollen studieren und Professor werden. Wenn ich so einen Vater gehabt hätte, Antonio.

Man hört wieder Pfeifen draußen.

ANTONIO   Deine Freunde sind schon ungeduldig, Papa. Ich werde das Fenster aufmachen und ihnen sagen, daß du kommst.

Klirren der Fensterscheibe, zugleich geht eine Tür.

ANTONIO *am Fenster*   Es sind nicht deine Freunde, Papa. Sie haben keinen Wagen. Es sind zwei Männer in Uniform, die stellen sich rechts und links an die Tür. Jetzt geht einer ins Haus. Wo bist du, Papa?

Rasche Kinderschritte durchs Zimmer, dann auf der Treppe, dann Stille. Man hört wieder, aber entfernt, die Ziehharmonika des Invaliden.

13. SZENE

Wieder vor der Bar.

INGENIEUR   Nun, hast du dir's überlegt, Antonio? Was du tun würdest, wenn . . .

ANTONIO *außer sich*   Ach, Sie . . . Sie . . .

Eisenstühle fallen klappernd um.

KELLNER   He, Junge, was machst du da? So ein Zorngickel.

INGENIEUR   Er hat mir nur sein Taschenmesser zeigen wollen. Ein schönes Messer. Wir hätten darum würfeln sollen. Aber ich hab' keine Zeit mehr. Hörst du, Antonio? Ich gehe. Ich warte nicht, bis deine Mutter kommt. Freust du dich jetzt?

ANTONIO *erstickt*   Es ist mir – egal.

KELLNER *mit neuen Gästen*   Wollen die Herrschaften hier Platz nehmen, bitte, der Tisch ist frei. Lauf doch nicht weg, Junge. Der Herr Ingenieur hat einen Geldschein hierhergelegt. Für dich und deine kleinen Brüder. Hast du nicht zwei kleine Brüder? Heißen sie nicht Peter und Paul?

Schulhof. Man hört einen Jungen laut und langsam zählen.

JUNGE ... zwei, drei, vier, fünf, sechs, sieben, acht, neun und eins ist *zehn* ... Ich *kom-me* ...

EIN ANDERER JUNGE *nah und leise* Kommt her, ihr beiden Neuen. Hier sind wir gut versteckt und nicht zu weit vom Anschlag entfernt. Ist es wahr, daß ihr Peter und Paul heißt, wie die Apostel?

PETER Ja. Und mit Nachnamen Rocca.

JUNGE *lacht* Wie ihr euch ähnlich seht! Ihr seid wohl siamesische Zwillinge?

PAUL Ich weiß nicht, was das ist.

PETER Wir sind ganz gewöhnliche Zwillinge.

JUNGE Tu den Kopf runter. Er kommt hierher. Nein, doch nicht. Er geht zum Schuppen rüber.

PAUL Sollen wir uns anschlagen?

JUNGE Du bist nicht gescheit. Der Rotkopf hat Ohren wie ein Luchs und kann rennen wie der Teufel. War das eure Mutter?

PETER Wer?

JUNGE Die Frau, die vorhin weggegangen ist. Schwarzes Haar hat sie gehabt und einen Koffer in der Hand. Sie ist den Weg zum Bahnhof hinuntergelaufen wie ein Mädchen zu seinem Schatz.

PETER Du bist wohl verrückt. Meine Mutter hat keinen Schatz. Sie läuft so schnell, weil sie nur am Sonntag frei hat. Weil sie uns *alle* besuchen will.

JUNGE Sei bloß nicht beleidigt. Hat sie euch Kuchen gebracht?

PAUL *zögernd* Ja.

JUNGE Ich frage nur, weil aller Kuchen, den die Kinder hier bekommen, weggenommen und verteilt wird. Vorausgesetzt, daß ihn einer von den Paukern zu sehen bekommt.

PETER Ich kann ihn ja holen.

JUNGE Du bleibst hier. Ich bleib beide hier. Ihr kennt euch noch nicht aus. Ich werd' euch sagen, wenn die Luft rein ist.

PAUL *lacht* Und wann ist die Luft rein?

JUNGE Wenn die Herren Pauker beim Essen sind. Wenn sie sich den Bauch vollschlagen und schwatzen. Wirst du satt hier, kleiner Paul?

PAUL Das Essen ist besser als in der Stadt. Wir haben zum Frühstück Milch bekommen und Brot.

JUNGE Du bist ein zufriedenes Hühnchen.

Man hört das Brechen von Zweigen, einen Fall und rasche Schritte.

JUNGE Was ist denn *da* los?

PETER Es ist einer aus dem Baum gesprungen. Jetzt rennt er über den Platz. Er ist gleich beim Haus . . .

STIMME *eines andern Jungen, fern, atemlos, keuchend*
Eins – zwei – drei – *frei!*

PETER Sollen wir auch?

JUNGE Nein. Es ist zu heiß. Es ist verdammt heiß. Es donnert, hörst du?

Schwaches Donnerrollen, sehr weit weg.

Dein Bruder Paul ist eingeschlafen.

PETER *lacht* Das sieht ihm ähnlich. Wenn ihm etwas zu lange dauert, schläft er einfach ein.

JUNGE Er hat ein hübsches Gesicht. Wahrscheinlich stecken ihm die Küchenmädchen Zuckerstückchen zu. Er ist immer zufrieden und überall gern gesehen. Hab' ich recht?

PETER Ja.

JUNGE Während zum Beispiel du . . .

PETER Ich möchte wissen, wo der Rotkopf jetzt hin ist. Er schleicht wie eine Katze herum.

JUNGE Es ist gar nicht wahr, daß du das wissen möchtest. Das ganze Versteckenspielen interessiert dich nicht im geringsten.

PETER Du hast recht. Ich spiele nicht gern. Ich bin nicht mit allem zufrieden, und die Küchenmädchen stecken mir keine Zuckerstückchen zu.

JUNGE Weil du dir Gedanken machst?

PETER *erregt* Ja. Wahrscheinlich deswegen.

JUNGE Und worüber machst du dir jetzt Gedanken, Peter?

PETER Ich möchte wissen, was das eigentlich bedeuten soll, dieses Spiel. Hier hockt einer und dort hockt einer und verhält sich ganz still. Und dann plötzlich springt er heraus und rennt und rennt und rennt und will sich freischlagen, und manchmal gelingt ihm das auch. Dann steht er da drüben bei dem Pflaumenbaum und keucht und hat ein rotes Gesicht. Er freut sich und meint wunder was ihm geschehen ist. Und dann läutet die Schulglocke, und er geht hinein, mit den andern, brav wie ein Lamm.

JUNGE *lauernd* Die Schule hat auch einmal ein Ende.

PETER Du kannst dir schon denken, daß ich nicht bloß die Schule meine. Nach der Schule kommt die Fabrik. Und der Militärdienst. Und der Krieg.

JUNGE Immer so was wie ein Gefängnis, das meist du wohl?

PETER Ja. Immer ein Gefängnis. Und immer ein – Traum.

JUNGE Wieso denn das?

PETER Vom besseren Leben. Von der Freiheit. Vom Glück. Aber man muß sich in acht nehmen. Man darf nicht daran glauben. Als wir klein waren . . .

JUNGE Was war da?

PETER Da war Krieg, und es hat geschossen, überall. Wir mußten fort von zu Hause. Wir haben viele Stunden lang laufen müssen. Es war Nacht . . .

Man hört rasche Schritte.

JUNGE *flüstert* Jetzt kommt der Rotkopf hierher. Duck dich! . . . Sprich leise. Woran denkst du, kleiner Peter?

Man hört die Schritte bald rechts, bald links, und noch immer das leise Rollen des Donners, das nach einer Weile in fernes Geschützfeuer übergeht.

15. SZENE

ZWISCHENSZENE

ELISA Duckt euch, Kinder, seid still!

PAUL *kleines Kind* Ich hab' Durst, Mama.

PETER *ebenso* Mein Fuß tut mir weh.

PAUL Ich will heim, ins Bett, Mama.

ELISA Ihr dürft nicht so laut sprechen. Wenn sie merken, daß jemand hier ist, schießen sie.

PAUL Warum gehen wir nicht heim, Mama?

ELISA Versuch zu schlafen, Kind. Leg deinen Kopf auf meinen Schoß.

PETER Was ist das, Mutter?

ELISA Ich hör' nichts.

PAUL Ich hör's auch. Es kommt jemand. Ist es wahr, Mutter?

ELISA Was?

PAUL Daß sie die kleinen Kinder schlachten?

ELISA Nein. Das tun sie nicht. Sie geben ihnen Brot.

PETER Und der, der da kommt?

ELISA Was ist mit dem?

PETER Der bringt auch Brot?

ELISA Ihr müßt jetzt schlafen. Ihr dürft nicht mehr sprechen.

PAUL *schlaftrunken* Sag mir's Mutter, genau . . .

ELISA Er bringt einen Korb voll weißer Wecken. Er führt uns hier heraus auf einen glatten, schönen Weg. An dem Weg stehen lauter weiße heile Häuser, eines immer schöner als das andere. Sucht euch eins aus, sagt er . . .

DER KLEINE BRUDER Sagt der Engel . . .

PETER Unsinn. Der Soldat. Was tut er dann, Mutter?

ELISA Er führt uns in das Haus, in dem wir am liebsten wohnen möchten. Er macht eine Tür auf, und hinter der Tür stehen alle eure Geschwister. Sie nehmen euch an der Hand und führen euch zu euern Betten. Die sind mit weißem Leinen überzogen, und durch die Fenster sieht man lauter helle Lichter. Es ist ganz still . . .

PAUL *laut* Mutter, da ist schon ein Licht!

SOLDAT *draußen, erregt* Da sitzen sie drin. Ein ganzes Nest voll. *Schreit* Deckung!

Maschinengewehrfeuer, dann Stille.

16. SZENE

Schulhof.

JUNGE Der Rotkopf hat sich wieder verzogen. Du kannst weiter-erzählen.

PETER Es gibt nichts zu erzählen. Ich hab' noch einen kleinen Bruder gehabt. Der ist tot.

JUNGE So, der ist tot. Mir scheint, du bist nicht dumm, kleiner
Peter. Ich werde dir einmal eine Zeitung zu lesen geben. Du
kannst auch einmal mitkommen, sonntags, in die Versammlung.
Aber die Pauker dürfen nichts wissen davon. Die wollen nicht,
daß alle Menschen gleich sind und frei. *Zu Paul* Du kannst auch
mitkommen, Paul. Schlafmütze.

PETER Ist er jetzt aufgewacht?

JUNGE Er reibt sich die Augen. He – Paul, wohin willst du?

Man hört Paul wegrennen.

PETER Er rennt, er schlägt sich an.

PAUL *weit weg, laut und glücklich* Eins – zwei – drei – *frei!*

Gleich darauf läutet die Schulglocke, Ende der Pause.

17. SZENE

*Das Bimmeln der Schulglocke geht über in das Läuten von Telefonen
und das Geräusch der Zeilenglocken von Schreibmaschinen. Dazu kommen
alle Geräusche der ersten Szene, Maschinengeklapper usw. Dann die
Stimmen der Beamten, die jetzt leise und sachlich klingen.*

1. BEAMTER Schreiben Sie, Fräulein. Der Antrag der Witwe Elisa
Rocca aus Caltanisetta auf Zuweisung einer Wohnung muß vorläufig abgelehnt werden. Der Wohnraum ist knapp, und es liegen Fälle von größerer Bedürftigkeit vor.

FÜRSPRECHERIN Ich schreibe . . .

*Man hört die Stimme des Großvaters aus der 3. Szene (Zwischenszene,
Hochzeit) singen.*

GESANG Gut war der Wein, den wir gepflanzt haben
Auf unserem Weinberg am Abhang, der gegen die Sonne liegt . . .

2. BEAMTER Schreiben Sie, Fräulein. Das Gesuch der Witwe Elisa
Rocca auf Auszahlung einer Hinterbliebenenrente ist weiterge-
leitet worden. Die Angaben der Antragstellerin werden geprüft.

FÜRSPRECHERIN Ich schreibe . . .

GESANG *wie vorher* Dessen Triebe wir geschnitten haben im Frühjahr,
Den wir geerntet haben, Traube um Traube, im Herbst . . .

3. BEAMTER Schreiben Sie, Fräulein. Die Beihilfe zur Einkleidung

der Novizin Anna Rocca, Tochter der Elisa Rocca aus Caltanisetta, wird gewährt.

FÜRSPRECHERIN Ich schreibe . . .

GESANG Den wir gekeltert haben und getreten mit unseren
Füßen . . .

4. BEAMTER Schreiben Sie, Fräulein. Über den Gesundheitszu-
stand der Patientin Teresa Rocca, Tochter der Elisa Rocca aus
Caltanisetta, ist ein ärztliches Gutachten angefordert worden.

FÜRSPRECHERIN Ich schreibe . . .

GESANG Roten Wein haben sie verschüttet auf die Erde,
Und die Erde ist schwanger geworden . . .

2. BEAMTER Notieren Sie, Fräulein. Es handelt sich um den Sohn
Antonio der Witwe Elisa Rocca. Es muß der Mutter mitgeteilt
werden, daß eine weitere Beihilfe zur Ausbildung des Jungen nicht
in Frage kommt. Schreiben Sie: leider nicht in Frage kommt.

FÜRSPRECHERIN Nicht in Frage kommt . . .

GESANG Sieben Söhne und Töchter gebiert das Mädchen Erde.
Die wachsen aus ihrem Leibe und stehen auf ihrem Schoß . . .

3. BEAMTER Rufen Sie die Kinderlandverschickung an, Fräulein.
Teilen Sie den Herren mit, daß die Freistellen für die Knaben
Peter und Paul Rocca ausfindig gemacht werden konnten und
daß wir das Nähere brieflich mitteilen werden.

FÜRSPRECHERIN Das Nähere brieflich, jawohl . . .

GESANG Da liegt sie in ihrer Pracht, und auf ihr stehen
Ihre Kinder und greifen nach den Wolken am Himmel . . .

4. BEAMTER Schreiben Sie, Fräulein. An Kleidungsstücken für die
kleine Luisa Rocca sind eingegangen: ein Wintermantel, ein
paar Sandalen, eine Wollmütze . . .

FÜRSPRECHERIN Eine Wollmütze, ein paar Sandalen . . . *die
Stimme verschwindet.*

ANSAGER *laut und deutlich, fast feierlich* Das sind die Kinder der
Elisa Rocca.

FÜRSPRECHERIN *ebenso* Das sind die Kinder der Elisa Rocca, aber
sie könnten auch Gutgesell heißen, auch Petitpierre oder
Sutherland.

ANSAGER Die Kinder eines Mannes, der ein Erbe vertan hat und
fortgegangen ist, aber eines Tages kommt er zurück.

FÜRSPRECHERIN   Die Kinder einer Frau, die im Elend ist, aber eines Tages wird sie wieder ein Haus haben, mit Apfelbäumen und blühendem Klee.

ANSAGER   Kinder, die alles in sich tragen, Unruhe und Ausdauer, Liebe und Liebesunlust, Verzweiflung und Glück.

FÜRSPRECHERIN   Die einmal gescholten werden und einmal nicht.

ANSAGER   Die einmal geholfen bekommen und einmal nicht.

FÜRSPRECHERIN   Die sich verlieren im Dickicht ihrer Erinnerungen und die doch nicht verloren sind.

ANSAGER   Unsere Kinder . . .

Wer fürchtet sich vorm schwarzen Mann

SPRECHER Die folgenden Szenen spielen in einem Mietshaus am Rande der Stadt. Das Haus ist alt und verwahrlost. Seine Bewohner sind kleine Angestellte, die eine bessere Wohnung nicht bezahlen können. Im Parterre wohnt links der Hausverwalter, rechts der Kriegsbeschädigte Wendland mit seiner Frau. Im ersten Stock rechts der Handelsschullehrer Rübsamen und Frau Rübsamen, links das Ehepaar Redlich. Die Mieter des 2. Stockwerks sind der Kaufmann Müller mit Familie und die Witwe Schwerbruck mit ihren Kindern. Im 3. Stock wohnt die Büroangestellte Nelly Dietrich mit ihrer Mutter, die vorübergehend verreist ist. Auf demselben Stockwerk hat der Student Georgi bei der Familie Hörnle ein Zimmer gemietet. Es ist ein dunkler Tag im Herbst. Auf einem nahen Schulhof spielen Kinder.

EINE KNABENSTIMME *aus voller Kraft* Wer fürchtet sich vorm schwarzen Ma – ann?

VIELE KINDER *rennend, laut durcheinander schreiend* Nie – mand . . .

SPRECHER *wie durch ein Sprachrohr* 1. Stock rechts!

1. SZENE

Geräusch von Tellern und Bestecken.

ANNI Schmeckt dir das Essen nicht?

RÜBSAMEN Doch. Aber ich muß bald gehen. Ich hab' heute noch drei Privatstunden zu geben.

ANNI Und wann kommst du nach Haus?

RÜBSAMEN Ich weiß noch nicht, Anni. Warum?

ANNI Wir wollten heute ins Konzert.

RÜBSAMEN Hab' ich das gesagt? Heute? Nein, heute geht es nicht. Ich muß am Abend noch Hefte korrigieren.

Man hört von weit weg Klavierspielen, langsam, stümperhaft: Schumann, »Von fremden Ländern und Menschen«.

Vielleicht morgen.

ANNI Immer morgen. *Pause.* Wo ist das?

RÜBSAMEN Wo ist was?

ANNI Das Klavierspielen.

RÜBSAMEN Ich weiß nicht. Irgendwo im Haus.

ANNI Bei uns im Haus hat niemand ein Klavier.

RÜBSAMEN Vielleicht doch. Wo ist meine Mappe?

ANNI Nur Wendlands im Parterre haben ein Klavier. Aber sie spielen nicht. Sie haben gar keine Noten. Sie sind auch den ganzen Tag nicht zu Haus. – Gehst du schon? Du mußt deinen Schirm nehmen. Es regnet.

RÜBSAMEN Es regnet und ist kalt. – Macht dich das nervös, das Klavierspiel?

ANNI Ich weiß nicht. Es klingt so sonderbar. Wie wenn ein Kind spielt. Ohne Noten. So aus der Erinnerung. Ich möchte gern wissen, woher es kommt.

RÜBSAMEN Vielleicht haben Wendlands Besuch?

ANNI Ich kenn' das Stück. Ich weiß, wie es heißt.

RÜBSAMEN *zerstreut* Ja? Und wie heißt es, Anni?

ANNI Von fremden Ländern und Menschen.

RÜBSAMEN Den Regenmantel zieh' ich lieber auch noch an. Eine Reise, sagst du?

ANNI Eine Reise, die nie gemacht wird.

SPRECHER Auf dem Speicher!

2. SZENE

FRAU HÖRNLE Kalt ist's da, auf dem Speicher, und riecht nach Winter. Spannen wir die Leine?

FRAU REDLICH Ja. So, und so, und so. Und jetzt dort hinüber.

HÖRNLE Da ist nichts. Der Haken ist abgebrochen.

REDLICH In dem Haus ist alles entzwei.

HÖRNLE So ein alter Kasten ist das. Wenn der Wind geht, klappern die Ziegel. Wohin jetzt?

REDLICH Dort in der Ecke ist noch ein Haken.

HÖRNLE Dorthin geh' ich nicht. Da ist es zu finster. Da könnt' einer stehen.

REDLICH Wer?

HÖRNLE Irgendeiner, der was im Schilde führt. Der von unten vielleicht. Von Wendlands. Wissen Sie nichts?

REDLICH Ich weiß nichts.

HÖRNLE Auch nicht, daß die Wendlands Besuch haben?

REDLICH Besuch ist doch was Schönes. Eine Abwechslung. Vorige Woche . . .

HÖRNLE Es kommt darauf an, wo er herkommt, der Besuch. Ob er aus Amerika kommt, mit Gepäck. Oder . . .

REDLICH Oder was?

HÖRNLE Es gibt auch welche, die bringen nichts mit. Die muß man noch auffüttern. Weil sie so lange nichts zu essen bekommen haben als Suppe und Brot.

REDLICH Suppe und Brot gibt's im Zuchthaus.

HÖRNLE Ich hab' nichts gesagt. Aber begegnet bin ich ihm, dem Besuch. Auf der Treppe. Gestern.

REDLICH Ja – und?

HÖRNLE Ein Junge ist es.

REDLICH *enttäuscht* Ach so. Ein Kind.

HÖRNLE Kein Kind. Sechzehn oder siebzehn Jahre alt. So große starke Hände hat er. Zugreifen können die. Um die Kehle greifen und drücken.

REDLICH Und sonst? Sein Gesicht?

HÖRNLE Ich hab' nur die Hände gesehen. Er hat sie um das Geländer gelegt und an dem Geländer gerüttelt.

REDLICH Und warum hat er das getan?

HÖRNLE Das weiß ich nicht. Er hat mich nicht gesehen. Er war ganz allein.

SPRECHER Zweiter Stock rechts!

Nähmaschinengeräusch.

FRAU SCHWERBRUCK Also los! Lies ihn vor, deinen Aufsatz.

FRIEDEL Du hörst ja nicht zu, Mutti.

FRAU SCHWERBRUCK Ich muß deine Schürze nähen. Aber ich hör' schon zu. Lies!

FRIEDEL Allerseelen ist ein schönes Fest. Alle Elektrischen haben an dem Tag vorne ein großes Schild, auf dem »Zentralfriedhof« steht. Schon früh am Morgen fahren wir mit der Elektrischen zum Friedhof. Der Friedhof ist ganz voll von Blumen und Kränzen. Meine Mutter sagt, lieber wollen wir nichts essen, als daß wir keinen Kranz kaufen können. Der Papa bekommt heuer einen Kranz aus roten . . . – Mutter, wie heißen die Blumen?

FRAU SCHWERBRUCK Chrysanthemum. Mit y und th.

FRIEDEL *langsam* Chry – san – the – mum. – Alle Leute, die gestorben sind, haben wir sehr lieb. Wenn der Junge tot ist . . .

FRAU SCHWERBRUCK Welcher Junge?

FRIEDEL Von Herrn Wendland der Bruder. Der so bös ist.

FRAU SCHWERBRUCK Wer hat dir gesagt, daß er bös ist?

FRIEDEL Er *ist* bös! Er hat mir meinen roten Ball wegnehmen wollen.

FRAU SCHWERBRUCK So. Deinen Ball. Jetzt lies weiter!

FRIEDEL Weiter hab' ich nicht geschrieben. Ich bin auf den Hof gelaufen und hab' Ball gespielt und da hat der Junge am Fenster gestanden und seine Hände nach meinem Ball ausgestreckt. Und wie ich gesagt hab', nein, du kriegst ihn nicht, hat er angefangen, Gesichter zu schneiden. Und dann hat er gespuckt.

FRAU SCHWERBRUCK *empört* Gespuckt hat er? Auf dich?

FRIEDEL *wichtig* Ja. Auf mich. Ganz dicke Spucke. Aber er hat nicht getroffen. Und weil er nicht getroffen hat, hat er geschrien.

FRAU SCHWERBRUCK Und was hat er geschrien? Ein Schimpfwort? Da hören artige kleine Mädchen gar nicht hin.

FRIEDEL Es war aber kein Schimpfwort, Mutti. Er hat nur so laut geschrien.

FRAU SCHWERBRUCK Und was war es?

FRIEDEL Jesus Maria. Paß auf, Mutti. So: *gellend* Jesus Maria . . .!

SPRECHER Zweiter Stock links!

HERR MÜLLER Grete!

GRETE Vati?

MÜLLER Es ist gleich sechs Uhr. Ich will mir den Choral noch einmal durchspielen. Stell du inzwischen die Stühle zurecht.

GRETE Ja, Vati. So wie immer?

MÜLLER Ja. Wie immer. In der ersten Reihe die Polsterstühle für die älteren Damen. Dahinter die Eßzimmerstühle und ganz hinten die Hocker aus der Küche. Ans Fenster den kleinen Tisch und die Lampe darauf. Das Glas Wasser erst ganz zuletzt.

GRETE Und die Bibel.

MÜLLER Ja, die Bibel. Ich habe das Lesezeichen hineingelegt. Schau dir den Text an. Lies!

GRETE *liest rasch* Ich hasse die Versammlung der Boshaften und sitze nicht bei den Gottlosen. Herr, raffe meine Seele nicht hin mit den Sündern, noch mein Leben mit den Blutdürstigen. Denn ich wandle unschuldig, und mein Fuß geht richtig. – Wer sagt das, Vati? Ich versteh' kein Wort.

MÜLLER Du wirst es verstehen, Kind. Ich werde die Stelle heute abend auslegen, und wir werden darüber sprechen. Hier sind die Einladungen. Geh jetzt und verteil sie.

GRETE Überall im Haus?

MÜLLER Ja. Mach mir noch Licht, Kind. Ich kann die Noten nicht mehr erkennen.

Er spielt einige Töne auf dem Harmonium.

GRETE Es sind aber nur sechs Einladungen, Papa. Eine fehlt.

MÜLLER *spielt* Unser altes Harmonium. Es klingt immer noch schön.

GRETE Die für Wendlands fehlt. Hörst du, Vati?

MÜLLER *spielt weiter, spricht halb singend* Wendlands können heute nicht kommen. Wendlands haben Besuch . . .

GRETE Sie können ihn doch mitbringen, den Besuch!

MÜLLER *räuspert sich, singt* Harre meine Seele, harre des Herrn . . .

GRETE Papa!

SPRECHER Dritter Stock rechts!

STUDENT GEORGI   Und jetzt werd' ich dir vorlesen, wie ich das übersetzt habe. Aber wahrscheinlich stimmt es nicht. – Wohin gehst du?

STUDENT WALTER   Ich schau' mir deine Bude an. Ich möchte wissen, was man von deinem Fenster aus sieht.

GEORGI   Nichts. Eine Schule. Vorstadthäuser.

WALTER   Und das Land.

GEORGI   Meinetwegen. Das Land. Stoppelfelder.

WALTER   Den Himmel.

GEORGI   In der Nacht die Scheinwerfer. Die suchen und suchen.

WALTER   Wohnst du nicht gern hier?

GEORGI   Zuerst schon. Aber jetzt . . .

WALTER   Was ist jetzt?

GEORGI   Jetzt ist Herbst. Der Wind heult hier so. Und dann . . . hörst du?

Man hört das Klavier wie in der 1. Szene.

WALTER   Jemand spielt Klavier.

GEORGI   Immer dasselbe fade Stück. Es ist zum Verrücktwerden. Es zieht einem den Boden unter den Füßen weg.

WALTER   Die alten Stücke?

GEORGI   Und die alten Häuser. Und die alten Geschichten. So unappetitlich ist das alles. Wie ein Leichnam, über den die Fliegen kriechen. Nur die Augen sind noch offen, und die Augen starren dich an.

WALTER   Du bist komisch heute. Hast du nichts zu trinken?

GEORGI   Doch. Im Schrank.

WALTER   Soll ich eine Platte auflegen?

GEORGI   Ja. Leg eine Platte auf. Das übertönt's.

Sehr laute, grelle Jazzmusik.

WALTER   Jetzt können wir arbeiten.

GEORGI   Ja. Jetzt können wir arbeiten.

SPRECHER   Dritter Stock links!

Haustürgeklingel und Öffnen.

NELLY DIETRICH Komm herein, Schatz. Hoffentlich hat dich niemand gesehen.

FREUND Wo?

NELLY Auf der Treppe. Leute aus dem Haus. Herrenbesuche hat man hier nicht gern. Leg ab. Deine Lippen sind kalt.

FREUND Es ist kalt draußen. Neblig. Aber bei dir ist's schön warm.

NELLY Ich hab' geheizt für dich. Ich hab' auch Tee gemacht.

FREUND Und den Tisch gedeckt. Drei Tassen.

NELLY Ja. Bist du böse?

FREUND Ich will keine Teegesellschaft. Ich will allein sein mit dir.

NELLY Er kommt ja noch nicht gleich. Er wird auch bald wieder gehen.

FREUND Wer, er?

NELLY Der Junge aus dem Parterre. Ich hab' dir erzählt.

FREUND Ja, du hast mir erzählt. Und den hast du eingeladen?

NELLY Ich bin ihm im Hausflur begegnet, und er hat mir leid getan.

FREUND Das gute Herz!

NELLY *trotzig* Ich hab' kein gutes Herz. Weil ich dich liebhabe, tun mir alle Menschen leid.

FREUND Und ich? Ich tu dir wohl nicht leid.

NELLY *lacht* Nein. Du nicht.

FREUND *bös* Ich komm' ja auch nicht aus dem Zuchthaus. Ich hab' ja auch niemanden totgeschlagen. Ich bin nicht interessant.

NELLY Red doch nicht so dumm. Setz dich! Ich zieh' die Vorhänge zu. Und jetzt ...

Klirren von zerbrechendem Porzellan.

Na hör mal. Mein gutes Geschirr.

FREUND Jetzt sind nur noch zwei Tassen da. Für dich und für mich. Jetzt zeigst du mir, wie lieb du *mich* hast.

NELLY *zärtlich* So – lieb.

Klopfen.

NELLY *flüstert* Es hat geklopft. Das ist er.

FREUND *flüstert* Ja. Das ist er. Und wir sind ganz still. Wir sind nicht zu Hause.

NELLY *kichernd, leise* Wir sind nicht zu Hause...

Es klopft noch zweimal schüchtern. Dann hört man Schritte, die sich entfernen.

SPRECHER Parterre links!

7. SZENE

Tischglocke.

HAUSVERWALTER Ich eröffne die Mieterversammlung. Anwesend sind: Herr und Frau Redlich, Herr und Frau Hörnle, Frau Schwerbruck, Herr Müller, Herr Wendland.

Nicht anwesend sind: Herr und Frau Rübsamen, Herr Georgi...

HÖRNLE Anfangen!

REDLICH Wir haben keine Zeit. Wir müssen früh aufstehen.

MÜLLER Herr Wendland soll vortreten.

STIMMEN Herr Wendland...

HAUSVERWALTER Ruhe bitte, meine Herrschaften. Bedenken Sie, daß Herr Wendland eine schwere Kriegsverletzung...

FRAU REDLICH Er soll uns Auskunft geben.

HAUSVERWALTER Geben Sie Auskunft, Herr Wendland. Ist es wahr, daß sich in Ihrer Wohnung ein junger Mann aufhält?

WENDLAND *leise* Ja. Mein Bruder.

HAUSVERWALTER Ist es wahr, Herr Wendland, daß Ihr Bruder aus dem Zuchthaus kommt?

WENDLAND Nicht aus dem Zuchthaus. Aus der Erziehung.

FRAU HÖRNLE Er war noch zu jung für das Zuchthaus.

HAUSVERWALTER Ist es wahr, Herr Wendland, daß Ihr Bruder... *Stockt.*

REDLICH Daß Ihr Bruder ein Mörder ist?

STIMMEN Ein Mörder...

HAUSVERWALTER Ruhe, meine Herrschaften. Ruhe! Bedenken Sie, daß Herr Wendland sich nicht aufregen darf. Wollen Sie auf diese Frage antworten, Herr Wendland?

WENDLAND Ja. Ich will antworten. Es war ein Totschlag.

HÖRNLE   Ein alter Mann, wie man hört. Ihr Bruder hat von ihm Geld verlangt.

WENDLAND   Er hat ihn nicht umbringen wollen.

MÜLLER   Aber ein Messer hat er dabei gehabt.

WENDLAND   Sein Taschenmesser. Er hat zugestoßen . . .

MÜLLER   Weil er nicht bekommen hat, was er wollte . . .

WENDLAND   Nein. Aus Angst.

FRAU HÖRNLE   Vor einem alten Mann. Lächerlich.

HAUSVERWALTER   Erzählen Sie, Herr Wendland.

WENDLAND   Es war nicht lang nach dem Krieg. Der alte Mann hat eine Werkstatt für künstliche Glieder gehabt. Er ist reich geworden durch den Krieg.

FRAU SCHWERBRUCK   Das ist kein Grund.

WENDLAND   Die Gipsmodelle haben in seinem Garten gestanden. Zwischen den Rosen im Beet. Weiße Schenkel und weiße Arme . . .

REDLICH   Das tut nichts zur Sache.

WENDLAND   Es war ein dunkler Nachmittag im Herbst. Der alte Mann ist in den Garten gegangen, um seine Gipsmodelle hereinzuholen vor der Nacht. Mein Bruder hat ihn um fünfzig Pfennig gebeten. Der alte Mann hat ein Gipsbein genommen und meinen Bruder damit geschlagen. Es war ein dunkler Nachmittag im Herbst.

MÜLLER   Das interessiert uns nicht.

FRAU SCHWERBRUCK   Auch heute ist ein dunkler Nachmittag im Herbst. Auch heute . . .

Stille.

WENDLAND   Was wollen Sie von mir?

FRAU SCHWERBRUCK   Ihr Bruder spuckt unsere Kinder an und flucht.

MÜLLER   Ihr Bruder schleicht auf der Treppe herum und klopft an die Türen.

FRAU REDLICH   Ihr Bruder steht in Ihrer Wohnung am Guckloch. Immer, wenn man vorbeikommt, sieht man sein Auge, und sein Auge starrt einen an.

STIMMEN *durcheinander*   Er soll fort! Er soll fort!

SPRECHER   Noch einmal erster Stock links!

Tellerklappern.

RÜBSAMEN Heute hast du nichts gegessen, Anni. Bist du krank?

ANNI Ja. Ich bin krank. Die Geschichte mit dem Jungen macht mich krank.

RÜBSAMEN Das versteh' ich nicht. Wir haben doch damit gar nichts zu tun. Wir waren nicht bei der Mieterversammlung.

ANNI Vielleicht hätt' ich gehen sollen. Ich hätt' was sagen sollen. Nur weil du früher immer gemeint hast . . .

RÜBSAMEN Das mein' ich auch heute noch. Keine Verbindung mit den Leuten im Haus. Immer freundlich grüßen, aber nur das Notwendigste reden. Keine Einmischung in fremde Angelegenheiten. Die Finger davon lassen. Das Getratsch, das ist doch nichts für uns. Das geht uns nichts an.

ANNI Wenn es aber doch für uns ist? Wenn es uns doch angeht?

RÜBSAMEN Jetzt sei doch einmal vernünftig, Anni. Es ist doch viel besser geworden mit dem Jungen. Er schleicht nicht mehr auf der Treppe herum. Er spielt auch nicht mehr Klavier . . .

ANNI Doch, doch, Arthur. Er spielt noch. Aber ganz leise und immer nur ein paar Töne. Mit einem Finger. So als ob er etwas fragt . . .

RÜBSAMEN Solche Fragen brauchen *wir* nicht zu beantworten, Anni. Die beantwortet das Leben selbst . . .

SPRECHER Im Treppenhaus!

9. SZENE

Schritte auf der Treppe, und andere, die nachlaufen.

FRAU REDLICH Gehen Sie noch einmal einkaufen, Frau Hörnle? Warten Sie doch. Ich möcht' wissen, ob es etwas Neues gibt.

FRAU HÖRNLE Es gibt immer etwas Neues. Beim Kaufmann an der Ecke gibt es billige Fleischkonserven. Die Frau Melzig aus Nr. 12 war beim Arzt. Wie sie heimgekommen ist, war sie ganz bleich. Es soll etwas Schlimmes sein.

FRAU REDLICH Das weiß ich. Das mein' ich nicht.

FRAU HÖRNLE Das dritte Kind vom Bäcker ist nicht normal. Es hat einen Wasserkopf.

FRAU REDLICH Das mein' ich auch nicht. Ich möcht' wissen, ob es was Neues gibt im Parterre. Ob der Hausverwalter den Brief geschrieben hat.

FRAU HÖRNLE Er hat ihn nicht schreiben wollen. Aber seine Frau . . .

FRAU REDLICH Seine Frau?

FRAU HÖRNLE Seine Frau hat gesagt, er muß. Weil er sonst seine Stelle verliert. – Er hat geschrieben. Heute.

FRAU REDLICH Und wer hat den Brief abgegeben?

FRAU HÖRNLE Niemand. Niemand hat's tun wollen. Ich auch nicht. So etwas mach' ich nicht.

FRAU REDLICH Ja und dann?

FRAU HÖRNLE Der Kleinste von Müllers hat den Brief durch die Türritze schieben müssen. Er ist gleich weggelaufen hinterher.

FRAU REDLICH Und jetzt?

FRAU HÖRNLE Jetzt ist nichts. Die Wendlands sind noch nicht von der Arbeit zurück.

FRAU REDLICH Aber der Junge ist zu Hause?

Geräusch wie von einer heftig zufallenden Tür.

FRAU HÖRNLE Der ja. Still!

FRAU REDLICH Was?

FRAU HÖRNLE Haben Sie nichts gehört?

FRAU REDLICH Eine Tür ist zugefallen.

FRAU HÖRNLE Das war keine Tür...

SPRECHER Und noch einmal 2. Stock links!

10. SZENE

GRETE MÜLLER Soll ich jetzt gehen, Vati?

MÜLLER Ja. Geh jetzt. Sonst machen die Geschäfte zu.

GRETE Und in welchen Laden soll ich gehen?

MÜLLER Zu Hampe in der Stadtstraße.

GRETE Und was für Blumen sollen es sein?

MÜLLER Schwarze Tannen und weiße Lilien.

GRETE Du bist so abwesend, Vati. Was darf denn der Kranz kosten?

MÜLLER Zeig mir die Liste. Lies vor.

GRETE *liest* Sammlung zur Kranzspende für die Beerdigung des jungen Herrn Wendland:

Hausverwalter	drei Mark
Rübsamen	zwei Mark
Dietrich	zwei Mark
Schwerbruck	eine Mark fünfzig
Georgi	eine Mark
Hörnle	zwei Mark
Redlich	zwei Mark
Müller	

Drei, fünf, sieben, achtfünfzig, neunfünfzig, elffünfzig, dreizehnfünfzig. – Bei uns steht noch nichts, Vati.

MÜLLER Schreib hin. Zehn Mark.

GRETE *starr* Zehn Mark?

MÜLLER Ja. Für die Schleife.

GRETE Und was sollen sie auf die Schleife drucken?

MÜLLER Und wehret ihnen nicht.

GRETE Wie? Ich hab' dich nicht verstanden? Ist dir nicht gut, Vati?

MÜLLER Doch, Kind. Horch...

Man hört viele Kinder in die Hände klatschen.

GRETE Das sind nur die Kinder auf dem Hof.

JUNGE *draußen, sehr laut* Wer fürchtet sich vorm schwarzen Mann?

VIELE KINDER *fröhlich laut, durcheinander* Al–le.

Quellenverzeichnis

›Die Sibylle‹, aus GRIECHISCHE MYTHEN, H. Goverts Verlag, Hamburg 1943;

ENGELSBRÜCKE, Römische Betrachtungen, Claassen Verlag, Hamburg 1955;

DAS HAUS DER KINDHEIT, Claassen Verlag, Hamburg 1956;

LANGE SCHATTEN, Claassen Verlag, Hamburg 1960. (Der Abdruck der Erzählung ›Das dicke Kind‹ erfolgt mit freundl. Genehmigung des Scherpe Verlages, Krefeld.)

WOHIN DENN ICH, Aufzeichnungen, Claassen Verlag, Hamburg 1963. Als Sonderausgabe in der Reihe ›Bücher der Neunzehn‹. Die Auswahl entspricht folgenden Seiten der Originalausgabe: 24–26, 31–33, 55–56, 60–62, 69–72, 86–88, 100–102, 118–120, 126–129, 174–176, 198–201, 204–207, 216–218 und 222–224.

Die Gedichte sind der Anthologie ÜBERALLNIE, Ausgewählte Gedichte 1928–1965, Claassen Verlag, Hamburg 1965, entnommen. (›Reggio‹ ist ein Gedicht aus dem Band NEUE GEDICHTE, Claassen Verlag, Hamburg 1957.)

›Die Kinder der Elisa Rocca‹ und ›Wer fürchtet sich vorm schwarzen Mann?‹ sind Hörspiele aus dem Sammelband HÖRSPIELE, Claassen Verlag, Hamburg 1962.